教育部人文社会科学重点研究基地
云南大学西南边疆少数民族研究中心文库

中文社会科学引文索引（CSSCI）收录集刊

西南边疆民族研究

第29辑

主　编　何　明
副主编　李志农　朱凌飞

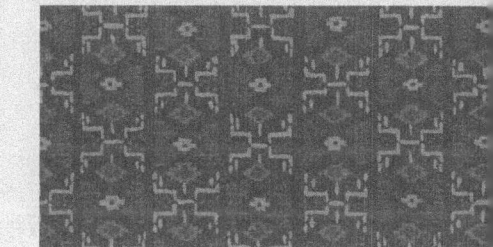

学苑出版社

图书在版编目（CIP）数据

西南边疆民族研究 / 何明主编；李志农，朱凌飞副主编. — 北京：学苑出版社，2021.11

ISBN 978-7-5077-5442-1

Ⅰ. ①西… Ⅱ. ①何… ②李… ③朱… Ⅲ. ①少数民族—西南地区—年刊 Ⅳ. ① K280.7-54

中国版本图书馆 CIP 数据核字 (2021) 第 215291 号

责任编辑：战葆红
出版发行：学苑出版社
社　　址：北京市丰台区南方庄 2 号院 1 号楼　100079
网　　址：www.book001.com
电子信箱：xueyuanpress@163.com
销售电话：010-67601101（营销部）　010-67603091（总编室）
印　刷　厂：北京建宏印刷有限公司
开本尺寸：889×1194　1/16
字　　数：450 千字
印　　张：17
版　　次：2022 年 5 月北京第 1 版
印　　次：2022 年 5 月北京第 1 次印刷
定　　价：100.00 元

目 录

族性研究

市场兴衰、冷热消长与主体表达
　　——白族 weif ni 概念的人类学初探 ········· 伍洲扬 / 3
拉祜族苦聪人名称考：从古宗到苦聪 ········· 姜照中 / 14
生计、婚姻与族群边界：西南边疆汉族移民的人类学考察 ········· 杨正军 / 36

经济民族学

对口援藏中地方民族文化的包容性
　　——基于鲁朗镇规模化旅游开发的案例跟踪调查与分析 ········· 杨明洪 / 49
同源民族文化、东道国金融市场开放度与银行业对外直接投资
　　——以中国五大商业银行对东盟投资为例 ········· 梁双陆　苏　穗 / 63
"客家"商业移民身份建构与区域社会整合
　　——以都柳江下游富禄商镇为中心 ········· 王彦芸 / 74

民族史与历史人类学

两汉时期文化圈层视角下的云南城镇发展 ········· 李宇舟 / 87
清代赵州坝子的地缘、族群与经济生活
　　——以契约文书为中心 ········· 梁亚群 / 98
"人的历史"视野下的土司政治
　　——以明代云南土司政治为核心的考察 ········· 黄晓赢　李梅田 / 112

社会与文化研究

"卡巴":凉山彝族礼物中的隐性权力 ················· 吉克曲日　张力尹 / 127
安龙谢土仪式及其象征人类学解读
　　——以大理地区为例 ··· 陈丽媛 / 135

艺术人类学

文学、史料和遗产:关于拉祜族起源叙事的三种解释 ···························· 黄静华 / 151
少数民族口头传统中的中华民族共同体意识
　　——以彝族为例 ··· 阿洛秀英 / 159

宗教文化研究

原生性宗教与凉山彝族社会结构互构研究 ················· 张可佳　勒伍阿支 / 175
多元文化交融的彝族丧葬仪式
　　——以贵州省威宁县斗木村为例 ····························· 余　舒　先放梅 / 184
"尼买若黑":一个彝族社区的信仰、实践与文化逻辑 ···························· 普富香 / 195

路文化研究

千里姻缘一路牵:一个路边村寨婚姻圈变迁的人类学考察 ···· 张锦鹏　于　欣　赵晓丽 / 209
因路而兴:成渝铁路与中华人民共和国初期四川城市变迁 ····· 冯　兵　赵　欣　韩　英 / 219

语言文化研究

芒市西山乡景颇族村寨的语言生活调查 ·· 姜　燕 / 231
小型群体的符号生成及社会意义
　　——以微信为中心 ·· 郑佳佳 / 247

学术评述

从悖离传统的视角看中国民间宗教
　　——评万志英《左道:中国宗教文化中的神与魔》 ······················· 朱琼玲 / 259
《西南边疆民族研究》稿约和撰稿体例 ·· / 265

族性研究

市场兴衰、冷热消长与主体表达
——白族 weif ni 概念的人类学初探*

伍洲扬[**]

摘　要　本文通过捕捉洱海北岸坝区有关市场的宇宙观、起源神话、民谣、市场参与者的言说与实践来呈现白族经济生活中的 weif ni[①]概念的大致轮廓。借由对 weif ni 这一具有本体论意义的当地概念的初步理解，我们得以搁置施坚雅所提出的边界清晰的类型学解释失效的困境，并直面转变中的少数民族地区农村定期集市的复杂样态及内在连续性。市场既是生动的场面，又是动态的过程；人气的聚散、势力的消长，演绎出跌宕的社会图景。人类学的市场研究既要看"门道"也要看"热闹"，这样才可能摸索出一套真正关于"人"的特定社会文化脉络下的研究视角。

关键词　白族；定期集市；weif ni；本体论；市场视角

DOI: 10.13835/b.eayn.29.01

一、问题缘起

白语中 weif ni 一词字面意思是温热，分开来讲，weif 意为温暖，ni 意为热乎。白族人常常用它来形容诸如聚会、会期、村落和市场等场合中的活力和生气。在日常用语中，weif ni 一般情况下常与"热闹"混用并能相互转译。[②]　同时，在洱海北岸坝区白族社会中，weif ni 也具有一些特殊的本土内涵，详细的论述我将在文章第三部分展开。weif ni 的左、右两极分别是 gengf bierp（冷淡）和 luanl（混乱），指示了一种不稳定且持续变化的状态。在对当地农村市场的田野工作中，我发现集市参与者在市场活动中频繁使用 weif ni 以及一系列周边词汇来形容自己的生意与市场的状况。但真正促使我严肃地思考 weif ni 的契机则来自我在田野中所遇到的暧昧现象以及客位类型学失效的困境。

自 2016 年起，我开始对云南省大理白族自治州洱海北岸坝区农村定期集市进行实地调查。首先，在

---

*　本研究受到日本东京都政府"都市外交人才育成基金"资助。本刊编辑、审稿人，云南大学李晓斌教授、杨文辉教授，日本江户川大学川濑由高老师，以及段鹏、此里品初、高孟然、马巍、李占芳、刘虹每等同学在论文撰写过程中提供了宝贵的意见，特此表示感谢。

**　伍洲扬，日本东京都立大学社会人类学专业博士研究生，研究方向为中国边疆地区农村市场变迁、物质消费与小商贩的生计活动。

①　本文中出现的白语词汇全部按照南部方言区拼音白文注音。

②　白语南部方言以外的地区也存在将 weif ni 译作"热闹"且直接忽略二者差异的情况。该词理解和使用上的地域差异性有待进一步的调查。关于白族人日常生活中的多语并用现象，参见杨文辉：《白语与白族历史文化研究》，云南大学出版社 2009 年版，第 183—187 页。

田野中我遇到的问题就是如何描述当地混杂的市场存在样态。当地的定期集市种类繁多，包括村落中逐日进行的早晚街（zaod want zix），按星期制计算的街子（zix neid），还有按农历计算的年度会期（hui）。从物质形态上看，经地方政府推动并有社会资本投入的固定基础设施渐渐成为主流趋势。这些新型市场往往配备了硬化的路面、钢架结构的顶棚和门类清晰的摊位及铺面。与此同时，在凹凸不平的空地上或公路两边，人群自相集聚的赶街方式仍然持续存在。农贸市场或农村商业中心的建立虽然使得交易日益变得固定，但是传统集市的贸易方式和时间观念（街子天）却保留了下来。而且每到街子天，许多农民选择不进入规划摊位，而是就近在新市场外围"夹道成街"。

当代洱海北岸坝区农村市场存在的上述暧昧形态却无法被学界现有模型及分类所解释。具体来说，美国人类学家施坚雅曾按照市场的职能和周期，区分了"庙会"和"市集"两个类别。[1] 可是在针对当地秋季年度市场——渔潭会的考察中，我发现该市场的起源是生计、信仰、社会、生态多重因素的结果，并非"庙会"一词可以涵盖。[2] 渔潭会的起源与其说是"庙会"，不如说是各种社会事件的"交汇"。而且在当地人的日常中，"街"与"会"虽指代不同，但却共享许多内在的连续性。实际上，施氏本人也发现四川方言用"热日"和"冷日"来表达集天和日常的区别。[3] 在我的调查地，无论"街"还是"会"，白族人都用"赶"（zil）这个动词，如赶街、赶会、赶伙（火）。似乎有了人群的聚集和一定的温度才算一个值得"赶"的市场。在市场的发展过程中，"街"可以扩大成"会"，"会期"亦可演化为"物资交流会"与"商品交易会"。

其次，施坚雅所区分的基层市场、中间市场和中心市场的三种类型学无法在现实中得到完美对应。另一位美国学者那培思在2000年左右考察沙坪集市时，也曾发现沙坪的集市规模已达到施氏所说的中间市场，可它却不是一个集镇，不赶集的时候只是一个安静的小村。[4] 如此看来，现实中的集市的规模很难完全被经济地理学范式所解释。

最后，施坚雅还曾预言中国的农村定期市场存在的前提是松散的需求分布和滞后的交通条件，农村基层市场将伴随公路的修通而被都市现代贸易中心所整合。[5] 可是早在20世纪30年代，西方旅行家费茨杰拉德到访渔潭会原址沙坪村时，就曾提出过为何该市场远离交通要道却热闹非凡的疑问。这其中洱海航运固然发挥作用，但更主要的原因在于，渔潭会是当地人重要的社会和文化交往的场所。[6]

即便是在今天，虽然面对公路的修通，流动性的增强，以及超市、百货商店的开设，甚至网购的冲击，正常情况下的街子的规模的确有所回缩，但它仍担负着为留驻或返乡农民提供日常所需以及满足生计的作用。从消费品上看，每逢节庆时间，农村集市上经常售卖一些具有地域手工特色的工具、祭祀用品和食品。因为风格差异大且种类繁多，这些小众产品暂时无法整编进入现代商业。而从生计上看，每当旅游市场、劳动力市场或经济作物市场震荡时，在街子上谋生就成为当地农民物质生活保障的一道重要防线。基层农村市场与新型商业部门并非像现代化理论所说的一定是后者替代前者的关系，而是在不

---

[1] 施坚雅：《中国农村的市场和社会结构》，史建云、徐秀丽译，中国社会科学出版社1998年版，第59页。
[2] 历史上的渔潭会为每年农历八月十五举办，这个时间点叠加了多种社会事件：中秋赏月、亲朋聚会、龙舟竞赛、龙王庙祭、油鱼鱼汛、渔具、骡马和嫁妆交易，等等。
[3] 施坚雅：《中国农村的市场和社会结构》，史建云、徐秀丽译，中国社会科学出版社1998年版，第26页。
[4] Beth E. Notar, "Authenticity Anxiety and Counterfeit Confidence: Outsourcing Souvenirs, Changing Money, and Narrating Value in Reform-Era China," *Modern China*, Vol. 32, No. 1, 2006, p. 91.
[5] 施坚雅：《中国农村的市场和社会结构》，史建云、徐秀丽译，中国社会科学出版社1998年版，第91—105页。
[6] C. P. 费茨杰拉德：《五华楼——关于云南大理民家的研究》，刘晓峰、汪晖译，民族出版社2006年版，第58—59页。

同经济环境下不断配置的一种互补性关系。

在随后的调查中，当地关于市场的宇宙观、神话、历史、民歌，以及市场参与者的言说与实践，无不指向了 weif ni 这个看似模糊，实则内涵与外延十分丰富的当地概念。或许面对当代中国农村转型时期市场呈现的叠加、混杂的暧昧形态，以及边界清晰的客位分类概念解释失效的问题，weif ni 恰好给我们提供了一种更灵活和更动态的视角来体会白族农村市场的实际运作情况。本文无意过分苛责某种理想模型与现实生活之间的错位，而是想要强调当地概念作为研究参考系的主体地位。在此基础上，对生活世界中现成概念的理解将有助于人类学家进一步反思研究过程中具体与抽象、本土概念与分析概念、认识论与存在论范式的相互校准问题。在进入白族人市场里的 weif ni 世界之前，我将简单回顾一下人类学界有关市场与热闹的先行研究。

二、人类学家眼中的"市场"与"热闹"

（一）"热闹"作为市场现象

汉语"市场"的"市"字在金文字形中，上面是"之"（往），下面是"兮"，本意是"嘈杂的声响"，亦即一个热闹的地方。英文中"热闹"常译作"liveliness"（活力）或"boisterousness"（喧闹）。日语中人们用"賑やか"（热闹）来表示人多、繁盛甚至吵闹的祭典和商场。维吾尔族人用"qaynaq"（沸腾的）来形容欢乐的巴扎或婚礼气氛。可以说，这些共享普遍特质又兼具地方特色的概念代表了世界各地的人们对热闹场景的最初印象。下面，我将通过对比英国人类学家西敏斯和日本人类学家黑田悦子的农村市场研究来表明两种看待热闹的市场现象的方式。这两种取径既关乎研究的视角，也会影响民族志的最终呈现。

第一种处理方式我将之称为系统论范式。经济地理学学派和马克思主义学派是其典型代表。两者共性是都从功能论的角度出发，希冀超越具体的交换行为来探讨市场之间的关系以及市场整体动态。[1] 差异则是前者具有更强烈的理性经济人的预设。其实，早于施坚雅、西敏斯对加勒比海地区的农村市场的研究已经体现出了这种系统论的思想，即市场是嵌在更大的社会、政治和经济制度之中的。在《农民市场》一文中，西敏斯开篇先描述了一个海地的市场景象：农民聚集聊八卦，求爱，敌对，看医生，办手续；商人忙着检查，展示和出售自己的货物；牲畜驮着货物，小孩玩耍，司机鸣笛，各种陌生事物集中出现。[2]

有趣的是，接下来西敏斯笔锋一转说：人类学家需要透过这种表面上的无秩序（disorder）和混乱（chaotic）发现潜藏的一套精心安排的秩序（an elaborate underlying order）。[3] 在 1960 年的一篇文章中，西敏斯进一步提出了"国内市场作为一种社会连接的机制"的构想。他指出农民市场首先是为其所处的农业生产结构服务的，之后通过横向和纵向的联系整合了不同阶层、地域、利益、权力群体，更进一步

---

[1] C. A. Smith, "Economics of Marketing Systems: Models from Economic Geography," *Annual Review of Anthropology*, Vol. 3, No. 1, 1974, p. 167.

[2] Sidney W. Mintz, "Peasant Markets," *Scientific American*, Vol. 203, No. 2, 1960, p. 112.

[3] Sidney W. Mintz, "Peasant Markets," *Scientific American*, Vol. 203, No. 2, 1960, p. 112.

把当地社会连接到世界市场之中。而为了实现这样的目的，研究者必须追寻具体的行动者以及交易活动，并从这些经济行为中看到其所带有的普遍的社会经济特征，进而了解市场的功能以及市场之间的关系。①

第二种处理方式我称之为修正的系统论范式，代表人物是日本人类学家黑田悦子。修正的系统论范式既注重市场系统动态，同时也关注市场中的具体活动，特别是那些与经济暧昧不明的活动。黑田的调查地位于墨西哥哈瓦卡州的农村集市。在她之前的马林诺夫斯基和美国加州大学的一批人类学家也曾在该地区做过田野调查。② 黑田在述评前人研究时指出：他们都倾向于把市场的功能解释为满足人们的特定需要（needs）。差别只是这些需要有的是经济性的，有的是社会性的。但是日常生活中，我们很难分清人们的市场行为哪些属于经济范畴，哪些又不属于。③ 我认为黑田的这一发现揭示了系统论研究中暗藏的经济理性人假定，即赶集是理性的、有目的的，是一种欲望的满足。

为了说明市场中的行为的复杂性，黑田举了自己对房东太太"游逛"集市的观察这样一个例子：这位太太既是买者又是卖者，她跟熟人打招呼，观察别人交易，做出道德评价，向不同商人询价，打听行情，检查质量，回家路上还顺便做一些宗教仪式。④ 热闹的市场是一个欢腾的社会戏剧舞台，商人吆喝、叫卖、交谈，并用西班牙语"muerte"（死了）、"triste"（没活力）、"regular"（一般）和"vivo"（有活力）来形容市场的气氛。⑤ 纵使出现公路的修通、市场经济的整合、大型外来批发商的进入等外部威胁，农民仍然自主地做出选择，生动活跃的场面比比皆是。⑥ 而正是这些复杂而暧昧的具体活动构成了集市富有活力的景象。这种活跃的景象不应当被系统论的理性叙事所淹没，也无法用巴赫金所说的"民众文化"这样的术语去概化。⑦

至此，我们看到了市场民族志中两种不同的对待热闹的态度：系统论视具体的市场活动为需要被进一步整理和抽象的经验，研究者需要在这种混乱的表象背后发现潜在的规律。而修正的系统论者认为宏观抽象掩盖了复杂暧昧的市场细节。⑧ 同时，系统论中有明显的经济理性人的假设。实际生活中，我们很难对市场活动中的经济和社会面相进行简单的拆分。人们逛市场有时是随机的、无计划的。哪怕存在有目的性的行为，人们的诉求也是多元的。市场活动不只是需要或欲望的满足，市场也不等同于纯粹的计算空间。由此，我们可以把修正的系统论延伸为：鲜活的市场经验本就自成其逻辑，研究者应当对其进行生动的"社会素描"。以上两种取向暗含了具体和抽象、土著概念和学术概念之间的张力，经由《写文化》一书的多位作者对"再现"（representation）问题的讨论，演化至今直接指向了近年来人类学界备受瞩目的本体论转向问题。

---

① Sidney W. Mintz, *Internal Market Systems as Mechanisms of Social Articulation*, Indianapolis: Bobbs-Merrill, 1960, pp. 20-30.
② S. Drucker-Brown and J. D. L. Fuente, *Malinowski in Mexico: The Economics of a Mexican Market System*, London: Routledge & Kegan Pau, 1982.
③ 黑田悦子：《关于马林诺夫斯基对墨西哥市场的研究》，万永译，《世界民族》2003 年第 1 期，第 41—46 页。
④ 黑田悦子：《关于马林诺夫斯基对墨西哥市场的研究》，万永译，《世界民族》2003 年第 1 期，第 45—46 页。
⑤ 黑田悦子：《生業、市〈いち〉、商人：オアハカ地方経済の中のミヘ社会素描（メキシコ）》，日本《国立民族学博物館研究報告》第 6 卷第 4 期，1982 年。
⑥ 黑田悦子：《关于马林诺夫斯基对墨西哥市场的研究》，万永译，《世界民族》2003 年第 1 期，第 45 页。
⑦ 黑田悦子：《关于马林诺夫斯基对墨西哥市场的研究》，万永译，《世界民族》2003 年第 1 期，第 46 页。
⑧ 人类学者皮埃提拉在坦桑尼亚的露天市场研究中曾指出，经济地理学路径常把真实世界的"喧闹"和"无序"视作一种与理想模式不匹配的"反常"或"麻烦"。相较而言，她与本文一样不主张化约暧昧的市场现象，或是去寻求潜藏于"无序"之下的"现实"；而是应该直面热闹本身，并关注市场参与者如何概念化市场，这些概念又如何作用于市场。参见 T. Pietilä, *Gossip, Markets, and Gender: How Dialogue Constructs Moral Value in Post-socialist Kilimanjaro*, Madison: The University of Wisconsin Press, 2007, p. 38.

（二）"热闹"本体的人类学研究

或许是"热闹"一词太过好用，反倒使其被中文学界所忽略。近 20 年来，中国民众的公共生活中类似"热闹"或"红火"这样的词开始受到一部分人类学家的关注。我国台湾人类学家潘英海于 1993 年首先尝试从社会心理学的角度对"热闹"进行概念化。他认为社会事件、声音、人群和活动是热闹构成的要素。① 热闹包含一种"我群"意识的宣称，集体与个人之间的连接与转化及文化价值观的体现。② 之后，台湾学者余舜德在关于台北夜市的研究中也发现：对消费者来说热闹能让人隐藏身份，并容忍一些其他场所不能做的事；而小贩则常常用闽南语"成市"和"结市"来评判人群聚集程度和生意的气势。③ 进一步地，余舜德延续潘英海的路径，借用巴赫金的"狂欢"（carnivalesque）与特纳的"集体中介性"（communitas）等概念来说明热闹的临界性与反结构特征。④

21 世纪以来，在英文学界，周越和库博上溯涂尔干和莫斯的"集体欢腾"（collective effervescence）思想，将热闹和红火提升到了本体论高度。⑤ 库博在对浙江金华的农村庙会市场研究中，从经济、大众文化、民俗宗教和政治的综合维度指出：红火是扩大的商品流通规模，戏曲和娱神表演中乐器的竞奏、鞭炮的声响，以及政策环境的"供氧"等一系列复杂因素共同作用而达成的总体社会事实。⑥ 相比之下，周越则引入现象学方法，将红火的陕西农村庙会视为一种感觉的社会性生产（sensorial production of sociality）或称为红火社会性（red-hot sociality）。周越强调自己并非想对某种感觉刺激做出文化诠释，而是要探讨行动者们主动的参与行为在生产社会的感觉机制中的作用。⑦

对比之前的学者仅仅把热闹视作一种社会心理现象，周越的研究补充了行动者的实践如何生产热闹的面相。同时，周越与前述的黑田都关注到了热闹的场所中众多异质性的活动是生产热闹的关键。⑧ 但是，周越在方法论上的集体主义倾向却较为明显。虽然他也意识到热闹不一定是狂喜入迷，也有看热闹的人和被排斥在外的人。但是总体来说，周越更强调中国人先验地对热闹有一种向往和期待，以及行动者如何不约而同地去制造感觉上的"共同体"。⑨ 以上对于热闹本体的研究为我们进一步探讨热闹的社会性以及生成过程奠定了重要的基础。但是我认为其中还存在一些可以拓展的空间。具体来说，首先，如果热闹一词被过度地泛化反倒会失去解释力。其次，热闹的观念/象征层面及其与现实/实践层面的关系应该被进一步地厘清。

不同的时空、不同的社会文化脉络下的热闹显然是不一样的。宗教场所里的红火和市场里的热闹也

---

① 潘英海：《热闹：一个中国人的社会心理现象的提出》，《本土心理学研究》1993 年第 1 期，第 331 页。
② 潘英海：《热闹：一个中国人的社会心理现象的提出》，《本土心理学研究》1993 年第 1 期，第 333 页。
③ 余舜德：《空间、论述与乐趣——夜市在台湾社会的定位》，载黄应贵编：《空间、力与社会》，台湾"中央研究院"民族学研究所 1995 年版，第 440—441 页。
④ 余舜德：《空间、论述与乐趣——夜市在台湾社会的定位》，载黄应贵编：《空间、力与社会》，台湾"中央研究院"民族学研究所 1995 年版，第 456 页。
⑤ Adam Yuet Chau, "The Sensorial Production of the Social," *Ethnos*, Vol. 73, No. 4, 2008; G. Cooper, *The Market and Temple Fairs of Rural China: Red Fire*, London: Routledge, 2013, p. 4.
⑥ G. Cooper, *The Market and Temple Fairs of Rural China: Red Fire*, London: Routledge, 2013, pp. 210—216.
⑦ Adam Yuet Chau, "The Sensorial Production of the Social," *Ethnos*, Vol. 73, No. 4, 2008, pp. 485—492.
⑧ Adam Yuet Chau, "The Sensorial Production of the Social," *Ethnos*, Vol. 73, No. 4, 2008, p. 497.
⑨ Adam Yuet Chau, "The Sensorial Production of the Social," *Ethnos*, Vol. 73, No. 4, 2008, pp. 498—500.

不能混为一谈。市场里的热闹不仅来自商品和人群的混杂与互动，更来自买卖双方的讨价还价、商人间激烈的对抗以及市场权力关系的博弈。商业活动中体现出的张力似乎才是市场活力的重要源泉。另外，中国的各地方言与民族语中虽有类似热闹的说法，但语义和语用层面存在较大的差异，甚至同一文化下也可能因人而异。正如马腾嶽和赵玉中的研究所呈现的一样，对于白族这样的历史上与外部互动频繁的群体的研究：一方面要谨防把白族文化"本质化"的研究倾向；另一方面，也要避免拿汉人社会的概念作为参考坐标来解释白族社会的谬误。①

三、weif ni 的内、外诸面相——以洱海北岸坝区的定期集市经济为例

（一）weif ni 的神话与现实维度

洱海北岸坝区传统意义的街子和会期多在村落中心或附近的一块露天空地上举办，并伴有一些简单的基础设施。不赶集的时候，人们在空地上停车、放牛、社交、娱乐甚至举行仪式。在仪式专家的宇宙观中，人世间的热闹常与超自然力量联系在一起。以沙坪街为例，集市坐落于村内清官本主庙的后方。据本村莲池会经母解说，集市和庙宇在风水上都坐落在神鸟凤凰化成的山坡上。而集市外围的墙壁及道路两旁修建有神龛，其中供奉山神、土地、兵马与看花老人。他们作为神明的仆从和管家而存在，以保佑集市兴旺和村落繁昌。除此之外，传统集市及周边道路亦是连接"另外一个世界"的节点。2017年农历七月半，我曾在沙坝街观察到该村莲池会在散集后的货棚内举行了"舍火衣"的安抚亡灵和村落祈福的仪式②。同时据当地耆老讲：阴间也有阴间的集市，亡者拿着家人烧的钱赶往属于他们的 weif ni。

而在当地关于渔潭会起源的口承传说中，weif ni 是一种具有神圣意味的力量③。据说渔潭坡下曾有鱼精作祟，后被观音菩萨治服，菩萨告诉当地人每年在此地赶会、买卖，发出嘈杂的声响，妖怪就不会出来为害了。此后，每至会期，洱海北岸白族渔民开始在清官庙前交易渔具，希冀 weif ni 的灵力给他们带来丰富的鱼获。④ 而在该传说的另一个版本中，观音菩萨换成了外乡商人：据传，渔潭坡下有邪祟作乱，村人商议后派出兄弟三人到四面八方邀请外商来本村做生意，直至人气聚集，村中的风水才有改观。在这里，我并不想将 weif ni 归为科莫洛夫所说的神秘经济（occult economy）⑤，或者臆测 weif ni 乃暗含政治策略的话语（discourse）。我想展现的是 weif ni 在神话与现实之间来回穿梭的存在样态。

---

① 马腾嶽：《入赘婚还是收养婚？——云南鹤庆地区白族"上门婚"的人类学再解读》，《民族研究》2015年第6期；赵玉中：《民族文化的"本质化"建构——以白族知识精英有关"本主"崇拜的学术书写为例》，《中南民族大学学报（人文社会科学版）》2014年第2期。
② 每年农历七月半，洱海北部的白族人除了在各自家中祭祀先祖和逝去亲人，部分村落的莲池会还举行公共的祭祀和祈福活动。"舍火衣"又名"打发火衣"，其对象既包括本地和外来的"无主孤魂"，也包括战乱中客死他乡的"兵马"。"舍火衣"的祭品主要是纸制的衣物和武器（统称火衣），绑上金银纸钱的草鞋，以及稀饭和干兰等食品。公共祭祀的场所通常选择在本主庙以及村落中的空地、路口、街口等四通八达之地。
③ 关于渔潭会口承传说的起源、流变和日常语用是一个值得继续关注的话题。渔潭会口承传说广泛流行于洱海北部地区，特别是在渔潭会的发源地及周边村落。本文主要举例了该传说的两个常见地方流传版本。除了作为一种共享的集体叙事（collective narrative），笔者在调查过程中也发现该传说的情节和内容常因讲述者的个人立场和讲述的时代语境而有所偏差。
④ 我们可以在大理三月街"观音伏罗刹"的故事中看到类似的市场神秘起源叙事。
⑤ Jean Comaroff and John L. Comaroff, "Occult Economies and the Violence of Abstraction: Notes from the South African Postcolony," *American Ethnologist*, Vol. 26, No. 2, 1999.

weif ni 对一部分人来说是带来繁荣和丰产的神秘力量。但对不受益于此的人来说，weif ni 也可能潜藏着 luanl（混乱）。在我收集到的一篇作于民国时期，描绘渔潭会"阴暗面"的竹枝词手稿中，一位匿名的民间文人再现了他眼中的 weif ni 背后所隐藏的危害。在这幅犹如自然界食物链般的生存竞争图景中，作者利用诸如"鹰""油鱼"和"蛆虫"等当地生态中的"非人"意象，以戏剧化的方式去类比市场交换中的权力关系：虚荣的农民被贪婪的商人盘剥，商人和其他享乐者又被管理者勒索，而管理者沉浸于名利却不察"狂欢"对社会风化的腐蚀。虽然这份民谣带有作者的价值评判及强烈的农本思想，但也折射出洱海北岸市场发展过程中，weif ni 所产生的财富没有造福农村社会的时代怪象。①

奥特纳曾提醒过我们：普通人并非完全沉浸在自己的生活世界而无知无觉，他们的文化、历史也孕育了他们"看穿"（see through）自己所身处的关系结构的能力。关注"底层抵抗"的人类学家应放下自负，承认当地人也有自己看穿"隐藏文本"能力。② 从这点上看，weif ni 作为一种既神秘而又现实的力量，其所体现出的歧义性稍微有别于之前的人类学家在中国汉族庙市中所发现的"红火"与"热闹"。通过白族人的宇宙观、神话与民谣，我们得以发现热闹不总是"社会团结"的机制，或"反结构"和"狂欢"的临界状态，weif ni 在白族的象征世界中既是带来秩序的神秘力量，又是导致失序的破坏性存在。更重要的是当地人并非完全沉迷于热闹气氛中，也有人可以将热闹对象化，看穿狂欢背后的权力关系。

（二）weif ni 的消长与生产维度

从冷到温，由温到热，过热则乱，周而复始。不断变化的温度指涉了市场秩序不断建立又不断被打破的过程。在这个过程中，人既主动参与缔造 weif ni，也会被迫卷入 weif ni 之中。正是人们众多异质性的实践活动给市场注入了活力。根据我在洱海北岸多个星期街的调查，在当代白族人的市场生活中，对赶街人而言，weif ni 代表着人流量、购买力和有生意可做；而对于一个行业或整个市场来说，weif ni 代表着竞争和活力。weif ni 与 gengf bierp（冷淡）总相伴出现，某个人/行业/市场的热闹，可能会带来其他人/行业/市场的冷淡；而因为不甘于落后和被排斥，处于冷淡状态的人/行业/市场也会采取策略试图重新挤进或再造 weif ni。可以说，weif ni 本身即是市场兴衰甚至整体经济氛围的一种索引（index）。基于对 weif ni 的感知和认识，人们方能展开下一步的决策和行动。

举例来说，沙坪作为洱海北岸一个晚近兴起的集市，凭借其地处苍洱夹角的交通优势，以及当地人的积极争取，得以在激烈的地域竞争中崭露头角。村人还依稀记得历史上沙坪街曾与附近的上关街角力并留下"关牛不关羊"的说法。为了理解这句话，我查阅了明清两代《邓川州志》后发现：原来在当地以十二地支计算的集期系统中，出现较早的上关街集期为未（羊）日，而后起的沙坪街集期为丑（牛）日和未（羊）日。③ 这两个集市在未（羊）日这天是相冲的。"关"字本意是"关隘"，沙坪人取"关门"和"拦截"之意表达自己虽独占牛日的热闹，却难"关"住羊日的人流。由当地人的俗语可知市场间的

---

① Wu Zhouyang, "Danger Beneath Boisterousness: Examining Market Morality and Its Rhetoric in Anonymous Folk Poetry Depicting the Yu'tan Fair in Pre-Socialist Dali," *Japanese Review of Cultural Anthropology*, Vol. 20, No. 1, 2019.
② Sherry B. Ortner, "Resistance and the Problem of Ethnographic Refusal," *Comparative Studies in Society and History*, Vol. 37, No. 1, 1995, pp. 182—183.
③ 艾自修纂，王云校勘：《重修邓川州志》，洱源县志办公室 1986 年翻印版，第 62 页；大理州地方志编纂委员会办公室等编：《咸丰邓川州志（校点本）》，云南民族出版社 2012 年版，第 66 页。

拉锯之激烈。

　　weif ni 的变换指示集市犹如生命体一般不断地进行新陈代谢。其后，沙坪街持续发展繁荣，而上关街则退出了历史舞台。但是进入20世纪，随着沙坪周边的双廊街、沙坝街、江尾街三个新兴集市相继出现，商贩用"bei sap bei weit, al da weif ni mux lat（这里的 weif ni 被拉散了）"来形容其影响力减小的状态。特别是伴随洱海航运的衰落、渔潭会址的搬迁、新修公路的改道、城镇商业的兴建，沙坪街已不复往日的热闹。但是沙坪街不气馁于自身在区位竞争中的落败，自2015年起，村人在村落精英与一些个体户的动员下，开始创立具有旅游文创特色的古玩交易会。虽然目前市场的发展前景还面临许多不确定因素，但我在参与这个活动的过程中，感受到了当地人积极利用社会网络创造族际信任，借用神话及习俗来为市场复兴助力的不懈努力。

　　市场兴衰是多方因素共同作用的结果。施坚雅基于理性经济人假设、现代化理论及完美地形理论而推演的市场类型学仅能提示特定条件下市场可能呈现的规模和功能。与其依赖这些静态的客位类型学，我更倾向于关注实际的市场的发展和运作。如此，我们将会看到街子的规模是不断伸缩变化的，街子与会期也是两相跨越的，市场的变化进而构成了一个 weif ni 的连续统（continuum）。传统市场与现代商业并非两相替代的关系，人的实践在其中是不可忽视的变量。这一点也与日本学者深尾叶子对当代陕北庙会实际运作情况的观察相契合。她在反思"市场圈"和"祭祀圈"过于刚性和固化的基础上，提出了庙会是像"旋涡"一样地存在的想法，其影响范围没有明确边界且是不断变化的。庙会会长的威望和实力、工作人员的行动及事后参加者的评价决定了旋涡中心的转速以及被卷入其中的人数。①

　　正如 weif ni 这个词本身的用法所呈现的那样，家庭的兴旺可以延伸到市场的繁荣。虽然市场的参与主体以及市场在白族人社会生活中的位置不断改变，但是"街"和"会"始终作为连接当地人的家园与外部更大的世界的交界面。洱海北岸受益于集市热闹的村落常说"靠街吃街"。人们争当 weif ni 的主角并努力创造自身在其中的存在感。有时，赶街只是为了生存，为了把日子过下去，实现人生价值并完成家庭角色。另外一些时候，weif ni 变化实则与个人的命运、共生的观念、社群的幸福、地方的复兴息息相关。农村市场或许会暂时性地"休眠"，但却难以被完全"替代"。只等外部条件俱足，人的活动将重新点燃 weif ni 之火。

四、讨论与结语

　　以上，我粗略地勾勒了 weif ni 在白族人经济生活中的大致轮廓。相较前人对庙会中的"热闹"和"红火"的研究，当地市场中的 weif ni 呈现出不同特质：（1）象征层面，weif ni 与超自然叙事（神灵护佑、伏妖赶会等）和外部因素（客商聚集改风水）相联结，它是带来丰产与财富的力量；（2）现实层面，weif ni 是市场兴衰和整体经济氛围的动态索引，个体既是 weif ni 的缔造者，也会被迫卷入其中；（3）weif ni 中包含排斥和张力，它是秩序与失序的结合，而非单一的社会团结的机制；（4）不同的市场主

---

① 深尾叶子：《中国西北部黄土高原における廟会をめぐる社会交換と自律の凝集》，日本《国立民族学博物館研究報告》第23卷第2期，1998年。有关旋涡模型在汉人社会研究中的应用及述评可参见川瀬由高：《日本关于汉人农村的"共同体"论与"祭祀圈"论——回顾与展望》，《中国研究》2014年第19期，第71—73页。

体有的沉浸在 weif ni 之中,有的则能看穿其所隐含的"混乱"(luel)与"不义";(5) weif ni 具有相对性,某个人/行业/社群的热闹意味着其他个人/行业/社群的冷淡,而"现在"的冷淡则会与"过去"的热闹两相参照,市场主体在这种无常变化中不断定位并试图改变自身的处境。

通过对 weif ni 这一来源于白族人生活世界的既有概念的初步理解,我们得以搁置施坚雅为我们留下的边界清晰的客位类型学所无法处理的转型时期中国民族地区农村市场所呈现的混杂和暧昧样态。首先,"街"与"会"二者都包含人群、商品、社会事件与异质性活动的汇集这些有别于日常的特性。其次,基层/中间/中心市场是一个不断运动变化且相互跨越的连续系统。在这其中,人的活动是农村市场复兴重要的动力,而并非像施氏所说,基层市场一定会在现代化中被替代。更重要的是,weif ni 启示了一种关于"人"的市场视角,它不同于古典主义政治经济学的经典预设:市场是一个剥离了人格因素的(impersonal)、理性计算的(rational calculation)、只凭"看不见的手"就能实现运转的真空领域。

热闹的家常常延伸到热闹的市,weif ni 中包含强烈的主体的情感诉求及道德评判。因篇幅所限,我无法进一步展现 weif ni 中有哪些具体的市场活动,农村市场如何与当地的社会习俗互动,以及 weif ni 如何被不同时期的外部政治经济条件所构筑的面相。白语词汇 weif ni 与汉语词汇"热闹"在日常中的混用状态也许本身就说明 weif ni 的存在与外部因素脱不开关系。洱海北岸农村市场在孕育和转变过程中,无论单个市场内部还是不同市场之间,不同地域、阶层和族群之间的对于主动权(initiative)的争夺一直持续存在。渔潭会口承神话中"外部因素带来市场繁荣"的隐喻是否与大理的生态、信仰、移民、族群整合历史,以及白族人居住坝区"要冲"并身处社会变革"前端"的空间处境有关?这是一个值得继续探究的问题。①

20 世纪 90 年代以降,人类学的本体论转向使得之前疲于"再现危机"(crisis of representation)争论的人类学家们看到了新的选择。原来,跨文化的翻译、理解以及人类学知识生成中的权力关系是可以被更具反思性的田野调查实践所纠偏的。我们回到马林诺夫斯基所设立的起点:把握当地人的观点(grasp the native's point of view),重整思路,再次出发。不同以往的是这回人类学家不再执着于精致的理论模型、普世的人类特征,或是潜在的机制,而是勇敢地朝向事情本身。哈布拉德与彼得森精辟地总结道:本体论"转向"(turn)不仅仅是思想的转变,还是一种对关系与态度的"倒转"(reversal),包括当地概念与分析概念、民族志的经验材料与理论的抽象概括、研究对象与研究者的关系等等。②

在这种倒转下,报道人(informant)转变成了对谈人(interlocutor),地方概念不再被客位类型所归并,民族志不再被理论化和分析过程所化约。用哈布拉德与彼得森的话说:我们从不一样地观察(认识论的相对主义)到观察不一样的事物(非认识论的相对主义);搁置外来参照系,以一种开放的态度去释放民族志本身所蕴含的潜力;我们用当地人的修辞去描绘他们的生活,在民族志内部完成抽象,并把它

---

① 在前文所提到的"外来客商逆转本地风水,带来村落繁荣和复兴"的地方传说版本之中,"外部性"是一个很值得玩味的隐喻。因为无论是考虑当今"对外开放"的市场经济语境,还是异质性人群构成的历史背景,如何消化和处理"外部性"一直是大理研究的经典课题。有关陌生人/外部力量与大理地方信仰以及社会结构的探讨可参见:Liang Yongjia, "Stranger-Kingship and Cosmocracy; or, Sahlins in Southwest China," *The Asia Pacific Journal of Anthropology*, Vol. 12, No. 3, 2011; Wu Zhouyang, "Banquet Hospitality and Guanxi: A Case Study at General Temple in Dali, Yunnan," *The Journal of Social Sciences and Humanities*, Vol. 514, 2018.

② M. Holbraad and M. A. Pedersen, *The Ontological Turn: An Anthropological Exposition*, Cambridge: Cambridge University Press, 2017, pp. 2—7.

作为塑造新概念的起点。① 可以说，当代人类学的本体论转向对于中国学界处理作为舶来品的社会科学与本土概念之间的融贯性，以及离开西方理论架构解释自身社会的合理性问题是极具启发意义的。

学者朱晓阳曾指出，像汉语中"家园""势力"或云南方言中"好在"这样的概念一开始就悬置了西方理论中"环境与人力""自然与文化""结构与行动者""地方与国家"等二元预设，而这恰恰是西方学理一直期待的局面。② 类似地，经由 weif ni 这一当地白族人生活世界中的既有概念的启示，本文得以初步反思如何超越市场系统与市场行为、社群与个体、现代商业与传统商业、经济理性与道德考量等多个二元对立，去探寻当地社会文化脉络下的市场的活动及运作情况。市场的研究不可只看"门道"，体悟"热闹"也必不可少。笔者引入本体论路径并非想否认跨文化比较的可能性，而是想要质疑这种比较的基准来源于何处。如此，基于欧陆资本主义市场演进而得出的理论能否用来分析中国社会，或者说"市场"一词在多大程度上具有放之四海而皆准的"本质"。此间种种皆是未来可以在民族志调查中继续追问的议题。

---

① M. Holbraad and M. A. Pedersen, *The Ontological Turn: An Anthropological Exposition*, Cambridge: Cambridge University Press, 2017, pp. 2—29.
② 参见朱晓阳：《地势、民族志和"本体论转向"的人类学》，《思想战线》2015 年第 5 期。

Market Vicissitude, Hot-Cold Movement, and Vernacular Expressions
Anthropological Study on the Bai Concept of *Weif Ni*
Wu Zhouyang

Abstract: By capturing market-related cosmologies, origin folktale, folk songs and market actor's utterance and practice on the northern bank of Erhai Lake, this paper aims to examine the conceptual contour of *weif ni* in Bai people's everyday economic life. To understand *weif ni* from the ontological perspective, we could leave the clear-cut typological interpretation reflected in Skinner's theory. Thus a better understanding concerning the ongoing transition of rural minority areas is achieved. Marketplace is a boisterous scene as well as a dynamic process. The separation and reunion of people, the rise and fall of energy indexes a wavy socio-economic picture. Anthropologist should look marketplace both as "underlying order" as well as the "liveliness". Based on this, we could possibly find a human's market perspectives within specific socio-cultural context.

Key words: Bai people; periodic marketplace; *weif ni*; ontology; market perspective

拉祜族苦聪人名称考：从古宗到苦聪

姜照中**

摘　要　当代拉祜族苦聪人中的拉祜纳又自称"锅搓"［kɔ³¹ tsʰɔ³³］。由于"锅搓"［kɔ³¹ tsʰɔ³³］、"锅锉"二者音近，《新唐书》中的"锅锉蛮"常被视作当代苦聪人的先民。但笔者发现，此一看法其实出自误会。"锅搓"［kɔ³¹ tsʰɔ³³］、"苦聪"其实来对苦聪人的他称。因为在云南，藏族以其堡垒闻名，所以纳西语、白语、汉语中分别称藏族为 ²gvˡdzu、ku²¹tsõ⁵⁵"古宗"，即对藏语康方言中甸话中ཁར་རྫོང་mkhar-rdzong"堡垒"的音译。之后，"古宗"及"苦葱"等异译成了汉语中对经常迁徙的山居人群的泛称，此类人群不仅有当代藏族、苦聪人的先民，还有当代彝族、哈尼族的一部分先民。最终，这种称呼的所指范围逐渐收缩，乃至以"苦聪"的写法固化为拉祜族苦聪人的名称。

关键词　锅锉；苦聪；拉祜；古宗；藏族

DOI：10. 13835/b. eayn. 29. 02

一、前言

苦聪人是拉祜族的一个支系。这一活动于云南南部的族群，主要分布在红河州、玉溪市、普洱市、西双版纳州四地的十多个县。[①]他们所使用的苦聪话由几种相关土语组成。苦聪话与拉祜纳和拉祜西所操的拉祜语方言都属于中部彝语（Central Loloish）中的拉祜语。[②]苦聪人自称"拉祜"，其中有自称分别为"拉祜纳""拉祜西""拉祜普"的三支，而"拉祜纳"确实自称"锅搓"［kɔ³¹ tsʰɔ³³］，或记作"郭抽""哥搓"。[③]

---

*　感谢为本文写作提供了帮助的李晓斌教授、钟小鑫博士、胡冬雯博士及学友庄庄、郑子宁、赵阳、Seda Karataş。
**　姜照中，"台湾清华大学"人文社会学院历史研究所博士研究生。
①　宋恩常：《苦聪人分布概况》，载《中国少数民族社会历史调查资料丛刊》修订编辑委员会编：《云南少数民族社会历史调查资料汇编》（一），民族出版社 2009 年版；常俊之：《元江苦聪话参考语法》，藏庆厦审订，中国社会科学出版社 2011 年版，第 2 页。
②　David Bradley, "The subgrouping of Tibeto-Burman," in Christopher Beckwith (ed.), *Medieval Tibeto-Burman Languages*, Leiden: Brill, 2002, p. 104; 孙剑艺：《拉祜语苦聪话的若干特点》，《民族语文》1992 年第 5 期，第 68 页；李洁、张伟：《苦聪话概况》，《民族语文》2003 年第 1 期，第 68 页。
③　常俊之：《元江苦聪话参考语法》，藏庆厦审订，中国社会科学出版社 2011 年版，第 5 页；李洁、张伟：《苦聪话概况》，《民族语文》2003 年第 1 期，第 68 页；《中国少数民族社会历史调查资料丛刊》修订编辑委员会编：《云南方志民族民俗资料琐编》，民族出版社 2009 年版，第 62 页。

有不少研究将《新唐书》中的"锅锉蛮"①视作当今苦聪人的先民,乃至拉祜族在史籍中的最早身影。其中所见最早者是1977年出版的《云南各族古代史略》一书,该书认为:"'六诏'之南有'锅锉蛮',今新平一带的苦聪人亦名'锅锉'。苦聪人自称'拉祜',唐代的'锅锉蛮'即今拉祜族和苦聪人的祖先。"②而之所以能将这两个族群建立联系,无非是因为"锅搓"[kɔ³¹tsʰɔ³³]、"锅锉"二者的音近。

苦聪人来自"锅锉蛮"的观点在提出之后就很快为学界和编史机构所接受,中外不少文章、书籍,对此观点进行了不断的重复。③《云南简史》说道:"'六诏'之南有'锅锉蛮',今新平一带的苦聪人亦名'锅锉'。苦聪人自称'拉祜',唐代的锅锉蛮即今拉祜族和苦聪人的祖先。"④《拉祜族简史》认为:"现代拉祜纳支系也自称'哥搓',与'锅锉'语音相同。"⑤《墨江哈尼族自治县概况》称:"墨江的拉祜族(苦聪)……自称'锅锉'。"⑥ *Merit and the Millennium* 也说:苦聪人"中的一些自称'Lahu',其他的则更倾向于自称'Kucong'或'Guocuo'(如我们所知,这一名称最早见于汉语文献《新唐书》中)"⑦。

凭借发音的近似建构历史叙述上的相关性,虽然前人的研究思路是正确的,但是唐代的音译距今已有1000多年,无论是汉语、拉祜语,还是"锅锉蛮"的语言在其间都会发生变化。因此我们势必该以相应的汉藏语历史语言学(音韵学)手段考察"锅搓"[kɔ³¹tsʰɔ³³]与"锅锉"能否建立联系。若此联系无法建立,我们便得依历史学方法为"锅搓"[kɔ³¹tsʰɔ³³]寻找确实的来源了。

二、"锅锉蛮":拉祜史研究中的一个误会

民族史研究中,学者往往得在海量的文献中搜索或许有用的只言片语。如果故纸里出现了和今天某个族群名称相似且分布地域相近的古代人群,这个古代人群便经常会被认为是今天那个族群的前身。此种研究思路具有一定合理性。但富于变化的汉语语音会给我们正确理解汉语音译词平添不少麻烦⑧,字形近似的汉字、与现代汉语差异不小的古文⑨,乃至确实雷同的名称⑩都可能给学者带来误会。

在研究拉祜民族的历史时,《新唐书》中的"锅锉"长期被认为就是拉祜族苦聪人的"锅搓"[kɔ³¹tsʰɔ³³]。但这种见解竟然起于误会,因为在苦聪人的语言中,"锅锉"与"锅搓"[kɔ³¹tsʰɔ³³]之间其实难以建立联系。

---

① "戎州……南有离东蛮、锅锉蛮。"欧阳修、宋祁:《新唐书》第222卷下《列传第一四七下·南蛮下》,鼎文书局1981年标点本,第6324页。
② 《云南各族古代史略》编写组编:《云南各族古代史略》,云南人民出版社1977年版,第9页。
③ 虽然有部分学者心存疑虑,因为他们认为唐朝戎州所在与今天苦聪人分布相距悬远。如王叔武:《云南少数民族源流研究》,《云南民族学院学报》1985年第1期,第35页;杜玉亭:《全球化史学中国版:我的史学三境界》,云南大学出版社2013年版,第155页。
④ 马曜:《云南简史》,云南人民出版社1983年版,第13—14页。
⑤ 《拉祜族简史》编写组编:《拉祜族简史》,云南人民出版社1986年版,第6页。2008年修订的《拉祜族简史》则将关于"锅锉蛮"的误解因循。《拉祜族简史》编写组、《拉祜族简史》修订本编写组:《拉祜族简史》,民族出版社2008年版,第7页。
⑥ 《墨江哈尼族自治县概况》编写组编:《墨江哈尼族自治县概况》,云南民族出版社1986年版,第30页。
⑦ Anthony R. Walker, *Merit and the Millennium: Routine and Crisis in the Ritual Lives of the Lahu People*, New Delhi: Hindustan Publishing Corporation, 2003, p. 66.
⑧ Gerard Clauson, *Studies in Turkic and Mongolic Linguistics*, London: RoutledgeCurzon, 2002, p. 4.
⑨ 如,"厥田惟上下"、哈尼族梯田的误会。见古永继:《哈尼族研究中误史的三点辩正》,《民族研究》2007年第3期。
⑩ 如,"白马氐"、白马藏族的误会。见杨士宏:《"白马"藏族族源辨析》,《西北民族大学学报(哲学社会科学版)》1985年第4期;齐卡佳(Katia Chirkova):《白马藏族为氐族说质疑》,《中国语言学集刊》2009年第2期。

我们可先依前人假说，暂认为今天的"锅搓"[kɔ³¹ tsʰɔ³³]——拉祜族苦聪人，他们的先民就是唐代的"锅锉蛮"。如此，则"锅锉蛮"的语言必然位于共同藏缅语（Proto-Loloish-Burman）、共同缅彝语（Proto-Loloish-Burman）、共同彝语（Proto-Loloish），① 乃至共同拉祜语（Common-Lahu）发展至拉祜语苦聪话的某一阶段。

在为中古汉语的拟音中，锅字，平声戈韵见母为[*kua]②；锉字是多音字，平声戈韵从母者为[*dzua]；去声过韵清母者为[*tsʰua]；入声屋韵从母者为[*dzuk]。以下先以去声锉字进行讨论，则"锅锉"发音拟为[*kuatsʰua]。如此，"锅锉"所对原词，其首辅音和主元音间或有圆唇介音，类似[**kuatsʰua]③，或无圆唇介音，类似[**katsʰa]。

若"锅锉"原词首辅音和主元音间有介音。因为苦聪话中的复元音，除iɛ外，多源于汉语借词，或源于前后两个音节的元音的连读④；拉祜语中的复元音同样源于借词⑤；共同拉祜语也缺乏类似音节结构⑥；而共同彝语和更早的祖语拥有*-wa。所以在语言发展史上，拥有*-wa的"锅锉蛮"语言将早于共同拉祜语。"锅锉"的原词可拟为[**kwatsʰwa]。

但问题也随之出现：共同藏缅语（Proto-Tibeto-Burman）至共同彝语的*-wa，在共同拉祜语阶段会变为*-u⑦，在苦聪话中仍为[-u]（或其齿化形式[-v]）。如此，在从共同藏缅语发展至拉祜语（苦聪话）的过程中，"锅锉"[**kwatsʰwa]实在无法演变为"锅搓"[kɔ³¹ tsʰɔ³³]。

表1 从共同藏缅语的*-wa到苦聪话的-u⑧

词义	共同藏缅语 *-wa	共同彝语 *-wa	共同拉祜语 *-u	拉祜纳方言 -u	苦聪话 [-u]
cattle	*ŋwa	*nwa²	*nuˇ	nû	[nv³¹]
handspan	*m-twa	**twa	**thu	thu	[thv³³]
tooth	*s-wa	*swa²	**su	šŭ	[sv³⁵]

则我们不得不做另一番考虑，即"锅锉"原词首辅音和主元音间并无圆唇介音。按照中古音译用字

---

① 据邓晓华和王士元对藏缅语的研究，除景颇语、白语和土家语以外，大部分藏缅语分化出的时间或晚于唐代，或与唐代相近。见邓晓华、王士元：《藏缅语族语言的数理分类及其分析》，《民族语文》2003年第4期，第14页。
② 中古汉语拟音采用郑张尚芳依《广韵》所拟。见林连通、郑张尚芳总编：《汉字字音演变大字典》，江西教育出版社2012年版，第1872—1873、1881页。
③ 标**者为作者所拟。
④ 戴庆厦、常俊之：《元江苦聪话概况》，《民族语文》2009年第3期，第61页；李洁、张伟：《苦聪话概况》，《民族语文》2003年第1期，第69页。
⑤ James A. Matisoff, *The Grammar of Lahu*, Berkeley, Los Angeles, and London: University of California Press, 1973, p. 15；常竑恩等：《拉祜语简志》，民族出版社1986年版，第7页。
⑥ David Bradley, *Lahu Dialects*, Canberra: Australian National University Press, 1979, pp. 131—159.
⑦ James A. Matisoff, *Handbook of Proto-Tibetan-Burman: System and Philosophy of Sino-Tibetan Reconstruction*, Berkeley, Los Angeles, and London: University of California Press, 2003, p. 167; David Bradley, *Proto-Loloish*, London and Malmö: Curzon Press, 1979, p. 178.
⑧ 共同藏缅语的拟音来自James A. Matisoff, *Handbook of Proto-Tibetan-Burman: System and Philosophy of Sino-Tibetan Reconstruction*, Berkeley, Los Angeles, and London: University of California Press, 2003, p. 167. 共同彝语和共同拉祜语的拟音来自David Bradley, *Proto-Loloish*, London and Malmö: Curzon Press, 1979, pp. 294, 302. 拉祜纳方言的词汇来自James A. Matisoff, *The Dictionary of Lahu*, Berkeley, Los Angeles, and London: University of California Press, 1988, pp. 608, 771, 1194-1195. 苦聪话的词汇来自常俊之：《元江苦聪话参考语法》，戴庆厦审订，中国社会科学出版社2011年版，第320、354页。

的普遍习惯，锅、锉等戈韵字一般用来音译元音近［a］的音节。① 无论中原地方，还是云南地方，情况并无二致。自南诏至大理的云南诸帝王号称"摩诃罗嵯"，即梵语 mahārāja。② 则戈韵字摩［﹡mua］③ 对梵语音节 ma。又《蛮书》称："大虫皮亦曰波罗皮。"④ 南诏清平官赵叔达则赋诗道"波罗毗勇猜"，注曰："波罗虎也。"⑤ 则罗［﹡la］、（戈韵字）波［﹡pua］⑥ 分别对南诏语中的［﹡﹡la］（虎）、［﹡﹡pa］（雄性的）。⑦ 如此，"锅锉"的原词也可拟为［﹡﹡katsʰa］。

但问题则更为明显：自共同藏缅语经数个阶段发展至拉祜语（苦聪话），﹡-a 颇为稳定。共同藏缅语的 ﹡-a 在拉祜语中是几无变化的［-a］。⑧ 而它在苦聪话中也仍保持为［-a］（或其音位变体［-ʌ］）。则唐代的"锅锉"［﹡﹡katsʰa］与如今的"锅搓"［kɔ³¹tsʰɔ³³］也实在无法建立联系。

表 2　从共同藏缅语的 ﹡-a 到苦聪话的［-a］⑨

	共同藏缅语	共同彝语	共同拉祜语	拉祜纳方言	苦聪话
词义	﹡-a	﹡-a	﹡-a	-a	［-a］
tiger	﹡k-la	﹡k-la²	﹡lā	lâ	［lʌ³¹］
male suffix	﹡-pa	﹡ʔ-pa²	﹡pa̠	pā	［pa³⁵］
bitter	﹡ka	﹡ka²¹	﹡hk'ā	qhâ	［khʌ³¹］

由此可知，去声锉字所拟唐代汉语"锅锉"［﹡kuatsʰua］推出的"锅锉"原词［﹡﹡kwatsʰwa］或［﹡﹡katsʰa］都无法和今天苦聪话中的"锅搓"［kɔ³¹tsʰɔ³³］建立联系。平声锉字所拟"锅锉"原词可类推为［﹡﹡kwadzwa］或［﹡﹡kadza］。明显它们在韵母方面的情况与去声的相同，自然也都无法和"锅搓"［kɔ³¹tsʰɔ³³］建立联系。入声锉字所拟的"锅锉"原词可类推为［﹡﹡kwadzuk］或［﹡﹡kadzuk］。共同藏缅语至

---

① 如在梵汉对音之中，戈韵字所对应的梵语音节的元音绝大多数为 a 或 ā。储泰松：《梵汉对音与中古音研究》，载孔领达、储泰松主编：《汉语研究论集》，安徽大学出版社 2005 年版，第 293 页；储泰松：《唐五代关中方音研究》，安徽大学出版社 2005 年版，第 177 页。
② 李霖灿：《南诏的隆舜皇帝与"摩诃罗嵯"名号考》，载《中国名画研究》，浙江大学出版社 2014 年版，第 178—197 页。
③ 林连通、郑张尚芳总编：《汉字字音演变大字典》，江西教育出版社 2012 年版，第 919 页。
④ 樊绰撰，向达原校，木芹补注：《云南志补注》第 8 卷《蛮夷风俗第八》，云南人民出版社 1995 年标点本，第 115 页。
⑤ 李昉等编：《太平广记》第 483 卷《蛮夷四·南诏》，中华书局 1961 年标点本，第 3981 页。
⑥ 林连通、郑张尚芳总编：《汉字字音演变大字典》，江西教育出版社 2012 年版，第 750、1335 页。
⑦ 南诏语言的系属不在本文讨论范围之内。若它属于藏缅语，可参考共同藏缅语 ﹡k-la（tiger）、﹡-pa（male suffix）。若它属于汉语，则可参考上古汉语虎［﹡qʰaːʔ］、父［﹡paʔ］。上古汉语拟音采用郑张尚芳系统。见林连通、郑张尚芳总编：《汉字字音演变大字典》，江西教育出版社 2012 年版，第 958、1284 页。马长寿已经发现了南诏语"波罗"一词在语序方面和周边不少亲藏语词（如彝语"雄虎"[laˌlbaˌɬ]）的差异。见马长寿：《唐代云南白蛮语和东爨乌蛮语的调查》，《南诏国内的部族组成和奴隶制度》，上海人民出版社 1961 年版，第 142 页。但其实这种情况在汉藏语中并不罕见。如，在各地汉语中，不仅有称"公鸡、公狗"者、称"鸡公、狗母"者两类，更有称"鸡公、母狗"者。见李蓝：《"鸡公"类词的共时分布与历时源流》，《语文研究》2014 年第 4 期，第 58—59 页。不同藏缅语中形容词和名词的位置也颇有差异。Matthew S. Dryer, "Word Order in Sino-Tibetan Languages from a Typological and Geographical Perspective," in Graham Thurgood and Randy J. LaPolla (eds.), Sino-Tibetan Languages, London: Routledge, 2003, pp. 45—47.
⑧ Matisoff 甚至专门展示了共同藏缅语的 ﹡a 在拉祜语中是如何变化的。James A. Matisoff, Handbook of Proto-Tibeto-Burman: System and Philosophy of Sino-Tibetan Reconstruction, Berkeley, Los Angeles, and London: University of California Press, 2003, pp. 161—164; David Bradley, Proto-Loloish, London and Malmö: Curzon Press, p. 178.
⑨ 共同藏缅语的拟音来自 Paul K. Benedict, Sino-Tibetan: A Conspectus, Cambridge: Cambridge University Press, 1972, p. 134; James A. Matisoff, Handbook of Proto-Tibeto-Burman: System and Philosophy of Sino-Tibetan Reconstruction, Berkeley, Los Angeles, and London: University of California Press, 2003, pp. 138, 164。共同彝语和共同拉祜语的拟音来自 David Bradley, Proto-Loloish, London and Malmö: Curzon Press, pp. 310, 294, 346。拉祜纳方言的词汇来自 James A. Matisoff, The Dictionary of Lahu, Berkeley, Los Angeles, and London: University of California Press, 1988, pp. 276, 811, 1345。苦聪话的词汇来自常俊之：《元江苦聪话参考语法》，戴庆厦审订，中国社会科学出版社 2011 年版，第 322、347 页。

共同彝语的 *-uk 确实有一部分演变成了拉祜语的-o[①]，但它们的第一个韵母仍让二者都无法和"锅搓"[kɔ³¹ tsʰɔ³³]建立联系。

以上，我们通过建立六种拟音，穷尽地考察了唐代汉语"锅锉"[*kuatsʰua]可能对应的"锅锉蛮"语言中的原发音。并发现，所有拟得的"锅锉"原词都无法演变成今天苦聪话中的"锅搓"[kɔ³¹ tsʰɔ³³]。苦聪人源自"锅锉蛮"，这一广为流传的说法其实难以成立。"锅搓"[kɔ³¹ tsʰɔ³³]这一自称在苦聪话里的出处究竟在哪里，则仍有待考察。

三、"苦聪"：由他称转为自称

苦聪人有三支。一支自称"拉祜纳"，"纳"意为黑，汉族就称他们为"黑苦聪"。一支自称"拉祜"或"拉祜西"，"西"意为黄，汉族便称他们为"黄苦聪"。一支自称为"拉祜普"，"普"意为白，汉族即称他们为"白苦聪"。[②]可见，"拉祜"无疑是苦聪人的自称。时至今日，苦聪人依然会说："我们是拉祜族。"[③]这么说是合情合理的，毕竟苦聪人的拉祜纳、拉祜西、拉祜普三支正分别与其他拉祜人中自称 lâhū-nâʔ、lâhū-ši、lâhū-phu 者[④]相对应。

除"拉祜"外，苦聪人中的拉祜纳又有一类自称，或是无鼻音韵尾的"锅搓"[kɔ³¹ tsʰɔ³³]、"郭抽"、"郭周"，或是有鼻音韵尾的"郭聪"。[⑤]然而，经学者考证，这类自称却来自对苦聪人的他称"苦聪"。也就是说，"苦聪"[kʰtsʰuŋ]一词在苦聪话中发生了语音变化，变成了"锅搓"[kɔ³¹ tsʰɔ³³]、"郭聪"，并被苦聪人接纳为自称。[⑥]我们认为，无论从语言学角度，还是从历史学、民族学角度，这一观点都是可信的。

当某语言从其他语言借入一词时，若该词中的语音或语音结构不存在于某语言的固有词汇中，"语者自然会把外来的语音或其系统加以'改造'以符合固有音系"[⑦]。在苦聪话中，"带-ŋ 韵尾的韵母，有些人读为无-ŋ 韵尾的鼻化元音"[⑧]。根据苦聪话的此种语音结构，实在不难想见"苦聪"在苦聪话中或被说成

[①] James A. Matisoff, *Handbook of Proto-Tibeto-Burman: System and Philosophy of Sino-Tibetan Reconstruction*, Berkeley, Los Angeles, and London: University of California Press, 2003, p. 362; David Bradley, *Proto-Loloish*, London and Malmö: Curzon Press, pp. 272—273.

[②] 宋恩常调查与整理：《金平县第三区翁当乡牛塘寨黄苦聪社会经济调查报告》，李老腰、黄正忠、普秀英翻译，载中国科学院民族研究所云南民族调查组、云南省民族研究所编：《云南省红河哈尼族彝族自治州金平县苦聪人社会经济调查（附：插满人社会经济调查）》之一，1963 年版，第 1 页；常俊之：《元江苦聪话参考语法》，戴庆厦审订，中国社会科学出版社 2011 年版，第 5 页。

[③] 戴庆厦主编：《元江县羊街乡语言使用现状及其演变》，商务印书馆 2009 年版，第 59 页。

[④] James A. Matisoff, *The Dictionary of Lahu*, Berkeley, Los Angeles, and London: University of California Press, 1988, pp. 1348—1350.

[⑤] 戴庆厦、常俊之：《元江苦聪话概况》，《民族语文》2009 年第 3 期，第 68 页；常俊之：《元江苦聪话参考语法》，戴庆厦审订，中国社会科学出版社 2011 年版，第 5 页；宋恩常调查与整理：《金平县第三区翁当乡牛塘寨黄苦聪社会经济调查报告》，李老腰、黄正忠、普秀英翻译，载中国科学院民族研究所云南民族调查组、云南省民族研究所编：《云南省红河哈尼族彝族自治州金平县苦聪人社会经济调查（附：插满人社会经济调查）》之一，1963 年版，第 1 页；《民族工作》编辑部编：《民族工作手册》，云南人民出版社 1985 年版，第 21 页。

[⑥] 和即仁：《试论苦聪人的族属问题》，载《民族语文论文集》，云南民族出版社 2006 年版，第 404 页。

[⑦] 谢丰帆：《借词音系学与汉语借词研究》，《当代语言学》2014 年第 3 期。

[⑧] 常俊之：《元江苦聪话参考语法》，戴庆厦审订，中国社会科学出版社 2011 年版，第 13 页。

不带-ŋ韵尾的"锅搓"[kɔ³¹tsʰɔ³³]，或被说成带-ŋ韵尾的"郭聪"。①

且人群名称的泛化、流转，乃至他称变为自称在历史上是极为常见的现象。人类学家甚至认为"民族名称的一般规律是从'他称'转为'自称'"②。一个很著名的例子就是汉族中的客家人将早先的他称"客家"变成了自称。③相似的情况也发生在西南，如川西的么些人因曾于元代归顺蒙古军队，故"自称曰'靼子'，至今犹然"④。在这个例子中，鞑靼人的自称Tatar变成了汉族对蒙古等民族的他称"靼子"，而这一他称又因蒙古族的缘故成了川西么些人的自称。

对于"苦聪"必然出自汉语对苦聪人的他称，前辈学者在民族调查的时代早已做了极好的解说：

> 关于苦聪的含义历来并无明确而肯定的解释，一种解释说"郭抽"是黑苦聪，这可能是根据"郭抽"的读音而得出的解释；另一种解释说苦聪（原作冲）是指生活于贫苦山冲的民族。我仍认为第二种解释恰当，较符合于实际，不然就无法解释苦聪与拉祜西的关系。
>
> 哈尼族中的格角支称拉祜西为"卡库扎"，含义是编背篓的人，这是从拉祜西生产的某些特点而叫的，正如汉族叫他们是黄苦聪一样，也是基于经济生活叫的。
>
> 傣族叫黄苦聪为"查苦聪"，"查"的含义是高山，可见苦聪是借了汉人的称呼，在他们看来苦聪是高山民族。
>
> 无论哪一个民族都不同程度地受汉族称呼的影响，他们也仿汉族叫拉祜为苦聪，拉祜西在长时期被叫为苦聪的过程中，他们本身在与别人交往时也常自称为苦聪，但在拉祜西内部一直是简称拉祜，而不称为苦聪。⑤

因苦聪人生活于"贫苦山冲"，而认为"苦聪"原应作"苦冲"。如此以汉语对"苦聪"进行的解释固然无法使人信服，但所引文字中对"苦聪"由他称变为自称的观点却是确定的。

综上所述，不仅唐代汉字记音的"锅锉"无法推出当今苦聪话的"锅搓"[kɔ³¹tsʰɔ³³]，而且"锅搓"这类名称虽然已经成了部分苦聪人的自称，但其根源却是对苦聪人的他称"苦聪"。20世纪70年代以来，将苦聪人乃至拉祜族的历史上溯到唐代的尝试无疑更难成功。新的问题也接踵而至，即"苦聪"这类他称究竟来自何处，而它又是如何成为对苦聪人的称呼的。对此问题，我们将以历史学的方法进行解答。

---

① 王正华、和少英、李洁、张伟亦有相近观点。王正华、和少英认为"菓葱""苦聪""古宗"等拉祜族的他称就是拉祜语 qʰɔ³³tsʰɔ³³或 kʰɔ³³tsʰɔ³³。见王正华、和少英：《拉祜族文化史》，云南民族出版社1999年版，第7—8页。李洁和张伟亦直接将苦聪人的自称 kɔ³¹tsʰɔ³³ 用汉字记作"苦聪"。见李洁、张伟：《苦聪话概况》，《民族语文》2003年第1期，第68页。
② 费孝通：《中华民族的多元一体格局》，《北京大学学报（哲学社会科学版）》1989年第4期，第4页。
③ 刘镇发：《"客家"：从他称到自称》，《客家研究辑刊》1998年第1、2期。
④ 马长寿：《四川古代民族史考证（下）》，载《马长寿民族学论集》，周伟洲编，人民出版社2003年版，第115页。
⑤ 宋恩常调查与整理：《金平县第三区翁当乡牛塘寨黄苦聪社会经济调查报告》，李老腰、黄正忠、普秀英翻译，载中国科学院民族研究所云南民族调查组、云南省民族研究所编：《云南省红河哈尼族彝族自治州金平县苦聪人社会经济调查（附：插满人社会经济调查）》之一，1963年版，第1页。

四、"苦聪"的由来

"苦聪"这一名称，现今最常见的写法"苦聪"大概固定于20世纪50年代。① 在此之前虽有"苦葱""古宗"等多种写法，但其实这些写法区别只是对同一个词的"译写之异"罢了②，我们可以简便地用"苦聪类称呼"指代它们。

当然，这种同音异写的情况较容易被发现，清人就有提及。曾任云南盐法道的沈寿榕即赋诗称：

志乘流传记苦葱，谐音又与古琮同。短衣射虎苍茫去。白草连天正挽弓。

又注曰：

元江、他郎种人有苦葱。载之志书，形之奏牍，皆此二字。西路又称古琮，音同字别。性好猎。善制弩。③

虽说他误将迤西、迤南所有被称为"古宗""苦葱"者当作一种，但各种"苦聪类称呼"的确是"音同字别"而已，且迤西、迤南二地的古宗间确实存在某种联系。

可是，学者即便知道"苦葱"即"古宗"，也知道苦聪类称呼是对自滇西北至滇南多种族群的他称，却从来没能为这类称呼找到较合理的解释或者出处。④ 面对此种情况，有前辈感叹说：

云南民族多，对有些跨省的民族，如藏族就靠西藏研究，壮族靠广西研究，苗族靠贵州研究，我们力弱就没有很好研究了。但云南其他民族称藏族为"古宗"，为什么这样称？值得研究。是吐蕃从北下来的呢？或是当地民族被吐蕃征服，后来信奉喇嘛教后变成藏族的吗？这个历史还未认真研究。⑤

但我们何必力弱？以下，我们将考察苦聪类称呼暨"古宗"的出处，并论述苦聪人何以被称作"苦聪"。

---

① 杨万智、赵昆艳：《西隆密林的苦聪：苦聪文化的碰撞与应变》，中国书籍出版社2006年版，第14页；叶子键：《走出原始森林建起新村，云南苦聪人陆续定居》，《人民日报》1956年12月28日第4版。
② 尤中：《中国西南民族史》，载《尤中文集》第2卷，云南大学出版社2009年版，第419页。
③ 沈寿榕：《迤南种人纪咏四十首》，《玉笙楼诗录》第10卷《光绪庚辰》，光绪九年刻增修本，第21页b。
④ 或认为拉祜纳的自称"苦聪"kotsʰ，即《新唐书》中的"锅锉"，tsʰɔ意为"人"，kɔ意为"山"，kɔtsʰɔ即意为"山民"。见常竑恩等：《拉祜语简志》，民族出版社1986年版，第2页；王正华、和少英：《拉祜族文化史》，云南民族出版社1999年版，第7~8页。或推测纳西语"古孜"意为"古代酋长所居的地方"。见郭净、段玉明、杨福泉主编：《云南少数民族概览》，云南人民出版社1999年版，第558页。或以"古宗"为བོད་sPu-rgyal "悉勃野"之音译。见丹珠昂奔：《藏族文化发展史（上册）》，甘肃教育出版社2001年版，第463页。或认为"维西、德钦一带的藏族，白族语叫'古宗'，纳西语叫'姑兹'，古代汉文有的写成'姑赠'，意思是'住上头'，即住上方的人"。见张旭：《大理白族史探索》，云南人民出版社1990年版，第55页。
⑤ 王叔武：《云南少数民族源流研究》，《云南民族学院学报》1985年第1期，第36页。

（一）"古宗"："苦聪" 的出现

最迟在明景泰年间，云南的汉人便将藏族称作"古宗"（＊kutsuŋ①）了。景泰《云南图经志》记载巨津州的古宗有"辫发不梳"的风俗：

> 境内有古宗蛮，即西番之别种也。习气暴悍，语言鸩舌。男、妇发辫成百缕，披垂前后，经年不梳，梳则宰牲。祭祀会众，不事盟濯。食生肉，披长毡，胸前结以小绳。其短裳用牦牛毛或黑、白羊毛捻线为之。妇人用青白磁珠、砗碟相间悬于项。风俗大抵与西番同。②

又说在永宁府游牧的西番有"山居野宿"的习惯：

> 西番，民性最暴悍，佩刀披毡，无室屋，夏则山巅，冬则平野以居，而畜多牛马，有草则住，无草则移，初无定所。妇人以松膏泽发，搓之成缕，下垂若马鬃然。又有所谓野西番者，则长往而不可制。③

巨津州、永宁府皆在今丽江，正是云南省内藏族人口颇多的地方，且看引文中"古宗""西番"的风俗、服饰，虽有误解，但确是在写藏族无疑。二者区别或仅在于被该书称"西番"者更具游牧特色。再看隆庆《云南通志》，其中不仅记载巨津州有"辫发鸩舌"的古宗，④还在论及明朝"分制吐蕃"的政策时，明说了以上所见的"古宗""西蕃（番）"就是吐蕃："吐蕃在云南铁桥之北，一名古宗，一名西蕃，一名细腰蕃。"⑤

而在滇西其他语言中，也用发音与汉语"古宗"相似的词语称呼藏族。纳西语中为 ²gv¹dzu。⑥ 白语剑川方言中为 [ku²¹tsɵ⁵⁵xo³³]，[xo³³] 意为"人们"。⑦ 学者认为最初如此称呼藏族的是纳西族，而后随着各民族之间的交往，它亦为白族、汉族所熟知。⑧ 目前看来，我们认为这些对藏族的称呼起码应有一个共同来源，即某个藏语词。

还是最迟在景泰年间，云南与西藏地方势力便在滇、藏、川交界处开始了旷日持久的战争。起先是藏兵南下，之后是云南的丽江木氏北上进取，到了万历年间，丽江府势力最北竟已占据了康南藏区的里

---

① 近代汉语拟音采用郑张尚芳依《中原音韵》所拟的。见林连通、郑张尚芳总编：《汉字字音演变大字典》，江西教育出版社2012年版，第267、442页。《中原音韵》作于元代，去明初颇近。
② 李春龙、刘景毛校注：《景泰云南图经志书校注》第5卷《巨津州》，云南民族出版社2002年标点本，第321页。
③ 李春龙、刘景毛校注：《景泰云南图经志书校注》第4卷《北胜州》，云南民族出版社2002年标点本，第254页。
④ 隆庆《云南通志》第4卷《地理志第一之四》，民国二十三年龙氏重印本，第18页b。
⑤ 隆庆《云南通志》第16卷《羁縻志第十一》，民国二十三年龙氏重印本，第3页a—b。
⑥ 李国文：《东巴文化与纳西哲学》，云南人民出版社1991年版，第188页；J. F. 洛克编著：《纳西语英语汉语语汇》第1卷，和匠宇译，云南教育出版社2004年版，第196—197页。
⑦ 黄布凡主编：《藏缅语族语言词汇》，中央民族学院出版社1992年版，第56页。
⑧ 丹珠昂奔：《纳西族创世神话中的藏文化信息管窥》，载萧金松主编：《海峡两岸中国少数民族研究与教学研讨会论文集》，中国边政协会1996年版，第324页；丹珠昂奔：《藏族文化发展史（上册）》，甘肃教育出版社2001年版，第463页。"滇人少人康者，不知西番，故从摩些语呼为古宗。"见任乃强：《西康图经》，西藏藏文古籍出版社2000年版，第498页。

塘、巴塘等地，且在纯粹的军事行动之外，木氏还将纳西人迁至要害处作为屯戍。① 清朝建立后，随着木氏被和硕特蒙古压服，西藏地方势力便向南扩展直至中甸一带，之后改土归流的实施更极大地削弱了丽江府的实力。②

滇西北的藏族素来擅长建造房屋。光绪《云南地志》中，描写了中甸抃木郎古宗人的习俗和他们简单实用的木质堡垒式建筑：

> 万山中忽见平原旷野。猓猔数家，不成村落。屋用全木横垒，四面为墙，高可数丈，中开一穴为门。下畜牛马，上居人，最上供佛。独木凿齿为梯，以便上下。其俗男子披发跣足，衣牛绒衣，名拉户。女子名阿克几，头多细辫，悉饰珍宝金银。贱者无饰，跣足，或着红牛皮靴。贸易皆女子附戴，语言用通事。③

查民国《维西县志》、民国《中甸县志稿》，不仅都详细描述了"古宗精于建筑"，说他们的多层房屋结构合理，人畜分离，除家畜所在之一层外，他处皆极清洁卫生，且更力称古宗所造房屋"基坚垣厚"④，"土墙坚厚，最能持久"⑤。

正因丽江府和西藏地方势力的争斗，最迟自明代开始，纳西人和藏人便都在滇西北修造了很多堡垒建筑。隆庆《云南通志》在叙述丽江府风俗时，便说：

> 境内夷么些、古宗，或负险立寨，或辫发鸠舌。凡相仇杀，两家妇女投场和解，乃罢。⑥

日后的天启《滇志》、康熙《云南通志》乃至光绪《丽江府志》中也有类似的叙述。⑦ 余远庆《维西见闻纪》则有极细致的描写，称：

> 万历间，丽江土知府木氏浸强，日帅么些兵攻吐蕃地，吐蕃建碉楼数百座以御之，维西之六村、喇普、其宗皆要害，据守尤固。木氏以巨木作硾，曳以击碉，碉悉崩，遂取各要害地，屠其民，而徙么些戍焉。⑧

以下，我们便能看到吐蕃和丽江双方语言中有关堡垒的用词。

---

① 伍莉：《明清时期云南藏缅语诸族关系研究》，云南人民出版社2007年版，第90—92页。
② 伍莉：《明清时期云南藏缅语诸族关系研究》，云南人民出版社2007年版，第104—109页。
③ 光绪《云南地志》上卷《区划·金沙江流域》，光绪三十四年石印本，第15页a。
④ 民国《维西县志》第3卷《第二十一章艺术·建筑》，民国二十一年钞本，第319—320页。
⑤ 民国《中甸县志稿》下卷《社会状况·风俗》，民国二十八年钞本，无页码。关于几种游记中所记滇西北古宗建筑，参见邓章应、白小丽：《〈维西见闻记〉研究》，四川大学出版社2012年版，第84—85页。当然，这些都是较为简单的民间寨堡建筑，关于官式"宗"建筑，详见魏青：《江孜宗堡建筑初探》，载张复合主编：《建筑史论文集》第17辑，清华大学出版社2003年版，第89—97页；周晶、李天：《西藏宗堡建筑探源》，《西藏大学学报（社会科学版）》2008年第4期，第56—61页。
⑥ 隆庆：《云南通志》第4卷《地理志第一之四》，民国二十三年龙氏重印本，第18页b。
⑦ 刘文征：天启《滇志》第3卷《地理志第一之三·风俗》，古永继点校，云南教育出版社1991年版，第111页；康熙《云南通志》第7卷《风俗》，康熙三十年刻本，第11页b；光绪《丽江府志》第1卷《风俗》，第58页b。
⑧ 余庆远撰：《维西见闻纪》，载方国瑜主编：《云南史料丛刊》第12卷，云南大学出版社2001年标点本，第58页。

藏人所筑堡垒，其具体形式颇为多变。反映在藏语中，无论小如土匪窝，还是大如真正意义上的城，这些堡垒都能被称作 རྫོང་ rdzong "宗"。如小中甸镇的 བྱ་རོག་ Bya-rog rdzong "辖儒宗"早先就是一匪巢之名，因为历史上"有一绰号叫'辖儒'（乌鸦）的土匪，常盘踞在此"①。又如西藏地方势力所筑的朵克宗 རྡོ་མཁར་རྫོང་ rDo mkhar-rdzong，即"石头城堡"，不仅是筑有高墙的城，还是 དགའ་ལྡན་ཕོ་བྲང་ dGa'-ldan pho-brang "甘丹颇章"治下整个中甸的治所。至此，我们看到的词语 མཁར་ mkhar、རྫོང་ rdzong，及它们合成的 མཁར་རྫོང་ mkhar-rdzong，三者的语义都是堡垒、要塞。②而 rdzong 的引申义"行政区，县"也很常用。如中甸县的藏语名 རྒྱལ་ཐང་རྫོང་ rGyal-thang rdzong（建塘宗），即殊胜地方（rgyal-thang）县（rdzong）。于是，在滇西北地方便总能见到带有 mkhar、rdzong 的地名，其中一些据说甚至得名于中古时期的吐蕃驻军。③

丽江木氏亦为这类地名做出了贡献。他们在与西藏地方势力的争斗中也建立了很多堡垒，同样称为 rdzong、mkhar。如在滇、藏两地，地方势力交兵时双方所建的大量堡垒都被称作"姜宗""居宗"，即 ལྗང་རྫོང་ lJang-rdzong。木氏所筑 lJang-rdzong "姜宗"，其中最深入西藏者距拉萨仅三天路程，最有名者即今小中甸镇的木天王城。④ ལྗང་ཡུལ་ lJang—yul "姜域"、ལྗང་གི་ཡུལ་ lJang-gi-yul 是藏人对云南的称呼，也可特指丽江。ལྗང་ lJang 可能来自中古时期西南的地名"绛郡"或"绛县"⑤，ཡུལ་ yul，地方。则 lJang-rdzong "姜宗"无非意为云南人的堡垒或丽江人的堡垒。又如在双方争夺的川藏交界的巴塘、盐井、德荣一带，木氏设"宗"多达七处。在康区，丽江府势力还设官员，名为"绛本"。⑥"绛本"，无疑即藏语 ལྗང་དཔོན་ lJang—dpon，云南官或丽江官也。⑦而纳西语中意为村寨的古词 dʑu 或即借自藏语 རྫོང་ rdzong "宗"。此外，在今东旺乡，丽江府不仅筑了一座 lJang-rdzong "姜宗"，还在其旁边建了另一处驻扎着纳西士兵的军事建筑 མཁར་སྣ་སྡིངས་ mKhar-sna sdings "开南顶"，意为城堡（mkhar）前（sna，意为鼻）的平台（sdings）。⑧这里，很明显能看到，rdzong、mkhar 等藏语词已经为滇西北的其他民族所熟知。

于是，我们认为，藏族的他称"古宗"来自他们所居之堡垒。各族语言中的"古宗"应是对藏文 མཁར་རྫོང་ mkhar-rdzong——"རི་སྒང་ལ་འཇིགས་པའི་བཀོད་པ་བཟང་པོ་ 碉楼，石堡。修建在山头等处的坚固堡垒"⑨——一词的音译。依藏文到现代藏语方言的发音演变规律，在迪庆的藏语中甸话（建塘镇话）中，mkhar-rdzong 的

---

① 苏郎甲楚：《"宗"和"宗"设置的探讨》，载《苏郎甲楚藏学文集》，云南民族出版社 2007 年版，第 85—86 页。
② "མཁར་རྫོང་སྲུང་མའི་ 名词。城堡，山寨，碉楼。原意为官家住处。" "རྫོང་ 名词。（1）མཁར་ 堡垒，山寨，要塞。……（2）བར་གཤིས་ཀྱི་ཚད་མ་ 密度。紧密的程度。……（3）ཤེང་འཛིན་ས་ཞིག་ 宗。县级行政区或治所名。元代已有此制。" 见张怡荪主编：《藏汉大辞典》，民族出版社 1993 年版，第 299—300、2361 页。Melvyn C. Goldstein (ed.), *The New Tibetan-English Dictionary of Modern Tibetan*, Berkeley, Los Angeles, and London: University of California Press, 2001, pp. 154, 916.
③ 苏郎甲楚：《"宗"和"宗"设置的探讨》，载《苏郎甲楚藏学文集》，云南民族出版社 2007 年版，第 85—86 页。
④ 苏郎甲楚：《"宗"和"宗"设置的探讨》，载《苏郎甲楚藏学文集》，云南民族出版社 2007 年版，第 78、84—85 页；杨福泉：《纳西族与藏族历史关系研究》，民族出版社 2005 年版，第 123—129 页。
⑤ 杨海潮："萨当汗"考，载木仕华主编：《丽江木氏土司与滇川藏交角区域历史文化研讨会论文集》，中国藏学出版社 2008 年版，第 354—355 页。
⑥ "七宗"分别为"日雨宗、刀许宗、宗恩宗、麦纳宗、三岩宗、茶卡宗、巴拉英宗"。见杨嘉铭、阿绒：《白松乡纳西族社会历史调查报告》，政协四川省甘孜藏族自治州委员会编：《甘孜州文史资料》第 18 辑，2000 年，第 249—278 页。或总结为五个宗，分别为"得荣卖那宗（今德荣）、日雨中咱宗（今中咱）、宗岩中咱宗（今崇岩）、刀许宗（今波柯）、察哇打米宗（今西藏芒康）"。见伍莉：《明清时期云南藏缅语诸族关系研究》，云南人民出版社 2007 年版，第 91 页。
⑦ "ལྗང་དཔོན་ dByangs dpon 官，宦，吏，头目，老爷"。见张怡荪主编：《藏汉大辞典》，民族出版社 1993 年版，第 1641 页。
⑧ 杨福泉：《纳西族与藏族历史关系研究》，民族出版社 2005 年版，第 125—126 页。
⑨ 张怡荪主编：《藏汉大辞典》，民族出版社 1993 年版，第 301 页。

发音应为 [＊＊kʰɯdzō]①，正可与纳西语² gv¹dzu、白语剑川方言 [ku²¹tsō⁵⁵]、汉语"古宗"[＊kutsuŋ] 对应。②

而"古宗"并非操藏语者仅有的一次以其被称作 rdzong 的堡垒为名。不丹的通用语言被称为 Dzongkha，即རྫོང་ཁ rDzong-kha，意为城堡话。③

此外，中甸的白族称藏族为"各弱"。④中甸白族操白语碧江方言，自有鼻化元音⑤，无需以口元音对藏语的鼻化元音；且"弱"字声母更合擦音。若此记音不误，则"各弱"与 [ku²¹tsō⁵⁵] 恐非一词，而或与缅甸北部克钦邦（与西藏察隅，及云南怒江、保山、德宏相邻）的 Rawang 语中对藏族的称呼 Gázu（国际音标 kazu）⑥有相同来源。我们认为"各弱"、[kazu] 应是对藏文 མཁར་བསེལ mkhar-bsel——"(རྫོང་) མཁར་སྲུང་དམག་མི།护城。守护城寨的兵"⑦——这一古词的音译。在藏语中甸话中 mkhar-bsel 的发音应为 [＊＊kʰɯɕo]⑧，正可与白语"各弱"、Rawang 语 [kazu] 对应。

因为云南、西藏双方的地方势力在历史上斗争不断，"古宗"这一对藏族的称呼又来自战场，所以它往往带有贬义。⑨道光《云南通志》引余庆远《维西见闻纪》称，在清代的维西厅，明代时就被丽江木氏统治着的藏族因散居纳西族之中，且习俗接近纳西族，被称作"么些古宗"，那些居于奔子栏、阿墩子等地，依旧保持藏族习俗者则被贬称作"臭古宗"。⑩"古宗"有时甚至成了对社会经济不甚发达或山区里居无定所的人群的宽泛的蔑称。李其昌在《西藏风土记》中谈到阿墩子地方"服饰奇特"且一妻多夫的藏族，即前文所谓"臭古宗"之后，竟提及有一种不知名的山居人群被称作"野古宗"，他们"貌深黑，居于岩中，以游猎为生"。⑪既然此处已多藏族，且作者已说了当地藏族仍保有本族风俗，则"野古宗"可能并非藏族，而是某种今已不可考的族群。

---

① 取霖旺电：《藏语迪庆方言语音研究》，浙江大学 2012 年硕士学位论文，第 18—19、30—32 页。
② 该词第一个音节的韵母，藏语中为 [ɯ]，其他语言中为 [u]。[ɯ]、[u] 二者部位相同，区别只在圆唇与否，对音应无问题。这或是在借词的过程中发生了圆唇化（labialisation）。如，香格里拉纳西语在从香格里拉西南官话借词时，汉语的 [e] 会变为纳西语的 [əu]；汉语的 [a] 也可变为纳西语的 [əu]。见陈文美：《云南香格里拉纳西语研究》，四川师范大学 2010 年硕士学位论文，第 131 页。汉语"猥亵"，白语 wuil suil。见潓川：《白语的词汇》，载徐琳主编：《白族语言文字研究文献选编》第 1 卷，云南民族出版社 2008 年版，第 343 页。或是在借入后发生了逆同化（regressive assimilation）。如，纳西语中，"有些复音词，第一音节的韵母与第二音节的韵母部位相近，在连读时往往产生韵母逆同化现象"。纳西语中，韵母 [v] 与 [u] 是两个对立的音位。见和即仁、姜竹仪：《纳西语简志》，民族出版社 1982 年版，第 9、11 页。
③ Michael Vaillancourt Aris, *A Study on the Historical Foundations of Bhutan: with a Critical Edition and Translation of Certain Bhutanese Texts in Tibetan*, Thesis for the Degree of Doctor of Philosophy in the University of London, 1978, p. 15.
④ 段志诚主编：《中甸县志》，云南人民出版社 1997 年版，第 145 页。
⑤ 徐琳、赵衍荪编著：《白语简志》，民族出版社 1984 年版，第 116—123 页。
⑥ J. LaPolla and David Sangdong, *Rawang-English-Burmese Dictionary: A Tibeto-Burman Language Spoken in Myanmar*, Myitkyina: Breakthrough Language Development and Training Center, 2015, p. 116.
⑦ 张怡荪主编：《藏汉大辞典》，民族出版社 1993 年版，第 300 页。
⑧ 取霖旺电：《藏语迪庆方言语音研究》，浙江大学 2012 年硕士学位论文，第 18、33 页。
⑨ 丹朱昂奔：《纳西族创世神话中的藏文化信息管窥》，载萧金松主编：《海峡两岸中国少数民族研究与教学研讨会论文集》，中国边政协会 1996 年版，第 324 页；丹珠昂奔：《藏族文化发展史》（上册），甘肃教育出版社 2001 年版，第 463 页。
⑩ 阮元、伊里布等修，王崧、李诚等纂：道光《云南通志·南蛮志·种人》，载方国瑜主编：《云南史料丛刊》第 13 卷，云南大学出版社 2001 年标点本，第 375 页。"近摩些者曰'摩些古宗'，即同化于摩些较深之西番也。远摩些者曰'臭古宗'，即同化于摩些较浅之游牧番人，衣服不洁，体多酥油败臭者。"见任乃强：《西康图经》，西藏藏文古籍出版社 2000 年版，第 498 页。此外，时至今日，仍有纳西化的藏族被称作"伙古宗""梅古宗"。见杨福泉：《纳西族与藏族历史关系研究》，民族出版社 2005 年版，第 402—404 页。
⑪ 李其昌述，曹炎申记：《西藏风土记》，《青年进步》1917 年第 5 期，第 36 页。

(二)"苦聪"的泛化

"臭古宗"和"野古宗",均是在"古宗"前主观地冠上汉语形容词。这类情况的出现,反映出操汉语者已能熟练使用古宗一词。"野古宗"很有可能还展示了古宗一词的泛化,即"古宗"不再仅指藏族,而是能用来指称其他非"我",且被"我"主观认为社会经济发展程度较低的像古宗那样的山居、迁徙的族群。

在"古宗"的所指发生了此种泛化之后,操汉语者就常用苦聪类称呼指称那些并非藏族,却又让操汉语的言说者感到与其心目中的"古宗"同样居住于山林之中,时常迁徙,且生活状态并不理想的族群①,见于文献者便是"古宗""苦葱""果葱"等五花八门的用字。

在云南的广大地域内,被以苦聪类称呼指称的人群分布极广,北至今德钦县,南至今普洱市思茅区。②在自明初至民国的漫长时期里,苦聪类称呼一直被随意使用,并未固化成对当今苦聪人的专称。

1. 越州的古宗

其实"古宗"一词的泛化极早,约在元末明初就被用以指称并非藏族的人群。明洪武二十一年(1388),越州土知州阿资叛乱,沐英、傅友德前往讨伐。黄光昇《昭代典则》论及此事,称:

> 阿资者,土官龙海之弟。越州,夷言为苦宗部,元末龙海居之。部属俱啰啰种。③

陈建《皇明通纪法传全录》所记与《昭代典则》相同④,不著撰人之《秘阁元龟政要》则将"苦宗部"写作"古宗部"。⑤泉州黄光昇,嘉靖八年(1529)进士。曾任兵科给事中、四川参政、四川右布政使;后以副都御史巡抚四川;又以兵部侍郎兼右佥都御史总督湖广川贵;再历任北京刑部尚书、南京户部尚书。⑥东莞陈建(1497—1567),明朝后期重要的理学家、史学家,曾于云南任试官。其父陈恩亦长期于云南工作,乃至卒于广南府知府任上。⑦黄、陈二人既有这般背景,著书时定能占有可靠材料,所写

---

① 王文光、龙小燕:《云南民族的历史与文化概要》,云南大学出版社2009年版,第193—194页。
② 尤中:《中国西南的古代民族》,云南人民出版社1980年版,第338—340页。
③ 黄光昇:《昭代典则》第10卷《太祖高皇帝》,万历二十八年万卷楼刻本,第34页a。
④ "阿资者,土官龙海之地。越州,夷言为苦宗部。元末龙海居之。部属俱啰啰种。"见陈建:《皇明通纪法传全录》第9卷,崇祯九年刻本,第9页b。
⑤ "阿资者,土官龙海之弟也。越州,古夷言为古宗部。元末龙海居之。部属俱啰啰之种。"见不著撰人:《秘阁元龟政要》第14卷,明钞本,无页码。
⑥ 万历《湖广总志》第19卷《秩官三》,万历十九年刻本,第4页b;乾隆《泉州府志》第42卷《人物列传·明列传四》,光绪八年刻本,第70页a—73页a。
⑦ 郭棐:《粤大记》第20卷《献征类·循良懋绩》,黄国声、邓贵忠点校,广东人民出版社2014年标点本,第625页;杜联喆撰,冯金朋译:《陈建》,载富路特(Luther Carrington Goodrich)、房兆楹主编:《明代名人传》(一),北京时代华文书局2015年版,第209—213页。

自当可信。①

如此，明朝初年时，龙海、阿资所领虽被越州人称作"古宗部"或"苦宗部"，他们的种类其实是"啰啰"②。又据《土官底簿》可知，阿资败死后，明朝任命其子禄宁为亦佐县土县丞，传承有序。③至清末，阿资的后裔仍为曲靖府平彝县（前亦佐县并入之）土县丞。且直到当代，他们都依旧被认为是彝族。④

至于龙海、阿资被称作"古宗"的原因，其实也不难推测。查景泰《云南图经志》可知越州所在之曲靖府沾益州"罗罗以黑、白分贵贱"：

> 罗罗，一名爨，而有黑、白之分。黑爨贵，白爨贱。讹为寸。男子椎髻被毡，摘去须鬓，以白布裹头，或黑毡缦竹笠戴之，名曰茨工帽。见官长、贵人，脱帽悬于背，以为礼之敬也。胫缠杂毡，经月不解。穿乌皮漆履，带刀背笼，一有忿戾，则拔刀相向，此又其性之悍也。⑤

查天启《滇志》，即能见曲靖黑、白两种罗罗更具体的情况。白猡猡"在曲靖者，于夷为贱种"。

> 黑猡猡。男子挽发，以布带束之，耳带圈坠一只，披毡佩刀，时刻不释。妇人头蒙方尺青布，束于额上，短衣上披袈裟，桶裙结绣，上下回文，手象牙圈，跣足，顶带红绿珠，杂海贝砗磲，以多为胜。在夷为贵种，凡土官营长，皆其类也。土官服虽华，不脱夷习。土官妇缠头彩缯，耳带金银大圈，服两截杂色锦绮，以青缎为套头，衣曳地尺许，背披黑羊皮，饰以金银铃索。各营长妇，皆细衣短毡，青布套头。其在曲靖者，居深山，虽高岗硗陇，亦刀耕之，种甜、苦二荞自赡。善畜马，牧养蕃息。……葬，贵者裹以皋比，贱者羊皮，焚诸野而弃其灰。⑥

龙海、阿资既为营长、土官，则系黑猡猡无疑。而曲靖黑猡猡，性情勇猛；男子垂发；妇人以彩珠、砗磲为饰；以毡为衣服；营牧业；火葬。各种风俗确实与前述藏族之古宗相似。无怪乎会被当地人称作"古宗部"。

2. 道光《云南通志》中的四种"古宗"

阮元等人所修的道光《云南通志》"体例整赡，详略适当"，且"正文专引成书，不敢参入私议，亦

---

① 又有一类文献，以阿资为龙海子，其部名则作"苦麻部"。如，"阿资者，土官龙海子也。越州，夷言为苦麻部。元末龙海居之。部属俱啰啰种"。见《明太祖实录》第193卷《洪武二十一年八月至九月》，台北"中央研究院"历史语言研究所，1966年据北京图书馆藏红格钞本影印，第2906页。"阿资者，土官龙海子也。越州，蛮呼为苦麻部。元末，龙海居之，所属俱罗罗斯种。"见《明史》第313卷《列传第二百一·土司四·云南土司一·曲靖》，鼎文书局，1980年标点本，第8083页。"阿资者，土官龙海子也。越州，蛮呼为苦麻部。元末龙海居之。所属俱啰啰斯种。"见咸丰《南宁县志》第1卷《纪事》，咸丰二年钞本，第3页b。称"古（苦）宗部"的几种文献皆以阿资为龙海弟，这既是错误，又能说明它们所据材料之原始。作"苦麻部"者则系经过修改之文献，其中固然已将阿资、龙海二人关系更正，却或因"苦麻"更似汉语词，故将"苦宗"误改。
② "啰啰"是今彝族的部分先民。在文献中，其族名又被记作"罗罗""猡猡""倮倮"等。
③ 《土官底簿》上卷《云南》，清文渊阁四库全书本，第38页b—40页a。
④ 龚荫：《明清云南土司通纂》，云南民族出版社1985年版，第147页。
⑤ 李春龙、刘景毛校注：《景泰云南图经志书校注》第2卷《曲靖军民府》，云南民族出版社2002年标点本，第120、125页。
⑥ 刘文征：天启《滇志》第30卷《羁縻志第十二·种人》，古永继点校，云南教育出版社1991年标点本，第995页。康熙《云南通志》等省志亦类似。康熙《云南通志》第27卷《种人》，康熙三十年刻本，第35页a—b。

不敢漏载出处",素来被认为是现存多种明、清省志中之最佳者。① 在比对了清代康熙、雍正、道光、光绪、光绪续五种省志对几种"古宗"的相应记载②后,我们发现道光省志所收材料确实最为翔实。故以下以道光省志中的记载为纲,比对其他文献,如此讨论几处并非藏族的古宗。

道光《云南通志》有"古宗"一条,其中引《皇朝职贡图》,称有古宗分布于鹤庆、丽江和景东三府;引《恩乐县志》,称有古宗分布于(镇沅府)恩乐县;引余庆远《维西见闻纪》,称维西有么些古宗、臭古宗;又引伯麟《图说》,称有古宗分布于丽江府和镇沅州。③看该条所记服饰、佛教、火葬种种风俗,再结合《皇朝职贡图》、伯麟《图说》中的图像④,知其单讲藏族⑤。这些藏族自滇西北流入云南,最南已达景东、镇沅。省志引《维西见闻纪》提及维西保有藏族风俗的臭古宗"以土覆屋,喜楼居",不曾说流入南方的古宗有何种建筑,而往往描述他们山居、迁徙、种植青稞。很明显,藏族并未定居于南部地区,他们到此若非游牧,便是经商。⑥ 而这些"流动人口"也使众人对古宗山居、迁徙的印象得以强化,为"古宗"称呼的泛化提供了便利。

道光省志又有"小古宗""野古宗""苦葱"三条。"小古宗"一条引《景东厅志》,称景东有小古宗:

小古宗,男如小佧伢。女短衣,以带缠腰下,着麻衣、密褶裙,织麻布。以叶构棚,无定居,略种杂粮,取山芋菜以为食。性嗜猎,喜酒。丧葬掩土,不知祭祀。

"野古宗"一条引伯麟《图说》,称镇沅、元江有野古宗:

野古宗,貌深黑,于岩石崒屼处,与麋鹿伍,无室庐。

"苦葱"一条引用四则。第一则引《皇朝职贡图》,称临安、元江、镇沅、普洱有"苦葱":

居傍山谷,男子椎结,以蓝布裹头,着麻布短衣,跣足。挟刀弩,猎禽、兽为食;妇女短衣长裙,常负竹笼,入山采药。土宜禾稻,岁输粮赋。其在三猛者,以六月廿四日为年,十二月廿四日为岁首。至期烹羊、豕祀先,醉饱歌舞。

第二则引旧《云南通志》(即雍正《云南通志》),称:

---

① 方国瑜:《清修云南省诸志书概说》,《思想战线》1981 年第 6 期,第 53 页。
② 康熙《云南通志》第 27 卷《种人》,康熙三十年刻本,第 43 页 a、45 页 a;雍正《云南通志》24 卷《种人》,乾隆元年刻本,第 36 页 a、37 页 b、39 页 a;光绪《云南通志》第 201 卷《南蛮志三之三》,光绪二十年刊本,第 26 页 a—31 页 b;光绪《云南通志》第 202 卷《南蛮志三之四》,光绪二十年刊本,第 9 页 a—10 页 a;光绪《续云南通志稿》第 161 卷《种人》,光绪二十七年刊本,第 16 页 a—18 页 b、26 页 b—27 页 a。
③ 阮元、伊里布等修,王崧、李诚等纂:道光《云南通志·南蛮志·种人》,载方国瑜主编:《云南史料丛刊》第 13 卷,云南大学出版社 2001 年标点本,第 374—376 页。
④ 李瑜:《〈皇清职贡图〉、"滇夷图"中的云南古宗图像解析》,《云南民族大学学报(哲学社会科学版)》2016 年第 4 期,第 148—153 页。
⑤ 所引《恩乐县志》文字或非涉藏族。见尤中:《中国西南的古代民族》,云南人民出版社 1980 年版,第 362 页。
⑥ 王文光、龙小燕:《云南民族的历史与文化概要》,云南大学出版社 2009 年版,第 140 页。

(苦葱,临安、元江、普洱皆有之。)性险,居山崖,种荞、稗度日。男女混杂,不知礼义。衣服多同糯比。①

第三则引《宁洱县采访》《他郎厅志》,称思茅、威远、他郎、宁洱有"苦葱":

性情淳良,近亦颇知礼义。男穿青蓝布短衣裤,女穿青蓝布长衣,下着蓝布桶裙,短不掩膝。耕种之外,男多烧炭,女多织草为排,负鬻于市。剥蕉心煮食,亦负薪入市。

第四则引《思茅厅采访》,称:

(苦葱)形状粗野,打猎为生。居处无常,山荒则徙。②

虽然因为与云南藏族有着类似的山居、迁徙、种植高海拔作物习俗,所以被命名为"古宗",但被"小古宗""野古宗""苦葱"所指称的人群其实却并非藏族。

3. 景东和普洱的古猔

据道光《云南通志》,景东既有古宗,又有小古宗,则二者必非一种,仅是因有相似之处,故皆为汉人称作"古宗"。且看景东之小古宗之"丧葬掩土,不知祭祀",与云南藏族之火葬习俗、佛教信仰实大相径庭。当然,有时候人们还是会将景东之小古宗径自呼为"古宗",如:

图1 临安等府苦葱蛮及蛮妇③

---

① 括号内文字据雍正旧志补。见雍正《云南通志》第24卷《种人》,乾隆元年刻本,第37页b。亦见于《滇小记》,倪蜕纂录:《滇小记·滇云夷种》,载方国瑜主编:《云南史料丛刊》第11卷,云南大学出版社2001年标点本,第152页。
② 阮元、伊里布等修,王崧、李诚等纂:道光《云南通志·南蛮志·种人》,载方国瑜主编:《云南史料丛刊》第13卷,云南大学出版社2001年标点本,第376、380页。
③ 《皇清职贡图》第7卷《临安等府苦葱蛮》,清文渊阁四库全书本,第36页a—b。尽管《皇清职贡图》赋予"苦葱"的统一形象并不能表现真实情况,因为被称作"苦葱"的并不止一种族群,但至少这种"苦葱"明显不是藏族打扮。

古猔猱捷更粗疏，叠叶为棚不定居。猎兽网禽夸本事，饱餐山芋乐宽余。

这是乾隆年间的拔贡曹鹤鸣，在《郡属杂咏》①中为描写家乡景东各种风俗写下的诗句。其中所说的"叠叶为棚"明显不是藏族风格，却正与小古宗"以叶构棚"的习俗相合。而以上省志所引《景东厅志》中描述小古宗的文字，其实一直到民国《景东县志稿》"小古猔"一条中仍在沿用。②这古宗之中，应该就有当代景东苦聪人的先民了。

道光省志所引诸书中的普洱苦葱见于道光《普洱府志》者，其记载虽然用字不同，为"古猔"或"苦猔"，但反映的情况，乃至"苦猔"一条中所写都与省志"苦葱"一条所引第三则全同。③仅在《风俗》一章中多出数句信息：

> 原隰多摆夷。山箐多古猔。而棘人、猓猓杂居村落。同为土著，性皆驯朴，惟崇尚巫鬼，迁徙靡常。④

刘慰三光绪年间所撰《滇南志略》亦称有苦葱居于普洱府，其记载乃是对省志"苦葱"一条全四则的综合。⑤当时当地的苦葱中，自然就有现今宁洱、思茅等地的苦聪的先民。

4. 元江和新平的苦葱

看道光省志，元江州的"野古宗""苦葱"，明显指的不是藏族。虽然不能断言它们所指为谁（二者很可能都是泛称），但其中必不仅有操拉祜语者，还有操哈尼语者。

道光年间的元江州新平县地方，早在明代就已经有了被称作"苦葱"的居民。天启《滇志》称："孔答、喇吾、比苴、菓（果）葱、喇鲁俱在新化州。"⑥此后康熙、雍正两种《云南通志》如此因袭，并未写清。⑦好在清人倪蜕于康熙末年写成了《滇小记》一书。⑧书中对当地的情况进行了说明，即分布于新平县（前新化州已并入之）的孔答、喇吾、比苴、果葱四种悉为"窝泥种类"；他们虽然在那个时代就懂得了"三时耕种"，"已渐近良民"；但仍是"盘头毂弩，素为鲁魁贼目所役属"，且"至冬则四散为贼"。⑨此外，民国《元江志稿》"苦葱"一条，引旧州志，说苦葱：

> 居无定处，缘箐而居。衣粗食淡，故以苦名。刀耕火种，常食荞麦。衣服多与窝泥同。⑩

---

① 民国《景东县志稿》第18卷《艺文志六·竹枝词》，民国十二年石印本，第12页a。
② 民国《景东县志稿》第2卷《地理志·种夷》，民国十二年石印本，第37页b。
③ 道光《普洱府志》第18卷《种人》，咸丰元年刻本，第19页a—b。
④ 道光《普洱府志》第9卷《风俗》，咸丰元年刻本，第1页a。
⑤ 刘慰三：《滇南志略》第3卷《普洱府》，载方国瑜主编：《云南史料丛刊》第13卷，云南大学出版社2001年标点本，第197页。
⑥ 刘文征：天启《滇志》第30卷《羁縻志第十二·种人》，古永继点校，云南教育出版社1991年标点本，第1002页。
⑦ 康熙《云南通志》第27卷《种人》，康熙三十年刻本，第45页a；雍正《云南通志》第24卷《种人》，乾隆元年刻本，第39页a。
⑧ 邓长风：《清代学者倪蜕生平及贡献述略》，《云南师范大学学报（哲学社会科学版）》1988年第3期，第62页。
⑨ 倪蜕纂录：《滇小记·滇云夷种》，载方国瑜主编：《云南史料丛刊》第11卷，云南大学出版社2001年标点本，第154页。
⑩ 民国《元江志稿》第20卷《种族志一·种人》，民国十一年铅印本，第24页a。

如此，则道光年间的元江州，定有"窝泥种类"的苦葱无疑。而且当地苦葱的生活长期并未改善，人们甚至会以诗句感叹苦葱之困苦：

> 阴阴深箐结茅庐，火种刀耕服食粗。最是苦人真好苦，膏粱鸩毒中他无。

这是光绪年间的元江举人刘承祚所作《元江种人竹枝词》中的《苦葱》一首①，此时新平县仍属元江州。查道光《新平县志》②，乃至民国《新平县志》（民国时新平、元江各自设县），其中仍称：

> 苦葱，即《滇系》所在果葱一种。性险，居山崖。种荞麦为食。衣裤一连。男女混杂，不知礼义。③

即见二者还在使用与雍正《云南通志》中"苦葱"一条几无区别的旧说，便知他们的生产、生活状态一直没有太多变化。民国《元江志稿》则据当时采访，用与道光省志"苦葱"一条第三则全同的文字，以"苦葱"一条描述了他们的境况。④ 直到民国时期，新平县、元江县苦聪的技术、文化在汉人眼里仍属落后，他们在山林中过着居无定所的生活，种植高山作物，故依旧被称作"苦葱"。

（三）"苦聪"的收缩和固化

据上节可知，明清时期被称作"古宗"或者"苦聪"的族群中，不仅有与藏族有关者，而且还至少有操彝语者、操哈尼语者、操拉祜语者。与藏族无关的被言说者之所以被如此指称，无非是因为操汉语的言说者认为那些族群在生产、生活或文化方面与藏族古宗存在相似之处。非藏族族群的苦聪类他称，其所指的变化，无论扩散时、收缩时，乃至固化时，一方面固然与被称作"苦聪"者自身情况、自称有关，另一方面则无疑受到言说者所持观念的强烈影响。

越州的"古宗"仅于明初被如此称呼。其原因显而易见：那时人们就已经知道这所谓的"古宗"是"啰啰之种"了。何况当地的罗罗与其他民族居民的交往不少，即使是明代前期的景泰《云南图经志》也已对罗罗文化有了深入了解。该书不仅细致描述了曲靖府罗罗的占卜方法、春节游戏、行礼姿态、婚礼仪式，更认为罗罗虽然悍勇，但在道德方面着实优于当地沉溺于"刀锥之利"的其他族群：

---

① 民国《元江志稿》第26卷《艺文志三·诗类下》，民国十一年铅印本，第19页a。
② 道光《新平县志》第6卷《种人》，道光七年钞本，第16页a。
③ 民国《新平县志》第5卷《第十五氏族·种族》，民国二十二年石印本，第3页b—4页a。《滇系》除了多录《维西见闻纪》外，对几种古宗、果葱的记载并不比道光省志详细。师范：《滇系》第37册《属夷》，光绪十三年刻本，第14页b、19页a、20页b—30页b。
④ 民国《元江志稿》第20卷《种族志一·种人》，民国十一年铅印本，第24页a。

其俗喻利。郡中亦夷汉杂出，列屋于府、卫、州、县之近者，大抵多汉、僰。武人相竞，以逐刀锥之利，而亲贤敬上、隆师取友、尽忠勤事之义，懵然不知留意。其曰罗罗者，则散居村落，或至城市买卖，往往为此辈所扰。①

如此，曲靖的罗罗既然已为操汉语的言说者所熟悉，乃至同情，而"古宗"又非罗罗自称，则他们自然不太容易在文献中被继续称作"古宗"。景泰年间，罗罗的风俗、礼仪早已为人知晓。民国时期，"苦葱"却仍因不被了解，被称作"不知礼义"。因言说者对这两组被言说者的认识程度颇为悬殊，故二者在称谓上受到了明显的差别待遇。

自明代至 20 世纪中期，历经数百年，随着汉人对其他族群的了解，被以"苦聪"指称的人群逐渐减少。中华人民共和国时期，苦聪类称呼最终归于现今的苦聪人。此种结果的出现主要有两个原因，其一是他称转为自称，其二则是民族识别工作。在民族调查期间，云南南部被称作"苦聪"的族群可分为两类。一类操哈尼语，其中有人已将"苦聪"接纳为自称，记作"格邹"（格角）或"哥搓"。另一类操拉祜语，其中则有自称 kɔ³¹tsʰɔ³³ 的拉祜纳。

20 世纪 50 年代的调查发现，玉溪的新平县有自称"哥搓"的族群。虽然他们已不再频繁迁徙，并因以农、副产品与外界交换而和其他人群有了较多接触，但仍被汉族称作"苦聪"。新平的苦聪、拉乌（即天启《滇志》中的喇吾）皆操哈尼语，经民族识别，就也都于 50 年代被归入了哈尼族。② 这恰好印证了倪蜕的说法，二者确是"窝泥种类"。此外，1960 年的调查发现，红河的金平县有哈尼族自称"格邹"（即第三章引文提到的"格角"）。"格邹"是定居农民，其村寨内部"早已产生阶级分化，雇佣和借贷剥削关系已相当普遍"；且他们与其他族群联系密切，在民国时期，一方面受傣族土司的地租剥削、封建统治；另一方面又受政府保甲的统治。③ 以上二者都依语言系属被划归了哈尼族，应即属于民族调查时期所称的，分布在玉溪、思茅等地，语言"近似哈尼语的"苦聪人④。

在操哈尼语的"苦聪"被识别为哈尼族之后，于相同的地区内，便剩下了被称作"苦聪"的拉祜人，他们就是现在一般所说的"苦聪人"。在拉祜族苦聪人中，只有拉祜纳以"苦聪"，即"锅搓"［kɔ³¹tsʰɔ³³］自称。在墨江县，哈尼族格邹支的邻居拉祜纳便自称"郭抽"，他们或是定居种地，或是以砍柴、做雇工维生。而其实在当时的玉溪、思茅各县，苦聪人的情况大概都是如此，早已不是经常迁徙的山民了。"苦聪人的社会经济发展不平衡，分布于红河州境内的苦聪人较为落后。"⑤

---

① 李春龙、刘景毛校注：《景泰云南图经志书校注》第 2 卷《曲靖军民府》，云南民族出版社 2002 年标点本，第 120、125 页。
② 尤伟琼：《云南民族识别研究》，民族出版社 2013 年版，第 164—167 页。
③ 宋恩常：《金平县三、四两区格邹支哈尼族习俗》，载《中国少数民族社会历史调查资料丛刊》修订编辑委员会编：《哈尼族社会历史调查》，民族出版社 2009 年版，第 61—64 页。旧版中"格邹"记作"格角"，且记载更为详细。虽然他们似乎未被称作"苦聪"，但"格邹"明显来自"苦聪"。
④ 宋恩常：《苦聪人分布概况》，载《中国少数民族社会历史调查资料丛刊》修订编辑委员会编：《云南少数民族社会历史调查资料汇编》（一），民族出版社 2009 年版，第 196 页。
⑤ 宋恩常：《苦聪人分布概况》，载《中国少数民族社会历史调查资料丛刊》修订编辑委员会编：《云南少数民族社会历史调查资料汇编》（一），民族出版社 2009 年版，第 196—205 页。

在红河州，有黑苦聪（拉祜纳）和黄苦聪（拉祜西）。据20世纪60年代初在红河州金平县的调查，定居于土墙建筑中的黑苦聪有"郭周"的自称；尽管仍"刀耕火种"，乃至狩猎、采集，但已有了锄、犁耕农业，甚至水稻种植业；且他们以手工产品、山中特产积极参与贸易活动，与周边各民族均有频繁的经济往来。而当地"拉祜西在经济上落后于黑苦聪"，却因人口优势有同化当地黑苦聪的趋势。①金平县被称作黄苦聪的拉祜西住在棚屋之中，并有季节性迁徙；农业活动全为游耕，采集业在经济生活中仍处于第二位甚至第一位；且与周边民族的经济联系极为有限，进行物品交换时甚至会"只是把交换物品放置在路边，人躲藏在草丛中，待有人路过时即召唤，告知欲交换之意思，这样若对方愿意交换则拿来价值相等的物品放下，再取走所需之物，在对方走后苦聪人才敢出来拿起对方所留的物品返回森林"。虽然拉祜西并无苦聪类的自称②，但如此生存状态却不仅符合外界对"苦聪"的刻板印象，更让他们与拉祜族的其他群体看上去有不小区别。

如此，由于苦聪人"长期流浪在深山老林中，度着不定居的贫苦悲惨落后的生活"，在1960年，虽然苦聪人的语言、文化、自称，乃至民族认同都与拉祜族相合；且不论云南民族识别综合调查组，还是西双版纳州人委、思茅地委、景洪县，都认为苦聪人应是拉祜族的一部分，但：

> 红河地委和州领导考虑到金平县的"苦聪"在解放前的经济发展水平和解放后本民族发展情况，提出金平的苦聪成为一个单一民族的意见。③

由此，苦聪人的族属成了虽然广受关注，但长期悬而未决的议题。于是，在数十年的时间里，"苦聪人"尽管被视作暂时性的说法，其所指却变得日益明确：这是个操拉祜语，"生活比较原始"的人群。④

---

① 宋恩常：《金平县第四区茨通坝乡苦聪大寨社会经济调查》，载中国科学院民族研究所云南民族调查组、云南省民族研究所编：《云南省红河哈尼族彝族自治州金平县苦聪人社会经济调查（附：插满人社会经济调查）》之一，1963年版，第27—30页。

② 宋恩常调查与整理：《金平县第三区翁当乡牛塘寨黄苦聪社会经济调查报告》，李老腰、黄正忠、普秀英翻译，载中国科学院民族研究所云南民族调查组、云南省民族研究所编：《云南省红河哈尼族彝族自治州金平县苦聪人社会经济调查（附：插满人社会经济调查）》之一，1963年版，第1—12页。徐志远、杨毓骧调查，徐志远整理：《金平县第三区翁当乡新安寨黄苦聪人社会经济调查》，载中国科学院民族研究所云南民族调查组、云南省民族研究所编：《云南省红河哈尼族彝族自治州金平县苦聪人社会经济调查（附：插满人社会经济调查）》之一，1963年版，第38—42页。是否能获得"苦聪"自称，其实受生计方式影响巨大。一直在深山中游耕，不仅难以为外界所了解，而且因与别的民族接触较少，故无法将"苦聪"这一他称变为自称。

③ 云南民族识别综合调查组：《云南民族识别综合调查报告（1960年）》，云南民族学院民族研究所1979年版，第20—21、26页。

④ 费孝通：《关于我国民族的识别问题》，《中国社会科学》1980年第1期，第159—161页。

表3 哈尼族、拉祜族、苦聪人支系、称谓及居住地区表

民族	支系	称谓		主要居住地区
		自称	他称	
哈尼族	哈尼	哈尼	糯美、糯比、各和、哈乌、腊米、期弟、哈尼	红河、元阳、金平、绿春、元江等县
	豪尼	豪尼、白宏、和尼	豪尼、多塔、阿梭、布都、白宏、布孔、补角	墨江、元江、普洱、镇沅、思茅、红河、景谷、绿春等县
	多尼	多尼	多尼	元阳、金平等县
	海尼	海尼	海尼	景谷县
	和尼	和尼	罗缅	禄劝、武定等县
	雅尼	雅尼	觉围、觉交、僾尼、哈尼	西双版纳州、澜沧县等地
	卡多	卡多	阿里卡多、阿古卡多、多卡	墨江、镇沅、江城、普洱、景东、景谷、思茅等县
	卡别	卡别	卡别	墨江、绿春等县
	碧约	碧约	碧约	墨江、普洱、镇沅、江城、思茅、红河、绿春等县
	哦怒	哦怒	阿西鲁马、阿西摩洛	墨江、普洱等县
	阿木	阿木	阿木	墨江、普洱、镇沅等县
拉祜族	黑拉祜	拉祜纳	黑拉祜、倮黑	澜沧、孟连、勐海、临沧等县
	黄拉祜	拉祜西	黄拉祜	景东、镇沅、景谷、普洱、思茅、墨江、元江等县
	白拉祜	拉祜普	白拉祜	
苦聪人	黑苦聪	哥搓、郭抽、苦聪	黑苦聪	镇沅、新平、墨江、元江等县
	黄苦聪	拉祜西、拉祜	黄苦聪、查苦聪	金平、绿春、勐腊等县
	白苦聪	拉祜普	白苦聪	金平、绿春、勐腊等县

资料来源：摘自《云南少数民族支系、称谓及居住地区表》，载云南省历史研究所编：《云南少数民族》，云南人民出版社1983年版，第62—63页。

直到1987年的红河，"在统一认识的基础上，州政府决定将州内苦聪人的称谓恢复为拉祜族"，苦聪人的族属问题这才基本解决。[①] 1987年8月9日，全云南的苦聪人都被划归拉祜族。[②] 但"苦聪人"这一称呼其实被沿用了下来，并在当代真正为苦聪人的发展贡献了价值。[③]

由此可见，"苦聪"一词实际上来自汉族对藏族的称呼"古宗"。而"古宗"一词起先为操汉语者对藏文མཁར་རྫོང་ mkhar-rdzong（堡垒）的音译。之后则从对藏族的专称变为了对汉人眼中迁徙无常、种植高山作物的山民的泛称，乃至成了一些操拉祜语、哈尼语人群的自称，并最终成了拉祜族苦聪人的名称。

作为苦聪的拉祜族中有拉祜纳、拉祜西、拉祜普三种，而并非苦聪的拉祜族中同样有这三种。虽然苦聪人与拉祜族的关系、苦聪人中各色拉祜与拉祜族其他部分中各色拉祜的关系仍值得进一步思考，但

---

① 郑文：《云南苦聪人的族属问题基本解决》，《中国民族》1987年第6期，第41页。
② 共和国时期对哈尼族、拉祜族、各种"苦聪"的识别，见尤伟琼：《云南民族识别研究》，民族出版社2013年版，第156—174、182—189页。亦可参看一篇对苦聪人识别工作有直接影响的论文及其附记，和即仁：《试论苦聪人的族属问题》，载《民族语文论文集》，云南民族出版社2006年版，第404—411页。
③ "'十一五'国家将投资2亿多元用于云南拉祜族（苦聪人）全面建设。"《信息快递》，《中国民族》2006年第4期，第80页。

目前我们大概能做如下结论："苦聪"与"倮黑"的差别确实在于"生产生活条件"的不同。[①] 如果不考虑语言的话，苦聪人无非是居于深山之中，经常迁徙，种植高山作物，少为外界所知，并因此被称作"苦聪"的一部分拉祜人罢了。

五、结论

我们通过拟构唐代汉语所记"锅锉"的原本语音，发现今天的"锅搓"［$kɔ^{31}\,tsʰɔ^{33}$］无法和唐代的"锅锉"建立联系。如此，拉祜史研究中一个长期因袭的误解被破除了，苦聪人并非唐代的"锅锉蛮"。破除之前研究中的误会，既不是贬低任何学者的工作，也不会损害那些研究成果的价值，这是因为学者们已经利用他们的工作条件做出了最好的成果，每一次尝试乃至讨论，也都会使我们距离事实更近。而且更重要的是，破除误解不仅利于我们为历史寻求更加可信的解释，而且其自身就是在揭示真相。

非常幸运，我们在摆脱旧说后，能够基于历史文献、语言材料为"苦聪"名称的由来建立更具解释力的观点。和白语"各弱"是对藏语中甸话མཁར་བསེལ mkhar-bsel（护城）的音译这一情况类似，"锅搓"［$kɔ^{31}\,tsʰɔ^{33}$］、"苦聪"其实源于对མཁར་རྫོང mkhar-rdzong（堡垒）的音译。因他们的堡垒，滇西北的藏族被纳西族、白族、汉族分别称作²gv^1dzu、［$ku^{21}tso^{55}$］、"古宗"［＊$kutsuŋ$］。而由于藏人从事的游牧业、高山种植业，"古宗"在为操汉语者习得之后，就成了对迁徙无常、种植高山作物的山民的泛称。

最终，并非来自苦聪人自身的"苦聪"，不仅由他称变为苦聪人拉祜纳的自称"锅搓"［$kɔ^{31}\,tsʰɔ^{33}$］，而且还固化成了拉祜族苦聪人的名称。至于推动此进程的三种因素，则既有被言说者的生计、自称，又有言说者的观念。尽管我们讨论的是"苦聪"这一名称如何出现，并怎样由他称变为自称，但这绝不意味着该名称全然由言说者决定。毕竟，如果那些非藏族山民不是经常迁徙、种植高山作物，汉人必然难以凭空使用"古宗"这一称呼。言说者、被言说者，乃至言说，其实皆相待而成。若无被言说者，则无言说，则无言说者。若无言说者，则无言说，则无被言说者。

[①] 尤中：《中华民族发展史》第 3 卷《明代清代》，晨光出版社 2007 年版，第 1418 页。

A Study of the Names of the Kucong People's Ethnonyms:
From Guzong to Kucong

Jiang Zhaozhong

Abstract: The Kucong is a subgroup of Lahu nationality, and the Lahuna of the Kucong people have an endonym $[kɔ^{31} tsʰɔ^{33}]$. Because of the phonetic similarity between *guocuo* and $[kɔ^{31} tsʰɔ^{33}]$, the people Guocuoman in *Xintangshu* are often regarded as the contemporary Kucong people's ancestors. However, the author found that this view results from a misunderstanding. $[kɔ^{31} tsʰɔ^{33}]$ and *kucong* actually came from an exonym of the Kucong people. Since in Yunnan, the Tibetan people were renowned for their fortresses, their exonyms in Naxi, Bai and Chinese are respectively $^2gv^1dzu$, $[ku^{21} tsō^{55}]$ and *guzong* that are actually the transcriptions of *mkhar-rdzong* "fortress" from the Tibetan dialect of rGyal-thang. Thus, *guzong* and the homogeneous transcriptions such as *kucong* became the Chinese exonyms for nomadic mountainous populations, among whom there were the ancestors of not only the Tibetan and the Kucong, but also some of the Yi and the Hani, in Yunnan. Ultimately, the signifying range of the transcriptions shrank until *kucong* solidified into an ethnonym of the Kucong people.

Key words: *guocuo*; the Kucong; the Lahu; *guzong*; the Tibetan

生计、婚姻与族群边界：西南边疆汉族移民的人类学考察

杨正军[*]

摘　要　通过对西南边疆民族地区一个汉族移民群体的人类学考察，发现在因民族文化融合导致语言、服饰、宗教等划分族群边界的显性文化符号日益弱化之时，物质层面的生计与社会层面的婚姻却日益凸显，成为汉族保持自我认同与维系族群边界的重要方式。这一现象说明，在探讨维系族群边界与表达族群认同的文化要素时，不应单纯地强调客观方面的文化特征，而应重视是在怎样的族群关系背景下，又是基于什么样的心理动因，才使特定文化要素凸显，成为群体表达自我认同与维系族群边界的方式与手段。

关键词　汉族移民；生计方式；民族内婚；族群边界

DOI：10.13835/b.eayn.29.03

"文化认同是族群认同的基础，族群认同总是通过特定的文化要素来表达"，这是学界就族群乃至族群认同问题所达成的共识。20世纪90年代以来，在吸收借鉴国外相关理论的基础上，国内学者普遍注意到语言、宗教、习俗等文化要素在"型塑"族群内部成员的群体意识及其在确立族群边界过程中所发挥的重要作用，并从相关视角出发对族群性、族群认同、族群边界等问题开展了广泛探讨。如有学者考察了澳门人口的不同来源与文化多样性，指出语言、宗教、饮食等要素是区分当地不同人群以及维系其各自认同的文化基础；[①]还有学者以建筑文化为切入点，探讨了20世纪80年代以来在族群自我意识被唤醒后，赣南畲族如何通过重建具有自身特色的民居建筑，强化对自身群体的认同以及彰显与周边民族在文化上的差异[②]。

不过，尽管表达族群认同与维系族群边界的文化要素可有很多，但在具体关系情境中，起主导作用的往往是其中某个或者几个，且这些文化要素能够发挥作用必须是在族群间的互动关系中才能显现。那么，文化要素与族群边界究竟具有怎样的连带关系？其与群体认同之间具体又如何互动？是文化要素塑造了群体边界，还是族群认同强化了文化要素的差异？这是本文在具体的个案研究中关注和探讨的几个重要问题。

阿科乡地处我国西南边疆，是云南省文山壮族苗族自治州广南县一个多民族杂居乡镇。在该乡境内，居住有壮族、汉族、苗族、瑶族等多个民族。壮族是阿科乡的主体民族，在人口、经济、文化上占有优

---

[*] 杨正军，中山大学人类学博士，现为云南民族大学云南省民族研究所讲师。
[①] 周大鸣：《澳门人的来源与文化认同》，《广西民族研究》2000年第2期。
[②] 曹大明：《"特色"生成：赣南畲族族群认同下的文化实践——以南康赤土畲族乡近年来的建筑表现为中心》，《中南民族大学学报》2012年第1期。

势；汉族是阿科乡的"少数民族"，在人口、经济及文化上处于弱势。长久以来，因长期共处与交往，汉族与少数民族尤其是壮族在文化上已经有了很大程度的融合，这在语言、服饰、宗教等方面体现得尤为明显。不过，尽管文化上已经有了相当程度的融合，汉族却并没有淹没在少数民族的文化海洋中；相反，在显性文化符号弱化之时，他们却通过物质层面的生计以及社会层面的婚姻来保持自身认同并牢固地维系着与周边民族的群体边界。阿科汉族的事例，为我们了解边疆民族地区汉族移民的文化传承与族际交往提供了难得的个案。通过对该群体认同形式及其成因的分析，不仅可以清楚地看到身处边疆且在文化上处于弱势的汉族如何与周边少数民族互动，如何传承本民族文化，还可以对前述人类学族群边界、族群认同等相关理论有一个更加具体和直观的认识。基于此，本文以实地田野调查为基础，从汉族的视角出发并兼顾少数民族的观点和看法，系统阐述阿科汉族的认同方式及其表现形式，以使我们对相关问题有一个更加系统和明确的认识。

具体而言，本文关注的阿科汉族是指北宋以来因驻军、屯田、经商、逃难等原因陆续由中原内陆迁入该地的汉族移民。20世纪50年代以前，阿科汉族主要集中于青石、普南等少数村落，数量相对有限。20世纪50年代，因移民搬迁又有部分汉族从邻近乡镇搬迁而来，使当地汉族的人口数量有所增长且分布范围也更为分散。目前，阿科乡已有汉族1240多户6020多人；其中，青石、普南、阿科等村落人口数量相对较多，那洞、革乍、者烈等村落人口数量相对较少。[①]阿科村是本乡汉族分布较为集中的一个村落，因与壮族交错杂居，空间距离较近，文化上受其影响更为深刻，因此本文在对阿科汉族进行分析时，除整体把握外，还将以该村为重点对相关问题进行深入阐述。

一、阿科汉族及与周边民族的文化融合

阿科乡所属广南县自有汉族的历史可以追溯到北宋中期。宋仁宗皇祐五年（1053），云南境内发生了侬智高领导的农民起义。彼时，朝廷派枢密院副使狄青率军镇压，双方于广西昆仑关发生激战。此役兵败后，农民军退至"特磨道"，即今日云南省广南县境内。北宋至和二年（1055），朝廷又派杨文广、杨廷卿等率军进入"特磨道"，追剿起义军，获胜后朝廷留下部分汉族官兵镇守"特磨道"，而这些留守下来的官兵就成为广南汉族的最早先民。[②]明代以降，因戍边屯田与边地开发，又有内地汉族陆续迁移定居于广南。如明初平定云南之后，朝廷于此实行"卫所屯田"制，当时"二十二卫"之一的"广南卫"就有大量卫戍边疆的汉族士兵及其家属、子女驻足。[③]再如明洪武十六年（1383），大将沐英奉命镇守云南，为促进边地开发和巩固边疆，先是在南京征召了大批汉族工匠至广南，其后又上书朝廷，从江西、浙江、湖南、河南四地调集都司兵至广南戍边屯田。[④]

内地汉族大规模进入广南是在清朝初期。民国《广南县志稿》记载："至二三百年前，汉人至广南者甚稀，其时分布于四境者，附郭及西乡多侬人，南乡多僙僙，北乡多沙人，其人濒河而居，沿河垦荒为田，山岭间无水之地则弃之不顾；清康、雍以后，川、楚、粤、赣之汉人散于山岭，新垦地以自殖，伐木开径，渐

---

① 王建新：《广南阿科——云南广南县阿科乡经济发展与社会文化调查研究》，知识产权出版社2008年版，第15—22页。
② 文山壮族苗族自治州地方志编纂委员会：《文山壮族苗族自治州志》（第一卷），云南人民出版社2000年版，第335页。
③ 云南省广南县地方志编纂委员会：《广南县志》，中华书局2001年版，第209页。
④ 云南省广南县地方志编纂委员会：《广南县志》，中华书局2001年版，第209页。

成村落；汉人垦山为地，初只选肥沃之区，日久人口繁滋，由沃及于瘠，入山愈深，开辟愈广。"①

晚清民国时期是内地汉族涌入广南的另一个高峰时期。这一时期，出于逃荒、避难和经商等原因，各省汉族大规模迁入广南，定居创业。在此期间，为了相互联系、彼此照应，各省同乡还先后建立起"川黔会馆""岭南会馆""江西会馆""两湖会馆"等同乡组织，招收同籍人加入，其成员或经营布匹百货，或开设茶馆、药铺，抑或从事力夫、屠宰等职业，对当地物资交流和市场繁荣做出了重要贡献②。

中华人民共和国成立以后，内地汉族继续着向广南迁移的历史。如 2001 年出版的《广南县志》就明确记载："新中国成立不久，南下部队曾转业大批干部、战士支援广南剿匪和经济建设；1965 年，政府部门又调配一批支边青年和大中专毕业生到广南从事教育工作；而改革开放以后，更有多批次的内地汉族到广南经商、开办企业或从事人才技术交流。"③

总之，北宋以降直至中华人民共和国成立以后的不同历史时期，因戍边屯田、边地开发、逃荒、经商、支边等不同历史原因，内地进入广南境内的汉族日渐增多。截至 21 世纪初期，广南已有汉族 3000 多户 25000 多人，而本文关注的阿科乡也有 1240 多户 6020 多人。这些定居边疆的汉族因与少数民族长期共处与交往，在文化上已经有了很大程度的融合与趋同。

阿科汉族与少数民族的文化融合首先体现在语言方面。在阿科，汉族与少数民族主要使用普通话和本地汉语方言进行交流。过去，民族交往频率相对较低且普通话和本地汉语方言使用远未普及，致使当地各民族日常生活中更多地使用本民族自己的语言，这种状况虽使其语言文化得到了较好保留，却也在一定程度上限制了民族间的互动与交往。中华人民共和国成立后，尤其是改革开放以来，国家通用语言教学逐步推广，加之近年外出务工人数增多及广播、电影、电视的普及，使阿科乡少数民族对国家通用语言的掌握程度和使用频率较之以前明显提高。以我们调查的水库、革乍、龙那等民族村寨为例，当地少数民族，尤其是年青一代，基本都已完全掌握并能熟练运用国家通用语言；而且，除个别老人外，无论是家庭生活还是外出交往都在普遍使用普通话和本地汉语方言。语言作为民族文化的重要组成部分历来是区分和标识族群的重要符号，然而就阿科乡目前情况看，随着国家通用语言的普遍使用，语言作为标识和区分当地各民族群体边界的符号作用已明显减弱。

汉族与少数民族的文化融合还体现在宗教信仰方面。在阿科，汉族及少数民族社会普遍盛行一种被称为"祭竜仪式"的民间信仰。据学者考证，"祭竜仪式"及与之相关的"竜树、竜林、竜山"信仰，原本是世居山林河谷地带的少数民族在长期农业生产基础上形成的以树木、山林为对象的自然崇拜形式。④云南壮族地区普遍盛行"祭竜仪式"，不过阿科流行的"祭竜仪式"因与本地壮族的侬智高崇拜结合而表现出鲜明的地方特色及自然崇拜与祖先崇拜相融合的特点。阿科乡"祭竜仪式"过去主要为壮族所信奉，且仪式的祭祀流程、禁忌、组织方式等无不体现出文山壮族的社会文化特点。20 世纪五六十年代，伴随着汉族、苗族的迁入，"祭竜仪式"逐渐为当地其他民族所接受，演变成当地各民族、各村寨共同信仰和祭祀的仪式。阿科乡汉族目前已普遍接受"祭竜仪式"，每年三月和五月的祭祀活动，各村寨都会积极派人参与。不仅如此，为配合仪式顺利举行，部分汉族村寨还吸收借鉴了壮族的寨老制度，通过选举村寨

---

① （民国）《广南县志（第 6 册）》，1965 年云南大学借云南省图书馆藏广南县志稿本传钞，第 46 页。
② 王建新：《广南阿科——云南广南县阿科乡经济发展与社会文化调查研究》，知识产权出版社 2008 年版，第 106 页。
③ 云南省广南县地方志编纂委员会：《广南县志》，中华书局 2001 年版，第 209 页。
④ 何正廷：《壮族的"竜"崇拜及其"天人合一"的生态文化》，《文山师范高等专科学校学报》2005 年第 3 期。

"寨老",代表村民参加相关祭祀仪式。而与此同时,汉族传统宗教仪式中常用的斩鸡头卜卦及土地神崇拜也被纳入相关的信仰和祭祀仪式当中,从而使这种地域性民间信仰呈现出明显的多元文化融合互动的特征。①

语言和宗教是民族文化融合体现较为明显的两个方面。除此以外,在民居建筑、日常穿着服饰等领域,汉族与少数民族同样存在着不同程度的融合与趋同。不过,尽管文化上已有了很大程度的融合,却并不代表汉族已完全淹没在少数民族的文化海洋中,或说其与少数民族的文化边界业已消失。事实上,上述显性文化弱化之时,物质层面的生计以及社会层面的婚姻却日渐凸显,成为汉族维系自我认同和保持族群边界的重要方式。

二、生计方式与族群认同

生计方式是阿科汉族与少数民族区分彼此的一个重要标志。在阿科,村民中广泛流传着"汉族住街头、壮族住水头、瑶族住箐头、苗族住山头"的说法。村民介绍,"壮族住水头",意指壮族主要分布于山涧河谷地带并以水田稻作为主要生计;"苗族住山头",意指苗族主要居住在山区半山腰处且以坡地旱作农业为主要生计;"瑶族住箐头",强调瑶族主要分布在树木丛生的山间谷地并以旱地农作物种植为主要生计方式;而"汉族住街头",则指汉族较当地其他民族更多地居住于乡村街市并擅长以经商作为谋生的手段。②

阿科民间关于各民族生计方式的总结概括应该说是有深刻历史成因的。在阿科,壮族是最早的开发者和定居者,占有的土地面积最多,由于是先来者,占有先机,自然在土地开发过程中因地制宜地选择了适合当地自然环境的水田稻作为主要生计。汉族是阿科后来的移居者,虽然也有水田稻作的传统,却因土地资源有限不得不依靠其他方式来补充生计。与前两者不同,阿科瑶族和苗族历史上就有山岭游耕的传统,中华人民共和国成立后虽然传统的游耕转向了定居农业,但世居山岭或谷地且以旱地农业为主要生计的传统似乎并没有发生根本性的转变。

当然,以上说法只是村民自己的总结,未有官方证实也缺乏文献资料为佐证。21世纪初期在阿科乡进行相关问题调研时,笔者就当地流行的这种说法进行了有针对性的考察。阿科行政村地处本乡中心地带,既是乡政府所在地也是本乡商贸活动的中心。在该村中心区域,因有政府办事机构和乡村集市,长久以来在村民生产、生活中逐渐发展出一条南北长约300米、东西长约150米的乡村街道。阿科街是本乡唯一的商业街,两侧整齐排列着村民开设的各类大小不一的商业店铺。调查期间,为确认"汉族住街头"的可靠性,笔者对这些店铺进行了系统调查。我们的调查采用完全统计的方式,内容涉及店铺类型、数量以及经营者的民族构成等。结果如表1所示,阿科街共有餐饮、服装、五金、家电、化肥等11个大类共计89家店铺。在我们统计出店主族别的83家商铺中,汉族开设的有46家,占总量的55.4%,壮族开设的有37家,占总量的44.6%,而苗族和瑶族则无一例。这充分说明,阿科汉族较当地其他民族的确更

---

① 龙开义:《仪式变迁与乡村社区整合——以广南县阿科村的祭竜仪式为例》,《新疆社会科学》2009年第2期。
② 阿科乡壮、汉、苗、瑶各民族村民中普遍流传"汉族住街头、壮族住水头、瑶族住箐头、苗族住山头"的说法。调查期间,为弄清上述说法的来源与确切含义,笔者对当地各民族村民分别进行了访谈,上述观点和说法即源于调查时的访谈记录。

擅长经商，而且常以此作为一项重要的谋生方式。

表 1　阿科街各类店面统计①

店铺类型	总量	店主族别	
		汉族	壮族
批发、零售商店	29	10	18
餐饮小食店	16	10	5
各类维修店	4	4	—
化肥、农药	4	—	3
服装、饲料	7	1	4
布料、裁缝	4	2	2
五金、家电	6	4	1
其他	19	15	4
合计	89	46	37

除"汉族住街头"，我们对"壮族住水头""瑶族住箐头""苗族住山头"也分别进行了考察。阿科乡壮族的人口数量最多，各行政村落均有分布；苗族、瑶族的数量相对较少，主要集中在者烈、阿科、革乍、那洞、者卡等行政村落。调查期间，为考证上述说法，我们以"阿科、者卡、那洞、革乍"等村落为中心对相关情况进行了详细调查。结果显示，阿科境内苗族、瑶族聚居的绝大多数村落，如龙那、腰引、水库、龙地公、龙坝汤等，的确处于山岭顶部或半山腰处，在此居住、生活的村民因水田较少难以维持生计，便就近在坡顶及半山坡处开垦出大量山地，广泛种植玉米、土豆、茶叶等旱地作物来补充生计。与苗族、瑶族不同，阿科壮族聚居的绝大多数村落，如革扎、中寨、阿科等，大多位于地势较为平坦的山涧开阔地带，在此居住、生活的村民因拥有较多水田且具有得天独厚的灌溉条件，因此多以水田稻作为主要生计。

总之，通过上述分析不难看出，阿科民间关于各民族生计方式的总结概括既有历史成因也有现实依据。这种生计方式上的不同特点，集中体现着各民族文化上的差异，自然，也就成为汉族区分少数民族的一个重要标志。

阿科汉族的自我认同可以说带有明显的生计取向。如前所述，阿科境内部分汉族20世纪中期以前原本居住于本县南平镇和杨柳井乡。50年代，考虑到原居地土地贫瘠、资源有限，无法养活众多人口，县政府便动员部分汉族迁往阿科。由于迁入时间较晚，原有土地上已有其他民族，这些后来者就被安排在了那洞、革乍、中寨等相对偏远的村落。不过，尽管地处偏远、土地资源有限，但凭借头脑灵活、善于经营、勇于吃苦等特点，作为后来者的他们很快在当地站稳脚跟，并且在经济上大有赶超原有民族之势。调查期间，当问及与少数民族的差异时，当地汉族普遍把"汉族人头脑灵活，会做生意；汉族人能吃苦，会找钱"等作为区分彼此的主要标志。②他们认为，"汉族相比少数民族更为精明，他们刚从外乡搬迁过

---

① 阿科乡并无相关情况的统计材料，本表是笔者依据实地田野调查资料所作的完全统计。调查过程中笔者发现，阿科街共有各类商业店铺共计89家，其中6家因为各种原因没能调查出店主的族别，其余86家则全部为汉族或壮族开设。表中"—"号表示"无"。

② 调查期间，笔者曾就当地汉族的自我认同情况以及他们所认为的当地各少数民族在生计、民俗、民族性格等方面所具有的特点，对阿科乡不同村寨的汉族村民进行了有针对性的访谈，上述资料即源于调查时的访谈记录。

来时壮族已经占据了有水田的好地方，不过壮族相对汉族来说不太会抓钱；汉族虽然地少，但是会抓钱；因为田少，他们就种桐果来卖，而壮族只是种田卖谷子"。①一些汉族还提到："现在壮族男男女女外出打工的也逐渐多了，回家后说壮话的少了，做生意的也多了；以前隔壁壮族村子连个开商店的都没有，现在壮族开商店的多了，收废铁、敲丁丁糖换东西的也多了；以前壮族就知道种田，现在受汉族的影响，壮族也开始种茶叶和果树卖钱。"②

汉族的说法同样得到了少数民族的认可。调查期间，当我们就同样的问题对壮族、苗族、瑶族进行访谈时，这些少数民族普遍赞同汉族的说法。他们指出："相较于本地少数民族，阿科汉族的头脑更为灵活，也更能吃苦；这些汉族在街上做生意的比少数民族都多，他们很会做生意，也很会找钱；相对来说，壮族目前做生意的也多了起来，但比起汉族依然存在不小的差距。"③

三、民族内婚与族群边界的维持

除生计方式，民族内婚也是阿科汉族维系自我认同和固守族群边界的重要方式。阿科乡是一个多民族杂居乡镇，境内除汉族外还分布有壮族、苗族、瑶族等少数民族。就空间分布看，汉族多以自然村形式集中居住，行政村内又呈现与少数民族交错杂居的状态。考虑空间距离较近且与少数民族已经有了很大程度的文化融合，就常理而言，汉族与少数民族应该保持一定数量的族际通婚比例。不过我们的调查却显示，尽管居住距离较近且在语言、宗教等方面已经有了很大程度的趋同，阿科汉族却通过不同途径保持着本民族的内部通婚，并以此来维系族群认同和保持与其他民族的文化边界。

阿科汉族实现民族内婚的一个重要途径是本乡范围内不同汉族村落之间进行通婚。在阿科，汉族的人口数量较少且空间分布较为分散，在此情况下维系本民族内部通婚必然依靠本乡汉族村落间的婚姻交换才能实现。以我们调查的"那洞、坝边、革坝"等村落为例，这些汉族村落能够维持民族内婚，即是通过相互间甚至是村小组内的高通婚比例才得以实现。第六村小组是阿科行政村一个汉族聚居村落。该村落地处乡政府附近，周边为壮族村落包裹，空间分布上极具典型性和代表性。调查期间，为充分掌握汉族的通婚情况，我们还以该村落为例对相关情况进行了统计调查。第六村小组共有30户150多位村民，在对28位娶妻户主的调查中发现，其妻子的民族构成全部为汉族。④ 表2是28位户主妻子来源地的统计。从表中数据来看，该村男性的婚配对象主要集中在本村以及本乡境内的那洞、坝边等汉族聚居村落。其中，本村小组共有4位，占统计总量的14.3%；那洞、坝边等自然村共有10位，占总量的35.7%；二者相加共计14人，占统计总量的50%。这充分说明，汉族村落之间以及汉族村落内部进行通婚是阿科汉族实现民族内婚的一个重要途径。

---

① 调查期间，笔者曾就当地汉族的自我认同情况以及他们所认为的当地各少数民族在生计、民俗、民族性格等方面所具有的特点，对阿科乡不同村寨的汉族村民进行了有针对性的访谈，上述资料即源于调查时的访谈记录。
② 坝边村韦姓汉族妇女除农忙时从事农业生产外，农闲时还会在阿科街自己所开设的店面里从事小商品经营。调查期间，笔者曾就当地汉族的自我认同情况对其进行了深入访谈，上述资料即源于调查时的访谈记录。
③ 调查期间，笔者曾就阿科乡壮族、汉族、苗族、瑶族的自我认同情况以及他们之间在语言、服饰、宗教、生计、民族性格等诸多方面可能存在的区别与差异，对当地各民族村民分别进行了访谈，以上资料即源于调查时的访谈记录。
④ 第六村小组共有30户150多位汉族村民。笔者在调查中发现，30位户主中有2位为单身，因此我们的调查统计针对的是28位娶妻的户主，表2中的统计数据同样反映的是这28位户主的婚姻情况。

阿科汉族保持民族内婚的另一个重要途径是与原居地汉族进行通婚。如前所述，阿科乡部分汉族是20世纪五六十年代由邻近本乡的两个乡镇搬迁而来；定居阿科后，除与原居地汉族保持密切经济、社会交往外，还通过相互间的婚姻交换强化彼此的联系并固守本民族的文化认同。同以我们调查的第六村小组为例，表2的统计数据显示，该村28位户主的婚配对象中，除14位来自本乡汉族村落外，其余全部集中在广南县域以内。其中，原居地杨柳井乡共有3位，占总量的10.7%；原居地南平镇共有6位，占总量的21.4%；二者相加共计9位，占统计总量的32.1%。由此不难看出，除本乡汉族相互通婚，与原居地汉族通婚也是阿科汉族实现民族内婚的一个重要途径。

表2 户主妻子来源地统计①

原居地	具体人数	比例（%）
本村小组	4	14.3
那洞村	3	10.7
坝边村	5	17.9
青石村	2	7.1
杨柳井乡	3	10.7
莲城镇	2	7.1
麻栗坡镇	1	3.6
南平镇	6	21.4
广南县城	2	7.1
总计	28	100

诚然，表2的统计只是反映了妇女嫁入的情况，对该村妇女外嫁情况的调查同样显示出阿科汉族保持民族内婚以及"本乡、本村"汉族间高通婚比例的现实。据笔者调查，中华人民共和国成立后至21世纪初期，第六村小组共有100多位外嫁妇女，这些妇女流入的基本都为汉族家庭。就流入地分布来看，本乡其他汉族村落所占比例最高，约占总量的37%；原居地南平镇和杨柳井乡次之，约占总量的23%；再次为本村小组，约占总量的15%。②村民介绍，近些年随着外出务工人数的增多，该村也出现了妇女外嫁其他省份的案例。截至笔者调查之时，该村外嫁省外的妇女共计有11位。其中，嫁到广东省的有1位，嫁到安徽省的有6位，嫁到广西壮族自治区的有3位，而且这些外嫁省外的妇女也都无一例外地流入汉族家庭。③

婚姻作为洞察民族关系与族际交往的晴雨表历来是衡量族群关系密切程度的一项重要指标。一般认为，族际通婚能够体现族群关系的深层次状况，族际间的通婚比例越高，说明族群对彼此的认同度越高、族群交往的层次及群体整合的程度也越高。④不过，就我们调查的阿科乡来看，虽然汉族与少数民族已经

---

① 阿科乡并无相关情况的统计资料，本表是笔者以阿科乡计生委员会所提供的《阿科村人口登记表》为基础，在对该村村民宋玉林、安秋义、宋国新等人进行深入访谈的基础上整理而成。
② 调查期间，笔者曾就20世纪50年代以来第六村小组汉族妇女的外嫁情况对该村村民宋玉林、安秋义、宋国新等人进行了深入访谈，上述资料即源于调查时的访谈记录。
③ 常住第六村小组的宋玉林老人对本村妇女的婚姻家庭情况较为熟悉，调查期间，为弄清该村妇女的外嫁情况，笔者对照阿科乡计生委员会提供的《阿科村人口登记表》，对宋玉林老人进行了有针对性的访谈，在上述11位外嫁省外的妇女中，有1位只知道嫁给了省外汉族，但无法确定具体省份。
④ 马戎：《民族与社会发展》，民族出版社2001年版，第161—224页。

有了相当程度的文化融合，但其在婚姻方面却依然保持着本民族的内部通婚，且通婚范围主要集中在本乡汉族之间以及本乡与原居地汉族之间。这种现状表明，在文化融合与趋同的背景下，当地汉族并没有失去对自身群体的认同，其与周边少数民族的群体边界依旧明显。一方面，通过相互间的婚姻交换，散居于该乡各村寨的汉族村民能够很自然地勾连在一起，从而形成一个有机整体，这使得人数并不占优的汉族能够较好地保留和传承本民族的传统文化；另一方面，这种基于婚姻交换所形成的社会联系，也使得当地汉族在生计取向之外，通过社会层面的婚姻联系确立起与周边少数民族的群体界限。

四、结论与讨论

本文以广南县阿科乡为田野调查点，探讨了一个地处西南边疆且在文化上处于弱势的汉族移民群体如何维系自身认同以及如何保持与周边少数民族的群体边界。从前文内容看出，在语言、宗教、日常服饰等显性文化符号弱化之时，当地汉族却创造性地以生计方式来维系自身认同并通过民族内婚牢固地维持着与周边少数民族的族群边界。人类学对族群及族群认同的研究经历了由客观特征论到边界理论的演变历程。在早期，受客观特征论的影响，学者们多从群体的内部特征来分析和定义族群，认为族群是较大社会文化体系中具有语言、宗教等共同文化特质及共有体质、民族、地理起源的群体。① 20 世纪 60 年代以后，在巴斯边界理论影响下，学者们开始从群体的排他性和归属性来审视族群，认为族群是组成人员认定的范畴，造成族群最主要的因素是其边界，而非语言、文化、血缘等内涵。② 巴斯的边界理论可以说开启了现代族群理论研究的先河，同时也为我们分析阿科乡汉族的自我认同及其边界维持提供了重要的理论依据。

首先，现代族群理论认为族群及其认同是在不同群体间的互动基础上产生的，没有他者的存在就不可能形成特定群体的自我认同。③ 我们看到，阿科乡汉族自我认同的产生即有赖于周边少数民族的存在。在阿科这个多民族杂居乡镇，多元民族、多元文化和谐共存，各民族既相互促进又取长补短。通过与周围少数民族互动，阿科汉族认识到了自身群体的特色，也意识到了各民族在文化上的共性与差异。而正是通过与周边少数民族的接触与比较，汉族才产生了将自己归类和划界的认同感。由此不难看出，正是阿科乡多元民族、多元文化的共存、互动与交流，才是当地汉族自我认同产生及存在的前提和基础。

其次，文化认同是族群认同的基础，族群认同总是通过特定的文化要素来表达。现代族群理论虽然并不主张生物遗传造成族群，也不以"客观文化特征"来定义族群，但却强调文化认同是族群认同的基础，文化要素也是维持族群边界的基础。④ 在阿科乡的个案研究中我们看到，汉族移民的自我认同即是通过文化要素来表达的。在民族文化融合尚不深入的早期，语言、宗教、服饰等显性文化符号差异明显，自然会成为汉族表达自我认同的重要符号。不过，当民族文化融合深入发展之后，上述文化符号的差异已不明显，于是汉族又以生计方式来表达自我认同。这里，无论是显性的文化符号还是并不显著的生计方式，都只是表明族群特点的文化标签，虽然选取的面向不同，但都是在表达族群在文化上的特点，因

---

① 周大鸣主编：《中国的族群与族群关系》，广西民族出版社 2002 年版，第 2—3 页。
② 弗里德里克·巴斯：《族群与边界》，高崇译，《广西民族学院学报（哲学社会科学版）》1999 年第 1 期。
③ 周大鸣：《论族群与族群关系》，《广西民族学院学报》2001 年第 3 期。
④ 周大鸣主编：《中国的族群与族群关系》，广西民族出版社 2002 年版，第 16—23 页。

此就这一点而言，二者并不存在本质的区别，只是强调的侧重点不同。

第三，族群认同不仅是成员对群体文化的接纳，而且还是他们主观心理归属的反映。现代族群理论认为，共同的历史渊源及相似的文化特质虽然是族群认同的要素，但族群认同并非与"客观文化要素"成正比地发生；换言之，是族群认同强化了文化差异而非文化要素真有如此大的差异。[①] 在阿科乡的个案中我们看到，文化上的差异虽然塑造了汉族与少数民族的群体边界，但汉族所认同的文化要素并非一成不变。在文化融合并不显著之时，语言、宗教、服饰等显性符号自然是汉族与少数民族区分彼此的标识。不过，当民族文化融合导致上述文化符号弱化之时，他们又通过生计方式来区分彼此。在此，与其说是生计方式的不同塑造了汉族与少数民族的族群意识，还不如说是族群认同选择并强化了生计方式上的差异。

不过，问题的探讨并不止于此，关键在于汉族为什么要保持族群认同？为什么与周边民族在文化上有了融合趋同的背景下依然要维系族群之间的边界？以往研究表明，族群认同产生的基础或是基于根基性的情感联系或是出于工具性的利益考虑。对于前者，学者们多从血缘、宗教、语言、习俗等亲属性传承的"既定资赋"来解释。[②] 而于后者，学者们则更多地强调生态性资源竞争中群体成员的排他性及文化特征的选择性。[③] 本文无意对上述两种理论的解释力与合理性进行深入比较。不过就阿科乡的个案来看，无论是工具性的理性还是根基性的情感都无法对汉族自我认同的产生及其持久性进行有效解读。因为就当地情况看，文化上的深度融合表明汉族对少数民族文化已经有了相当程度的认同，宗教、语言、习俗等"既定资赋"的区分作用并不明显，不会由此产生显著的心理区隔。而就资源竞争角度讲，由于生计方式上存在天然区隔，当地各民族并不存在明显的资源竞争关系，族际交往上也就无需去强烈地排斥他者。笔者认为，在文化深度融合、各民族和谐相处的背景下，阿科汉族依然保持强烈的自我认同，与他们源自中原内陆，文化上具有某种自豪感和优越感密切相关。这种源自中原内陆的自豪感与优越感在当地最直接的体现莫过于"汉族能吃苦，会找钱；汉族头脑活，会做生意"等生计方式上的表述。这些表述看似是一种职业或经济上的划分，背后折射的却是该群体深刻的历史记忆及其对自身文化传统的某种想象。而这，似乎才是他们长久保持自我认同的一个重要诱因。

---

① 周大鸣：《论族群与族群关系》，《广西民族学院学报》2001年第3期。
② 纳日碧力戈：《现代背景下的族群建构》，云南教育出版社2000年版，第45—52页。
③ 庄孔韶主编：《人类学通论》，山西教育出版社2004年版，第349—352页。

Livelihood, Marriage and Ethnic Group Boundaries: An Anthropological Investigation of a Han Immigrant Group in the Southwest Border Areas of China

Yang Zhengjun

Abstract: Through the anthropological investigating of a Han Immigrant Group in the Southwest Border Areas of China, the author finds out that due to the integration of ethnic cultures, the explicit cultural symbols of language, clothing, religion as well as other ethnic boundaries are increasingly weakened. However, cultural symbols such as livelihood and marriage at the material level are becoming increasingly prominent, which has become an important way for the Han people to maintain self-identity and maintain ethnic boundaries. This phenomenon tells us that when we explore the cultural boundaries that maintain ethnic boundaries and express ethnic identity, we should not simply emphasize the cultural characteristics in the objective aspect. It should be emphasized that how specific cultural elements will be highlighted in the context of specific ethnic relations and based on particular psychological motives. By doing so, those cultural elements could become a means for ethnic groups to self-identity and maintain ethnic boundaries.

Key words: Han immigrants; Livelihood; Marriage within Ethnic Group; Ethnic Group Boundaries

经济民族学

对口援藏中地方民族文化的包容性
——基于鲁朗镇规模化旅游开发的案例跟踪调查与分析

杨明洪**

摘　要　在边疆民族地区规模化开发的旅游项目牵涉当地民族文化的包容问题。鲁朗国际旅游小镇建设是广东省实施对口援藏的一个开发性项目，援藏省市和相关企业、个人卷入该项目之中。鲁朗案例显示，外来援助者和投资者对地方民族文化的定义所面临的困境是由定义方式造成的。外来援助者和投资者是从游客的角度定义地方民族文化的。这种视角是一个"他者"的视角，与当地人定义的地方民族文化不同。当地人是地方民族文化的承担者，从保护中获取利益更多；底层政府官员更容易关注受援者的利益，这两者原本应更倾向于保护地方民族文化。但实际上，外来援助者和投资者比当地人更倾向于保护地方民族文化，政府高层领导比基层领导更倾向于保护地方民族文化，形成双重错位。从这里导出的政策含义是今后开发应进一步增加地方的参与性。

关键词　对口援藏；民族文化；包容

DOI：10.13835/b.eayn.29.04

一、引言

对口支援是中国正在实践着的一种帮助边疆民族地区发展的方式。此项政策在西藏的正式实施，始自1994年；在1994年，中央第三次西藏工作座谈会确定：以中国内地2—3个省市对口西藏自治区拉萨市和其他6个地区，采取"分片负责、对口支援、定期轮换"的办法，即除要承担所对应的拉萨市机关和其他6个地区机关援助外，17个省市长期固定对口支援西藏57个县。自2001年开始，中央企业也加入对口援藏的队伍之中，17个央企长期固定对口支援西藏自治区17个县的经济社会发展；2016年开始，对口支援昌都的6个中央企业分别增加1个县，由此，17家央企对口支援西藏23个县。同时，始自1994年，中央政府部门对口帮扶西藏自治区的对口部门[①]，并由中央政府部门牵头号召全国同一系统的单位帮

---

*　本文为云南大学民族学一流学科建设项目"对口援藏制度研究"（项目编号：2019SY044）和国家自然科学基金项目"新时期汉藏交流现状及特点研究"（项目编号：71273183）的阶段性研究成果。
**　杨明洪，云南大学西南边疆少数民族研究中心发展研究院教授，四川大学中国藏学研究所专职研究员，研究方向为藏族经济社会发展。
①　中国政府部门多次改革，但这种改革是从中央贯彻到地方，所以，中央政府部门与西藏自治区政府部门的对应关系始终是一致的。

扶西藏7个市（地区）的相应部门，从而形成全国性的系统对口援藏体系①。由于这种援助具有"对口"性质，使得对口援藏便具有"发展承包"性质，包括内地省市、央企和中央政府部门在内的援助方不仅要派出援藏干部、援藏技术人员，还要提供资金以及其他方面的帮助。这种帮助不再是"道义"上的帮助，而是一种实质性的援助。②

位于林芝地区林芝县③的鲁朗镇（1998年建镇），属于广东省对口支援的受援地区。鲁朗具有旅游开发的潜质，有冰川、高山、峡谷、草甸、森林、河流、湖泊等自然景观，西界为色季拉山，其北临世界旅游景区巴松措，距离林芝首府八一镇大约70公里，距离雅鲁藏布江大峡谷不到30公里，而国道川藏公路318线（成都至拉萨、亚东）又穿鲁朗镇而过。2010年开始，广东援藏工作队④谋划建设鲁朗旅游小镇，2012年，占地1288亩的"鲁朗国际旅游小镇"项目先后得到林芝地区政府、西藏自治区和国家发展改革委员会的批准。作为援藏省份，广东省投入援藏资金13亿元，并引入非政府资本投入该项目，如保利地产、恒大地产、珠江投资、广东旅控、中新房、广药集团等被引入，参与投资25亿元，总投资38亿元。从援助的角度来看，这是援藏省份利用本省的财政资金及本省政府的知名招引企业参与鲁朗当地经济发展的新援藏方式。

毫无疑问，这也是一个规模化的旅游开发项目。这个项目所开发的对象主要涉及对文化资源和自然生态资源的利用，因此规模化的开发必然对当地民族文化和自然生态环境造成冲击。于是文化和生态保护性的开发成为人们关注的重点。国内外不少案例已经揭示，在这些规模化开发项目建设中，当地的老百姓没有参与到项目中，不尊重当地文化、没有将当地文化包容进项目之中的情况屡见不鲜，其原因是外地人可能不了解当地文化。由于这个缘故，由外地人出资、外地人建设的旅游开发项目中出现这一情况的几率就较大。⑤ 这里，我们着重关注文化方面，并提出以下问题：规模化的旅游开发中怎样确认当地民族文化；当地人是文化承载体，也是文化利益的诉求方，他们怎样看待文化保护；是谁在保护当地民族文化；又是什么因素影响当地民族文化的保护？

现有文献也对相关问题进行了研究，陈娅玲等以鲁朗扎西岗村为例研究生态旅游发展对西藏乡村农牧民家庭的生计影响⑥，孙九霞等研究了川藏公路对鲁朗社区旅游中心化的作用⑦，而王思元等以鲁朗为观察点分析西藏旅游发展的概貌⑧。从2014年5月开始，并延续到2021年10月，笔者都亲临现场，对鲁朗旅游小镇项目跟踪调查，对项目的设计者、施工队、当地官员进行访谈，多次入住扎西岗村村民家中，调查相关情况。基于这些调查，笔者的前期研究分别为在规模化旅游背景下研究当地居民单一的生计方

---

① 杨明洪：《和平解放以来中央实施对口支援西藏政策及其变迁研究》，《中国藏学》2019年第3期。
② 杨明洪、张营为：《对口援藏制度研究进展》，《民族学刊》2016年第4期；徐志民：《中共中央援藏工作述论》，《济南大学学报（社会科学版）》2012年第3期。
③ 关于行政更名的情况是，2015年3月16日，国务院批复同意撤销林芝地区和林芝县，设立地级林芝市和林芝市巴宜区；同年6月5日，将林芝县改名为巴宜区，隶属于林芝市。
④ 广东省派往林芝的援藏干部组成援助工作团队，该工作团队队长担任林芝地区常务副书记，其下援藏干部分别担任林芝地区政府部门以及所属各县相应单位的领导职务，也包括不担任领导职务的专业技术人员，如教师、医生以及其他领域的技术人员。
⑤ 艾丽君、沈苏彦：《乡村旅游背景下古村落传统文化的保护与传承——以江苏金坛鲁墅村为例》，《南京晓庄学院学报》2018年第4期。
⑥ 陈娅玲、余正军、杨昆：《生态旅游发展对西藏乡村农牧民家庭的生计影响——以林芝鲁朗镇扎西岗村为例》，《西藏民族大学学报（哲学社会科学版）》2017年第5期。
⑦ 孙九霞、王学基：《川藏公路与鲁朗社区的旅游中心化》，《广西民族大学学报（哲学社会科学版）》2017年第5期。
⑧ 王思元、宗吉：《浅谈西部旅游业的发展——以西藏林芝鲁朗为例》，《中共银川党校学报》2017年第4期。

式转换①、从地方参与角度下考察当地文化包容问题②。本文仅单纯在文化保护的视角下试图回答上述问题。

二、当地民族文化的定义

怎样定义当地民族文化？由于一种文化是包罗万象的、比较复杂的，因而在不同人的眼中，文化所代表的对象是不同的。从实际操作层面，这里就存在一个问题，即要保护的到底是什么样的文化。鲁朗国际旅游小镇怎样体现当地文化？对于援建者来讲这是一个难题。这里首先需要回答的一个问题是，什么是当地文化。鲁朗位于西藏东南部，因此当地文化不能和整个藏族文化画等号，如果将藏族的全部文化都在这里展示，既不可能，也不必要。如果仅仅是藏族文化也不行，鲁朗本身是一个多民族的地方，除了藏族，还有门巴族、珞巴族等，不同村子往往有不同的民族文化。

（一）项目所在地区藏文化的"典型性"并不突出

历史上，在吐蕃王朝统治时期，林芝被称为"工布"，是吐蕃王朝流放犯人的地区。吐蕃王朝止贡赞普的三个儿子就被流放"工布"。吐蕃时期的"工布"对应今林芝、工布江达及米林等县。③ 虽然其地位于雅鲁藏布江河套和尼洋河谷（后者为雅鲁藏布江中游三大河谷之一）一带，有着优越的农耕和居住条件以及丰富的森林、铁矿资源，但"工布"被普遍地认为是未开化的蛮荒之地，非流放与逃难者不往此地。这种影响至今仍然存在，一个明显的现象是，林芝号称"西藏的江南"，但人口不旺。据我们的调查，尽管林芝是西藏境内自然条件最好的地方，海拔低，平均仅有2900米，雨量大，森林茂密，耕地多，但藏族人口在当地总人口中的占比不如西藏其他地方高。我们问当地人是何缘故，他们几乎都是以"林芝没有文化，没有人愿意去林芝住"来作答。然而，这里是西藏去成都的必经之路，处于交通要道，特别是川藏公路修成后，人口流动性较大，从成都去拉萨的货车或者其他行人经常在鲁朗住店，第二天去林芝首府八一镇。由于以上缘故，尽管鲁朗这四村村民多为藏族身份，但他们那里的藏文化与其他文化交流较多，文化变迁显著，对其他文化接受较多。总之，当地居民典型藏文化的色彩较淡。

宗教是西藏民族文化的核心之一。"工布"人早年信仰苯教，苯教中最著名的神山——苯日神山在林芝当地至今家喻户晓。历史上，苯教后逐渐与藏传佛教融为一体。在这一过程中，由于格鲁派统治"工布"多年，渐渐成为"工布"主要的教派，但是在一些边境地方，宁玛派也有很大影响。在现在的林芝，共有各种宗教场所97处，其中，寺庙49座，拉康（经堂）21处，日追（僧人修行地）27处。在这些寺庙中，有僧尼609名，相对藏区的其他地方，林芝的宗教氛围明显偏淡。这一点与人们初到林芝游历的感

---

① Yang Minghong, Liu Jianxia, Zhang Yingwei, "Local Participation and cultural inclusion: A Case Study on Lulang Township's Tourism Development in the Context of Development Assistance," *China Tibetanology*, Vol. 2, 2016.
② 杨明洪、刘建霞：《旅游资源规模化开发与农牧民生计方式转换——基于西藏"国际旅游小镇"的案例研究》，《民族学刊》2017年第3期。
③ 苏杭森、杨小林、王忠斌：《西藏林芝工布江达自然保护区生态旅游地土地生态承载力变化分析》，《四川林勘设计》2012年第4期。

知是一致的。这使得林芝地区与西藏自治区的其他地区有着明显的区别。

(二) 项目所在地区的多元民族文化

除藏族外，林芝还居住着门巴族、珞巴族、怒族等少数民族以及"僜人"。珞巴族的祖先很早就生活在大峡谷地区，西藏民主改革前大都采用原始的刀耕火种形式，使用十分简单的腰机织布，他们能歌善舞，有丰富多彩的民间口头文学，信奉原始宗教。门巴族则是大峡谷地区人数最多的民族。"门巴"在藏文中指居住在地势低、山谷狭窄、被浓密森林覆盖地区的人，他们大量居住在墨脱县（白马岗的所在，白马岗的意思是"殊胜地"，是珞隅地区历史上最著名的区域，是墨脱县或珞隅历史上最著名的文化概念）。林芝的怒族生活在察隅县等地，而更多的怒族绝大部分生活在云南省，有自己的语言，但无自己的文字。"僜人"在西藏民主改革前也像珞巴族一样过着刀耕火种的原始社会生活，居住在深山老林，房屋以树枝、树叶、干草、兽皮等搭建，十分简陋。"僜人"有自己的语言，无文字。

相对于藏族来讲，这些少数民族在中国被定义为"人口较少民族"[①]。这些民族族群的生活习惯及宗教信仰皆保留着浓厚的传统色彩，具有独特的民族风情；不少民俗还能与古老的传说、氏族与村寨的图腾崇拜、宗教神话联系在一起，给这些古老的民族、遥远的居地笼罩上了一层原始而又"神秘"的色彩。

(三) 开发中的"四不像"文化

鲁朗的旅游资源开发主要是从文化和生态入手的，但面临的困境主要体现在：一方面，当地文化在藏文化中具备自己的特色，但当地藏文化在西藏并不明显，也不典型。开发者要把藏区其他地区的文化搬到此地作为吸引旅游者的一张"王牌"，显然不适合。另一方面，是多元化的民族族群文化选择问题，即在鲁朗旅游景区文化开发上，哪一种族群文化是底色，哪些族群文化是添加上去的，要做出项目开发决策就会面临这一道难题。

蔡家华和邹家华是广东省第六批援藏干部，分别担任林芝县（2015年改为巴宜区）的援藏县委书记和援藏副县长。据我们的调查，就是他们开启了鲁朗旅游资源开发的。援助林芝县的经济发展是援藏的主要目的，而要推动林芝县经济发展，他们提出的建议是"充分发挥林芝县工布文化核心区、苯教文化朝圣区、生态旅游腹心区的旅游资源优势"。按照蔡家华的说法，鲁朗需要"深度挖掘历史悠久、底蕴深厚的工布文化并丰富其内涵，使之与生态旅游有机融合，让优秀的民族特色文化成为推动当地旅游事业大发展的灵魂"。但是，对蔡家华来讲，他无法给出"工布文化"的定义。2015年5月，笔者第一次见到蔡家华，我们便请教他这个问题。他的回答是"什么是藏文化"，进一步解释生活在林芝的包括藏族、门巴族、珞巴族、怒族等少数民族以及"僜人"都带有浓厚的藏文化特点，酥油茶、糌粑、青稞酒是他们饮食中的"三宝"，都能够讲藏语。回过头，他强调，鲁朗旅游开发所展示的文化"是一种四不像"，即不像藏族文化、不像门巴文化、不像珞巴文化，更不像僜人文化。实际上，蔡家华用"四不像"简单概

[①] "人口较少民族"不是一个学术概念，而是一个国家扶持发展政策的概念。2005年，国务院复函国家民委，将1990年第四次全国人口普查中人口在10万人以下的少数民族归为"人口较少民族"，国家给予这些少数民族以一定的扶持政策；2015年又将人口在30万人以下的少数民族定义为"人口较少民族"。因此，这一概念是动态性概念，内涵取决于国家的政策。

括其文化资源开发中的困境，也概括了其开发过程中所展示的文化特征。

（四）旅游开发中的"展示性文化"与居民的"日常生活文化"

旅游开发者想象或者设计出来的文化，实际上是一种"展示性文化"。而展示性文化实际上就是一种"博物馆文化"或者"舞台文化"，即放在博物馆让游客观看的文化，或者放到舞台上让人观看的文化。这种文化通常是截取文化的某一个片断，虽然其特征突出，但不全面，有时候甚至出现被人为扭曲的现象。当地居民的"日常生活文化"则是活生生的文化，并贯穿在当地居民日常的生活之中。笔者认为，作为旅游开发的方式，其最佳状态是将两种性质的文化有机地结合起来。

然而，设计者总是偏爱"展示性文化"，因为这种文化一般能够吸引游客的眼球。现在，当人们行走在鲁朗的时候，感受最深的是"展示性文化"无处不在，特别是建筑文化，展示的是当地富有特色的建筑外表（笔者的一位尼泊尔朋友认为鲁朗建筑与尼泊尔夏尔巴人的建筑特点非常相似）。这被设计者想象成能够烘托出当地民族文化特别是林芝建筑文化，或曰"工布文化"。至于当地居民的"日常生活文化"则不列入设计者的主要设计目录表。

当然，"日常生活文化"也可以被设计者想象成"展示性文化"。例如，鲁朗的"石锅鸡"是一种当地的食物①，富有地方特色，在当地居民的日常生活中随处可见。1954年开通的川藏公路途经鲁朗，据说公路鲁朗段沿线的饭店中有来自重庆的厨师将"石锅鸡"加上了"重庆火锅"的元素，深为过往游客喜爱。于是，"石锅鸡"也就被设计者放在设计开发鲁朗旅游目录的最显眼位置，已经建成的商业街实际上主要是经营"石锅鸡"和出售当地"土特产"。而如像酥油茶、糌粑、青稞酒这藏族饮食中的"三宝"，则很少体现在设计之中，因为过往游客较少问津。游客真正要体验当地的"日常生活文化"，非得要到当地居民开设的家庭宾馆（guest house）才有这样的机会。

如此一来，当地居民"日常生活文化"与设计者要开发的"展示性文化"之间，便形成了一个不小的缺口。于是，谁来保护当地文化就成为一个大问题。

三、"藏文化"保护：援助方的坚守与努力

（一）"洋公司"的进入与退出

"林芝鲁朗国际旅游小镇"被开发者定位为"凸显藏族文化、自然生态、圣洁宁静、现代时尚的国际旅游小镇"。对于设计者来讲，"藏文化""现代""旅游"是关键词，而"自然生态""圣洁宁静"则是大自然的赏赐，是鲁朗地理位置决定的。因此，招募外国旅游设计公司为鲁朗旅游资源开发设计蓝图就再自然不过了。2011年1月4日，在项目设计招标中，美国国际休闲娱乐推广公司Leisure Quest International（LQI）中标，成为鲁朗国际旅游小镇的规划设计者。之所以这家公司能够中标，是因为LQI主要致

---

① 墨脱石锅历史悠久，源于新石器时代，古人以石为锅，烹煮食物，容器、炊具、汤勺都就地取材。墨脱石锅质地绵软，颜色为灰白色或灰褐色，具有传热快、不粘锅、不变色等优点。

力于项目战略规划、设计、运营和管理，曾参与全球40多个国家300多家酒店和度假村的营建。援助方为什么要选择这家美国公司？当时代表援助方的广东干部蔡家华对外公开过其选聘这家美国公司的理由，他说："对于选择美国如此知名的设计公司来为鲁朗规划设计的原因，目的就是通过世界顶尖的规划设计师之手，将有着'令神仙都陶醉'的优美风景的鲁朗打造成具有瑞士典型旅游小镇的风格，成为《国家地理》封面小镇和西藏的第二地标。"[1]

而当2011年4月19日LQI公司将编制完成的《鲁朗国际旅游小镇中心区控制性详细规划》在林芝县政府举行的验收会上展示的时候，一个致命的缺陷就暴露在与会者面前：虽然LQI设计公司总裁Mark A. Driscoll提出了"鲁朗项目瞄准国际一流，建设西藏东南部规模最大、功能最齐、标准最高的旅游集散地的构想"，但想象中的"藏文化"却没有展示出来。虽然本次会议通过了LQI公司编制的《鲁朗国际旅游小镇中心区控制性详细规划》，但因为LQI公司对藏文化的了解不足，其规划设计没有充分体现当地的藏文化，因此，LQI公司的设计规划实际上处于争议之中。

真正促使有关方面放弃鲁朗国际旅游小镇项目设计方案的转折点是2011年5月。2011年5月16日，时任广东省领导的朱小丹前往鲁朗考察。在考察过程中，他强烈地感受到地方特色文化的氛围，加上前期他对LQI做出的规划理念以及规划方案并不认同，认为其没有体现对当地文化的尊重与吸收，因而强调"突出当地民族文化特色，充分尊重藏民生活习惯"对于鲁朗国际旅游小镇建设的重要意义。朱小丹对藏文化的重视也从他后来的言论中反映出来。例如，2013年3月30日，朱小丹在鲁朗镇奠基暨开工仪式上的致辞中提出"把鲁朗建设成为极具藏民族传统文化特色和风情、人与自然和谐相处、宁静圣洁而又充满诗情画意的现代化国际化旅游胜地"。可见，朱小丹对鲁朗国际旅游小镇的发展愿景与LQI公司的设计规划必然有很大的差距。应该承认，朱小丹代表的是援助方，广东省对口支援林芝，援藏政绩是当政者首先考虑的问题。可以推断，如果鲁朗小镇的旅游建设起来了，但却没有地方特色，或者因为没有地方特色而缺乏客源，会造成开发失败。这是当政者最不愿看到的。朱小丹对LQI这家"洋公司"的设计方案的否定，实际上变成了对鲁朗规划建设重视藏文化的新起点。于是，这家"洋公司"被正式从鲁朗镇旅游开发设计者名单中删除了。

（二）"土公司"入驻

北京大学中国城市设计研究中心主任陈可石[2]也应邀参加了2011年4月19日林芝县政府举行的验收会。如何将当地民族文化保护作为重要建议是摆在与会者面前的一个难题，笔者无法知晓陈教授在会议上发言的内容，但可能是因为那场会上陈可石提及了当地民族文化保护问题，因而在2011年5月朱小丹考察期间，陈可石被推荐给朱小丹。朱小丹认可陈可石教授的理念，并同意陈可石负责鲁朗项目规划设计，这样，"土公司"取代了"洋公司"LQI。

---

[1] 《西藏林芝县鲁朗拟打造国际旅游小镇》，东莞阳光网，2011年1月23日，http://news.sun0769.com/DG/headnews/201101/t20110123_976139.shtml，最后访问日期：2020年1月20日。

[2] 陈可石教授作为国内旅游小镇规划设计第一人，多年来以"绿色新田园城市设计和城市人文主义"为理念，在国内外着重开展古镇复兴与旅游小镇规划设计工作。其创立的深圳中营都市设计有限公司拥有丰富的旅游小镇规划设计经验，目前已完成汶川水磨镇、成都洛带古镇、贵州下司古镇、佛山名镇、敦煌古城等诸多国际知名旅游小镇项目。

由此，鲁朗旅游开发设计按照新方案进行。其具体内容主要有两点：一是更换设计单位，由深圳中营都市负责整体规划设计、建筑方案和景观工程设计，由北京大学中国城市设计研究中心担任首席顾问；二是采用总设计师负责制，由广东省人民政府聘任陈可石出任总设计师，其职责是负责小镇的规划设计和工程设计总协调，同时负责建筑设计和景观设计全过程的质量控制。[1]

2012年4月28日，朱小丹邀请陈可石在广州就鲁朗国际旅游小镇规划调整进行交流，并对后者关于尊重当地藏文化的理念表示高度的认可[2]，还进一步强调要"突出当地民族文化特色，充分尊重藏民生活习惯"。于是，新的设计公司将鲁朗国际旅游小镇开发的整体文化氛围定位为"藏东南文化"，将其建筑风格定位为"工布建筑风格"。[3] 陈可石教授及其团队有设计水磨镇的经历，而且，水磨镇与鲁朗镇的规模相当，水磨镇的成功在于恢复"羌族文化"，因此，这家"土公司"的设计取得相当成功。笔者曾经在位于罗布村的"鲁朗国际旅游小镇"建设指挥部与陈可石教授见面，他当面对笔者说，他住在村子里，就是便于听取当地居民的意见，通常他把设计的想法告诉当地村民，让当地村民提出意见和建议，或者，他事先听当地居民提出解决问题的方案。在设计和后来施工中，陈可石教授和他的助手也住在村子里，就是为了能够听到当地人的意见。虽然朱小丹忙于广东省其他省政府工作事务，但与陈教授的见面却非常多，当面交流意见达16次之多。朱小丹多次去鲁朗查看工程，作为一个大省的省长抽出时间与设计专家交流设计问题，查看工程进度，这并不多见。

根据一般原理，旅游开发首先是利用当地文化，在开发中保护当地文化。而在实际的旅游开发中，开发者注重的是开发当地文化，保护则往往被置于一边。[4] 鲁朗旅游文化资源开发案例显示，政府特别是援藏的广东省对充分利用当地"藏文化"给予了许多关注。

（三）建筑物装修 VS 居民文化价值

建筑物装修特别能够反映出鲁朗旅游小镇设计者的"藏文化关怀"。因为旅游景区的建筑建成后是否能够具有设计者所想象的"藏文化"特色，关键环节是建筑物的装修。这一环节也是当地居民参与的重要领域。一大批来自当地和其他藏区的能工巧匠被建筑装修公司雇用。

先前有不少当地少数民族农民到寺庙学会了画唐卡技术。这些技术不仅是寺庙装修的需要，同时，当地人居住的房子和其他建筑也都需要画上他们喜欢的颜色和动植物肖像等装饰画。因此，他们的画技也可以用在这些方面。中标的装修公司主要是聘用当地居民做建筑物外貌装饰。

相对于其他工作来讲，给建筑物画画是一种技术性较强的工作，外行无法胜任这样的工作，因此，其工资比一般性工作的工资高出很多。凡是被装修公司聘用的人，都会挣得较多的收入。由此之故，当

---

[1] 陈可石、刘吉祥、肖龙珠：《人文主义复兴背景下旅游小镇城市设计策略研究——以西藏鲁朗旅游小镇城市设计为例》，《生态经济》2017年第1期。
[2] 鲁朗国际旅游小镇在建筑设计与景观设计中加强藏式文化元素符号的运用，在经过浓缩和提炼的藏族文化渲染下，形成神圣的氛围。同时也会注重从新技术、新材料和新方法的应用上，提升鲁朗小镇的城镇化水平，优化城镇功能，为游客提供一个高品质的不可替代的"精神空间"，为城镇居民提供一个宜居的家园。参见陈可石、魏世恩、马蕾：《"总设计师负责制"在城市设计实践中的探索和应用——以西藏鲁朗国际旅游小镇为例》，《现代城市研究》2017年第5期。
[3] 荣亮亮：《西藏工布地区传统民居的建筑装修研究》，《中国建设报》2012年12月5日。
[4] 朱普选：《西藏旅游开发中的民族文化及其保护》，《西藏民族学院学报（哲学社会科学版）》2008年第4期；艾丽君、沈苏彦：《乡村旅游背景下古村落传统文化的保护与传承——以江苏金坛鲁墅村为例》，《南京晓庄学院学报》2018年第4期。

地人甚至藏区其他地区的人都非常愿意参与此项工作，而不愿意像汉族农民工那样仅做体力工作，因为后者工作艰辛而工资很低。实际上，近年来当地居民也开始使用钢筋水泥修建私人住宅，仅室内室外装修采取藏式风格。建筑物装修涉及当地人的文化审美情趣，也关涉到藏文化的保护问题，而当地人参与这一过程就是一个再现"藏文化"的过程。

当然，文化更多的是体现于当地人的民族意识、价值观和世界观等观念的具体化，是基于传统生产体系和传统生活方式的价值观和信念，而不是一些表面的形式和外观。而表面的形式和外观也不过是一些文化价值的映射。藏传佛教在藏文化中占据独特的地位，由此形成了特有的传统生产体系和生活方式。但在鲁朗，由于这里没有其他藏族地区藏文化浓厚，当地居民的生产体系与生活方式同典型的藏族地区已经有较大的区别。这也是"鲁朗国际旅游小镇"项目设计时遇到的难题。从生活方式来看，当地居民的生活世俗化较为明显；对宗教信仰的程度较浅；从生产方式来看，以农耕为主，与内地相似；从语言来看，当地人大多数能够讲流利的汉语。因此，当地居民也不十分清楚什么是藏文化。

尽管如此，当地居民对于开发当地旅游资源，多持欢迎态度。我们调查发现，当地居民认为，凡是可以用来供游客参观的，都可以用来开发。为了旅游开发，原先在村子中一些消失的习俗也逐渐恢复过来，一些正在消失的习俗也被鼓励发展。例如，在扎西岗村，有一个西藏民主改革前的地主家的老宅子，其实现在是一间普通的民房（可能在当时是非常好的住宅，现在普通民居都比这个老宅子好）。现在，这家地主的亲戚将其打造成为"土司博物馆"（严格地说这位地主称不上是土司，有皇帝册封的土官才能叫土司）。再如，他们也会主动改变生活习惯，宗教忌日不杀生。更为重要的是，为了展示当地特有文化，当地居民也尽可能将原有的历史古迹开发出来，将部分"日常生活文化"标签化，并向游客展示。如村民平时穿戴的藏装以及手工打酥油茶、采挖松茸、手工挤牦牛奶等"日常生活文化"也被转化为一种"展示性文化"，游客也从中体验了当地民族风俗。

四、经济利益追逐与"藏文化"保护：当地居民的两难选择

当地人是当地民族文化的"活载体"。观察当地人的参与度可以在一定程度上洞察当地文化被保护的程度。

（一）家庭宾馆：快速增长的态势

如前所述，在扎西岗村，家庭宾馆先于"鲁朗旅游小镇"开发。1998年开始，背包客到鲁朗镇的扎西岗村借宿，村民得到一定的住宿费。扎西岗的"平措大叔"①抓住机会办起了家庭宾馆。而家庭宾馆让"平措大叔"家收入逐渐增加。2003年，扎西岗村的村民唐次仁将自家住房改造为藏式家庭宾馆，并得到政府4.3万元的奖励性补贴。此后，家庭宾馆得到快速发展。到2010年，扎西岗有26户家庭办了家庭宾馆，占村民的近50%，平均来看，当时的家庭宾馆收入占总收入的1/4，而平措大叔的家庭宾馆收入当时是20万左右，占其家庭总收入的五成以上。家庭宾馆刺激了广东在当地援藏工作的转向，开发鲁朗旅游

---

① "平措"是其名，"大叔"是外来游客给他的一个称呼，时间久了，他本人就将其家庭宾馆命名为"平措大叔"。网上预订该宾馆成为背包客的主要选择。

资源成为主要方向，因为原来的援藏工作主要就是维修当地道路和学校之类，也给予困难居民生活上的帮助。而家庭宾馆的开发建设并没有导致当地家庭宾馆业的萎缩，反而刺激了当地家庭宾馆的快速发展，2011年开始向纳麦、崩巴才、南木林、东巴才等自然村扩散。到2015年，这6个村共有130户农民开设了家庭宾馆，销售收入600万元。2010年扎西岗村销售收入不过100万元，到2017年，仅扎西岗村全村68户312人，就有48户开设了民宿客栈，共接待游客7.1万多人次，实现旅游收入291万元。一方面是家庭宾馆呈快速发展的趋势，一方面是鲁朗国际旅游小镇开工建设场面热火朝天。家庭宾馆的经营不仅仅是向游客提供住宿，而且是当地居民全面卷入旅游发展之中的入口。围绕旅游"吃、住、行、游、购、玩"六大活动，给当地经济发展带来繁荣。事实上，随着家庭宾馆、以"石锅鸡"为代表的特色餐饮、当地土特产销售等服务业发展，旅游业收入成为当地家庭主要经济来源。

我们的实地调查显示，当地居民对当地旅游发展模式总体上感到满意，他们主要关心的是从旅游发展中赚钱，正是由于这个原因，他们也有很多不满的地方。比如，他们对大型宾馆感到不满，觉得自己无法与他们竞争；由于各家所处地理位置不同，造成生意好坏不一样。在我们的调查中，当地居民反映最多的是经济利益分配上的矛盾和问题，极少反映藏文化保护上的问题。2015年5月，我们在扎西岗村访问27户，占当时该村总户数64户的42%。从这27户的访谈来看，他们对鲁朗旅游开发都表示欢迎。当年我们也在罗布村访问2户，这2户也欢迎鲁朗的旅游开发。这些农户都关注如何从这一旅游发展项目中赚钱。基于这种考虑，当地居民对鲁朗旅游开发的模式有自己的意见，归纳起来就是：农户自己经营的家庭宾馆应该得到发展，外来公司投资的旅游开发公司不能与他们的家庭宾馆经营形成冲突。2016年5月和2019年7月，我们再次到这些村子调查，发现他们仍然是欢迎鲁朗的旅游开发，而且还发现，在某一个交通要道立有一个大的木头牌子，每一个家庭宾馆的户主和联系方式都能在这个牌子上找到，方便游客联系入住。

（二）家庭宾馆风格选择：现代与传统的冲突

当地人是当地民族文化的承载者，他们出于文化所承载的政治经济、社会文化利益，对民族文化不可能不给予关注，至少应该是当地民族文化的坚实保护者。当地人对文化保护的对象应当比较清楚，保护文化需要当地居民的文化自觉。但当地家庭宾馆的经营说明了问题的复杂性。这可能是当地百姓和政府都比较困惑的事。

私人家庭宾馆的开发与经营是村民自己的事情，政府难以规划和控制，因此，其发展速度非常快，村民普遍将自己的私家宅院改造成为可供外来游客居住的家庭宾馆。然而，令人吃惊的是，在这一过程中，怎样进一步关注藏文化保护问题，并没有在当地居民中得到足够的重视。

不少居民从过去的经验中认识到，外地游客更喜欢现代化的房间布置，藏式房间窗子小、低矮阴暗、居住性差，因此，这些农户就希望将房间按照现代化风格改造。一是对原有房间进行处理，增加采光效果，添置卫生间，制备新式床褥。很多村民都这样做。二是将原有房子拆除，修建较为现代化的宾馆，例如，村长巴桑在他的住宅旁边修建了一座小宾馆（在该宾馆屋顶上挂有"仲麦家庭旅馆"），二层楼，有标准间30多个，整个房间与城里的差异不大，唯独外表装修为藏式风格。巴桑自己一家住在同一院子的二层藏式农房建筑里。三是在自家庭院内修建标准间，外墙风格仍然是藏式，房间布置更加现代风格。

2015年5月2日我们居住的阿佳拉姆家就是这样,在她家后院修建有二层的标准间宾馆,房间内基本上按照宾馆风格进行装修,只是设施比较简单,女主人拉姆向我们表示她们家非常羡慕村党支部书记巴桑次仁的家庭宾馆。在罗布村,我们访问了紧邻鲁朗国际小镇项目建设指挥部的农户(其美家庭旅馆),女主人向我们展示和介绍了她们家正在修建的标准间宾馆,这一标准间宾馆均为地面上一层建筑,为藏式木屋,虽然没有建完,但女主人强调里面的设施布置是现代化的。

从村民个人的角度来讲,其行为是理性的,因为外来游客对这种所谓的"现代化"居住条件有所偏爱,为适应外来游客的需要,村民当然就会做出相应的选择。但从开发者特别是援藏单位和当地政府的角度来看,村民的行为是短视的,必须加以制止。因为政府认为,外来游客前往鲁朗,目的是体验当地浓厚的藏文化氛围,而"现代化"的室内设施以及日益"快餐化"的饮食供给,长期来看,最终会损害当地作为旅游目的地的基础。2017年5月,笔者调查得知,除对原有家庭宾馆进行改造以提高品质外,当地政府禁止当地农牧民在自己的宅基地上新修建家庭宾馆。同时,还禁止外地投资者在当地村民的耕地草场等土地上新建房屋、开办家庭旅馆。当地村民告诉笔者,某某家的家庭宾馆被勒令整改,恢复原有藏式风格,新建的低品质板房宾馆也陆续被撤除。罗布村村民才旺顿珠是一个典型,他家在盖新楼的时候本来是盖的汉式的家庭宾馆,由于他家的家庭宾馆就在318国道不远处,为了体现和保持当地的藏式文化,政府要求他至少将楼的外表改造成藏式的楼房,加盖了顶棚,将外墙画上藏式图案以体现藏文化。但当时才旺顿珠是想盖一个汉式的家庭宾馆,以满足更多旅客的要求,扩大客源。

此外,值得注意的是,当地政府反复要求当地居民要尽可能地保持"原汁原味"的生活方式,目的是让外地旅客享受原汁原味的"藏家乐"风味。笔者现场观察的情况是,当地人也开始改变,在不能杀生的日子,而游客又要点现杀的"石锅鸡"的情况下,他们开始请外地人帮助杀鸡,这是当地居民在商业利益面前对生活方式进行变通的一个例子。

(三) 分配一小块土地供鲁朗镇行政所属各村自主开发

设计者考虑到鲁朗旅游小镇开发应具有包容性,在鲁朗旅游小镇开发项目实施范围内[①],给鲁朗镇所属行政村划分商业土地,让各村自主开发。该商业地块位于鲁朗旅游小镇商业街功能区,而商业街功能区就是从功能上规划土地,发展以"石锅鸡"为代表的餐饮业、出售当地土特产以及开发商务客栈。笔者无法知晓关于本案中分配商业地块的原则。在中国的国土资源管理法中,被征收为国有土地之后,便可以进行商业性开发;而农牧民可以在自己的宅基地上建造自己使用的建筑物,但不能直接进行商业性开发。因此,给予各村在商业街功能区以土地地块,实际上是给予各村以土地开发权。关键是,高效的开发会给其开发者带来商业利益。

从项目设计者角度来讲,向本镇行政辖区内各村都提供一小块土地让其自行开发的本意是让项目实施区外的村民也分享鲁朗国际旅游小镇开发项目的好处,主要考虑的是经济上的利益。但从村民的角度来讲,这不仅带来了商业上的利益,也给了各村一个展示其经济文化特色的"窗口",因为鲁朗镇行政辖区内也是一个多样性文化汇集之地,各村的想法是通过展示文化特色来吸纳顾客。

---

① 该项目建设区域,仅涉及罗布、东巴才、扎西岗、东久等行政村,而落木、巴嘎、拉日、白木等四个行政村远离该项目实施区,分别在38—58公里之外。

五、决定当地民族文化保护走向的因素

（一）项目的决策与执行

由于鲁朗旅游小镇属于"交钥匙"工程①的援藏项目，而且非政府资本在总投资中所占比例大，所以援助方在项目建设决策中的权重较大。因此，有必要从援助方的角度考察项目建设对当地民族文化的重视程度。时任广东省省长朱小丹是鲁朗旅游小镇规划建设的最高决策者，其对鲁朗建设提出的要求是"保护当地生态，尊重当地文化，维护当地藏民利益"，并先后3次前往鲁朗进行实地考察，先后16次与陈可石见面，商谈鲁朗旅游小镇建设。

蔡家华是广东省派驻林芝地区的援藏总领队，是鲁朗旅游小镇建设指挥部总指挥，执行广东省援助方的决策。起初，鲁朗旅游小镇项目本身就是蔡家华向朱小丹建议的，并得到后者的赞同。因此，从决策到执行是没有障碍的。

笔者多次访问位于罗布村的鲁朗旅游小镇建设指挥部，并在那里见到蔡家华和担任副县长的援藏干部黄志明以及其他干部。在访谈中，他们都对保护当地藏文化表现出极大兴趣，认为"既然是一个援藏项目，是为当地人做好事，当然就要保护当地人的利益，包括当地文化，否则援藏就没有意义"。

2016年5月，在鲁朗旅游小镇建设指挥部，蔡家华告诉我们一个关于建筑物装修的故事。建筑施工队没有按照施工图的标准建造游客集散中心的屋顶，施工监理方将此情况报告给陈可石。由于陈可石是鲁朗旅游小镇总设计师，他认为，没有按照原有标准建造屋顶，建筑物完成后则失去"藏文化"风格。②重新建造需要花费超过5000万元；这是一笔很大的费用。承建该建筑群的公司也极力劝说蔡家华接受已经建好的建筑物，但蔡家华坚决不接受，并支持陈可石的要求。这个故事说明，总设计师制度保证了建设过程中对藏文化的保护。

（二）当地居民的参与意愿、渠道

笔者没有非常详细地调查当地居民是怎样参与鲁朗旅游小镇建设项目的，但我们也通过一些渠道知道了相关情况。2015年5月，笔者在鲁朗遇到陈可石。陈可石讲到他带着他的博士研究生们每天穿梭在鲁朗旅游小镇建设项目所覆盖的罗布村、扎西岗村等地，让当地人对他想设计的房子、道路、沟渠以及其他设施提出意见和建议，并把当地人提出的意见和建议融合到自己的具体设计之中。这被认为是当地居民参与鲁朗旅游小镇建设的渠道之一。事实上，在整个设计、开发、建设过程中，项目相关负责人（包括蔡家华、陈可石）都住在当地村落，以听取当地居民意见，这都增加了当地居民的间接参与程度。

---

① "交钥匙"工程是援藏项目建设方式之一，是援助方将所援助的项目建设完成后，将工程的"钥匙"转交给当地使用，该工程项目建设是由援助方全部完成。与之相对应的是"交支票"工程，是援助方将所援助的工程项目资金用开支票的方式转移给受援方，受援方组织实施工程项目建设。

② 陈可石、魏世恩、马蕾：《"总设计师负责制"在城市设计实践中的探索和应用——以西藏鲁朗国际旅游小镇为例》，《现代城市研究》2017年第5期。

蔡家华告诉笔者，在中国，除农牧民自建房屋外，只有将农村集体所有的土地征收为国家所有，才能在该土地上建设建筑，而在内地，围绕土地征收曾发生大量的农民抗争事件；抗争事件表明土地的所有者不接受在指定价格下转为国有土地，并把这些土地卖给开发商进行房地产开发。鲁朗旅游小镇建设属于这种情况，同样需要征收当地居民的土地，但鲁朗旅游小镇建设项目的土地征收是非常顺利的。蔡家华解释有两个原因导致当地人愿意接受征收：第一，他们给出的土地征收价格较高，当地居民合意；第二，当地居民较为广泛地参与了这个项目，并认为鲁朗旅游小镇建设总体上符合自身的发展意愿。

事实上，在总投资达到38亿元的建设项目中，当地居民对工程建设的参与是有限的。按照蔡家华的计算，由当地居民排他性[①]地承担的鲁朗旅游小镇建设所需要的沙石，按照65元/立方米，其总价大约为6000万元，对人口较少的当地人来讲确实是一笔不小的收入，但与工程总造价相比，却是一个较小的数字。而且，结构复杂的建筑物建设，需要高水平的专业技术工程师，并不是一般的当地居民所能够胜任的。也就是说，除了雇用当地居民外，建设这些项目需要在本区域之外雇用专业技术人员，这与雇用当地居民参与建设并不矛盾。

（三）非本地投资者的文化保护意识

援藏省份和外来投资者是以发展当地旅游为出发点的，而旅游产业既是文化性很强的经济产业，同时也是经济性很强的文化产业，也就是经济与文化结合最为紧密的产业。鲁朗旅游小镇投资者中，除了广东省投入援藏资金建设基础设施外，恒大集团投资7亿元，建设"院落式风格宾馆"；珠江投资投资7亿元，建设"宫殿式风格宾馆"；保利集团投资7亿元，建设"别墅式风格宾馆"；广东旅控集团投资建设"游客中心"和"商业街"。从公司投资的商业利益考虑，这些公司会考虑以怎样的方式吸引游客入住其酒店。因为鲁朗的旅游是体验式旅游，游客是体验当地的独特文化和生态，入住高级宾馆并不是他们的第一选择，因此，这些公司从商业利益出发，也重视开发当地民族文化，即通过宾馆的外表、室内装修、餐饮以及组织民族文化节目等方式展示当地民族文化。因此，可以理解的是，外来投资者展示当地民族文化既来自整个鲁朗旅游小镇规划设计的要求，更来自对自身商业利益的追求。

来自广东的投资者不是一般的投资者，而是一种特殊类型的援助者。因为一般的投资者投资是为了商业利益，而这些广东投资企业有一些是广东省属国有企业，其资产属于广东省政府；还有一些受广东省政府邀请来援建的广东知名企业，也是国有企业，资产管理上不属于广东省政府，而是属于中央管理的。国有经济是中国特色社会主义经济基础，国有企业是一个较为独特的企业群体，有着与非公有制企业不相同的角色定位。[②] 因此，从这个意义上讲，来自广东的投资者仍然扮演着援助者的角色。这与那些开家庭宾馆的当地人是不同的。

---

① "排他性"独占售卖沙石的生意，是当地政府为了保护本地人的利益，规定在村民集体所有的土地上售卖沙石，必须经过当地村民小组同意，并缴纳相应的费用，外来人员不能随意挖取沙石。
② 杨明洪：《市场经济背景下的央企对口援藏制度研究》，《中国藏学》2015年第3期。

六、结束语

在大规模的旅游开发活动中，文化包容最为重要，既要尊重当地文化，又要依靠文化凝聚生产要素、发展经济。特定的文化服务于当地特定居民，作为文化载体的当地居民要广泛参与援藏项目建设的全过程，如此才能将当地文化融入项目，保护当地文化，使当地文化得到更好的继承、发展和创新。

更为引人注目的是，"鲁朗国际旅游小镇"作为广东对口援藏的重点项目，明显有着由"局外人"提供援助并由"局外人"主导建设的特点。从技术层面来看，鲁朗国际旅游小镇属于"技术要求高，具有示范作用，有典型意义的重点项目"，援建与受援双方协商确定采取"交钥匙"方式组织实施。也就是说，广东援藏方是项目建设责任主体这一点最容易引发当地民众参与程度低、对当地文化不尊重、缺乏对当地文化的包容性等现象发生。然而，鲁朗案例却证伪了这一认识。

但是，外来援助者和投资者对地方民族文化的定义面临较大困境，而这些困境是定义方式造成的。从当地人的视角定义地方民族文化与从游客的视角定义地方民族文化是不同的。鲁朗案例显示，外来援助者和投资者是从游客的角度定义地方民族文化的。这种视角是一个"他者"的视角，与当地人定义地方民族文化不同。鲁朗案例也显示，保护地方民族文化出现了双重错位：一般来说，当地人是地方民族文化的承担者，从保护中获取利益更多；基层政府官员更容易关注受援者的利益，因此，这两者更倾向于保护地方民族文化。但实际上，外来援助者和投资者比当地人更倾向于保护地方民族文化，政府高层领导比基层领导更倾向于保护地方民族文化，形成双重错位。

在鲁朗规模化的旅游开发中，决策者的意愿以及政府的执行为文化包容提供了坚实的基础。尽管难以确定鲁朗应该展示什么样的"藏文化"，但决策者和设计者始终坚持听从国内专家和当地人的意见，并尽可能将当地人的活动包容到项目建设之中。当地居民也面临着"藏文化"保护与短期的经济利益追求之间的矛盾与冲突，无论是援藏方还是当地政府均重视对当地居民短期行为的纠偏。在这一复杂过程中，"藏文化"在规模化的旅游开发中得到了一定程度的保护。出现这一情况与前述的地方民族文化定义的视角有紧密关系，因为外来援助者定义的地方民族文化并非作为受援者的当地人所定义的地方民族文化。显然，作为对口援藏项目，其本身的性质决定了地方民族文化的包容在很大程度上得到实现，尽管外来者和投资者以"他者"视角定义地方民族文化，但与一般意义上的商业性开发项目不一样，鲁朗开发项目最终目的是为了当地受援者，因此建设过程中重视地方参与性。从这里导出的政策含义是今后开发应进一步增加地方的参与性。

Including Local Ethnic Culture in the Framework of Partner Assistance to Tibet

A Case Study on KLunang Towship's Project for Tourism Development

Yang Minghong

Abstract: KLunang tourism development is a key project in Guangdong's PAT program. It has been completely driven and led by non-locals, and neither local governments nor local communities nor even local companies have been involved, aside from the Guangdong Provincial Government and external non-governmental enterprises. In large-scale tourism development, local cultural inclusion into the development proceedings is of utmost importance. Local ethnic groups should be the key stakeholder in the PAT initiative to play a critical role in the regional development, especially in the efforts to integrate local culture into the development process. However, to a certain extent, role dislocation to protect ethnic culture has been emerging in KLunang tourism development. The above-level government pays more attention to local ethnic culture than the local government, while alien investors and other stakeholders focus more on how to best use local ethnic cultures to develop tourism. Although it is difficult to define what kind of "Tibetan culture" should be presented, it is of significance that decision-makers and developers keep alert to suggestions from experts and local residents and to engage in the process of project development. When local residents struggle with the conflict between short-term (immediate commercial benefit) and long-term (local cultural protection) benefits, the Guangdong PAT initiative and local government both play important roles in correcting unreasonable behaviors that overwhelmingly favor short-term benefits. Decision-makers' awareness of and willingness to protect local culture provides a foundation for greater local inclusion in this project. This active engagement and dynamic interaction with local communities contributes to the protection of "Tibetan culture" in the context of large-scale regional development.

Key words: partner assistance to Tibet; ethnic culture; cultural inclusion

同源民族文化、东道国金融市场开放度与银行业对外直接投资

——以中国五大商业银行对东盟投资为例*

梁双陆 苏 穗**

摘 要 共同的民族文化渊源能够铸就共同的文化认同感，减少交流中的障碍，增强彼此间的信任，能促进国家间经济合作。本文基于2006—2017年我国商业银行在东盟的直接投资数据，研究同源民族文化对我国银行业对外直接投资的影响。研究表明，同源民族文化对我国商业银行对外直接投资具有促进作用，而东道国金融市场开放会弱化影响。因此，我国商业银行对外投资的区位选择应高度关注文化因素和金融市场开放程度。

关键词 同源民族文化；东道国金融市场开放度；银行业对外投资

DOI: 10.13835/b.eayn.29.05

一、引言

每一个民族都有其独特的文化传承、社会背景以及由此产生的思维方式和价值观念。宗教是文化的一个重要组成部分，信仰同一宗教的人群自然也会产生同样的文化传承，对其文化有着深厚的认同感，在其文化上有着一定的相似性，从而在经济行为上也会表现出一定的相似性，再通过生产方式、产业结构、经营理念等途径推动社会经济的发展，一定程度上可以促进信仰相同宗教的国家间的经济合作。已有不少学者在研究文化因素对外商直接投资的影响过程中发现，外商直接投资更愿意选择与本国文化差异小的国家和地区（例如，丁辉侠和董超等[①]，孙焱林和胡松[②]）。缅甸、老挝、柬埔寨和泰国这四个国家的一些民族与我国云南傣族聚居地区在宗教信仰上基本一致，大部分居民信仰小乘佛教。其中柬埔寨

---

* 本文系国家社科基金项目"'一带一路'战略与我国边疆土开研究"（项目编号：C17BJL004）的阶段性成果。
** 梁双陆，经济学博士，云南大学经济学院研究员，博士生导师，主要研究次区域合作与边疆经济发展。苏穗，中国人民银行昆明中心支行职工。

[①] 丁辉侠、董超、冯宗宪：《文化因素对流入中国的外商直接投资的影响——基于引力模型的实证分析》，《郑州大学学报（哲学社会科学版）》2007年第1期。

[②] 孙焱林、胡松：《文化和地理因素对中国外商直接投资的影响》，《国际贸易问题》2004年第10期。

明确地将佛教确定为国教，信仰小乘佛教的人占全国人口的85%以上。① 老挝在1961年就将佛教规定为国教，最近统计结果显示，65%的老挝人信奉佛教。② 缅甸和泰国的居民也主要信仰小乘佛教，并且泰国信仰小乘佛教的人占全国人口的95%以上。③ 因此，信仰同一宗教，有着相似的文化传承和文化背景，我国与这几个国家的经济交流应该更频繁，阻碍更少。

随着经济和金融全球化的进程加快，在2006年我国银行业实现全面开放之后，我国商业银行走出去的步伐进一步加快。2010年，中国－东盟自贸区成立；2015年，中国－东盟自贸区升级版协定正式签署。在新签订的协定书中，东盟各国承诺在服务贸易领域的商业、金融、运输等部门向我国做出更高水平的开放，具体的措施包括扩大服务开放领域、允许对方设立独资或合资企业、减少地域限制等④。自贸区的建立和升级版协定的签署，为我国商业银行走进东盟提供了有利契机。因此，我国商业银行在东盟的投资活动更加频繁。截至2017年末，我国五大商业银行（中国银行、建设银行、工商银行、农业银行和交通银行）在东盟已经设立了100多个分支机构，而2006年时，五大商业银行在东盟的分支机构不到20个。但这些分支机构主要集中在新加坡、马来西亚、印度尼西亚和泰国这四个国家。中国的傣族、布朗族、德昂族等民族与泰国、老挝、越南和缅甸这四个国家的部分民众信仰同样的宗教，有着相似的文化背景，但除了泰国，中国的五大行在其余三个国家设立的分支机构数都很少。截至2017年末，中国五大行在越南设立了5个分支机构，而在老挝和缅甸均只设立了2个分支机构⑤。为何中国商业银行在与中国拥有同源民族文化的国家设立的分支机构数更少呢？同源民族文化在我国商业银行对外直接投资的过程中到底产生了怎样的影响，是促进我国商业银行的对外直接投资活动，还是阻碍了我国商业银行的对外直接投资活动？因此，探究同源民族文化对中国商业银行对外直接投资的影响，为我国商业银行对外直接投资具有一定指导意义。

二、文献综述

（一）同源民族文化的界定与解释

研究表明，具有相同族源的民族，他们在思想、观念、意识上拥有着共同的祖先和历史记忆，因此这些民族具备同一的文化认同感。⑥ 今天泰国的泰族、老挝的老族、越南的泰族、缅甸的掸族，以及我国西双版纳和德宏的傣族等，从这些民族的语言中保留着大量古汉语词汇这一现象来看，这些民族的祖先

---

① 商务部国际贸易经济合作研究院、商务部投资促进事务局、中国驻柬埔寨大使馆经济商务参赞处：《对外投资合作国别（地区）指南——柬埔寨》，2018年版，第8、9页。
② 商务部国际贸易经济合作研究院、商务部投资促进事务局、中国驻老挝大使馆经济商务参赞处：《对外投资合作国别（地区）指南——老挝》，2018年版，第9、10页。
③ 商务部国际贸易经济合作研究院、商务部投资促进事务局、中国驻缅甸大使馆经济商务参赞处：《对外投资合作国别（地区）指南——缅甸》，2018年版，第13、14页；商务部国际贸易经济合作研究院、商务部投资促进事务局、中国驻泰国大使馆经济商务参赞处：《对外投资合作国别（地区）指南——泰国》，2018年版，第10、11页。
④ 《中国－东盟自贸区升级版正式签署》，中央政府门户网站，2015年11月23日，http://www.gov.cn/zhengce/2015-11/23/content_2970662.htm，最后访问日期：2019年1月20日。
⑤ 数据来源：根据五大商业银行各年年报和官网整理。
⑥ 李权：《中泰傣泰民族早期共同历史记忆与国家认同》，《湖北民族学院学报（哲学社会科学版）》2017年第1期。

一定受到过中国华夏民族文化的熏陶。① 因此,泰国的泰族、老挝的老族、越南的泰族、缅甸的掸族,以及我国西双版纳和德宏的傣族拥有同源民族文化。基于共同的民族渊源关系,各国人民能够互相理解、宽容,能够更好地开展合作与经济社会的交流,共同促进各国经济与文化的发展。

因此,共同的民族文化渊源能在一定程度上促进两国人民的相互理解和包容,减少合作的阻碍,在一定程度上促进同源民族地区的经济合作与交流。

但当一个国家金融市场足够开放、对文化的包容度很高时,基于共同民族文化渊源产生的相互理解与包容就不再成为同源民族地区特有的优势,因此,该国金融市场的开放会在一定程度上弱化同源民族文化对两国间经济合作与交流的促进作用。

基于以上分析,提出本文的研究假设:同源民族文化对我国商业银行对外直接投资具有促进作用,即在其他条件相同的情况下,我国商业银行更倾向于在同源民族地区进行对外直接投资;但随着东道国金融市场开放程度的提高,这种促进作用将被弱化。

(二) 对外直接投资过程中的信任因素

共同的民族文化渊源能在一定程度上促进两国人民的相互理解和包容,增加两国人民之间的信任程度,因此,本文将在此讨论对外直接投资过程中的信任因素。

信任与文化密切相关,可以说,信任是文化的重要组成部分。学者们认为信任主要包括厚信任、人际或普遍信任、系统或制度信任三个方面。② 其中厚信任是依靠血亲或亲属维系的信任,即本文所讲的依靠同源民族文化所存在的信任。社会信任的存在有助于降低交易成本、减少贸易不确定性、促进贸易发展。③

在国际贸易和对外直接投资的研究中,信任作为一种非正式制度因素,逐渐成为研究的一大重要内容。有学者的研究结果表明,信任对一国的贸易发展有着显著的促进作用④,并认为,地区信任度会影响外商直接投资的区位选择和规模⑤。

可以看出,信任在对外直接投资过程中占据着重要的地位,而同源民族文化的存在会使得同源民族地区的信任度增加,因此,中国在其同源民族地区的对外直接投资在一定程度上会受信任这一因素的促进。

(三) 文化对对外直接投资的影响研究

随着对对外直接投资的深入研究,越来越多的学者将文化因素作为影响外商直接投资的一项重要社会环境因素纳入研究范围,主要研究文化因素对吸引 FDI 和对外投资的区位选择的影响。大部分学者认

---

① 何平:《傣泰民族起源再探》,《民族研究》2006 年第 5 期。
② 孙中凯:《基于信任视角的中国对外直接投资研究》,首都经济贸易大学 2016 年硕士学位论文,第 10、11 页。
③ 曾燕萍、曲如晓:《社会信任对中国工业企业出口影响的实证研究》,《经济统计学》2017 年第 2 期。
④ 赵家章、周明生:《信任、交易成本与贸易:理论解释及中国的实证分析》,《河北经贸大学学报》2012 年第 5 期。
⑤ 刘斌、李磊、莫骄:《社会信任影响 FDI 的区位选择吗?》,《财贸研究》2011 年第 6 期。

为，文化因素不仅影响着外商直接投资的数量，同时也影响着外商投资方式与投资收益。

1. 文化差异增加交易成本从而影响对外直接投资

传统的交易成本理论[1]认为文化差异会增加企业的交易成本，从而得出文化差异是影响外商直接投资的负面因素之一的结论。因此，该理论认为，外商直接投资的首选是与本国文化差异小的国家或地区。许多国外学者的研究已经表明，在其他条件相同的情况下，外商直接投资更倾向于投资在与本国文化相近、差异小的国家或地区，以求降低交易成本、内部摩擦等影响企业未来收益的风险。[2]

2. 文化因素的衡量指标集中在文化距离

在文化因素对外商直接投资的影响的研究中，大多数学者是从文化差异这一角度去分析的。关于文化差异的衡量，用得最多的是国家文化距离这一指标。文化距离是以吉尔特·霍夫斯塔德（Geert Hofstede）的国家文化模型为基础计算出来的衡量两个国家之间的文化差异的指标。[3] 而关于国家文化距离与对外直接投资的关系，主要有三种结论。其中，最普遍的观点是：文化距离和对外直接投资之间是存在负相关关系的。[4] 同时，也有学者认为文化距离对海外投资的进入没有显著的影响。[5] 还有一些学者认为文化距离与对外投资之间是正相关的关系。[6] 也有部分学者认为，文化差异对中国吸引 FDI 的影响是不确定的。例如，殷华方和鲁明泓[7]认为文化距离对外商投资来说既有劣势又有优势。换句话来说，文化距离既给外商投资带来收益，也给他们造成不少损失。在此假设的基础上，学者分析了文化距离对国际直接投资流向的影响。其实证结果表明：文化距离和国际直接投资流向之间存在着复杂非线性关系，为水平 S 型曲线关系。

除了采用文化距离这一指标衡量文化差异之外，也有部分学者采取其他的指标衡量文化因素，以此来研究文化因素对外商直接投资的影响。例如，Veuglers[8] 采用语言变量代表文化相关性，发现文化相关性是影响国际直接投资重要因素之一。Crosse 和 Trevino[9] 利用多维度模型研究 FDI 时，用文化相近性作为文化变量，发现文化差异和流入美国的 FDI 呈现显著的负相关关系。孙焱林和胡松[10]选择投资来源国与中国是否拥有共同语言作为虚拟变量来衡量两国的文化相近性，其研究结果表明中国之所以吸引了大量的 FDI，是因为与其他国家相比，中国拥有较大的文化和地理优势。

---

[1] R. H. Coase, "The Nature of the Firm," *Economica*, Vol. 4, No. 16, 1937.
[2] 转引自苏柏成：《文化差异对外商在华直接投资影响的实证研究》，浙江工商大学 2012 年硕士学位论文，第 15—17 页。
[3] Bruce Kogut and Harbir Singh, "The Effect of National Culture on the Choice of Entry Mode," *Journal of International Business Studies*, Vol. 19, No. 3, 1988.
[4] Gabriel R. G. Benito and Geir Gripsrud, "The Expansion of Foreign Direct Investments: Discrete Rational Location Choices or a Cultural Learning Process?" *Journal of International Business Studies*, Vol. 23, No. 3, 1992.
[5] David W. Loree and Stephen E. Guisinger, "Policy and Non-Policy Determinants of U. S. Equity Foreign Direct Investment," *Journal of International Business Studies*, Vol. 26, No. 2, 1995.
[6] Duoglas E. Thomas and Robert Grosse, "Country-of-Origin Determinants of Foreign Direct Investment in an Emerging Market: The Case of Mexico," *Journal of International Management*, Vol. 7, No. 1, 2001.
[7] 殷华方、鲁明泓：《文化距离和国际直接投资流向：S 型曲线假说》，《南方经济》2011 年第 1 期。
[8] R. Veuglers, "Locational Determinants and Ranking of Host Countries: An Empirical Assessment," *Kyklos*, Vol. 44, No. 3, 1991.
[9] R. Grosse and L. J. Trevino, "Foreign Direct Investment in the United States: An Analysis by Country of Origin," *Journal of International Business Studies*, Vol. 27, No. 1, 1996.
[10] 孙焱林、胡松：《文化和地理因素对中国外商直接投资的影响》，《国际贸易问题》2004 年第 10 期。

综上所述，虽然长期以来对跨国公司对外直接投资的影响因素的研究均集中在技术、东道国经济结构等方面，但越来越多的学者开始关注文化因素对外商直接投资的影响。国内外学者都展开了关于文化因素在外商直接投资中影响的研究。且大部分学者认为，在其他条件相同的情况下，外商直接投资更倾向于选择与本国文化相近、文化差异小的国家和地区进行投资，且认为文化因素在对外投资的决策中发挥着越来越重要的作用。而对于衡量文化因素的指标的选取，大部分学者都倾向于使用国家文化距离这一指标，也有部分学者采用是否具有相同的语言、是否具有共同边界以及文化相近性等指标来衡量文化因素。但目前关于文化对对外直接投资的影响的研究也仅局限于对跨国企业的对外投资行为上，并没有具体地分析文化因素在商业银行对外直接投资行为中的影响。

基于 2006—2017 年中国商业银行在东盟的对外直接投资的定量研究，本文拟从同源民族文化的角度对影响中国商业银行在东盟的直接投资区位选择的影响因素进行实证考察，重点考察同源民族文化以及其与金融市场开放程度的交互效应对中国商业银行对外直接投资区位选择的影响。本文第三部分对计量模型、变量描述和数据来源进行说明；第四部分是估计结果及分析；最后一部分是本文的结论与启示。

三、模型设定、变量描述与数据来源

本文基于 2006—2017 年中国五大商业银行在东盟十个成员国的对外直接投资数据，以同源民族文化及同源民族文化和东道国金融市场开放度的交互项为核心解释变量，采用面板模型对影响中国商业银行对外直接投资的因素进行定量分析，以检验和判断同源民族文化对我国商业银行对东盟国家直接投资的影响。

（一）计量模型

本文采用面板模型来对同源民族文化对我国商业银行对外直接投资的影响进行实证研究，具体的计量模型如下：

$$BFDI_{it} = \alpha_0 + \alpha_1 CULTURE_i + \alpha_2 GDP_{it} + \alpha_3 LNFDI_{it} + \alpha_4 LNGDP_{it} + \alpha_5 CULTURE_i \times OPEN_{it} + \varepsilon_{it} \quad (1)$$

模型中，下标 i 代表东盟的十个成员国，t 表示时期（2006—2017 年）。

$BFDI_{it}$ 代表中国商业银行的对外直接投资；$CULTURE_i$ 代表同源民族文化变量；GDP_{it} 代表东道国 GDP 增长率；$LNFDI_{it}$ 代表中国对东道国的对外直接投资；$LNGDP_{it}$ 代表东道国的 GDP；$CULTURE_i \times OPEN_{it}$ 代表同源民族文化与东道国的金融市场开放程度的交互项；ε_{it} 代表随机扰动项。

在进行回归分析之前，本文首先对模型的自变量进行了相关性检验，除了中国和东道国的进出口总额的对数值（lntrade）和东道国 GDP 的对数值（lngdp）的相关系数大于 0.7 外，其他相关变量间的相关系数（不包括交互项）都小于 0.7 的临界值。此外，本文还运用方差膨胀因子（VIF）对模型进行了多重共线性检验，结果表明模型不存在多重共线性问题（模型的 VIF 值小于 10 的临界值）。

(二) 样本选取与变量说明

本文的被解释变量是我国五大商业银行在东盟十国的对外直接投资情况,该指标的选取参照现有的关于商业银行对外直接投资的文献中相关指标的选取。① 因为从 2006 年开始,我国银行业实现全面的对外开放,因此本文选取 2006—2017 年我国五大商业银行在东盟十国设立的分支机构数的存量作为本文的被解释变量。

在选择控制变量时,考虑到"客户追随理论",因此将中国对东道国的对外直接投资额作为控制变量纳入模型中。同时,银行的对外直接投资与东道国的经济因素相关,因此,将东道国的 GDP、东道国 GDP 增长率和东道国金融市场的开放程度作为控制变量纳入模型中。

所有变量的选取指标如表 1 所示。其中,解释变量同源民族文化变量指标的设置参考孙焱林和胡松在《文化和地理因素对中国外商直接投资的影响》一文中对虚拟变量的设置,把"投资来源国和东道国语言相同取值为 1,否则取值为 0"作为对文化因素的衡量,因此本文设置虚拟变量来衡量同源民族文化这一因素。

表 1 各变量的选取与说明

	变量名称	说明
被解释变量	银行对外直接投资	第 t 年,五大行在东道国 i 的分支机构的存量数
解释变量	同源民族文化	和中国同源的缅甸、老挝、越南、泰国取值为 1,其余六国取值为 0
控制变量	东道国经济增长	用东道国 GDP 增长率表示
	对外直接投资额	用中国对东道国的直接投资额的对数值表示
	东道国 GDP	用东道国 GDP 的对数值表示
	东道国金融市场开放度	用东道国(直接资本流入额+直接资本流出额)/GDP 表示

数据来源:我国五大商业银行在东道国设立的分支机构的数据来源于各银行年报和其官网;中国对东道国的对外直接投资额来自商务部、国家统计局和国家外汇管理局联合发布的《中国对外直接投资公报》;东道国 GDP 增长率、东道国 GDP 和东道国金融市场开放度的数据来自世界银行数据库。

以上各数据的描述性统计见表 2。

表 2 变量的描述性统计

变量	含义	观测值	平均值	标准差	最小值	最大值
BFDI	商业银行对外直接投资	120	6.21	9.01	34	0
CULTURE	同源民族文化	120	0.4	0.49	0	1
GDP	东道国经济增长率	120	0.11	0.12	−0.25	0.58
LNFDI	中国对东道国对外直接投资对数值	120	0.72	1.80	−4.62	4.64
LNGDP	东道国 GDP 的对数值	120	4.50	1.54	1.24	6.92

注:表中 LNFDI 出现负值是因为本文中 FDI 单位为亿美元,部分年份部分国家的这两个值低于 1 亿美元,所以,取对数时出现负值。

---

① 严佳佳、张婷:《我国商业银行在东盟的对外投资区位选择研究》,《工业技术经济》2018 年第 5 期;梁微:《中国银行业对外直接投资的影响因素研究》,江西财经大学 2018 年硕士学位论文,第 20、21 页。

通过表 2 可以看出，我国五大商业银行在东盟的直接投资（BFDI）、中国对东道国直接投资对数值（LNFDI）的数值差异性比较大，反映出东盟国家经济发展和金融开放存在较大的国别差异，这在东道国的 GDP 对数值（LNGDP）这个指标中也体现得十分明显。而同源民族文化（CULTURE）、东道国经济增长率（GDP）两个指标的差异性比较小，具有共性特征。

四、实证结果与分析

（一）实证结果分析

本文的基准回归模型如下：

$$BFDI_{it} = \alpha_0 + \alpha_1 CULTURE_i + \alpha_2 CULTURE_i \times OPEN_{it} + \varepsilon_{it} \tag{2}$$

在基准回归的基础上，逐步加入东道国 GDP 增长率、中国对东道国的对外直接投资额、东道国 GDP 这三个控制变量。回归结果如表 3 所示。

表 3 基本回归结果

	模型 1	模型 2	模型 3	模型 4
CULTURE	8.556**	8.991**	6.967**	6.558**
	(3.14)	(3.32)	(2.87)	(3.25)
CULTURE×OPEN	−73.587***	−72.815***	−70.347***	−51.646***
	(−4.21)	(−4.20)	(−4.59)	(−3.96)
GDP	−11.397	−7.553	−4.354	
	(−1.75)	(−1.28)	(−0.88)	
LNFDI		2.284***	1.435***	
		(5.84)	(4.14)	
LNGDP			2.953***	
			(7.09)	
_cons	6.528***	7.525***	6.389***	−7.486***
	(6.55)	(6.59)	(5.99)	(−3.48)
N	120	120	120	120
R^2	0.119	0.375	0.449	0.592

注：变量下方括号内是 T 检验值，*、**、*** 分别表示显著性水平为 10%、5% 和 1%。

回归结果显示,无论是否加入控制变量、加入几个控制变量,同源民族文化、同源民族文化与东道国金融市场开放程度的交互项对我国商业银行对外直接投资的影响均分别在5%和1%的显著性水平上显著,且同源民族文化的系数为正,同源民族文化与东道国金融市场开放程度的交互项的系数为负,这与假设一致。这说明同源民族文化对我国商业银行对外直接投资活动确实具有显著的促进作用。而且东道国金融市场开放程度与同源民族文化的交互效应显著为负,说明东道国金融市场开放程度产生了调节效应。同源民族文化对我国商业银行对外直接投资的影响随着东道国金融市场的开放程度的改变而产生变化,说明东道国金融市场开放程度能够调节同源民族文化与我国商业银行对外直接投资的关系。本文中同源民族文化与东道国金融市场的开放程度交互项系数显著为负,这说明东道国金融市场的开放会减弱同源民族文化对我国商业银行对外直接投资的影响程度。换言之,当东道国金融市场开放程度不高时,同源民族文化对我国商业银行在该国的对外直接投资的影响更显著。

东道国的GDP增长率这一控制变量的系数在模型2、模型3和模型4中均不显著,说明中国商业银行在对外直接投资过程中,东道国的经济增长并不是主要的影响因素。而中国对东道国的对外直接投资的系数在模型3和模型4中均在1%的显著性水平上为正,说明中国对东道国的对外直接投资越多,中国商业银行在该国设立的分支机构数就会越多,这表明了中国商业银行服务于对外直接投资企业的特点。东道国的GDP的系数也在1%的显著性水平上为正,这说明东道国的经济越发达,中国商业银行越愿意在该国设立分支机构,也就是说,东道国的经济发达程度是中国商业银行在进行对外直接投资过程中的一个重要考量因素。

(二) 稳健性检验

为进一步对模型的稳健性进行检验,本文将东盟十国信仰佛教的人口占总人口的比例[①]作为同源民族文化的另一代理变量,对模型(2)进行稳健性检验。稳健性检验的基准回归模型如下所示:

$$BFDI_{it} = \beta_0 + \beta_1 RELIGION_i + \alpha\beta_2 RELIGION_i \times OPEN_{it} + \lambda_{it} \tag{3}$$

模型中,下标i代表东盟的十个成员国,t表示时期(2006—2017年)。

其中:$RELIGION_i$是东盟十国信仰佛教的人口占总人口的比例,是同源民族文化的代理变量,$RELIGION_i \times OPEN_{it}$代表同源民族文化与东道国的金融市场开放程度的交互项。其余变量含义与上文一致。

模型稳健性检验的结果如表4所示。

[①] 这部分数据根据商务部网站的"国别(地区)指南"、《东南亚宗教研究报告》(郑晓筠主编)以及凤凰佛教网(https://fo.ifeng.com/a/20150916/41475822_0.shtml)、普世社会科学研究网(http://www.pacilution.com/ShowArticle.asp?ArticleID=6961)的资料计算整理。

表 4　模型稳健性检验结果

	模型 5	模型 6	模型 7	模型 8
RELIGION	26.579*	24.093*	25.729*	19.051*
	(2.35)	(2.13)	(2.54)	(2.28)
RELIGION * OPEN	−126.794*	−121.262*	−135.904**	−84.828*
	(−2.39)	(−2.30)	(−2.88)	(−2.16)
GDP		−11.007	−8.585	−3.061
		(−1.61)	(−1.38)	(−0.59)
LNFDI			2.310***	1.453***
			(5.64)	(4.09)
LNGDP				3.144***
				(7.42)
_cons	6.121***	7.335***	5.659***	−8.598***
	(7.41)	(6.58)	(5.28)	(−4.07)
N	120	120	116	116
R^2	0.032	0.045	0.253	0.498

注：变量下方括号内是 T 检验值，*、**、*** 分别表示显著性水平为 10%、5% 和 1%。

回归结果显示，无论是否加入控制变量，以及加入几个控制变量，同源民族文化的系数均在 10% 的显著性水平上显著，且其系数为正，与假设一致，这说明同源民族文化对我国商业银行对外直接投资活动确实具有显著的促进作用。当不加入控制变量，以及分别加入东道国 GDP 增长率这一控制变量和东道国 GDP 增长率、中国对东道国的对外直接投资以及东道国的 GDP 这三个控制变量时，同源民族文化与东道国金融市场开放程度的交互项的系数均在 10% 的显著性水平上显著，在加入东道国 GDP 增长率和中国对东道国的对外直接投资这两个控制变量时，同源民族文化与东道国金融市场开放程度的交互项的系数在 5% 的显著性水平上显著。而无论是否加入控制变量以及加入几个控制变量，同源民族文化与东道国金融市场开放程度的交互项的系数均为负，这与假设一致。说明东道国金融市场的开放会减弱同源民族文化对我国商业银行对外直接投资的影响程度，即随着东道国金融市场越来越开放，同源民族文化对我国商业银行在该国的对外直接投资的影响会随之减弱。

东道国的 GDP 增长率这一控制变量的系数在模型 6、模型 7 和模型 8 中均不显著，说明中国商业银行在对外直接投资过程中，东道国的经济增长并不是主要的影响因素。而中国对东道国的对外直接投资的系数在模型 7 和模型 8 中均在 1% 的显著性水平上为正，说明中国对东道国的对外直接投资越多，中国商业银行在该国设立的分支机构数就会越多，这表明了中国商业银行服务于对外直接投资企业的特点。东道国的 GDP 的系数也在 1% 的显著性水平上为正，这说明东道国的经济越发达，中国商业银行越愿意在该国设立分支机构，换言之，东道国的经济发达程度是中国商业银行在进行对外直接投资过程中的一个重要考量因素。

综上所述，无论是通过设置虚拟变量来衡量同源民族文化这一因素，还是用东盟各国信仰佛教的人口占总人口的比例作为同源民族文化的代理变量，其结论都是一样的，这说明本文的模型是稳健的。根据模型检验结果，我们可以看出，同源民族文化对我国商业银行对外直接投资具有显著的促进作用，且这种促进作用会随着东道国金融市场的开放程度提高而减弱。同时，我国的对外直接投资也是我国商业银行对外直接投资的一大促进因素，这说明了我国商业银行服务于对外直接投资企业的特点；东道国的经济水平也是影响我国商业银行在该国进行直接投资的一个重要因素；而东道国的 GDP 增长率在中国商业银行对外直接投资中不是重要影响因素。

五、结论与建议

同源民族文化是影响我国商业银行对外直接投资的重要因素，本文以 2006—2017 年我国五大商业银行在东盟十个成员国的投资情况为研究样本，通过面板随机效应考察同源民族文化对我国商业银行对外直接投资的影响，根据实证结果可得出如下结论：

第一，同源民族文化会促进我国商业银行的对外直接投资。

第二，东道国金融市场的开放程度在同源民族文化对我国商业银行进行对外直接投资的影响过程中存在调节效应，即同源民族文化对我国商业银行对外直接投资的促进作用会随着东道国金融市场开放程度的提高而减弱。

第三，我国企业对东道国的对外直接投资也是影响我国商业银行对外直接投资的一个重要因素，这表明了我国商业银行服务于对外直接投资企业的特点。

第四，东道国的经济环境也会影响我国商业银行的对外直接投资。东道国经济越发达，中国商业银行在该国设立的分支机构数就越多。

当前，随着经济全球化发展，中国商业银行对外直接投资规模稳步扩大。考虑到同源民族文化对我国商业银行对外直接投资的重要影响，根据本文的研究结果，笔者认为，中国商业银行在进行对外直接投资的过程中应充分考虑同源民族文化因素。首先，在进入海外市场前，我国商业银行需要对母国文化和东道国文化进行深入分析，在拥有同源民族文化的国家和地区可加大投资，而在没有同源民族文化的国家和地区应谨慎投资。其次，当东道国的金融市场达到一定的开放程度时，可以较少考虑是否拥有同源民族文化，因为开放的金融环境可以减弱同源民族文化对我国商业银行对外直接投资的影响，并且金融市场开放程度越高，越有利于我国商业银行在该国的投资。当商业银行在进行对外直接投资时，应关注我国企业在东道国的对外直接投资，当我国对该国有足够的对外投资时，商业银行就可以加大在该国的对外直接投资，在该国设立的银行分支机构就可以很好地为中国的对外直接投资企业提供服务。最后，在进行对外直接投资时，应选择经济环境良好和经济相对发达的国家和地区，良好的经济水平会更有利于银行的对外直接投资。

Research on the Relationship Between Homologous Ethnic Cultures, the Openness of a Host Country's Financial Market and Foreign Direct Investment of the Banking Industry

Taking the Five Major Commercial Banks in China as Examples

Liang Shuanglu Su Sui

Abstract: Common ethnic cultural origins can create a sense of united cultural identity, reduce communicative barriers, enhance mutual trust, and promote economic cooperation among disparate nations. Based on the direct investment data of China's commercial banks in ASEAN from 2006 to 2017, this paper studies the impact of homologous ethnic culture on China's foreign direct investment in the banking industry. Studies have shown that homologous ethnic culture can promote foreign direct investment into commercial Chinese banks, and the more open the financial market of the host country, the weaker the impact. Therefore, China's commercial banks should carefully consider location, as locational factors in culture homology and financial openness can exert an important impact on foreign investment levels.

Key words: homogenous national culture; the openness of the host country's financial market; banking outbound investment

"客家"商业移民身份建构与区域社会整合

——以都柳江下游富禄商镇为中心*

王彦芸**

摘　要　清中叶随着中央王朝在西南地区的拓殖与开发，西江上游都柳江经过河道疏浚与下游经济体系连接，成了贵州东南部及广西北部一重要通道，自称"客家"的人群从闽粤等地溯江而上，聚居富禄，以经营贸易为生。本文以"客家"移民为视角，探讨原本由不同地区迁来的商业移民，如何通过追溯他地祖先，逐渐发展出共同的地域认同和身份认同，又如何在不同面向上与地方社会互动交织，从而呈现"客家"移民再地域化过程。

关键词　都柳江；客家；商业移民；社会整合

DOI：10.13835/b.eayn.29.06

一、引言

自从20世纪40年代以来，傅衣凌、吕作燮等早期经济史研究者首先关注到商人群体形成、发展的历史背景及经营活动，试图通过这一群体呈现中国近代社会所具有的过渡性[①]。也有部分学者关注中国传统社会结构对商业活动以及商人命运的影响[②]，意在通过商人群体观察中国社会的总体变迁。与宏观上的中国近代商人研究相对应，研究者们也开展了具体地域商人群体的研究，如徽商、晋商、粤商、闽商等，对其明清时期区域社会商业活动特性做了归纳[③]，意在表明商人在近代中国的弹性与变革性。除此以外，商人的商业活动常常超出一隅，学者们注意到商人在更广阔的地理空间内产生联系，并围绕其流动性开展了诸多研究，这些研究一方面围绕区域市场进行讨论，例如施坚雅以基层市场体系理论分析了如何以人的市场活动构造区域社会[④]，形成了以经济区域理解中国社会的施坚雅模

---

*　本文系教育部人文社会科学研究一般项目"水路通道、商业移民与土客关系——基于都柳江下游的历史人类学研究"（项目编号：15YJC850014）、国家社会科学基金项目"南岭走廊都柳江流域多元族群互嵌与文化交融研究"（项目编号：18XMZ044）的阶段性成果。
**　王彦芸，民族学博士，西南大学历史文化学院讲师，主要研究方向为历史人类学、西南族群与区域。
①　章开沅提到清末的"绅商"群体，在中国近代社会具有非常明显的过渡性。见马敏、朱英：《传统与近代的二重变奏——晚清苏州商会个案研究》，巴蜀书社1993年版，第4页。
②　唐力行提出商人的各个层次在转型时都离不开亲缘与地缘组成的社会关系网络；陈支平提出"族商"概念。见唐力行：《商人与中国近世社会》，商务印书馆2003年版；陈支平：《民间文书与明清东南族商研究》，中华书局2009年版，第20页。
③　具体见浙江人民出版社1997年出版的、由黄启臣主编的《中国地域商人丛书》。
④　施坚雅：《中国农村的市场与社会结构》，许建云、徐秀丽译，中国社会科学出版社1998年版。

式；另一方面，则将商人放诸移民的讨论框架内，探讨商人在移出地和目的地之间的差异、生存策略、文化适应与在地化过程①；此外，针对超越国界的商业活动与人群，施坚雅还探讨移民地理、政治和文化边界等相关议题，例如其关于华人华侨研究的相关论述②。针对流动性之探讨不仅局限于商人群体和商业活动本身，更将之作为一种分析工具，将问题拓展到区域社会构造、跨文化接触，并涉及政治、经济等诸多层面。

本文所关注的都柳江下游商人即有流动之性质，从18世纪开始，大量闽粤籍移民开始沿珠江、西江向西迁徙、经商谋生，清代中期都柳江河道疏浚之后，其商业活动更是依靠水道交通拓展到了广西北部以及贵州东南部等山地地带。随着清代实施改土归流并对都柳江流域进行拓殖与清剿，都柳江流域一方面被纳入国家版图、置于王朝控制之下，另一方面与珠江水系的广阔市场相联系，不可阻挡地开启了区域商业化的进程。历史学者关注上述两方面相互作用的历史动态过程，如史蒂文·B. 迈尔斯（Steven B. Miles）就将西江上游流域的商业移民看成是"双重代理人"（doubleagents）③，纵向方面借助国家政策与象征符号在当地经商生存、参与到西南边疆国家秩序建立过程之中，而横向方面商人与自己家乡的私人关系和商贸联系将西江上游与珠江三角洲紧密联系起来，通过人的活动使西南边陲成为更大的经济体系之中的一个部分。

人类学者则更多关注在西南特殊的山地/河流地理空间之中，上述历史背景下不同人群接触、力量交织、观念流动，如何塑造多层次社会网络，侧重将社会关系与文化意义放置于时间脉络中进行讨论④。且在人类学的讨论中，更多地关注人群之流动性，围绕"移民"开展讨论，特别是在"diaspora"概念下探讨移民多元身份认同和文化上的他性（otherness）⑤，将移民视作跨越地理、政治与文化边界，穿梭于不同时空的特殊群体，关注移民的主体性建构与地方化过程，并在文化层面上思考移民的文化适应以及因人群流动所带来的文化再生产等问题。

富禄镇的闽粤籍商业移民，则是沿西江往上游迁徙、经商的人群。有趣的是，这些闽粤籍商业移民均自称"客家"，看似以共同的语言和认同与周边侗、苗等人群保持明显的身份界限，但一方面，其身份标签与族群认同的背后，是由不同地方迁徙到富禄的商人一系列文化整合和市场合作的结果，通过创造共同的祖源传说，修建众墓、庙宇，从内部整合移民社会，而另一方面，客家移民与地方苗、侗土著在互动过程中，也通过婚姻、认亲以及共同参与市场活动等方式将自己嵌入地方。在关于客家形成的学术研究中，值得关注的是被梁肇庭称作"客家的酝酿"（incubation）⑥之过程，将客家的形成放置到中国南岭特殊地理环境和历史条件下讨论，强调人群接触和互动；刘志伟在此思路之上，立足南岭山地空间，在区域人群流动性的前提下对客家形成问题也进行了相关探讨⑦。本文篇幅虽然无法展开关于客家这一族

---

① 朱晴晴：《江西街——清水江下游一个移民村落的形成》，《原生态民族文化学刊》2011年第2期；何良俊：《清季民国时期长安市镇商人类型及其网络关系》，《北方民族大学学报（哲学社会科学版）》2012年第2期。
② 陈志明：《迁徙、家乡与认同——文化比较视野下的海外华人研究》，段颖、巫达译，商务印书馆2012年版；王赓武：《华人与中国》，上海人民出版社2013年版。
③ Steven B. Miles, *Upriver Journeys: Diaspora and Empire in South China*, 1570—1850, Cambridge, MA: Harvard University Asia Center, 2017.
④ 赵敏、廖迪生主编：《云贵高原的"坝子社会"：历史人类学视野下的西南边疆》，云南大学出版社2015年版。
⑤ Diaspora相关概念梳理参见段颖：《Diaspora（离散）——概念演变与理论解析》，《民族研究》2013年第2期。
⑥ 梁肇庭：《中国历史上的移民与族群性——客家人、棚民及其邻居》，冷剑波、周云水译，社会科学文献出版社2013年版。
⑦ 刘志伟：《南岭与客家：从客家历史看山地区域的整合》，《客家研究辑刊》2016年第1期。

群身份历史过程的讨论,但希望借富禄这一都柳江下游商镇,探讨原本来自不同地域的商业移民,如何在客家迁徙历史和祖源传说的叙事之下寻求认同,并构建以河网市场为连接的区域性商业移民社会网络,而移民社会又与地方苗、侗传统村落社会相互交叠,积极寻求嵌入地方社会的途径,试图呈现的是在南岭通道中,商业移民社会内部的复杂性以及与地方社会互动的区域整合过程。

二、都柳江河道疏浚与"客家"迁徙

都柳江指柳江从贵州黔南独山县至广西三江县老堡口河段,自清中期以来,都柳江都是人们出行和商品流通最为重要的航道,然而在疏浚河道之前,都柳江多险滩怪石,舟楫难以通行。明清时期,中央王朝开始致力于对西南地区疆域的拓展,贵州与云南进入其视野之中,其中,贵州又因其重要的战略价值和独特的自然环境而成为王朝国家拓展疆域的重点。

明朝初年,朝廷致力于扫清元在西南地区的残余势力,建立地方政权。洪武初年,明王朝在西南地区"开屯设堡",实行"拨军下屯,拨民下寨",并以"改土归流"为核心,逐步将西南地区纳入王朝国家统治范围之下。这一进程为清代在西南地区的进一步开发奠定了坚实的基础。清代雍正年间,王朝政府开辟"新疆",设立"新疆六厅",囊括今天的整个黔东南地区。正是在开发贵州苗疆的过程中,开始了对都柳江河道的疏浚治理。

此后,清政府进一步加强了对这一地区的管控,逐步将苗民纳入流官的直接统治之下。在这一过程中,为了镇压都柳江上游的苗叛,贵州巡抚张广泗下令修凿都柳江航道"以济军需",使古州一带得以开辟①。雍正八年(1730),清政府调集广西军对古州地区的苗人进行镇压,并组织地方上的土司率众兵对都柳江航道进行疏浚,河道可通舟楫,沿河纤道也顺畅无阻。雍正九年(1731),清政府为了从广西运粮食进入贵州,云贵总督鄂尔泰又组织清军治理都柳江独山州三脚屯至三洞段,以及古州之诸葛洞至溶洞段,疏浅滩、伐恶木、铲怪石,保证了粮运的畅通,同时也使"粤盐得行于黔,设总埠于古州,而分子埠于黎平诸郡县,间阎无食淡之患。商贾日众,南海百货亦捆载而至,古州遂为一都会"②。雍正十三年(1735)打通古州运道:

> 县内从梅寨可沿福禄江(今溶江)逆流而上可达古州(今榕江县城),但地俱生苗,商贩裹足不前;是年广西官兵会湖南、广东、四川兵征"古州蛮",需运军饷、粮食随行,负责运务的天河县知县吴正一,侦查河道情况,雇请当地苗人为向导,率领船队至古州等地,从此古州运道打通,成为黔桂交通孔道。③

乾隆三年(1738)八月,贵州总督张广泗奏请开都柳江航道:

---

① 古州即今都柳江上游榕江县。
② 吴振棫:《黔语》卷上,贵州人民出版社1992年版,第333页。
③ 三江侗族自治县志编纂委员会编:《三江侗族自治县志》,中央民族学院出版社1992年版,第3页。

> 黔省地方，镇远以上，自昔不通舟楫。查自都匀府起，由旧施秉通清水江，至楚属黔阳县，直达常德；又由独山州属之三脚屯达来牛、古州，抵粤西属之怀远县，直达粤东，乃天地自然之利。请在各处修治河道，凿开纤路，以资运而济商民。①

可见，都柳江水道开通后所形成的水上交通是贵州苗疆腹地对外联系和互通有无的重要通道。河道的开通也为这一区域带来了各种变化，其中一大变化即是，经过河道治理后，黎平府的人们可以不必食用从遥远的淮盐盐区引进的盐巴，而是改食由广东省河贩运来的海盐，这些海盐由外地商人，尤其是两广及福建籍商人通过都柳江航道运销至黔东南。记载称：

> 广西委官商吏目刘仕龙押运生息余盐入古州试销。广东委余文耀拨奴盐一封领运古州再试销。乾隆五年（1740）于古州设盐务总埠，领丙妹、下江、三脚屯子埠。②

除食盐以外，都柳江两岸高坡的杉木也开始流通两广，有记载："乾隆三年（1738）八月十一日，张广泗奏请疏浚都柳江河道。此后，水路畅通，两广木商入境采购，贸易始兴。"③ 两广、江浙等地木行、木商陆续至都柳江两岸采购木材，每年都有大批杉木沿都柳江运往广西柳州、梧州和广东。随着都柳江流域的疏浚，其他各种货物商品在区域之间也开始互通有无，其中包括大量从沿海地区进购的布匹、铁器，也包括都柳江地区的茶油、桐油、生猪以及其他山货。由此一来，以食盐、木材为主，各种山货日用品为辅的商品便沿江开始流动起来，都柳江区域也加快了商业化发展的过程。虽然地势险要，然而来自内陆的商品、广东沿海以及北海港的进出口货物开始不可阻挡地流通起来，可见，都柳江的治理使得苗疆地区连接到的范围并非只是被疏通的一隅之地，而是和都柳江连接的整个江河体系中的各级市场发生广泛的接触。

综上所述，历史上不同时期对都柳江的疏浚原因各异，最初的河道疏浚是清政府为了开拓疆域的"官需"，而疏浚的直接结果是加强了都柳江地区和闽粤沿海地区的交流，使它成为一条流动性极强的商道。以货物为中介的联系将不同的人群汇集到市场中，使得都柳江地区迎来了几乎是有史以来最大的一次冲击，并从市场延展到当地生活的方方面面。航道疏通带来了市场的繁荣，布匹、盐巴等商品以及黔东南的木材、土特产等在富禄集散，富禄也成了商人们进入苗疆地区的必经之地以及都柳江下游流域的重要集市。

当航道疏浚基本完成后，由广东、福建沿西江向上游迁徙的客家人，陆陆续续来到富禄。在都柳江汇入的西江流域，较大规模的广东、福建籍移民迁徙历史可追溯到明代中期，由于两广米粮贸易的发展，商人陆续进入浔梧地区开铺经营，而从乾隆中期开始，随着珠三角冶铁、纺织、采矿、陶瓷业的兴起，大批新移民又再次进入西江中游，其中就包括客家人④。都柳江航道疏通之后，客家人则深入西南腹地，

---

① 《清高宗实录》卷74，华文书局股份有限公司1970年版。
② 贵州省榕江县地方志编纂委员会编：《榕江县志》，贵州人民出版社1999年版，第1页。
③ 贵州省从江县志编纂委员会编：《从江县志》，贵州人民出版社1999年版，第7页。
④ 相关研究请参见陈春声：《市场机制与社会变迁——18世纪广东米价分析》，中山大学出版社1994年版；唐晓涛：《三界神形象的演变与明清西江中游地域社会的转型》，《历史人类学学刊》第6卷第1、2期合刊，2008年10月。

大部分在沿江市集经商，少部分农垦为生，而客家人也被当地苗侗称为"麻介人"①。因为持客家话的移民爱使用"麻介"一词，即"什么"的意思，例如"尼弃给识左麻介"（你去那里做什么），"麻介"一词便被当地人用来指称讲客家话的闽粤移民。②

如今的富禄居民，则大部分聚居着客家后代，以赖、朱两姓为最多。富禄客家后代回忆称其祖先一部分从广东嘉应州迁来，一部由福建上杭、永定等地迁来，在三江县境内的迁徙路线一般是从丹洲沿溶江上至老堡，而后分别溯溶江上良口、洋溪、富禄。据福建籍的赖姓人家回忆，嘉庆年间，太祖宝堂公率其弟华堂公、燕堂公从福建高第先来到广西长安、柳州做木头生意，后来到葛亮、富禄开铺子，当时的富禄还很冷清，到处都是田地，只有几户人家。而其赖氏族谱上记载十五世宝堂公时写道："公字学贤讳勋，授府知事，生于嘉庆十三年戊辰十一月申时，终于光绪五年己卯正月初六未时，寿七旬加二，在广西融县长安。"③又记载其弟华堂公生平"协同兄弟三人在柳河贩木筏为业，开创万隆字号，咸丰年间在广东佛镇及广西长安埠葛亮寨等建造铺宇，满载荣旋"④。华堂公长子璞山公死于"柳州排上"，而璞山公的第四个儿子北园公则"寄居广西三江富禄，生于光绪十三年丁亥四月十五申时，终于民国十二年癸亥四月二十二日，葬于富禄高塘山脚寅山"⑤。

从以上福建籍赖姓族谱中的迁徙历史记录中我们可以看到以下几点：首先，移民从足迹踏上富禄土地到最后定居，是一个较为缓慢的过程，从"满载荣旋""寄居"等族谱上出现的表述来看，多数商家最初并没有将富禄作为自己的"家"，早期的富禄对于商家来说，只是一个便于谋生的地点，他们真正扎根的地方实际位于广西长安、柳州等更高一级的市场，并且与广东、福建等原居地仍保持密切联系。其次，可以从以上材料中对富禄商业移民的时间做出一个相对准确的判断，从移民来到富禄做生意，到定居富禄的过程，大概跨越了从清嘉庆到清光绪整个时间段。

三、 众墓、同宗传说与会馆：移民社会区分与整合

客家移民到富禄后，为了经营商业和维持日常生活秩序，开始运用各种手段团结与整合社会，这些努力包括建立会馆、修建庙宇，甚至修建"众墓"⑥来加强彼此间的认同，同时设立商会以维持市场秩序。据现今广东福建籍移民后裔回忆，由于早期来到富禄的汉人没有祖先坟墓可以祭拜，于是外来汉人移民组织起来在富禄修建了一座众墓。修建众墓的主导力量仍是闽粤籍的赖氏，另外如朱氏、沈氏等亦自称祖籍广东、福建的其他姓氏也参与了修建。每年清明时节，广东籍和福建籍的外乡人都会共同拜祭祖先，祭拜仪式过后还要在墓前举行聚餐，举办仪式的费用来自按照祭祀普通祖墓的规矩所指定的公田，由每户轮流耕种，共同维持祭祀秩序。通过这些手段，到富禄的外乡人就建立了拟制性的血缘关系，加

---

① 在方言中，介字读"盖"音。
② 该说法来自富禄赖守基所写《赖氏族谱》后所附《麻介话的由来》。
③ 由于笔者未能搜集到富禄福建籍赖氏族谱，有关富禄福建籍《赖氏族谱》材料转引自朱慧珍：《富禄百年——客家人与少数民族共生共荣关系考析》，广西民族出版社2007年版，第6页。
④ 转引自朱慧珍：《富禄百年——客家人与少数民族共生共荣关系考析》，广西民族出版社2007年版，第6页。
⑤ 转引自朱慧珍：《富禄百年——客家人与少数民族共生共荣关系考析》，广西民族出版社2007年版，第6页。
⑥ 富禄众墓由不同姓氏的移民共同修建，用以祭拜故乡祖先，大约于道光年间由赖姓主导修建。

强了彼此的身份认同。建立众墓一是为了祭拜远在他乡的故土，二是为了通过祭拜加强移民间的认同，从而将商家的资源更好地进行整合。众墓的对联如今在一些老人口中仍时常被提及，上联为"萍踪莫问家何处"，下联为"桑梓休提客是谁"，对联直白地提醒移民弱化地域差异，强化共性。

这种试图弱化差异性的努力还体现在广东籍赖氏与福建籍赖氏对他们拥有共同姓氏的看法上，即"尖头赖"和"平头赖"的传说。该传说不仅在富禄镇流传，甚至在都柳江下游沿岸有闽粤商人聚集的商镇上也广为流传。

> 相传赖姓最初居住在福建，在那里有同一个公，同一个祠堂，祠堂里挂着公、婆两张画像，被称为"龙公"和"龙母"。但福建逐渐出现了人多地少的情况，由于生活困难，有一帮人决定去广东讨生活，临走之前将"龙母"的照片带走，一路上好有祖先庇佑，正因广东赖姓得到的是"龙母"，所以生的孩子多些，人口也繁衍得快些，但福建赖姓更活跃、更精明，因为福建赖姓拿到的是"龙公"的照片。于是人们把福建赖姓叫作"尖头赖"，把广东赖姓称作"平头赖"。①

富禄客家人在谈及这个传说时，还谈到了另一个解释，他们认为"尖头赖""平头赖"的来由是广东籍赖姓与福建籍赖姓在"赖"字书写上有所不同，广东籍的赖字在族谱上的书写为"頼"，右边是个"頁"（页）字，而福建籍赖姓的书写为"賴"，右边是个"負"（负）字，因此从字形上看，广东"頼"是平的，而福建"賴"有个帽尖，因此广东是"平头"，福建是"尖头"。并且富禄的客家人提到，正因为福建赖是"尖头"，所以他们在富禄当地经商会聪明一些，会赚钱，也发展得更好些，有"削尖了脑袋"之意。通过"平头"和"尖头"的说法，我们可以察觉到广东籍与福建籍赖姓之间的微妙关系，虽然闽粤两籍的赖姓承认彼此的地缘性差异，并通过在富禄不同的居住空间来划分彼此的"边界"，然而另一方面，又通过传说中"龙公"和"龙母"的故事强调其"同宗同源"，足以见得二者在建立共同性上的努力。传说背后所建构的"同宗同源"之关系不仅停留在口传历史的层面，还体现在了闽粤籍赖姓的婚姻关系上，至今，"尖头赖"和"平头赖"之间仍旧保持互不通婚，问其原因，人们会反问："难道兄弟姐妹之间还能结亲？"

实际上，用传说建立虚拟血缘关系在富禄并不仅限于赖姓，其他姓氏之间通过历史传说追溯亲缘联系的现象也较为普遍。如在富禄，赖、傅、谢、张四姓不可相互通婚，因为传说曾经有个赖国，赖国的居民都为赖姓，后来赖国灭亡，部分赖姓就改姓了傅，建立了傅国，而傅国最后也灭亡了，姓傅的人又改姓了谢和张。人们依据这样的传说相信，这四姓实际上都有同宗关系。另外还有传说称朱姓与福建籍赖姓在老家时曾是表亲，因此，如今每年清明节，福建赖姓扫墓也会祭拜朱姓的坟墓，反过来朱姓也会祭拜赖姓的坟墓。这些"历史"传说在富禄的流传，让我们看到不同地方来到富禄的移民通过传说建立祖源联系、整合移民社会的文化努力。

在移民一系列的整合努力之中，修建庙宇共同祭祀，建立属于移民自身的文化符号，成了移民确立身份认同的一个关键步骤。道光年间，福建籍移民与广东籍移民在葛亮共同修建闽粤会馆，亦称天后宫，馆内供奉天后娘娘，一方面既发挥商业会馆的功能，另一方面亦作为庙宇祭拜。闽粤会馆是由闽粤商人

---

① 此民间传说由贵州省从江县八洛村赖仁基于2009年口述。

发起、以赖氏为主导所建立的商业移民会馆，它不仅将各大汉族商家进行整合，也将移民自身信仰进行移植。天后宫是道光年间贵州、广东和福建三省一起修建的，背后涉及的人群并非只局限于富禄，而是在整个都柳江下游区域之中为闽粤移民所设置的一个办事机构。富禄闽粤会馆和商会的存在，无论是从市场贸易方面还是身份象征方面都为移民提供了一种支持和标识，且有研究认为，移民社会依照某种机制所建立起来的会馆，有着显示其团体威信的目的，"祭祀对外是示威，对内则是统合力的强化（即实现成员在意识中的组织一体感），两者互为促进。在经济中心地建立的这种会馆，是为了不使在广阔的区域里建立的同乡结合组织涣散，经常性地在成员内部再生联系纽带"[1]。大约在光绪初年，商家们在都柳江北岸的富禄，修建起了"五省会馆"，包括粤、桂、湘、黔、闽五省，会馆大门对联为"汉满蒙回藏五族，粤桂湘黔闽一家"。五省会馆与闽粤会馆相比，更加强调会员经济上的联系，此五省会馆在1937年富禄商会成立之前，实际发挥着富禄商会的功能，商家们共同制定规章，维持市场秩序，会馆历任理事仍旧是以赖姓为主。从"闽粤会馆"到"五省会馆"，赖姓移民们所扩展的并不仅仅是商业性的联系，更是从"客家身份认同"到"地方认同"的转变与扩展。

综上所述，富禄闽粤客家移民到来之后，实则先后在多个层面寻找"身份"之共性，第一个层面是按照地缘关系，在地方建立不同姓氏的福建移民共同祭祀的众墓，通过共同祭祀远在他乡的祖先，建立福建籍移民的身份认同。第二个层面是按照姓氏原则，建立起闽粤赖姓间的亲缘传说，"尖头赖"和"平头赖"的传说将闽粤籍的客家移民联合起来，并遵守互不通婚的约定，形成了客家人的身份边界。第三个层面则是在文化层面，以闽粤移民为主导修建天后宫及闽粤会馆，通过拜祭神灵与节日习俗的形式将都柳江下游范围内更多地方的闽粤籍商人移民联系起来，进一步对客家移民的力量进行汇聚与整合。另外，随着都柳江流域市场商业化的逐渐成熟，以客家为主导的闽粤商人又以"五省会馆"为中心，围绕市场活动整合更多超越族群身份的商业移民。这种多层次的身份与认同一方面维持了客家人群的身份边界，而另一方面也最大化地实现了其在地方的商业联系，维持了商业移民的地方利益。

四、婚姻、干亲与地方嵌入机制

如迈尔斯研究所示，从珠江三角洲沿西江向上游迁徙的移民与自己的家乡仍保持着非常密切的私人联系，这种联系就表现在移民的婚姻关系中。迈尔斯注意到移民在移居地和移出地均有婚姻关系的缔结，通过探讨此种策略联姻所建立的西江上游与珠江三角洲的关联性，强调帝国与西南边疆以移民建立起的横向统治。然而通过富禄的案例可以看到，此种联姻策略在为移民提供生存资源最大化的同时，也使得移民群体进一步根植于地方，并随着移居时间的推移在不断变迁。

客家移民进入富禄的早期，往往与家乡有着密切的联系，通过婚姻所呈现出的是一种区域之间甚至超区域的联动，反映出了都柳江与沿海甚至是海洋社会的关联，有记载富禄女性赖氏，"其先福建籍，因祖某营商富禄久，遂亦为富禄人。生于清光绪十六年庚寅（1890）八月，年十五，适广东顺德小布村洋商何佩林，甫四月，佩林赴南洋经商，次年，遽尔逝世，时氏年仅十六也。年轻新寡，诸多不便，乃返

---

[1] 山田贤：《移民的秩序——清代四川地域社会史研究》，曲建文译，中央编译出版社2011年版，第129页。

富禄奉母，遂兄居住"①。文献中女性命运的背后，正是上述所说由人的流动所构织的跨越区域间的联系整合。而对于男性移民而言，不少移民在福建或是广东已经娶过老婆，在富禄定居或经商后，大多又娶当地汉族或少数民族为妾，保持多地域的婚姻关系网络。富禄一户赖姓人家口述的婚姻关系，则是非常典型的多地移民婚姻：赖家公太祖籍福建，清末从融安来到富禄，其公就在葛亮长大并娶妻生子，总共娶了三房老婆，所娶的大老婆是由公太说媒的一个福建人，生了两个女儿，但却一直待在福建，从来没有到过富禄；二房才是其公在富禄真正意义上的老婆，是从融水大年嫁来的陈姓，生了三个儿子；小老婆是从高岩的九良屯嫁过来的石姓侗族。可见，移民迁出初期与故乡联系确实密切，但其关系随着代际更迭已经产生了改变，移民虽仍然尊崇祖命与家乡缔结婚姻，然而更多是出于传递香火的象征层面考虑，实际日常生活重心和功能性的家庭，逐渐倾向于上游一隅。另外在地方婚姻缔结过程中，更多考虑的是所在地的市场活动以及移民联系，如上述陈姓二房，就是来自赖姓大片杉木山的所在地大年。婚姻关系与市场关系的缠绕，使得移民进一步嵌入地方社会，拥有了多重身份。

虽然上述赖姓移民家庭是比较典型的移民婚姻模式，体现了较强的与故乡的联系，但实际在数量上，移民在地婚姻包括与地方苗侗通婚的数量占了大多数，一是因为不曾婚配的男性移民实际难以找到合适的对象；二是因为除了大房之外的偏房基本是以与苗侗婚配为主；三是因为随着都柳江流域商业化的发展，移民内部贫富进一步分化，一些经济情况相对弱的移民，更多地倾向于选择与苗侗结亲，于是形成在富禄更为常见的汉侗或汉苗婚姻，而这些婚姻的缔结遵循的是被地方称作"铁门对铁门、竹门对竹门"的原则。如当地人所说，理想的移民婚姻，首先考虑的是娶一个移民家庭女子，但如前文所述，由于在富禄移民间"同宗"关系的建立，不得不在更大范围中寻觅通婚对象，因此都柳江下游及其支流大小市镇之上的移民间婚姻联系实际相当密切，但是由于移民家庭在区域内确实有限，因此这种移民间的通婚数量总体较少，而与地方有实力的苗侗家族通婚也成为一种理想的选择。"铁门对铁门、竹门对竹门"这一婚姻原则，一方面对于以商业贸易谋生的移民来说甚为重要，这一原则强调的是生存资源和市场力量的结合，在这一原则之下，族群之间通过婚姻彼此嵌和，移民虽保持着原有的身份认同，但同时也和地方社会产生了强烈关联，其后代更是深深地被置于地方社会跨越族群的复杂亲属关系之中。而另一方面，通过与移民建立婚姻关系和市场联系，当地苗侗社会也将自己嵌入市场网络，在市场活动中发挥着重要的作用，成为关键一环，因此在富禄，移民与苗侗姻亲关系的范畴，往往也与当地日常生活空间和市场网络相关。

除了婚姻机制之外，在富禄的移民商家还有另外一个与地方社会建立人际关联的机制，即在高坡"认干亲"。当地人回忆在解放之前，就有不少移民商家老板在高坡认一个苗家仔做干儿子，将其带下山来留在自己身边打理生意，人们说那些生意好的大商家，家境虽殷实却总是养败家子，家里面的儿子都忙着吃喝玩乐，不晓得打理生意，不如苗家仔手脚勤快，能吃苦，所以好多个老板都去苗山认领了干儿子。一般而言，高坡与河谷地带人群因为有着较为清晰的身份界限，居住空间划分较为严格，相互之间的流动性也较低②，但是认干亲使得这些居住高坡的苗侗后生，得以下山到江边商镇上居住，主要职责是商业事务的管理运营。虽然从表面上看，是一种类雇佣的关系，但是移民为了保证生意顺利开展，培养亲信，除了雇佣关系之外，也与苗侗干儿子及其家庭保持较为密切的关系，如在节庆、仪式中相应的人情往来，清明节扫墓除了要祭奠

---

① 魏任重修，姜玉笙纂：《三江县志（民国三十五年）》卷八，三江侗族自治县地方志编纂委员会办公室2002年翻印版，第410页。
② 王彦芸：《山地与河谷视野下的族群互动与区域认同：以都柳江下游富禄乡为例》，《贵州社会科学》2018年第5期。

自己的祖先以外，也要祭祀"干亲"家庭祖先。在认干亲的机制之下，一些苗侗后生也得以在山下立足，相互信任之后，也可以在一定程度上参与商家的生意之中，分得一杯羹。

如上所述，客家商业移民与地方苗侗人群之间的婚姻关系，虽只是多种婚姻选择的一种，但却为之建立了深厚的私人关系网络，且该网络的建立与市场网络相互交织，在不同的层面发挥着作用，并在一定程度上加速了移民在地化过程。尤其值得关注的是，在此种婚姻往来之下，客家移民一方面仍强调保持自己的身份认同与标签，但另一方面也逐渐嵌入地方社会。另外，"认干亲"的机制，以拟制血亲及其在人情上的相互权利义务，跨越不同的族群身份，在不同层面与地方人群建立互动关系。经过代际更迭，被我们称作"客家移民社会"的内部人群构成与社会联系实际上发生了较大的变化，如果说在区域开发、移民进入的初期，富禄地方移民主要是以与都柳江下游商镇以及西江甚至珠江三角洲的社会联系为主，那么随着时间的推移，富禄移民开始将重心逐渐转移到与都柳江及其上游支流的社会关系上，其中既包括外来移民人群，更包括了以苗侗为中心的地方社会，并在此过程之中移民、苗侗人群围绕市场、婚姻等多层次的交往，以人的活动构造出区域社会轮廓。

五、结论

综上所述，都柳江西游闽粤籍被称为"客家"的商业移民来到富禄之后所要面对的是实际上相当复杂的西南生态空间、族群关系和商业环境，在根植于地方的过程中，客家移民通过修建众墓来加强彼此认同，并创造了"尖头赖"与"平头赖"的传说拟建出宗亲关系，逐渐清晰"我群"身份和建构人群范畴，而后随着都柳江流域商业活动的繁荣，移民构成更加多元，又通过修建天后宫、闽粤会馆、五省会馆对不同层面的外来移民进行整合，维系群体内聚力，克服置身地方社会的疏离感，为自身生存争取空间。然而，移民社会并非一个孤立而封闭的范畴，富禄移民以市场、婚姻、干亲等机制，与都柳江流域及其支流腹地的土著社会有着多层次多面向的互动关系，经过代际变更，在"清晰"的族群身份背后，实则是"模糊"的人群关系历史，而正是在都柳江流域这一特定的时间、空间及区域历史之中，造就了族群间的此种"他性"。

以上富禄的商业移民迁徙、定居过程及其商业活动的相关讨论，提供了两个维度的思考，首先从市场维度来看，富禄商镇的兴起与人和物的流动息息相关，不仅与帝国在西南的统治与区域开发相关，也与因水道而兴起的区域开发紧密相连，通过富禄的案例，我们看到在以河网交通为主的西南山地，其区域市场的组织更为复杂，市场范围实则跨越多族群与多地区，除了单一的商贸活动以外，在移民与地方社会之间还形成了包括生态、交通、贸易、族群等不同面向在内的多重联系，并且，在不同的市场层面上包括了不同的商业类型，此种基于山地、流域、多元族群互动的区域市场，让我们能够在不同的区域性和历史性场合中进一步反思施坚雅模式的市场理论的局限。

在另一个维度上，对于移民问题的探讨，富禄的例子提醒我们大概不能将移民视作从过去到现在身份认同整齐划一的群体，或仅仅关注"移出地"与"他邦"之间的联系，如文中所示，在西南地方社会与国家关系进程之下，"客家"从珠江水系逐步往上游迁徙的过程中，其身份的形成过程，其实也是一个再地域化的过程。如果把"diaspora"概念置于区域性和历史性的场合中进行考察，进行细致入微的探讨，也许可以将流动、空间与地方性进行衔接，一方面帮助我们重新审视中国"多元一体"格局之下的"族群"概念，另一方面，也有助于我们理解跨越族群边界且同质性与异质性共存的"区域"意向。

The Construction of a "Hakka" Business Immigration Status and Regional Social Integration
Taking Fulu Commercial Town in the Lower Reaches of the Duliu River as the Center Focus
Wang Yanyun

Abstract: With the government and development of the central dynasty in the southwestern region during the mid-Qing period, river dredging connected the Liujiang River in the upper reaches of the Xijiang River to the downstream economic system, becoming an important passageway in the southeastern part of Guizhou and the northwestern part of Guangxi. The self-proclaimed "Hakka" group traveled up the Yangtze River, from Fujian to Guangdong, conducting trade for a living. Adopting the perspective of these "Hakka" immigrants, this paper explores how commercial, migratory traders traced their ancestral line, gradually developed common regional and personal identities, and how their interactions with local societies branched off in different directions, thereby re-presenting the localization process of "Hakka" immigrants.

Key words: Duliujiang; Hakka; commercial immigrants; social integration

民族史与历史人类学

两汉时期文化圈层视角下的云南城镇发展

李宇舟

摘　要　两汉时期云南的治所城镇建置是中原王朝治理云南、设置区划的核心内涵。对汉代云南的政区治所进行梳理，进一步考释出两汉云南的主要城镇，可以洞见两汉王朝对云南地区的经营方略和治策。同时，亦可反映出中原文化与西南民族文化的互动规律，可以凸显出两个异质民族文化圈的互动与涵化在云南城镇发展中的重要作用，两种异质民族文化圈在云南地区的博弈，奠定和影响了汉代及后世的云南城镇发展格局。

关键词　两汉时期；民族文化圈；云南城镇

DOI: 10. 13835/b. eayn. 29. 07

在云南政区发展的历史上，两汉政权的统治占有十分重要的地位，其政权的统治据点即为军政区划的治所城镇，而两汉时期云南治所城镇的建置、发展是两汉王朝开发治理云南历史的重要见证。随着当代对两汉时期云南治所城镇的梳理、考释以及考古工作不断取得新进展，人们对云南城镇发展的历史认识也随之逐渐加深。在对云南先秦至两汉的城镇文献梳理和考古研究中，学者如方国瑜、任乃强、尤中、朱惠荣、林超民、汪宁生、李昆声等都有较为丰硕的成果问世，对后学多有启发。同时，对西南先秦以来的历史人类学研究也在同步发展，学者如苏秉琦、童恩正都把西南民族文化的起源和发展归为异质于中原文化的类型，无论是"文化区系理论"[1]，还是"边地半月形文化传播带理论"[2]，都强调了中华文化的多元起源特征，从而否定了"中原文化中心论"，并且，两种理论都从不同角度强调了在中华文明起源时期，由于人类生产力低下，文化生境对文化特质起决定和制约作用。不仅如此，一些历史人类学学者还进一步推演出源自不同文化生境的异质文化之间的互动和碰撞的发展脉络[3]。笔者在梳理先秦至两汉云

---

*　国家社科基金年度一般项目"中国西南各民族参与'四个共同'的历史"（21BMZ014）阶段性成果。
**　李宇舟，男，博士，云南警官学院基础课程教学研究部副教授，研究方向为西南民族史。
[1]　苏秉琦《中国文明起源新探》第四章"'条块'说"从远古时期的考古学角度认为：中国的古代文明按文化的性质划分为六个条块状的文化区系。见苏秉琦：《中国文明起源新探》，生活·读书·新知三联书店2001年版，第34—100页。
[2]　童恩正《试论我国从东北至西南的边地半月形文化传播带》认为：大致于东起大兴安岭南段，北以长城为界，西抵河湟地区再西折南方，沿青藏高原东部直达云南西北部，从两面围绕着黄河中游的黄土高原形成了一个边地半月形的文化传播地带，地带内的生态环境存在着许多的相似之处，导致了文化趋同性。见童恩正：《南方文明》，重庆出版社2004年版，第362—385页。
[3]　费孝通：《简述我的民族研究经历和思考》，《北京大学学报（哲学社会科学版）》1997年第2期；苏秉琦：《中国文明起源新探》，生活·读书·新知三联书店2001年版，第119—127页；童恩正：《南方文明》，重庆出版社2004年版，第383—385页；王明珂：《羌在汉藏之间——川西羌族的历史人类学研究》，中华书局2008年版，第九章"异文化书写中的华夏边缘建构与再建"；王明珂：《华夏边缘：历史记忆与族群认同》，允晨文化实业股份有限公司1997年版，第410—411页；王铭铭：《中间圈——"藏彝走廊"与人类学的再构思》，社会科学文献出版社2008年版，第53—59页；拉铁摩尔：《中国的亚洲内陆边疆》，唐晓峰译，江苏人民出版社2014年版，第341—354页；杨庭硕、罗康隆：《西南与中原》，云南教育出版社1992年版，第218页。

南城镇发展史时认为：云南城镇的初现和发展离不开异质民族文化之间的接触、互动、融合及涵化①。用历史人类学的一些民族文化理论、视角解读云南两汉时期城镇的初现和发展，对后世西南城镇发展的研究可能会提供新的研究方法，也可能会对当今西南边疆城镇发展格局的研究有所裨益。

一、两汉时期中原文化圈层对云南的辐射影响

秦汉"大一统"，中原第一次由两个民族文化基本相继的王朝实现了统一，建立了中央集权的强大帝国，它们是先秦诸子百家思想的继承者，也是中原制度文化运行、支撑的政权实体，因此秦汉帝国都表现出了强大的文化延续能力和拓展能力。

秦朝二世而亡，在其短暂的统治时期内，开始向西南地区，特别是巴蜀地区扩展中原文化，推广精耕农业、兴修水利、通驻道路，在政治上设置政区、委派官吏、兴建治所和城镇，有效地把巴蜀地区纳入中原文化圈层当中。秦代的中原文化圈层也曾一度辐射到滇东北和滇中地区，"诸此国颇置吏焉"②，也开始使用当地的民族首领委官置吏，开通官道"五尺道"，试图将其也纳入中原王朝的统一管辖之下。但是，这一时期的中原王朝统治短暂，文化没有经过充分的涵养和长久的积淀，文化代偿力还不足以深入西南边疆腹地，文化"开发"的后续力不足、文化输出力量难以跟进等一系列因素造成了秦对云南的经略效率不高、文化辐射效果尚不明显。

经过文景之治后，西汉王朝国力明显增强，据有关研究：武帝时，中原一个农民一年的劳动成果足够养活五口人。③ 在当时社会生产能力和财富积累能力较为强大的背景之下，汉武帝开始了向四周扩展自身文化影响力的一系列措施。然而，我们应该看到，对当时的云南地区，西汉政权并没有太多的关注，仅仅因为偶然的历史契机得以较为深入地了解云南。因此，从中原文化圈层的辐射角度来看，汉武帝时与秦代并无文化类型性质上的改变，都属于中原农业文化向四周探求更多的农业适应生境的过程，两个时期的向外开发的水平和层次也并无不同，只是后者的文化辐射强度和后续力显著增强了而已。而就武帝拓边，向西南腹地深入来看，无论是建元六年（前135），西汉出兵东越及之后的南越，需沿珠江溯源云南，去与其他的汉文化流播区发生联系；还是元狩元年（前122），求通蜀身毒道，增加中央财富以及联络大夏共抗匈奴，附带地假道于云南，实质上都是中原王朝为扩大自己的文化影响力，或为连并南越的农业区，或为联合大夏，保护自己的农业区免受匈奴侵扰而"过境开发"于云南，通道过程曲折反复。根本原因就在于在当时的历史条件下，直接开发云南并不符合中原文化寻求更多农业生境的本意，西汉政权也本无意直接对云南的各民族施加文化影响或改变其文化属性。因此，汉武帝对云南的民族首领一律优礼宽容，如能用金帛贿赂就不必兵戎相加，至于云南各民族的社会形态、文化样式可以一概不问。

---

① 关于中国古代"民族文化圈层"的概念以及互动方式，参见李宇舟：《"西南"与"中原"：民族文化圈层概说》，《广西民族研究》2021年第2期。
② （汉）司马迁：《史记》，中华书局2011年版，第2993页。
③ 据《汉书·食货志》的记载，战国李悝曾言："今一夫挟五口，治田百亩，岁收亩一石半，为粟百五十石，除十一之税十五石，余百三十五石。"可代表汉初的农业生产水平，而到了文帝时，晁错言："今农夫五口之家，其服役者不下二人，其能耕者不过百亩，百亩之收不过百石。"即一个农业劳力一年能生产50石的粮食，经过文景之治，至武帝时，人均农业生产能力还远不止于此，而当时军队的大运动量军人每人每月耗粮一石，则50多石粮食每年够养活5人。见吴慧：《中国历代粮食亩产研究》，农业出版社1985年版，第26—58页；张履鹏：《两汉名田制的兴衰》，中国农业出版社2015年版，第82—90页。

汉族文献并不关注过境开发所造成的对云南各民族文化的客观影响，我们只能推测：由于通道的需要，因武帝行政命令而迁往云南通道沿线及周边的汉族居民，由于人数上的劣势和居住区域的狭小有限，几乎全部成了悬浮于云南"本土民族文化海洋"之中的"汉文化孤岛"——汉文化在当地的影响力十分微弱。在这样的文化关系中，表面上看，中原文化是文化联系主动的一方，是"强大"文化影响的输出者和施加者。然而，从文化交往和融合的局面或结果来看，当时西南，特别是云南与汉族接触的各民族群体恰恰是文化融合的主导者，他们用高度适应于自己生存生境的本民族文化成功地涵化甚至同化了那些滞留于云南的大大小小的"汉文化孤岛"——带着"强势"的中原文化进入云南的汉族移民，在随后的历史中几乎全部被当地民族"夷化"了。

同时，我们也应该看到，自先秦到西汉武帝的这段时期内，无论是先秦的中原诸侯相互攻伐，还是秦末楚汉相争，中原的文化互动方式以在不同样式的农业文化之间展开为主。其间，虽存在与北方游牧文化的接触和互动，但是就文化圈的类型与样式来看，显然并没有武帝经略西南以后那么丰富和复杂，前后两个时期由文化关系发生所牵动、吸纳进的民族种类和数量规模也不可并论；而且，武帝以前中原文化圈的地域范围还相对狭小，仅以先秦时期的各中原诸侯国形成的范围向外产生互动，且方向主要集中于与北方游牧民族的互动，西南方向中原文化的文化辐射层只到巴蜀（今都江堰）—滇东北一线，至汉武帝时才得以显著扩大，这既得力于文化实力的蓄积、提高，也是中原文化属性的要求。中原文化的扩张，或者以寻求更多的农业文化适应生境，或者以保护中原文化现有的生境而抵御非农业文化的侵扰，这两类文化互动方式随着中原第一个统一政权——秦的建立而开始，到汉武帝时文化互动的格局得到空前的扩大，被牵扯、席卷带入的异质文化圈和与之对应的民族群体，其数量也是空前的。因此，从武帝时开始，中原文化与四周的文化互动全面展开，大规模的异质文化互动造成了多文化融合的趋势，为中华统一多民族国家的最终形成开辟了基础性的局面，越来越多的异质文化加入这种文化圈层的互动，相互了解，涵养互化，孕育着一个多元文化统一体的形成。

这种文化圈层的运动规律反映到每一个中原政权的政治版图上，就是以中原王朝中央为文化中心的文化圈层边缘不断覆盖边疆的动态过程，新的边疆又不断向外延伸、扩展，徼外之地又不断被纳入新的文化边疆的范畴。同时，受"大一统"的中原文化影响，边疆的各民族政权也开始了局部的边疆文化整合，常常通过引入中原文化对边疆地区的民族群体进行军政治理和文化流播来实现，把各个分散的民族小文化圈纳入、整合到更为广大的、更高层次的边疆民族文化圈当中，从而开始作为中华多元文化当中的一个单元参与到整个中华文化圈层的互动当中。

对云南而言，两汉时期的中原文化已经把秦及先秦时期的文化边疆从巴蜀地区向西南边疆腹里地区推进，虽然通过任命土著贵族"代理管制"的文化互动水平不高，文化开发的层次还远远不够深入，民族融合的意识性不强，民族文化圈的整合力度尚显不足。但是，这是中原文化圈层向西南腹地推进辐射、与西南各民族文化圈融合的开始。自此以后，但凡中原有一个强大的中央王朝出现，大多数都以这种文化圈层的扩张、辐射作为王朝开拓边疆的文化动力而向西南积极推进，直到西南边疆被设置为一个个的行政区划单元全部内地化。这既是中国古代"大一统"国家观念的边疆实践方式，也是儒家"四海之内皆兄弟"文化的交流目标，从而以文化为纽带不断扩大着那个古代历代政治思想家力图建构的"华夷"共同体。云南作为西南地区的最南边疆，最终通过元代设立行省也被纳入内地的政区体系当中，其根本动力就源于这种自先秦至汉晋的文化圈层的互动规律。在这种规律的作用下，云南境内的各民族文化不断与"强势"的中原文化发生联系与互动,在中原文化不断地强势开发和深入经略的背景下,西南边疆的各个民族文化之间也打破了此前彼此相对孤立、封闭的状态,各民族之间的交往交流交融也更加频繁和激烈,古代中国西南边疆局部地区的民族文化整合开始酝酿,西南边疆民族群体的"初级统一体"[①] 正在萌芽,自先秦至汉晋的"西南夷"民族文化圈逐渐形成。

中原文化呈圈层状辐射、扩展的运动一般是通过中原王朝政权的边疆建设和治理来实现的,边疆的建设与治理又常常通过政区的设置、官吏的委任来实现,而政区的规划、官吏的驻守又与城镇的建设、资源的集聚密切相关。两汉益州郡的设置与云南城镇的成型即为文化圈层互动的结果和表征。沿蜀身毒道和通往南越的珠江上游,西汉王朝出于军事的战略目的和掌握对其他农业区域的控制权的考虑,又或是基于对"异域"财货的简单追求,开始了对云南地区的"过境开发",开发过程断续反复,原因就在于云南地区特殊的自然地理环境并不能充分满足当时中原文化对农业生境的要求,但随着"开发"的深入,云南丰富的自然资源特别是矿藏资源能有效弥补自身农业文化生境上的代偿价值"不足",也能补偿中原文化对云南开发而投入的"支付"成本。因此,总体来说两汉王朝与"西南夷"的博弈互动、对云南地区的文化开发还是以不断的文化输出为总趋势和主旋律,最后造成了中原王朝郡县与城镇的建置模式一度延伸到滇西地区,至东汉设立了永昌郡;到东汉时中原文化几乎已经辐射到了当时云南的绝大部分民族地区,在设郡置吏、修筑城镇的同时,这些地区也迁入了不少中原汉族人口,带来了中原农业文化的传播,为下一个时期的文化圈层互动准备了历史条件。

二、两汉时期民族文化互动当中的云南政区发展

先秦时期,由于中原与"西南夷"地区的交流早已开始,民间自然形成了一条贯穿古印度、云南、蜀地,进而与中原相通的、连接整个南亚次大陆的商贸文化通道——蜀身毒道,然而,中原王朝对云南的官方认知到了秦汉时期才围绕蜀身毒道逐渐展开,这条自蜀入滇东北、经滇中、过滇西转而进入缅甸,最终到达印度的文化商业通道周围分布着大小不等、文化类型各异、社会发展程度不同的众多民族群体,在这些民族群体分布的地区中,有些是适合农业发展的湖泊流域和坝区,有些则是矿产资源丰富之域,或交通枢纽地位尤为显要。

在以农业文明为价值评判标准的中原王朝统治者看来,上述两种类型的区域都符合中原王朝开拓边疆的利益。于是,自秦汉开始,中原王朝对云南的认知和开拓就围绕着蜀身毒道进行。秦开五尺道,进入滇东北及滇中地区,置吏设官,开始开发这一区域的自然矿藏;西汉武帝更是沿蜀身毒道纵深发展,自巴蜀以南而向西深入洱海区域,出于农业价值的视角和帝国财富及政治军事战略的需要,遂在通道周围选择性地招徕土著,设吏置郡;东汉续西汉之"余烈",把中原文化由洱海周围向西推进到哀牢怒江地区,终置永昌郡。随着对蜀身毒道沿边民族群体的认知不断深化,汉朝官方逐渐认识到一些族属同源的系统民族内部尚有小的民族群体区分,这些同源的小民族之间差别显著,各自的天然分布区形成了"自成区域"的差异性民族分布格局。因此,在两汉王朝于云南地区设置郡县的过程中,有局部的调整,即部分都尉与属国的设立及割置合并。尽管如此,我们仍应该看到,秦汉王朝对于西南边疆的民族构成格

---

① 费孝通:《中华民族的多元一体格局》,《北京大学学报(哲学社会科学版)》1989年第4期。

局了解尚不够深入，且所有认知几乎全部集中于蜀身毒道的周边区域，对西南边疆未知区域的开拓也仅是沿蜀身毒道延展，没有拓展到今天更为广阔的西南边疆区域，对滇南、滇西南片区未知区域民族群体的探究尚留有巨大的空白，对中原文化输出到西南新的文化生境之"效果"依然未知。在西南边疆，特别是云南地区的政区设置、划分只是粗略地回答了沿蜀身毒道周边区域"在哪里设、该不该设"的问题，至于"如何设置、怎样划分"才更为合理、统治管辖才更为有效的问题，则只能留给后面的王朝来回答。因此，可以说两汉在今云南地区的政区划分是整体粗略性的设置，只是在用中原农业文明的价值标准，把汉王朝认为有价值的西南部分地区纳入中央的郡县管辖范围当中来，并且略作了局部性的调整。

两汉王朝通过对"西南夷"地区输出郡县制度，使得中原文化通过官方形式正式向"西南夷"地区扩展，于是秦汉时期在今天云南境内的众多民族群体开始较为广泛、快速地与中原文化圈接触、融合，进而开始发生涵化，这个过程不仅表现为和平交流，也表现为对抗、冲突，而且具有反复性，来自中原中央集权统辖下的郡县制度与本地的部族土长制度既冲突又妥协，激荡着"西南夷"地区固有的民族文化格局，在这种文化格局激烈变动的过程中，一些民族群体从先秦时的聚居故地向别处迁徙，同时又有外来的民族群体迁入这些地区，从而造成了西南夷地区不同类型民族文化的移动，最终，又再次影响着行政区划的沿革，导致下一个历史时期的政区调整反复。需要注意的是下一个政区的调整期漫长而复杂，不仅是魏晋南北朝时期，直到唐初，"即其部落列置州县"依然是西南夷地区郡县设置调整的政策。而那些最先由中原王朝进入、控制，又由汉族移民迁入、填充，沿主要交通沿线，特别是沿蜀身毒道周边设置的郡县则较为稳定地沿袭了下来。原因就在于：西南夷各民族群体固有的多元类型文化还较为分散，彼此的联系渊源虽然久远，但西南夷内部的文化融合、局部性的政治统一还未形成，西南夷多民族文化圈内部的社会整合、文化涵化还远未完成，彼此依然"差别显著"，"不相役属"而"自成区域"，在面对"外来的"中原"郡县制"文化时，各自反应不一；而中原汉族政权代表了一种整齐划一的强势文化类型，其政治势力向西南夷地区的经略渗入和汉族移民的迁入，都为中原的郡县制度在"西南夷"地区的建立和发展提供了坚实的基础。

三、两汉时期的云南城镇

虽然，施坚雅（G. William Skinner）的中华"城市及市场空间结构"理论基本取材于古代汉族的"内部边缘"[①]，即几乎还没有涉及中国古代广袤的边疆民族区域。但其对于我们理解"中心"与"边缘"的逻辑关系，仍有颇多启发。如果将施氏的"中心"—"边缘"关系与费孝通先生的"多元一体格局"理论联系起来，我们可以得出一个综合的模式："'中华民族多元一体格局'下的中心与边缘关系，可以理解为中心高度发达的区位制度与边缘相对松散的行政控制和严密的军事控制制度之间的差异。"[②]

汉承秦制，于邛、笮设置政区，于"诸此国"的夜郎、滇、邛都、巂、昆明等"边缘"地区委任官吏。出于财货和边境安全的战略目的，西汉时期的云南城镇基本建立在以"通道"（南夷道、西夷道）为使命的政区治所上，确立和进一步巩固了云南的郡县制度。东汉对滇西、滇西南的开拓，把城镇建设略

---

① 施坚雅：《城市与地方行政层级》，载施坚雅主编：《中华帝国晚期的城市》，叶光庭等译，中华书局2000年版。
② 王铭铭：《中间圈——"藏彝走廊"与人类学的再构思》，社会科学文献出版社2008年版，第60页。

微向新置的永昌郡境内拓展，建立寥寥数城。因此两汉时期云南的城镇建设主要集中在财货集聚和军事戍守的功能上，行政控制相对较弱。但是，由于这些治所城镇承担着中原文化的影响力输出，它们成了中原文化向整个"西南夷"地区辐射的文化能量策源地。两汉时期云南的这些城镇镇戍广远，对当地民族群体的文化冲击和影响十分强烈①，从而在中原与西南民族文化圈层的融合、涵化进程中起到了极为重要的作用。

（一）西汉时期云南的主要城镇

武帝时，西汉王朝在云南的政区经营期间虽有罢废（元朔三年秋，罢西南夷），但经过三十多年的开拓经略，先后在"西南夷"地区设置了牂牁、越巂、沈黎、汶山、武都、犍为、益州七郡，其中的沈黎、汶山、武都皆在大渡河以北，其余牂牁、越巂、犍为、益州四郡惟益州郡所领全部县城建立在今云南省境内。以益州为主的四郡设置标志着郡县制度在云南的确立，随之而来的城镇建设也开始在云南的局部区域发展起来。

牂牁郡西部的十一属县城镇分布在今云南省的东南部，分别是谈藁城（今路南、陆良）、漏江城（今泸西、师宗）、同并城（今弥勒一带）、毋单城（今华宁一带）、宛温城（今丘北、砚山一带）、漏卧城（今罗平）、句町城（今广南）、都梦城（今麻栗坡）、镡封城（今邱北）、西随城（今屏边、元阳一带）、进桑（东汉改称进乘）城（今马关、河口一带）。

越巂郡只有四个属县城镇位于今云南境内，分别是三绛（东汉称三缝）城（今元谋姜驿）、青蛉城（今大姚以北）、姑复城（今华坪）、遂久城（今永胜、丽江一带）。

犍为南部别设一都尉，治所于汉阳城（今贵州威宁、赫章一带），下辖朱提城（今昭通、鲁甸一带），即所谓"两县一都尉"。另外，在犍为郡所辖十二县中，位于今云南境内的有南广县（今镇雄、盐津一带）、郁鄢县（今宣威）、堂琅县（今会泽、巧家、东川一带），加上犍为南部都尉中的朱提，共有四县在今云南境内。

益州郡所辖二十四县分别是：滇池县（今晋宁）、双柏县（今易门）、同劳县（今陆良）、铜濑县（今马龙）、连然县（今安宁）、俞元县（今澄江、江川、玉溪红塔区一带）、收靡县（今寻甸、嵩明一带）、谷昌县（今昆明官渡区一带）、秦藏县（今元谋以东、安宁西北一带）、邪龙县（今巍山、漾濞一带）、味县（今曲靖、沾益一带）、昆泽县（今宜良）、叶榆县（今大理西北、洱源东南一带）、律高县（今通海、曲溪一带）、不韦县（今施甸）、云南县（今祥云、弥渡一带）、巂唐县（今保山）、弄栋县（今姚安、大姚南部一带）、比苏县（今云龙北部、兰坪以西一带）、贲古县（今个旧、蒙自一带）、毋棳县（今开远、建水一带）、胜休县（今石屏、峨山一带）、建伶县（今昆阳、南涧一带）、来唯县（今巍山西南南涧一带），共81946户，5800463人。

---

① "汉时之县幅员极广。"乾隆《腾越州志》卷一语，详见凤凰出版社、上海书店、巴蜀书社编：《中国地方志集成》卷39，凤凰出版社2014年版，第9页。

(二) 东汉时期云南的主要城镇

在西汉武帝于公元前109年前后置嶲唐、不韦二县，又于永平十年（67）置益州西部属国都尉的基础上，东汉王朝的势力继续向云南西部边陲挺进，进一步加强了对哀牢区域民族联盟的统治，许其"存其国号而属汉朝"（颜师古《汉书·注》），设立了归附民族的自治政区，置"都尉"，主要以军事手段管辖此区域，即所谓"属国都尉主蛮夷降者"①（《后汉书·百官志五》），统摄建武二十七年（51）内附的哀牢诸部。随着到任官吏的治理有方，永平十二年（69），东汉王朝遂以"益州西部属国都尉"之地设立永昌郡，脱离益州郡的统辖，成为单独的一个边疆行政区划单元，根据《续汉书·郡国志》的描述，当时地广人稠的边疆永昌郡户数达20多万户，人口约189万，其规模在东汉全境105个郡中，居然高居第二位。究其原因，应系永昌"郡县设置的改变，是逐渐扩大设置区域"②所致。

在东汉时期中原文化的辐射、影响下，中原的城镇建设模式也向永昌郡辖区推进。永昌郡内除西汉所设的嶲唐、不韦、哀牢、南博四县外，还有比苏（今云龙北部、兰坪以西一带）、叶榆（今大理西北、洱源东南一带）、邪龙（今巍山、漾濞一带）、云南（今祥云、弥渡一带）四县。

益州郡原有的二十四个辖县缩减为十七县，《后汉书·郡国五》曰："益州郡，十七城，户二万九千三十六，口十一万八百二。"十七城即指下辖之十七县，分别是滇池县（今晋宁晋城）、谷昌县（今昆明城东一带）、连然县（今安宁）、建伶县（今晋宁昆阳）、俞元县（今澄江、江川、玉溪红塔区一带）、秦藏县（今元谋以东、安宁西北一带）、双柏县（今易门）、味县（今曲靖、沾益一带）、同劳县（今陆良）、铜濑县（今曲靖西北马龙区一带）、昆泽县（今宜良）、收靡县（今寻甸、嵩明一带）、弄栋县（今姚安、大姚南部）、律高县（今通海、曲溪一带）、贲古县（今个旧、蒙自一带）、毋棳县（今开远、建水一带）、胜休县（今石屏、峨山一带）。除去永平十二年（69）被东汉明帝割至新设永昌郡的原益州西部都尉之叶榆等六县，比较《汉书·地理志》所记述之西汉益州二十四县，尚缺来唯县。疑其（西汉末）已废置，其地已并入邪龙县③。

"牂柯郡，十六城，户三万一千五百二十三，口二十六万七千二百五十三。故且兰，平夷，鳖，毋敛，谈指，夜郎，同并，谈稾，漏江，毋单，宛温，镡封，漏卧，句町，进乘，西随。"除进桑县（今马关、河口一带）改名进乘以外，少了都梦县。方国瑜引胡蔚《牂柯丛考》曰："都梦，窃以为汉武开郡时原置此县，至昭帝时同并二十四邑反，都梦或在其中，而句町助汉削平大乱，亡波受宠封王，疑其地与句町接壤，遂为句町兼并，故不复置。"

越嶲郡尚有四县位于今云南境内，分别是三绛县（今元谋姜驿乡）、青蛉县（今大姚以北）、姑复县（今华坪）、遂久县（今永胜、丽江一带），其中三绛县（今元谋姜驿乡）至东汉更名为三缝县。

原犍为属国改为朱提郡，领五县，分别是朱提、堂琅、汉阳、南昌、南秦，治朱提县（今昭通、鲁甸一带）。

不难看出，东汉云南的城镇发展与西汉的格局基本相似：除永昌郡内略有城镇增加外，益州、牂柯、越嶲、朱提四郡内的云南城镇基本与西汉的城镇分布吻合，虽略有析并，但都与政区治所重合，或者说

---

① （南朝）范晔：《后汉书》，中华书局2011年版，第3621页。
② 方国瑜：《中国西南历史地理考释》，中华书局2012年版，第43页。
③ 方国瑜：《中国西南历史地理考释》，中华书局2012年版，第88页。

两汉的云南城镇基本是作为政区的治所而存在的。因此，我们可以认为：两汉的云南城镇几乎全是中原文化向云南辐射、影响的产物，这些城镇自然成了中原文化的据点，它们与西南境内固有的民族聚落并列存在着。但是，随着城镇经济、文化的发展，到了魏晋时期，南中的城镇已经从单一类型的"中原文化孤岛"转为了多元文化集聚、交流的场域。

四、两汉时期中原文化圈层对云南城镇发展的影响

出于财货及军事、政治的考虑，西汉时期的云南城镇程度较高地区与政区治所对应、吻合，较为明显地分布于蜀通身毒国的通道周围，反靠汉族移民开辟城镇周围的农业生境，并未深入当地广阔的民族聚居区域当中，虽招徕部分民族首领，委以官职，但城镇的发展还局限于中原文化的"孤岛"之中。东汉时期的云南城镇依然延续西汉以来占据交通要道、驻扎政区治所的战略设置，由于永昌郡的设立，东汉云南城镇的建设推进到了滇西、滇西南片区，但建置仍不密集，只有零星的几座城镇。这就反映出：至少到东汉末，中原文化圈层辐射对云南的影响虽然较西汉更广泛，但是文化的影响力依然不够深入。[①]城镇作为中原农业文化在政治上的一种表现形式，还没有在永昌地区广泛地得到实践推行，原哀牢王国内的几个民族群体，除邻近永昌郡治的濮部、僄越部区域新置城镇外，滇西南的闽濮部、鸠僚部以及澜沧江中下游的民族群体分布区都没有建置城镇，这就说明了至东汉时，中原文化还未与当地的民族文化发生较多的接触与融合，文化涵化也还远未深化。因此，作为中原农业的文化属性要求，城镇还没有在当地普遍建立起来，作为城镇雏形的原始部族聚落依然是这片区域较为普遍的人口和物资集聚的存在模式。

当中原文化脱离了其产生的文化生境，进入云南的异质文化生境后，通常面临为了适应异质文化生境而产生的文化调整和融合，文化的调整反映到政治层面上来，就是调整对当地的民族治理策略，增强对当地民族群体的有效管理。我们可以看到，东汉时期云南地区的城镇由于郡县的缩减和并合，其数量已较西汉时有所缩减，其背后的民族文化原因正是在于：中原文化凭借其较为强大的文化代偿力向云南地区扩张的初期，常常遇到当地民族异质文化的排抗力，从而对搭建在中原文化基础之上的政区与城镇造成一定的冲击和震荡，进而使得一些与当地民族文化以及区域民族政治格局相抵触的政区与城镇建置不得不做出调整，以使得这些区域的政区和城镇设置更为合理，从而更为有效地统治、管理当地的民族群体。更为重要的是中原文化的圈层辐射影响力随着中原王朝的政权动荡、衰落而减弱，但由中原文化的影响、刺激而引发的云南境内各民族群体的社会发展势头却没有衰退，反而急剧地发展起来。到了三国两晋南北朝时期，南中的土著民族成了发展南中政治势力圈和城镇聚落群的主体，从而酝酿、预示着云南民族文化圈整合时代的到来。

郡县的设置、汉族的迁入以及西南夷当中农业民族群体的迁徙，不仅极大影响着郡县政区内的农业人口比例和户口数量，农业民族群体的迁徙还带来一个重要的后果——以云南原始民族群体聚落的快速发展为基础的聚落早期"城镇化"趋势逐渐形成。

农业文化的特点之一就是文明财富和人口的集聚，随之而来的文化要求就是要对农业产品和财富进

[①] 李宇舟、郝雪：《东汉永昌置郡的人文地理辨释》，《曲靖师范学院学报》2019年第4期。

行有效保存和保护,对农业劳动人口的集聚管理和有效组织,修筑有军事防御功能的邑聚坞堡显然可以一定程度上满足农业民族群体这一生产生活需要,但还不充分,比如:为了农业文化的运行需要,建立必要的社会运行制度和权力组织,必然要求有上下各级行政执行和管理机构,这些政治层级需要有一定规模的功能设施和行政及军事驻所。因此,秦统一六国后建立了被后世王朝沿用千年的中央集权制和郡县制,这是中原文化在政治方面的表现和要求。这些设施、驻所都无一不是为了服务于农业文化的运行和发展,增加文化的富积程度和增强文化的实力影响。这种文化运行的需要和要求客观上推动了城镇甚至城市的出现和发展。①

两汉王朝,继承了中原先秦以来的农业文化,不断吸收其他文化的因子,形成了一个以农业文化为核心、兼容了其他文化类型的庞大、成熟的中原文化。中原文化发展到西汉武帝时,已经表现为一个强大的中央集权帝国形态,帝国的行政组织形式通过郡县制度来实现,而围绕着郡县制度的施行,城镇治所的建设也蓬勃兴起②。由于文化特性的要求,武帝之后的中原城镇已经不仅局限于军事镇尉和行政治所的军政功能,而且开始向着人力、物资、技术行会等生产生活资料集聚的民用工商业建筑设施群发展。"西汉城市发展的一个重要特征,即城市的经济职能加强,一大批规模较大的工商业城市勃兴。"③ 由于农业、手工业、商业的发展以及交通网络的开发,汉代中原的经济区域成形,中原的城镇逐渐整合了"市"的功能而不断向城市的格局发展。

西南边疆的城镇发展显然要滞后于中原。从史料来看,西南夷中有较为固定的生活区域,从事一定程度的农业生产的几大民族群体,比如:由僰道向西南迁徙,最终进入洱海的僰人;聚居于滇池周围的古滇人;较早进入农业文明的邛筰民族群体;以及哀牢民族群体。他们都有自己的中心聚落和都邑。这些区域的民族群体,无论其早期的原始聚落还是后来的中心都邑,都成了秦汉"西南夷"地区城镇出现的重要来源之一,同时也是两汉王朝在这些区域建立郡县治所的主要依据。另一方面,两汉经略"西南夷"地区,主要出于通身毒道和控制珠江上游航道的目的,因此,两汉对云南过境开发的经营方式造成了所筑城镇集中于以这两条通道为主的交通网线上,而其余的城镇几乎都是两汉时期依据云南各民族群体分布而划分的政区之治所而筑,这些治所又往往与本土的民族聚落或都邑重合。综上而言,两汉时期,在中原文化的影响下,云南城镇主要分布于围绕蜀身毒道的郡县治所和农业较为发达的本土民族据点。

根据《汉书》《后汉书》的地志记载,对比两汉云南及周边的郡县设置,可以发现一些城镇与农业定居人口的变化情况:

表1 两汉时期云南及周边郡县人口统计表

	犍为郡(12城)	越嶲郡(15城)	牂柯郡(17城)	益州郡(24城)
西汉	109 419 户	61 280 户	24 219 户	81 946 户
	489 486 人	408 450 人	153 360 人	580 463 人

---

① "秦朝中央集权制的确立和郡县制的建立,也推动了城市行政管理职能的发展。城市为各级封建统治中心,因而对城市的管理,成为统治者十分重视的一个问题,采取了一系列措施:1. 派驻重兵守卫城镇,设置负责治安的官吏;2. 设立司法机构,加强专制统治和对城市的控制。"见何一民:《中国城市史》,武汉大学出版社 2012 年版,第 137 页。
② 公元前 201 年,汉高祖刘邦下诏"天下县邑城"。见《汉书·高帝纪》,中华书局 1982 年版。"如果仅以一县范围内有一城计算,那么西汉的城市数量约为千余个。其中,具有一定规模的城市有 670 多个,比秦代增加了 1 倍多,而作为城市行政等级体系中第二层级的郡国城市的数量也较秦增加 1 倍多。"见何一民:《中国城市史》,武汉大学出版社 2012 年版,第 149 页。
③ 何一民:《中国城市史》,武汉大学出版社 2012 年版,第 154 页。

	犍为郡 (9城)	犍为属国 (2城)	越巂郡 (14城)	牂牁郡 (16城)	益州郡 (17城)	永昌郡 (8城)
东汉	137 713 户	7 938 户	130 120 户	31 523 户	29 036 户	231 897 户
	411 378 人	37 187 人	623 418 人	267 253 人	110 820 人	1 897 344 人

西汉益州南部四郡到东汉时增至六郡，统辖范围也增加了滇西、滇西南一片广大地域，因此，出于"编户齐民"的中原传统价值甄别需要，仅从中原官方史料上看，益州刺史南部的农业定居户数及人口总体上增加了127471户，人口增加了1715641口。人口户数的统计应该远少于西南这一地区的实际人、户数量。民族都有自己的文化属性和文化归属，人自然也成为文化的载体。我们可以进一步认为，两汉时，西南的农业定居户口的增长表明了中原文化进入西南地区后的巩固和壮大，定居人口所在的城镇遂成为中原文化的文化据点和辐射源，这在两汉的越巂郡、牂牁郡两郡的户、口数量发展增长中表现得较为明显；另一方面，中原文化进入新的文化生境，必然受到环境的抑制，也必然与当地固有的民族文化发生接触和互动，因此，农业定居户口可能会发生消减。例如，西汉犍为郡领十二城：僰道、江阳、武阳、南安、资中、符、牛鞞、南广、汉阳、郁鄢、朱提、堂琅。至东汉，犍为郡剩余九城：武阳、资中、牛鞞、南安、僰道、江阳、符（节）、南广、汉安。由此分析出朱提、汉阳二城合为犍为属国，郁鄢、堂琅并入朱提城，新增汉安城（今四川内江县），因此，东汉之犍为郡加上犍为属国的地域范围大致与西汉时的犍为郡相同。这片区域的农业定居户数东汉较西汉增长了36232户，但农业定居人口却减少了40921口，犍为郡即今滇东北地区，其北接蜀地，是西南片区较为邻近中原文化腹地的北部区域，属于较早被中原文化影响、开发的地区，由于中原王朝开发、开辟西南民族地区的需要，两汉时期，大量的人口被征调甚至被强迫迁往中原王朝对西南边疆的经略前沿区域，因此人口数量发生了消减。但是，中原文化对"西南夷"地区的深入开发和城镇拓展又带来了其他区域人口户数的增长。譬如原属益州西部都尉的叶榆等六县划入新置的永昌郡后，合嶲唐、不韦有八县城，后更添哀牢、博南，实为十城，必然引入大量的农业人口定居，所谓"开拓夷荒，稍成郡县"①说的就是增加农业人口定居点的开发模式。因此，原西汉益州郡之地至东汉时加上永昌郡的广袤区域就使得户数增加了178987户，人口增加了1427701口，比西汉益州郡的户数增加了2倍多，农业人口更是增长了近2.5倍。

可以说两汉时期云南城镇的建设、发展是前所未有的，它的发生、发展既是中原文化经略、开发西南地区的结果，同时又带来了中原文化在西南文化生境中的稳固扎根和辐射影响，此后云南城镇的发展都离不开两汉时期云南城镇的基础格局，也正是两汉时期云南城镇格局奠定了中原农业文化在云南的发展根基，它为云南此后的政区、城镇内地化发展开启了门径。另一方面，中原文化以农业人口集聚的城镇嵌入两汉时期的西南地区，并不总表现出强劲的增长态势，这在两汉时期云南的个别郡级政区中可以看得出。这种状况在东汉以后中原陷入较长的南北分裂时期，更是表现得十分突出——在云南境内由中原王朝设置建立的政区、城镇以及其所统辖的农业定居人口都表现出收缩的态势，其根本原因就在于，中原文化的辐射影响失去了一个强大的中央政权依托而转向了文化输出的减弱，"西南夷"地区的城镇开始了被"夷化"的发展倾向。

---

① （梁）萧子显：《南齐书》，中华书局2011年版，第298页。

Adopting the Perspectives of Ethnic Han Cultures to View the Development of Yunnan Towns
Li Yuzhou

Abstract: Administering cities and towns during the Han dynasty was a core method for the regionalization of the Central Plains and broader management of Yunnan Province. Administrative segregation of the general Yunnan political tapestry was implemented during the Han Dynasty, and the administrative areas composing Yunnan's political districts were organized. We then examined the main towns of the Han dynasty. It is possible to see the business strategies and policies of the Han dynasty reflected in Yunnan, which acts as a focal point for the interaction between Central Plains and southwestern ethnic culture. Using the perspectives of the Central Plains culture of the Han dynasty as well as the southwestern ethnic culture, the paper further summarizes and discusses the pattern of the initial emergence and development of the cities and towns in Yunnan, which emphasizes cultural harmony between the Central Plains and the southwestern ethnic groups in the Han Dynasty. The interaction and inclusion of the two cultures critically influenced the development of Yunnan's cities and towns. The games that appeared between the two cultures in Yunnan laid and influenced the pattern of development that undergirded Yunnan's cities and towns during the Han dynasty and in later generations.

Key words: Han dynasty; ethnic culture; Yunnan cities and towns

清代赵州坝子的地缘、族群与经济生活
——以契约文书为中心*

梁亚群**

摘　要　从契约文书上看，清代赵州坝子各族群经济生活方式有土地买卖、赠送、加添、借贷、参与賨组织等方式。人口流动、马帮兴起扩大了社会关系网络，多族群分布的格局及其互动与融合，促进了地域社会的整合，民众因生活需求、功能依赖跨越了族群、村落、姓氏的异质性，形成了相互依存、共生的社会关系。

关键词　赵州坝子；族群关系；地缘关系；经济生活；清代

DOI: 10.13835/b.eayn.29.08

契约文书包含着丰富的社会文化内涵，与民众的日常生活、经济发展程度、社会文化习俗等因素联系在一起。随着契约的广泛使用和国家法律与西南边疆地区社会一体化的加强，清代时期，契约文书已经渗透到西南边疆民众的财产转移、婚姻、家庭、人际交往等各个方面，是民众生活中广泛使用及产生重大影响的一种文约。清代大理府赵州民间社会已经广泛树立了契约观念，民众因生产、生活需要而订立的契约形式多种多样，通过这些契约的内容可探究当地民众的经济生活，进而探究清时期区域社会的发展脉络。文章透过契约文书所包含的经济活动的历史信息，探讨清代赵州坝子经济活动的特征，以期了解清代赵州坝子的社会变动、族群关系与民众生活。

一、 清代赵州坝子的地缘关系与族群互动

自明代始，中央王朝的权力逐渐深入西南边疆地区以来，地域社会随之发生了一系列变革。赵州位于洱海南部，历来是滇西重要交通要道，明清以来，赵州以坝子为中心，在国家权力对地方社群的控制、

---

* 本文系桂林电子科技大学博士科研启动项目"明代以来大理地区的家族组织与社会整合研究"研究成果之一。
** 梁亚群，桂林电子科技大学马克思主义学院讲师。

交通体系与宗教活动的变化多个因素的作用下，一体性不断强化。① 多族群的互动与融合是社会整合的一个表现。赵州坝子的族群分布和社会建置深受中央王朝经略的影响。明初，大理地区在卫所移民制度、自发移民到来的影响下，流动人口涌入的影响带动了社会结构的转型，"成化十二年（1476），设兵备道驻洱海，以后移民实边，乃一变为殖民政策，阅百年而生齿日番，流寓日众，关市洞辟邮驿大通我邑，苍洱雄秀，土物丰饶，其间商贾、行旅、方技、寓贤、与夫、戍卒、垦夫、宦游、幕侣，揽胜山川，流连景物，多卜居而家焉"②。地域政治变动与社会整合对族群关系的影响，表现为赵州坝子的白、汉、彝、回诸族虽然习俗不同，但是文化上相互影响、日渐交融。如据乾隆《赵州志》记载的赵州汉族"多明初所设卫所军官之后，及仕宦流寓者颇敦儒术取科第，一洗夷俗"，"白人"则"有僰字，山夷语，信佛事巫，常持斋诵经，然性勤俭力田，颇读书习礼教"，作为土著之一的"卢鹿"（即彝族），多居西南山地间，"刀耕火种，善畜牧，好射猎"，又"畏见官长，衣止毡裘麻布，习尚朴实"，"今亦有读书入津者"。③ 历史上赵州的各民族在长期的互动与融合下，也形成了多个族群分布与文化系统并存的格局，而它们的互动关系及其文化之间的互相融合，也跨越了族际与村际。④

赵州的坝子地形，在各个村落之间，沟洫纵横交错，"自定西岭北至下关沟霸二十有五，白马庙坝灌溉汤颠村田地。猢狲嘴沟灌溉江西、赵庄、曲别村田。汤颠冲沟流狮子山下，利同前。白塔冲箐喝水灌溉江西二村田。只（者）摩冲沟，河水灌溉本冲。牧牛冲箐，箐水灌溉本村及上下锦场田……"⑤ 村落在沟箐之间相连分布，地理位置很近，一条沟箐多个村落共同使用，因此形成了共同的信仰体系。据《光绪赵州志稿》记载，赵州"米总、慈航、东山、富乐村以正月初一日迎三子龙王，按水分互相迎送。麻地村、许长、云浪、洞壁、清乐、南营、长发村迎苏大龙王，各村按水分迎送如前。又，汉邑、华营、班庄、棚曲村、红山、上下苍甸、千户营八村迎接九头龙王、孟子龙王，节如前"⑥。节日中亲邻的互动与互惠行为维系着旧有的社会关系或者建立起新的社会关系。又道光《赵州志》记载："元旦，叩天接祖，贺岁，赴鸡足山烧香者。立春，荐辛盘。元宵，多于飞来寺烧香，弥渡则聚于太平山，或铁柱庙，或温

---

① 清代大理赵州地理范围大致包括如今大理市凤仪镇、下关镇西洱河以南、弥渡县北部地区。据乾隆《赵州志》卷之一《户口》记载，十五里为：四十里、瓦窑里、草甸里、山曲里、在城里、江头里、甸头里、东道里、龙华山里、大庄里、小邑里、巧邑里、苴力里、弥只里、平定里。赵州坝子上的村落，以州城为中心，州城东之门村庄有庄墩、敕荡、许长、云浪、长发、华营、朋邑，西门之村有芝华、江西、汤颠、丰乐、牧牛、梅地、赤佛、新铺、南山曲，南门之村有锦耿、乐和、本敬、木慈，北门之村有高昌、班庄、草甸、红山、千羊、下庄、马加邑、石瓜、石鼻。同时，还辐射到下川村六个即山西、东窑、西窑、马凉、地石曲、茨巷，四十里村四个即者摩、乌栖、桥头、红崖，白崖八村即蔡家营、班尾村、袁家庄、赤水江、东村、前所营、北夷营、大营，这些村子是"四门之外各村"的第二级社会空间的范畴。见马健雄：《"外则朝贡出入，内则文武往来"：明清以来赵州坝子的社会重建》，赵敏、廖迪生主编：《云贵高原的"坝子社会"：历史人类学视野下的西南边疆》，云南大学出版社 2015 年版，第 1—11 页。
② 张培爵、周宗麟纂修：《大理县志稿》卷之三《建设部·户籍》，民国五年铅字重印本。
③ 程近仁修，赵淳等纂：《赵州志》卷之一《民俗》，海南出版社 2001 年影印版。
④ 如今凤仪镇的白族是镇上的主要民族，他们分布于满江、石龙、云浪、东山、乐和、锦阜、丰乐、吉祥等行政村，其他自然村也有部分分布。境内的回族，聚居于城南三里处的芝华回族村，此外在镇内凤鸣、红山、汉邑、芝兰、乐和等村也有分布。凤仪镇的彝族主要聚居在镇南部后山村、白塔冲、水资路一带的山区、半山区的坡地、峡谷地区，形成彝族人民聚居的自然村落。凤仪镇的汉族多数居住于平坝、城镇。有部分居住在汉邑村、华营、班庄、庄科、上下苍甸。此外，其他自然村有少量汉族居住。大多数凤仪的汉族先民，是明代初年军队实行军屯留下来的汉族人。见凤仪志编纂委员会编：《凤仪志》，昆明：云南大学出版社，1996 年版，第 100—104 页。
⑤ 程近仁修，赵淳等纂：《赵州志》卷之二《水利》，海南出版社 2001 年版。
⑥ 转引自马健雄：《"外则朝贡出入，内则文武往来"：明清以来赵州坝子的社会重建》，载赵敏、廖迪生主编：《云贵高原的"坝子社会"：历史人类学视野下的西南边疆》，云南大学出版社 2015 年版，第 17 页。

泉。夜则张灯踏歌为乐。起春醮祈年，各村多于土主庙或龙王庙迎神。"① 同一地域中的不同族群或者同一族群内部在邻近的水源和共享的习俗下进行了文化和社会关系的整合，邻近村落之间的互动关系也使更大范围的社会关系得以扩大。这些记载说明在赵州坝子，族群之间、村落之间文化互相交融，生活上联系密切。

清雍正之后，由于人口繁重，生计日艰，马帮逐渐兴起："士人惟以教授课文为业，至于农产物则菽、麦、稻、粱不能敷食，多数仰给外邑。……穷则思变，于是合群结队旅行四方。近则赵、云、宾、邓，远则永、腾、顺、云。又或走矿厂，走夷方，无不各挟一技一能，暨些须赀金，以工商事业随地经营焉。迨及岁暮，联翩归来，春酒无羹，宴乐亲旧，正月既交，联翩复出，若是者岁以为常。"② 马帮的组织方式主要有两种，一为经济实力雄厚的大户组织马帮，以雇佣为主。另一种为村民自由组合的形式拼帮。在赵州坝子上，村民拼帮的形式很常见。如据村民口述史所述，赵州庄科村、华藏寺、杨掌营、湾庄（班庄）村的情况：

> （原来南营（庄科）的马锅头）有好几家的，后首有七八家的。……说起赶马最多，先算华藏寺，二是我们村，三是杨掌营，别的村只有一两家、两三家。湾庄只有两几家，拼帮开锅搭上有二三四家。

> （全部加拢咯有）好几百的。包老倌两百匹马的马帮都开过了，开四锅，五十个牲口一锅。那时我兄弟也去，杜绍堂也去帮他招呼，当二锅头。他们走西路去了几转，后首去磨黑驮盐。我瞧见他那个本本，一回是放上来七百几十驮的嘛。③

马帮的兴起除了带动物品的交换与商品经济的发展之外，因族群多样性分布，族群之间的互动与融合促进了地缘性社会关系的扩大：

> 回族和我们搞得拢的。老辈人遇拢打招呼就叫亲戚家，赶马走拢就吃回族饭。时间长了，亲戚家说的话还会讲几句的。赶马人下关、马鹿赕、波萝赕都有的。马鹿赕的多些。一家养五六个、十多个牲口，有三四个大马帮，村子也大。马加邑、紫阳、山西村也有。那时赶马人处处都有，只有新村没有。红山也有，处处都有家把两家。赵州城南门外就是你们芝华了。大营里有一家，城里南街上你们亲戚家杨汝为大锅头，杜绍堂锅头等两三家。④

明代以来，赵州坝子上的白族村落，受政治变动与人口的迁徙流动频繁的影响，如乐和村，据乐和村圆通寺中的一则碑文《重修圆通寺碑记》所刻，圆通寺建于永乐八年（1410），"罗和世族何、杨、董、张、苏五姓创造之，以为祐国福民之所"⑤。从中可知，至明代永乐时期，乐和村已住有何、杨、董、张、

---

① 李其馨编纂：《赵州志》卷之一《风俗》，台湾成文出版社 1975 年版。
② 张培爵、周宗麟纂修：《大理县志稿》卷之六《生活程度》，民国五年铅字重印本。
③ 马存兆编：《茶马古道上远逝的铃声——云南马帮马锅头口述历史》，云南大学出版社 2007 年版，第 46—47 页。
④ 马存兆编：《茶马古道上远逝的铃声——云南马帮马锅头口述历史》，云南大学出版社 2007 年版，第 50 页。
⑤ 马存兆编：《大理凤仪古碑文集》，香港科技大学华南研究中心 2013 年版，第 220 页。

苏五姓。又如士家村,自洪武年间,四姓杨、袁、章、胡先后落籍是乡,形成了多姓杂居的村落。①这些村落多数是在明代之后固定下来,是由多个姓氏组合而成,血缘关系较为单薄。正如 C. P. 费茨杰拉德认为,"族"或者"父姓团体"对于白族来说不太重要,因为他们并不实行族外联姻,因此"族"就失去了其主要功能。②在生产和生活中,其所依赖的地缘性关系比较突出。由于多姓杂居,血缘关系较为薄弱,作为全村的保护神,村落内部主要围绕着本主或土主形成一个共同体,实现社会关系的整合:"一个由不同姓氏的家庭组成的村子,由于崇拜同一个本主而使村子里家家和睦相处,而一种让村民几乎能自治的制度又进一步强化了这种团结性。在农村,政府既没有设立武装警察,也没有任何政府官员。"③

二、契约文书所见之民众经济生活

(一) 产权转让

1. 土地买卖

产权转让是农村经济活动中十分普遍的现象。赵州坝子民众的产权转让表现为多样性和地缘性的特征。土地买卖是产权转让中最常见的方式,以清代时期赵州罗和冲村民所立的 39 份买卖为例,其契约类型、双方关系如下:

表 1 罗和冲部分买卖契约双方关系表

序号	类型	卖主	买主	称呼	关系
1	实卖	李三什	李和春	——	同村同姓
2	实卖	李和信	杨员	相公	同村异姓
3	实卖	李老奴	李和春	——	同村同姓
4	实卖	李受老	李祯	兄	同村同姓
5	实卖	李致	李贵	族弟	同族兄弟
6	实卖	李贵	杨乃珍	——	同村异姓
7	转卖田契	李贵	金二爷	——	邻村(州城)
8	转卖山地	苏门杨氏同子元宁	原卖主李敬团转卖沈载三	相公	邻村(敬天场、州城)
9	实卖	李天鹏同父李发、弟李天申	李天相	胞兄	同胞兄弟
10	实卖	李天朋(鹏)、李天明	本族公众	本族公众(同族公产)	同族
11	实卖	李云秀	李天公	堂兄	同族堂兄弟
12	实卖	李元(云)秀	沈元民	——	邻村(州城)
13	卖田	李天茂	李氏族产	李氏门中	本族公众

---

① 马存兆编:《大理凤仪古碑文集》,香港科技大学华南研究中心 2013 年版,第 279 页。
② C. P. 费茨杰拉德:《五华楼——关于云南大理民家的研究》,刘晓峰、汪晖译,民族出版社 2006 年版,第 76 页。
③ C. P. 费茨杰拉德:《五华楼——关于云南大理民家的研究》,刘晓峰、汪晖译,民族出版社 2006 年版,第 79 页。

续表

序号	类型	卖主	买主	称呼	关系
14	实卖	李玉	李乐	—	同村同姓
15	卖契	李敏	李元（云）秀	血叔	叔侄
16	卖契	五月姐	陈禄	—	同村异姓
17	实卖	李天祥	李敏	本族侄	同族叔侄
18	实卖	李玉安	李云秀	—	同村同姓
19	实卖	李学	李彩	堂兄	堂兄弟
20	卖松树	张盛、李云凤、李玉、杨兆来、亏超、李时中	董文包、杨玉麟、（本冲）李缙	—	邻村（敬天场）、同村同姓
21	实卖	李学	李门段氏	—	同村同姓
22	实卖	李士魁	李天禄、李发	李天禄、李发甲公众（保甲公产）	村内保甲组织
23	实卖	五月姐同男李富生	李林	—	同村同姓
24	卖秧田	李学	亏玉瑞	二姐夫	同村姻亲
25	实卖	杨汝怪	李玉瑞	大锅头	邻村（山西村）
26	实卖	李长	李富生	本族公众（同族公产）	同族祖孙
27	实卖	李坤	赵贵	—	同村异姓
28	实卖	李文华	李敏	大哥	同村同姓
29	实卖	李易生	李长保	—	同村同姓
30	实卖	李文相	张老四	—	同村异姓
31	卖秧田	李为标	李归注	族孙	同族祖孙
32	实卖	赖氏同男发贵	李清	—	同村同姓
33	实卖	李学	本族公众	本族公众（同族公产）	同族
34	实卖	李明德	张政	—	邻村（米总村）
35	卖松树	李士魁、李润、李维标、杨春、李华、李梓	段廷轩	—	邻村（毛栗坡）
36	实卖	李成	公项	公项（同村公产）	同村
37	实卖	李任	李东春	族侄	同族叔侄
38	杜断	阿焕同叔父李春魁	陈智	陈大叔	同村异姓
39	转卖	李逢春	李肇唐	本族大兄	同族兄弟

资料来源：中央民族大学民族博物馆馆藏契约文书。

通过统计可知，在罗和冲部分买卖契约文约中，田、地、林木等都是他们可以自由转移的财产类型。契约文书所呈现的地缘关系，涉及同族的买卖契约共有13次，姻亲关系1次，同村同姓11次，同村异姓6次，跨村异姓7次。这些次数说明在产权转让中，其范围涉及同族、同村及邻村。产权转让不仅仅是买卖关系，还是互助和信任的关系，所以地缘关系十分突出。其中同族的产权转让，发生在同胞、叔侄、堂兄弟等关系当中，说明他们的产权转让是以家庭为单位，而不是以家族为单位。

村落公产对村民生活的维持及村落正常公共秩序的展开起了很大作用，涉及公产的买卖相关权益与私人之间的买卖契约相同，如嘉庆六年（1801）十一月二十日，罗和冲李士魁向村内公众卖出土地一丘①："立实卖田契文约人李士魁，系本冲住，为用有祖遗民田一丘坐落猪乃井，东至沟，南至沟，西至王家田，北至王家田，四至开明，纳在二甲本户税粮七升。今因缺用，情愿立约出卖与本村李天禄、李发甲公众为业，议价纹银二十四两整入手应用。自卖之后，有力任凭取赎，无力不加添。恐后无凭，立此实卖田契文约存照。"②村落公产的所有权归村落所有，其处置权由各姓共同商议，如乾隆五十九年（1794）十月初十日罗和冲张盛、李云凤、李玉、杨兆来、亏超、李时中六姓代表共同公议，将公山卖出："立卖契人张盛、李云凤、李玉、杨兆来、亏超、李时中，系罗和冲住，今因有本冲公山树一井一岭坐落上垦，南山井，东至山岭，南至井顶，北至井底，四至开明，合冲公议卖与敬天董文包、杨玉麟、本冲李缙为材取用，议作钱二百千，串底每千五十文。此系合冲公培松木，不与别村别姓相干，砍伐之后若有别村别姓口舌异言，张姓等一力承当，决不牵连买主。"③此文约立约人包括罗和冲六个姓氏的代表，且经过共同商议，卖出之后，买主获得该山材木的使用权。

罗和冲李姓家族并没有修纂族谱留与后世，也没有建造宗祠。但是如下文约显示，李姓家族设有族产，家族成员可以将土地卖与族内成为同族公产。嘉庆二十三年（1818）十月二十六日，李学将自己祖遗田卖与同族公众："立实卖田契文约人李学，系本村住，为因有祖遗田一丘，坐落大埂外，东至李文玉，南至董先生，南至李文光，北至大河，四至开明，今因缺用，情愿卖与本族公众名下为业耕种，随粮三升，义（议）着价银十八两整入手应用。日后有力任随取赎，无力不得异言，恐后无凭，立此卖契存照。"④这份田产卖出之后，家族公众具有该田产的使用权，履行纳税义务，回赎无期限，体现族产帮扶家族成员的功能。家族的公共产业转让时，需合族共同商议决定，其产权归家族成员所有，其收入所得为家族公共族产，如道光十四年（1834）九月十二日李士魁等李姓家族成员，商议将公山材木卖出："立卖松树文约人李士魁、李润、李维标、杨春、李华、李梓，为因有祖遗公山松林一岭坐落小五佛山头，东至顶，西至大路，南至李经魁地，北至李云涛、李接宗、熊受地，北至蝦蟆阱，四至开明，今出卖与毛栗坡段廷轩名下砍伐，接受树价钱四十二千六百文以入公用，自卖之后，如有人异言争竞，卖主一力承当。"⑤

随着马帮的兴起，马帮成员之间社会关系网络扩大，他们之间经济联系加强，因此也有土地交易的发生，如山西村杨汝柽将自己坐落在罗和冲营头的秧田卖给罗和冲大锅头李玉瑞："立实卖秧田文约人杨汝柽，系赵州山西村住，为因缺用，情愿将自己秧田乙（一）丘坐落罗和冲营头，东至张家田，南至沟，西至李宝定，北至张家田。四至开明，随纳在三里五甲法正远户秋粮二升五合，出实卖与罗和冲李大锅头玉瑞名下为业耕种，接受价纹银十三两五钱整入手应用。自卖之后，有力任随取赎，无力不至加找。"⑥说明土地买卖双方的关系，受当地的社会经济生产状况所影响，地缘关系的扩大促进了土地交易网络的

---

① "丘"是清代时期当地土地的一种单位，"一丘"意为一块地。
② 《嘉庆六年十一月二十日立卖约人李士魁》，中央民族大学民族博物馆馆藏契约文书。
③ 《乾隆五十九年十月初十日立卖松林人张盛、李云凤、李玉、杨兆来、亏超、李时中》，中央民族大学民族博物馆馆藏契约文书。
④ 《嘉庆二十三年十月二十六日立卖契人李学》，中央民族大学民族博物馆馆藏契约文书。
⑤ 《道光十四年九月十二日立卖松树人李士魁、李润、李维标、杨春、李华、李梓》，中央民族大学民族博物馆馆藏契约文书。
⑥ 《嘉庆八年六月十三日立实卖文约人杨汝柽》，中央民族大学民族博物馆馆藏契约文书。

扩大。

土地可以通过转卖的形式实现地权的转移。乾隆十三年（1748）七月初八，敬天场（今凤仪镇敬天村）苏门杨氏同其子元宁所立文约："立转卖地文约书人苏门杨氏同子元宁，系敬天场住。有先年买得乐和冲李敬团山一小岭，坐落四至俱在原契，今因缺用，情愿请中转卖与州前载三沈相公员下永远为业，亦接受地价入手应用。自卖之后，任随世代砍伐，卖主不得异言阻挡，倘有诸色人等一（异）言，卖主一力承当。"① 该文约说明了原卖主、四至坐落，转卖之后，新买主对土地的权利义务与原买主同，对原买主没有回赎的规定，显示产权转让中相当精细的权利义务关系界定。又如同治六年（1867）九月十八日长发村张文定请凭立约，将买得杨姓田一丘，计二亩，转卖与州城东门任大、奇国炳名下为业耕种。② 从文约上看，土地可以自由转卖，与原业主无关，说明土地田产的买卖是完整的所有权转让。

也有地主卖出土地，佃户通过买入土地拥有土地产权。如雍正十三年（1735）十一月王世如等人立有实卖文约："立实卖地契文约王世如、王怀如、王礼如，因有祖遗麦地一块，坐落梅地村门首，东至杨国元，南至卖主，西到路，北至小箐。四至开明，随纳四十里三甲，税一升，凭中出卖与佃户杨枚为业耕种，接受价粮三两五钱入手应用。中间并无利债准折逼迫成交等情。日后有力取赎，无力不致加添。今恐无凭，立此卖契存照。"③ 此份麦地卖出后，卖契人王世如拥有此块麦地的地底权，也具有回赎权，无回赎期限的规定。文约中的佃户为杨枚，买入土地之后，获得了麦地使用权，任随耕种为业，同时履行纳粮义务。

赵州境内从明代始在此设有大理卫、景东卫，康熙二十六年（1687）"并大理卫、景东卫归州"④。随着卫所制度的裁撤，出现军田可以自由买卖的现象。清嘉庆七年（1802）三月长发村杨培立有卖田文约，文中记载："立实卖田契文约人杨培，系本村住。今有自己面分祖遗军田□丘计三亩。坐落下地龙，东至杨湛，南至沟，西至杨木栗，北至大路，四至开明。随纳定八甲杨元户粮二斗四升。为因缺用，情愿凭中立约，出卖与本村段凤名下为业耕种，议作价银五十五两整入手应用，自卖之后永为段姓子孙世守管业，杨姓子孙不得复认，□主任从折粮投税。"⑤ 再如清嘉庆二十二年（1817）十一月十二日桥头哨（今弥渡县桥头哨）赵文所立杜卖文约，其祖遗军田从军田变为公共庙产："立永远杜卖田契文约人赵文，系桥头哨住，为有祖父遗留下军田一段，共计大小三半，坐落李子树，东至本家田，南至沟，西至本姓田，北至大路，四至开明，随纳大里里赵泗户军粮九升，迎年保米照契完纳，不与赵泗相干。今因缺用，情愿凭中立约杜卖与后山公项以作香伙之资，实接受价银一百一十两整入手应用，其田系是自己祖遗，不与诸色人等相干，自杜卖之后，一杜永杜。日后赵姓之子孙不得异言复任业主，此系二比情愿并无逼迫等情，当日田银两相交明，其中亦无利债准折。"⑥ 军田的卖出体现了卫所制度之下的村落土地权转化的现象，军田与民田得到了转化和整合。

赵州境内白、汉、回、彝杂居分布，由于生活上的地缘性因素影响，他们之间的经济联系往往跨越了族群差别。如赵州南部后山、梅地、吊草冲等村落是彝族分布较多的地区，当地农民与邻近村落的汉

---

① 《乾隆十三年七月初八日立转卖山地文约书人杨氏同子苏元宁》，中央民族大学民族博物馆馆藏契约文书。
② 张公瑾主编：《中国少数民族古籍总目提要：白族卷》，中国大百科全书出版社2004年版，第167—168页。
③ 张公瑾主编：《中国少数民族古籍总目提要：白族卷》，中国大百科全书出版社2004年版，第161页。
④ 李其馨编纂：《赵州志》卷之二《兵防》，台湾成文出版社1975年版。
⑤ 张公瑾主编：《中国少数民族古籍总目提要：白族卷》，中国大百科全书出版社2004年版，第164页。
⑥ 张公瑾主编：《中国少数民族古籍总目提要：白族卷》，中国大百科全书出版社2004年版，第165页。

族、白族农民亦具有土地买卖关系。雍正十年（1732）十一月，下关站街王钰等人所立文约："王钰、王锡、王锋、王锐、王铨系赵州站街住户，为因先年买得亏文升、亏七五祖父山地一岭，原价授足，情愿写立吐退与亏科得、亏华、亏荣、亏才、亏货、亏五月生等。此系原主卖原地，与户族人等无干，倘有人异言，亏钰等一面承当。"① 道光三十年（1850）十月二十五日苏于兰所立文约："苏于兰系赵州深长村住，为因缺用，情愿将自己山地一半，坐落炭窑，东至山，南至亏家地，西至苏于翔，北至李家地，四至开明。凭中说合转卖与梅地村亏朱贤名下为业耕种，议受价银二两整，入手应用。自卖之后，有力任随取赎，无力不得加添。"② 下关站街为汉族集聚的地方，深长村是白族村落，这些文约说明他们的土地交易跨越了族群关系，不同族群之间具有生产、生活中的互动与联系。

2. 土地赠送

送约也是财产权转让的一种契约形式。送约的订立，往往是原业主税重无力耕种或者不便耕种时将土地田产送出，具有互助的性质。根据内容可知，送约的订立是产权的完全转让，不存在回赎、加添的约定。如清乾隆九年（1744）十一月二十八日毕元同侄毕朋生、毕秀生撰有一则送田地文约，因无力耕种，将坐落吊草冲（今大理市下关镇吊草村）甸尾之祖遗田大小十丘送与族侄毕朝用为业："立送田地文约叔毕元同侄毕朋生、毕秀生，为因有祖遗田大小十丘，坐落吊草冲甸尾，东至路，南至黄家塘埂，西至山岭大路，北至黄家，随粮江头里二甲一斗五升地一块。在四至之内不必重开，因无力耕种，情愿凭中送与族侄毕朝用为业。自送约之后永为朝用为业，族内子孙不得异言反悔。田地任凭朝用耕种，如有异言反悔，将约赴官理执。"③ 再如清雍正九年（1731）八月十四日，赵州梅地村（今大理市下关镇大麦地、小麦地村）亏五十一移居蒙化，有白沙空地因离住居太远，不便照管祖业，便将所有田地连同分单一纸送出："立永远送田地文约人亏五十一同男亏六三系赵州梅地村住，为因与胞弟亏六、八分居，中间已有分单。自分之后，五十一移居蒙化，白沙空地因离住居太远，不便照管祖业，情愿将所有田地连同分单一纸送下胞弟六、八，为六、八子孙之业。自送之后，六、八子孙不得钱粮赔累父祖，身差遗累。五十一子孙亦不得因太平盛世复认祖业，倘认祖业，任从将约赴官甘罪无辞，立此永远送地契约存照。"④ 这些送约发生在家族成员之间，田地均是祖遗产业，不涉及金钱交易，在送出之后，完全实现了所有权的完全转移，同时订立的文约具有法律效力，防止后世产生纠纷。

村民也可以将土地送出与村落公产。道光二十七年（1847）五月十六日，熊寿将自己所杜买所得山地，因无力投税转送入村内公共资产，成为公山，契约载："立送约人熊寿，系乐和冲住，为因杜买得乐和村杨良材山地，坐落小五佛山，两箐一坡，无力投税，情愿将山地契一套送入公内，永为本冲公山，自送之后，一送永送，不与户族人等相干，日后熊姓子孙永不得复认业主。"⑤ 从文约内容来看，这份土地原是熊寿杜买所得，因此土地的所有权归其所有，送约的性质与土地权的转移相同，亦不涉及金钱交易，因投税无力而转让地权。

清末时期，赵州赋税的加重使得不少农民送出土地，以转移赋税负担。如赵州城西街段焕庭，在光

---

① 张公瑾主编：《中国少数民族古籍总目提要：白族卷》，中国大百科全书出版社2004年版，第160页。
② 张公瑾主编：《中国少数民族古籍总目提要：白族卷》，中国大百科全书出版社2004年版，第166页。
③ 张公瑾主编：《中国少数民族古籍总目提要：白族卷》，中国大百科全书出版社2004年版，第161页。
④ 张公瑾主编：《中国少数民族古籍总目提要：白族卷》，中国大百科全书出版社2004年版，第160页。
⑤ 《道光二十七年五月十六日立送约人熊寿》，中央民族大学民族博物馆馆藏契约文书。

绪年间多次通过他人土地赠送、转卖等方式，扩张了不少土地。光绪二十三年（1897）二月，下关站街叶李氏立有一则送约，文中记载："为因有祖遗田一丘计一亩，坐落长发村西甸，东至本姓田，南至沟，西至杨姓田，北至路，四至开明。随纳四十里二甲叶美户秋粮三升。因荒芜年久，无力开种，情愿立约永远送与州城西街段先生焕庭名下为业。任随开荒耕种，折粮投税，此田亦无差徭门户，一送永送。日后叶姓不得复认业主以及反悔等，其粮段姓亦不得遗累叶姓，此系二比情愿，中间并无逼迫等情。"① 同样，光绪二十三年（1897）二月，长发村杨锡禄撰有一则具结状，因无力投税而将田地送出："州主大老爷苎前投具结状，实结得民有祖遗田一丘计一亩二分，坐落本村西甸，情因地方变乱荒芜日久，钱粮难以赔累，情愿请凭立约，永远送与段姓焕庭名下开荒，认完大庄里七甲杨万青户粮六升五合，自送之后，永为段姓己业。送主不致异言反悔复认业主。如违干罪所结是实。"② 民众因无力、不便耕种等情况，通过送出的方式转移产权，使土地进一步整合到富户手中，存在贫富分化的现象。

（二）加添

清代时期赵州坝子上的农民，因为土地有限、人口增长等因素，其生活普遍较为贫困。乾隆年间《大理府志》有载："赵岭有南北之分，而土风亦因之以异，岭北田少人多，虽皆力穑而鲜恒产者，则往往深入夸阻以侥幸于一旦之利，然其俗则朴也。岭之南土满人稀，荒芜者众，白崖街道疲于奔命，迷渡百货业集，流民杂处，力田者利归商人，而土著日贫，经商者尚刁诈，而狱讼繁兴，民风由此其敝也。"③ 民众生活需要依赖经济互助来维持正常生活。经济互助也是村落农民道德的要求。受儒家思想的影响，官员们在律法上，基于"天理""人情"和"礼法"的考虑，也会对弱者进行适当的保护。④ 在方志中，也能看到对具有慈善行为的当地富人、士绅的记载，说明慈善互助行为在官方与民间的推崇，如《赵州志》记载：

> 苏士俊，字云轩，天性慈醇，乐善不倦。岁荒辄募同志减粜济贫，以周贫之偶见户外。
>
> 金淇，字肖川，廪生，读书尚义授徒，有余资辄以□□之度不能偿即毁券，常于岁暮制小囊盛□□暗投贫家，其隐德如此。
>
> 刘源濬，慷慨好义。有夫其自鬻者，问知有老父无倚，即措银赎身，助以资本终其养。又有鬻子于商人者，母子抱哭，不忍舍去，亦措银代赎，使复团聚。
>
> 蒋启槐，居弥渡，好义疏财。顺治壬辰地震，居民狼狈流离，启槐捐金济之，又捐百金于州牧建小口门以便出入，邑人德之。⑤

正如詹姆斯·斯科特在探讨东南亚农民的经济危机时认为，一个农民在家庭之外，互助的网络和机

---

① 张公瑾主编：《中国少数民族古籍总目提要：白族卷》，中国大百科全书出版社2004年版，第170页。
② 张公瑾主编：《中国少数民族古籍总目提要：白族卷》，中国大百科全书出版社2004年版，第170页。
③ 傅天祥修，黄元治纂：《大理府志》卷十二《风俗》，清乾隆十一年刻本。
④ 滋贺秀三等：《明清时期的民事审判与民间契约》，王亚新等编译，法律出版社1998年版，第19—54页。
⑤ 李其馨编纂：《赵州志》卷之三《忠孝》，台湾成文出版社1975年版。

构以男性亲属、朋友、村庄、有力的保护人、政府为基础，在遭遇经济危机时，它们能起到减振器的作用。①除了血缘关系的互助之外，地缘性的互助也是赵州坝子民间经济互助的形式之一。在相关文约中，可看到土地权转让之后订立义助文约，买主对卖主在极其缺钱使用、办理丧事、喜事等情况下承担的道德责任和义务。同族之间、村落内部及邻近村落之间有土地买卖行为的发生，在土地发生交易之后，也有同族、同村及邻近村落成员之间的互助。在罗和冲李姓家族，有同族、族产、村内同姓、村内异姓之间的加添文约互助：

> 立加添文约人李为相，系乐和冲住，为因缺用，凭中立约加到本族堂叔李闰名下纹银一两整入手应用。其田坐落四至钱粮价贯俱在，原契不必重开。日后有力任从取赎。恐口难凭，立此加添文约存照。
>
> 　　　　　　　　　　　　道光七年四月十六日立加添文约人李为相。
> 　　　　　　　　　　　　凭中李为标、李为栋。亲笔。②
>
> 立加添田契文约人李学系本村住，为因有田一丘，坐落四至钱粮俱在，原契不必重开，今因缺用，情愿加添到本族公众名下，纹银三两整入手应用。日后有力任随取赎，无力不得异言。恐后无凭，立此加添文约存照。
>
> 嘉庆二十年二月初十日立加添人李学。
> 　　　　　　　　　　　　　　　　凭兄李敏。亲笔。③
>
> 立加添文约人李芍，系乐和冲住，为因先年有祖遗山地乙（一）块，卖与李清，四至俱在，原契下不必重开。今因母故缺用，复向买主加钱二百文整入手应用。日后有力任从取赎，无力不至加添。恐后难凭，立此加添文约存照。
>
> 　　　　　　　　　　　　　道光元年五月二十日立加添文约人李芍。
> 　　　　　　　　　　　　　凭兄李芹。代字李超儒。④
>
> 立加添文约书人李祖甲，系罗和冲住民，为因先年卖与罗和村锦字杨相公民田二丘，受价纹银五两，四至坐落粮数俱在，原卖契内不必重开，今因缺用，又向买主加纹银二两，前后共受纹银七两足。日后有力取赎，无力再不得加添。恐后无凭，立此加添文约存照。
>
> 　　　　　　　　　康熙四十二年九月二十三日立加添文约书人李祖甲。
> 　　　　　　　　　　　　　　　　　　代字、凭中生杨锦文。⑤

邻近村落之间的互助，如赵州城董青云、董凌云、董翔云、董登云四兄弟，因有祖遗民田一丘先年卖与乐和冲李学之父李云岫，后李云岫转卖与公众。嘉庆七年（1802）十一月初九日，因其子光国进学，立约向李姓公众加添纹银一两五钱。⑥嘉庆四年（1799）十月十九日，赵州山西村杨汝柽、杨汝椿二兄

---

① 詹姆斯·C. 斯科特：《农民的道义经济学：东南亚的反叛与生存》，程立显等译，译林出版社2001年版，第33—34页。
② 《道光七年四月十六日立加添文约人李为相》，中央民族大学民族博物馆馆藏契约文书。
③ 《嘉庆二十年二月初十日立加添人李学》，中央民族大学民族博物馆馆藏契约文书。
④ 《道光元年五月二十日立加添文约人李芍》，中央民族大学民族博物馆馆藏契约文书。
⑤ 《康熙四十二年九月二十三日立加添文约书人李祖甲》，中央民族大学民族博物馆馆藏契约文书。
⑥ 《嘉庆七年十一月初九日立杜加添文约生董青云、凌云、祥云、登云》，中央民族大学民族博物馆馆藏契约文书。

弟,因缺用,立约加到罗和冲二叔李源名下田价银二两整入手应用。① 乾隆十一年(1746)十月十七日李喻韩、李钦韩所立文约记载:"李喻韩、李钦韩系下关站街住,情因有祖遗自己面分山地一块,坐落清水沟,接受价银七两,凭中说合出卖与梅地村自马济为业耕种。今因父故,又向买主加银二两整,前后二帛共银九两。"② 村落公产也具有互助的功能,如罗和冲李超儒向村落公账加添八两入手应用:"为因先年将自己祖田一丘出卖与本村公账为业,今因缺用,复向公账李天禄、李发甲加银八两整入手应用。"③ 这些义助、加添文约说明,随着卖方生活的贫困,产权转让行为会伴随着经济互助行为,买方与卖方的关系具有多重性,既是买卖双方关系,也是经济互助关系。

(三) 私人借贷

私人金钱借贷行为是缓解经济窘迫较为常见的一种经济行为。借贷行为所发生的社会关系网络较为广泛。嘉庆十四年(1809)十一月廿日,赵州罗和冲亏玉瑞所立文约:"立借约人亏玉瑞,赵州罗和冲住,为因缺用,借到大理大庄杨永甲、杨有甲弟兄二位银五十两整入手应用,每月每两行利二分,不致欠少,如有欠少,恐(口无凭),立此借约存照。"④ 从文约中可知,这是发生在不同村落之间的借贷关系,每个月行利二分。关于利息,《大清律例》有规定:"凡私放钱债及典当财物,每月取利并不得过三分。年月虽多,不过一本一利。违者,笞四十。"⑤ 可见此借贷利息符合《大清律例》的有关规定。除了以金钱为利息的借贷关系外,在无钱利息借贷中,也有以粮食谷物为利息并以田产作抵押的借贷,如下一则文约显示:"立借约人李廷春,系罗和冲住,为因缺用,情愿借到下锦场杨二相公(名下)纹银十五两整入手应用,每年行利谷一石,情愿将自己草房三隔□□(缺)面作挡(当),坐落营头,东至李家房子,南至李姓房后,西至路,北至自己地,四至开明,房并无升合钱粮,不得欠少种谷,如有欠少升合,任随拨房办卖,挡(当)主不得异言。"⑥ 清光绪十四年(1888)四月初八赵保臣所立借约,其信用保证是以保人作保,不计利息,只有没有履行信用约定时,才做出经济补偿:"立借银文约人赵保臣,系本街住。为因迫用,今借到焕庭大兄名下银一百三十两整入手应用。并无利债准折,期许十月初十如数清还,不致少分厘。如若欠少分厘,每月甘以五分折息,恐口无凭,立约为据。"保人是吴立庭,凭中尹亮彩,代字邹振基。⑦ 体现了私人借贷的灵活性与互助性的特征。

(四) 经济合作:賨组织

在大理地区的基层社会,因地方风俗习惯、民间特色组织的存在,使经济互助又有较为独特的一面。賨会是大理地区农村社会中具有互助性质的民间经济组织:"賨,法律名词曰社,吴楚之间曰会,吾邑俗

---

① 《嘉庆四年十月十九日立加添生杨汝柽同胞弟杨汝椿》,中央民族大学民族博物馆馆藏契约文书。
② 张公瑾主编:《中国少数民族古籍总目提要:白族卷》,中国大百科全书出版社2004年版,第161页。
③ 《嘉庆十二年四月廿日立加添文约人李朝儒》,中央民族大学民族博物馆馆藏契约文书。
④ 《嘉庆十四年十一月廿日立借约人亏玉瑞》,中央民族大学民族博物馆馆藏契约文书。
⑤ 张荣铮等点校:《大清律例》卷十四《户律·一百四十九·违禁取利》,天津古籍出版社1993年版。
⑥ 《乾隆九年三月十六日立借约人李廷春》,中央民族大学民族博物馆馆藏契约文书。
⑦ 张公瑾主编:《中国少数民族古籍总目提要:白族卷》,中国大百科全书出版社2004年版,第169页。

名曰賨。……其名目有岁二纳，或四纳，或月纳，又有太保賨、梭賨等此类习惯，各邑皆有。……此外有谷賨、肉賨，至于秧賨，则不过农作换工而已。合伙三五为群，或任资本，或任劳力，或以地产抵作资本，于农、矿、工商界谋共同之生活。"① 賨是由村民自行组织、靠信用来维持的经济互助组织，既有生活物资的賨，也有以金钱为组织的賨，其所具有的集资和融资的功能，是村民依赖地缘关系实现经济互助的一种重要组织形式。其最先为生活物资的互助组织，后随着清中后期商品经济的发展，为以金钱互助为主的賨更为普遍。他们是由多个姓氏组成的，应是同村或者乡邻村庄的富裕农民，说明晚清时期，当地民众的互助范围、互助形式发生了变化，农民互助的非亲缘性范围扩大。

賨组织的信用机制，是以保人作保，同时以土地田产作抵押，如罗和冲李自盛于光绪九年（1883）二月十六日所立的压当文约：

> 立押（压）当文约人李自盛，系本村住，为因得了本村李洪、李油二位賨首名下賨钱一賨，共得賨钱四十五千六百文整入手应用，并无欠少分文，自得之后情愿将自己长事毛民田一丘压当。其田东至李昭、南至山、西至李东兆、北至李昌，四至开明，随纳李肇唐户秋粮三升。自得之后，每月每賨还钱一千四百文，不得误期。如有误期，任随二位賨首拨田处治。空口无凭，立此压当为据。
> 光绪九年二月十六日立压当文约人李自盛。
> 凭中众賨友同押。代字生聘之。②

在无土地作为押当的賨组织中，贫困的农民也会通过其他办法还上賨钱，如光绪八年（1882）二月初十日，罗和冲李逢春为因欠賨钱缺用，将田一丘转卖与同族大兄李肇唐名下为业耕种，接受价钱十三千文足钱整入手应用以还賨钱：

> 立转卖田契文约人李逢春，系本村住，为因欠賨钱缺用，请凭说合，将此田一丘坐落滥泥塘，东至田主，南至李光廷田，西至李定生田，北至李书田，四至开明，随纳秋粮二升在九甲，情愿出卖与本族大兄李肇唐名下为业耕种，接受价钱十三千文足钱整入手应用，日后有任随赎，无力不至加添。空口无凭，立此转卖存照。
> 光绪八年二月初十日立转卖文约人李逢春。
> 凭中堂兄李渤、李绍廷、李洪。代字李昌。③

中国农村社会自古以来就是一个以伦理关系为本位的人情社会，小农经济的条件形成了一套完整的农村传统伦理道德体系，这也是賨得以组织起来及正常运转的前提。因此道德舆论的束缚使得人们遵守规则。

---

① 张培爵修，周宗麟纂：《大理县志稿》，民国五年铅字重印本，第191页。
② 《光绪九年二月十六日立压当文约人李自盛》，中央民族大学民族博物馆馆藏契约文书。
③ 《光绪八年二月初十日立转卖文约人李逢春》，中央民族大学民族博物馆馆藏契约文书。

三、结语

从契约文书内容上看，清代赵州坝子民众的经济生活中有土地买卖、赠送、加添、借贷及加入賨组织等，经济交易有土地田产、山林资源的转让，具有金钱、物资上的互助，家族成员、乡邻、賨组织成员、家族及村落公产等，都是他们生活赖以依靠的基础。

大理府赵州的村落多是明代以后由于受到政治变动、移民等因素影响而形成的，一般情况下组成村落的姓氏有多个，虽然血缘关系是每个家庭的重要社会关系，但是农民的经济活动不仅仅存在于亲属之间，也广泛存在于邻里、同村、不同村落之间，地缘关系对农民的经济活动具有重要的意义。赵州坝子不同族群之间的经济联系密切，他们之间契约订立、权利义务要求及执行无异，共同使用与遵守相同的契约法则与习惯，体现不同族群之间的社会整合。

总之，清代时期，赵州坝子形成了多族群、多姓氏之间互相帮助、互相依赖的社会生活。人口流动、马帮兴起这些因素的作用，促进和加强了他们之间的互动与联合，信仰、生产生活资源的共享、节日活动的互动等，使他们的生活往来密切，不同族群、不同文化的村落、村民都融合进他们的地缘性信任网络中，在契约文书的订立中，形成了以国家律法为基础、民众信用自行维持的经济关系。

中国是一个地域广阔的国家，由于历史发展过程复杂，各个区域形成的历史脉络自有其特点，诸如大理府赵州，其历史发展过程形成的多族群、多姓氏的社会形态及自然环境的差异，从契约文书中的经济活动来进行分析说明，他们的社会关系并非以血缘关系为普遍形态，在农民的生产生活中，也依赖地缘关系，形成了多种多样的社会关系网及经济行为。

The Geographical, Ethnic and Economic Lives of Zhaozhou Dam Inhabitants during the Qing Dynasty—Focus on contract documents

Liang YaQun

Abstract: From the point of view of contract documents, the economic lifestyles of the peasants around the Zhaozhou dam in the Qing dynasty included land sales, gifts, additions, loans, and participation in Cong organizations. The family unit and public property were the assets on which they depended. Population movements and the rise of caravan use expanded peasants' social networks, enriching the pattern of multi-ethnic distribution, and its interactions and integration have promoted broader unity in regional society. The people have formed heterogenous ethnic groups, villages names, and surnames because of life-needs and and other functions. They now feature interdependent and symbiotic social relations.

Key words: Zhaozhou dam; ethnic relationships; geographical relationship; economic lives; Qing dynasty

"人的历史"视野下的土司政治

——以明代云南土司政治为核心的考察

黄晓赢　李梅田[*]

摘　要　既往对于土司政治的研究，往往从制度条文出发，实际上是将其视为一种静态的"国家的历史"。皇帝、文官和武官作为土司政治的三个主要行动者，他们之间的互动与博弈将土司政治从制度条文变为政治现实，实际构成了一种"人的历史"。从这一视角出发，我们可以发现皇帝往往充当"仁慈"裁决者的角色，文官相对保守，在地武官则更具有"进取"心。在具体事件中，三者间经常进行复杂的互动与博弈，以致在不同历史情境下，由于主导力量的不同，看似相同的土司事务，可以有完全不同的解决手段。

关键词　"人的历史"；土司政治；政治过程

DOI：10. 13835/b. eayn. 29. 09

为更好地控制远离政治中心、具有不同文化特质的西南边陲，元明清三代中央政府大力推行土司制度，通过给当地少数民族首领授予各种职位，建立起中央政府对地方的统治。这一制度既考虑到地方的实际情况，又使中央政府的权力得以逐渐下渗，对于维护边疆安全稳定、促进边地的开发，以及中国统一多民族国家的形成，起到了至关重要的作用。如此重要的政治制度和政治实践，很早就受到研究者的高度重视，他们对土司制度的发展演变以及历代中央政府的土司相关制度条文，都进行了深刻的分析。[①]但目前对土司的相关研究，大都局限在《明会典》《土官底簿》《礼部志稿》和《明史》等典章性文本的分析上，往往将土司制度视为一种条理相对清晰、边界明确的条文制度，忽略了其动态的政治过程。[②]实际上，面对边疆出现的种种问题，政府内部不同的主体，不断地建构和变换对待土司的立场，以此来干预和影响边疆地区。由于利益和诉求的不同，不同的行动者之间在如何处理和看待土司问题上往往会出

---

[*]　黄晓赢，云南民族大学铸牢中华民族共同体意识研究院助理研究员；李梅田，中国人民大学历史学院考古文博专业教授，博士生导师。

[①]　相关研究参见凌纯声：《中国边政之土司制度》，《边政公论》，1943年（11—12），1944年（1—2）；江应樑：《明代云南境内的土官与土司》，云南人民出版社1958年版；吴永章：《中国土司制度渊源与发展史》，四川民族出版社1988年版；李世愉：《清代土司制度论考》，中国社会科学出版社1998年版；龚荫：《中国土司制度史》，四川人民出版社2012年版等论著。

[②]　随着历史人类学方法的兴起，很多学者开始采用自下而上的视角来讨论土司问题，即在一个相对长的时段内讨论一个特定区域中土司、地方社群以及国家权力之间的互动。相关研究可以参见温春来：《从"异域"到"旧疆"：宋至清贵州西北部地区的制度、开发与认同》，三联书店2008年版；蒋俊：《帝国边陲：桂西土司社会的历史人类学研究》，厦门大学博士论文，2008年；陈贤波：《土司政治与族群历史》，三联书店2011年版。这一类的研究已经开始超越国家的视角，注意到地方的实态，但是其对国家的理解又偏于单一，没有细致讨论其中不同主体的行为取向。

现博弈和冲突，因此形成了一系列复杂而又具有弹性的政治实践。正如《明史·土司列传》所言："彼大姓相擅，世积威约，而必假我爵禄，宠之名号，乃易为统摄，故奔走惟命。然调遣日繁，急而生变，恃功怙过，侵扰益深，故历朝征发，利害各半。其要在于抚绥得人，恩威兼济，则得其死力而不足为患。"①这种恩威并施、利害参半的政治实践，我们可以将其称为土司政治②。

在传统的研究视角下，土司政治中不同主体的能动性被掩盖，土司的历史也就变成一种静态的"国家的历史"③。实际上，对于土司政治来说，各种条文规定固然重要，但不同行为主体的参与，以及他们之间的博弈与互动才是最为核心的内容。当代政治学研究提醒我们，在实际政治操作层面，国家并非铁板一块，反而经常表现出碎片化的特征，决策者、各中央机构的领导者和地方层次的国家官员之间往往存在利益和目标上的差异。④为更好地展现土司政治实践的特征，有必要将"所研究的历史的主体从国家转到人，以人的行为作为分析的出发点"⑤，去探视土司政治中各个参与者不同的行为模式以及他们之间的博弈与互动。这就可以将土司研究从单纯的制度条文讨论过渡到政治过程研究，从单线的"历史"，过渡到复调的"叙述"，进而更加贴近鲜活的历史本相。基于此，本文尝试从皇帝、文官集团和武官集团这些与土司政治关系密切的行动者出发，通过对他们行为模式及其博弈与互动的分析，来探讨土司政治的实践过程。由于土司制度存续时间漫长、不同区域的土司特征和政治实践差异较大，很难在有限的篇幅内进行整体表述。因此，本文以土司政治相对成熟、土司类型比较有代表性的明代云南土司为研究对象，以期通过对不同政治主体参与明代云南土司政治行为特质的分析，来展现土司政治实践的本相。

一、"仁慈"的裁决者：皇帝

皇帝作为中国历代中央王朝的最高统治者，在君权神授的封建王朝时期，具有绝对至高无上的权威，其一举一动对于国家的影响都是巨大的。按照西方中世纪的理念，国王是由世俗和神圣两个身体组成的，世俗的身体可以死去，但神圣的身体则永世长存。⑥中国皇帝尊号"天子"和"万岁"也是这种观念的体现。因此，中国古代的皇帝既作为一个具有肉身的个体性存在，也是一种蕴含神圣性的制度性存在。正是这种身份的二重性，皇帝既会做出基于最高统治者的结构地位，以国家利益为导向的制度化行为，同时也在追求个人利益和自我享受。这样的取向在明朝历代皇帝关于土司的政治实践中，得到了明显的

---

① 张廷玉等撰：《明史》，中华书局1974年版，第7982页。
② 特别需要说明的是，在土司政治中土司们作用并不重要，因为不论是皇帝、文官还是武官，都只是将土司视为一个治理的对象，而并非参与治理的主体。土司政治中的行动者在进行博弈时，更多的是考虑他们之间的关系，而不是土司们的想法。因此，本文在分析土司政治时，主要从皇帝、文官和武官出发。当然，这并不意味着土司们的行为和看法不重要，正是由于忽视土司们的看法，致使中央政府在面对很多具体问题时，不能达到既定的治理目标，这一问题我们留待以后再加以详细讨论。
③ 所谓"国家的历史"指的是传统历史学以王朝国家为历史主体，从国家的视角出发去看待历史现象和各种制度，将很多复杂多变的范畴，视为内涵清晰、边界明确和指向固定的概念。详见刘志伟、孙歌：《在历史中寻找中国：关于区域史研究认识论的对话》，东方出版中心2016年版，第11—27页。
④ 参见乔尔·S. 米格代尔（Joel S. Migdal）《强社会与弱国家：第三世界的国家社会关系及国家能力》，张长东等译，江苏人民出版社2008年版；米格代尔著：《社会中的国家：国家与社会如何相互改变与相互构成》，李杨、郭一聪译，江苏人民出版社2013年版等著作。
⑤ 刘志伟、孙歌：《在历史中寻找中国：关于区域史研究认识论的对话》，东方出版中心2016年版，第58页。
⑥ 恩斯特·康托洛维茨（Ernst H. Kantorowicz）：《国王的两个身体：中世纪政治神学研究》，徐震宇译，华东师范大学出版社2018年版。

体现。

出于维护自身统治的需要,明代皇帝处理土司政治问题的核心是维护国家尤其是边疆的安全稳定。明太祖朱元璋在《皇明祖训》中就明确指出:"四方诸夷,皆限山隔海,僻在一隅,得其地不足以供赋,得其民不足以供役。若其不自揣量,来扰我也,则彼为不祥,彼既不为中土患,而我兴兵轻伐,亦不祥。"① 基本就是奉行一种不干涉,进而求安全的政治方针。基于这样的考虑,在面对土司承袭问题和土司之间的冲突时,皇帝多以抚谕为手段,即派出使臣向涉事土司们告知中央政府和皇帝的立场,并要求他们服从安排,这一方略从明初一直延续到明末。比如,洪武二十八年(1395)缅甸入贡,控诉麓川土司思伦发屡次侵犯其领土,希望中央政府加以制止,明太祖直接表示:"远夷相争,盖其常事,然中国抚驭四夷,必使之无事,当遣使谕解之。"② 次年,缅甸又遣使者来控诉麓川侵犯其领地,明太祖派李思聪、钱古训前往缅甸和麓川宣谕。在给思伦发的上谕中,明太祖严厉斥责麓川侵扰周边地区的罪责,并告诫思伦发,如果无悔过之意,就将使用武力对其进行惩罚。③ 在中央政府的高压之下,思伦发当即表示认罪,并愿意退兵。不过,抚谕也是有底线的,当土司的各种逾矩行为开始触及边疆的安稳时,皇帝还是会采取更为直接的行动。正统年间(1436—1449),麓川宣慰思任发不断侵扰南甸、干崖、腾冲、潞江、金齿等地,就触动了君王的底线。明英宗就对兵部左侍郎邝野说道:"朕以蛮夷仇杀为常,今乃侵夺城池,长恶不悛,尔其会官举在京武职,廉干善战者二员以闻。"④ 由此,掀起了明代针对云南土司最大的军事活动——三征麓川。

表面上看,宣抚确实有一种形式和"象征"统治的意味,但实际上这种手段得以奏效,更多的是政治实力和软硬兼施策略的综合应用,前往土司宣谕的使者们身后多是强大的军事力量。永乐三年(1405),八百大甸军民宣慰使刀招散等人阻止使臣入境,明太宗一方面派使者前往宣谕,要求刀招散等人悔过,另一方面则直接命令西平侯沐晟"严兵以待"。⑤ 以抚谕为主要手段,更多是基于治理成本的理性选择。在前现代社会,人力和物质的投送是被环境高度限制的,其距离是相当有限的。⑥ 土司所处的地域,不是内地的"地理缝隙"⑦ 就是边外之地,军事力量的投送十分困难。洪武二十一年(1388),朱元璋在针对百夷军事行动中即提到,"如今我每无粮,这军马且在禄肇地面上种二年田,却去芒部种二年田,再过东川种田二年,方去白夷厮杀。我则这般要与白夷厮杀无粮难去。既是东川通了他,必请将白夷军来,与他每就东川厮杀,却不省了我每行远路?"⑧ 从这份语言通俗的圣旨中不难发现,即便在明代武力最为强盛的时期,对土司地区的军事行动也受到粮草和路途等各方面的限制。宣抚为主的策略与其说是一种妥协的措施,不如说是经过细致考量后的理性选择,其目的是加强对土司们的实际控制。正如嘉靖帝在将金齿指挥使司改为永昌府的敕令中提到的那样,"外夷之治与内地殊异,非徒赖以抚安,而实

---

① 章潢:《图书编》,《景印文渊阁四库全书》,第 970 册,台湾商务印书馆 1983 年版,第 188 页。
② 胡广等纂修:《明太祖实录》第二百四十二卷,台北:"中央研究院"历史语言研究所 1962 年版,第 3525 页。
③ 胡广等纂修:《明太祖实录》第二百四十四卷,台北:"中央研究院"历史语言研究所 1962 年版,第 3540—3543 页。
④ 柯潜等纂修:《明英宗实录》第四十三卷,台北:"中央研究院"历史语言研究所 1962 年版,第 844 页。
⑤ 李时勉纂修:《明太宗实录》第四十四卷,台北:"中央研究院"历史语言研究所 1962 年版,第 699 页。
⑥ 詹姆斯·斯科特(James C. Scott)著:《逃避统治的艺术:东南亚高地的无政府主义历史》,王晓毅译,三联书店 2016 年版,第 68—70 页。
⑦ "地理缝隙"指的是在帝国广大疆域内部,由于地理的非均质性,一些地区与中央和区域的行政中心在关系上相对疏离。参见赵世瑜:《在空间中理解时间》,北京大学出版社 2017 年版,第 55 页。
⑧ 方国瑜主编,徐文德、木芹纂录校订:《云南史料丛刊·第四卷》,云南大学出版社 1998 年版,第 565—566 页。

资以控制。"①

除加强控制外,明代皇帝对于土司也经常展现出宽仁的一面,因为他们始终将自己视为华夷的共主,以此来加强和建构自身统治的合法性。明太祖朱元璋就曾经说过,"朕既为天下主,华夷无间,姓氏虽异,抚字如一"②。太宗朱棣更是直接宣称"华夷本一家,朕奉天命为天子,天之所覆,地之所载,皆朕赤子,岂有彼此?"③明宪宗在处理老挝和交阯冲突时,也明确提出,"前代视蛮夷雠杀以为其党破坏为中国利,朕甚不然。交阯、老挝诸夷服属中国有年,朕视之皆如赤子"④。土司作为夷民的代表自然也是被视为"赤子"的,当他们违反朝廷法度时,皇帝们往往以宽仁的方式加以处理。永乐二年(1404),孟艮土知府刀交遣使入贡,礼部认为:"刀交尝构兵攻劫邻境,诈谲不诚,宜却其贡。"而太宗朱棣则指出:"蛮夷能悔过来朝,往事不足责。"⑤还是按照常规接受了贡品,并给予了赏赐。类似的事件在洪武和宣德年间也都有发生。麓川之乱时,当时的土司思任发仍然派遣头目进京朝贡,礼部提出应该降低回赐和宴请的规格,却被英宗驳回,认为要以诚来治天下,努力感化他们。⑥

此外,明代皇帝还一直希望通过学校教化的方式,来促进土司们的归化,以此来解决承袭问题。洪武二十八年(1395),太祖在对礼部的诏谕中即提到:"边夷土官皆世袭其职,鲜知礼义,治之则激,纵之则玩,不预教之,何由能化?其云南、四川边夷土官,皆设儒学,选其子孙弟侄之俊秀者以教之,使之知君臣父子之义,而无悖礼争斗之事,亦安边之道也。"⑦成化十七年(1481),巡抚云南右副都御史吴诚上奏时也指出:"乞令土官衙门各遣应袭于附近府分儒学读书,使知忠孝礼义,庶夷俗可变,而争袭之弊可息。"⑧

不论是抚谕、宽仁还是强调教化,都可以被视为皇帝的制度性行为,这些行为具有很强的延续性和模式性,且基本是以维护国家利益和加强皇权的合法性为导向的。

皇帝不仅有神圣性的一面,他们也有世俗和享乐的一面,突出表现在通过太监获得各种贡物,来满足自身的欲望。云南作为边地,有纳贡的任务,从宣宗开始,云南就出现了镇守中官,他们本应代表皇帝来监督地方官员、报告地方形势,实际却将精力用于搜罗财物上。为了更好地搜括地方的钱财,太监们往往主动参与到土司政治中去。最臭名昭著的是宪宗时的镇守中官钱能,他在镇守云南时不仅向猛密和孟养等土司索取宝石,甚至私下向土官许以开衙等好处,来获得更多的财物。⑨正是由于太监们的肆意妄为,使得边地不得安宁,云南的官员们屡屡上奏请求废除镇守太监的职位。弘治十二年(1499),巡按云南监察御史谢朝宣就请求废除金齿、腾冲的镇守太监。⑩然而,这些请求不仅没有得到皇帝的许可,提

---

① 刘文征撰,古永继点校:《天启滇志》,云南教育出版社1991年版,第595页。
② 胡广等纂修:《明太祖实录》第五十三卷,台北:"中央研究院"历史语言研究所1962年版,第1048页。
③ 李时勉纂修:《明太宗实录》第二百六十四卷,台北:"中央研究院"历史语言研究所1962年版,第2047页。
④ 傅翰等纂修:《明宪宗实录》第二百三十卷,台北:"中央研究院"历史语言研究所1962年版,第3937页。
⑤ 张廷玉等撰:《明史》,中华书局1974年版,第8081页。
⑥ 柯潜等纂修:《明英宗实录》第七十二卷,台北:"中央研究院"历史语言研究所1962年版,第1398—1399页。
⑦ 胡广等纂修:《明太祖实录》第二百三十九卷,台北:"中央研究院"历史语言研究所1962年版,第3475—3476页。
⑧ 傅翰等纂修:《明宪宗实录》第二百一十二卷,台北:"中央研究院"历史语言研究所1962年版,第3695页。
⑨ 事见傅翰等纂修:《明宪宗实录》第一百六十八卷,台北:"中央研究院"历史语言研究所1962年版,第3043页。
⑩ 事见毛纪等纂修:《明孝宗实录》第一百五十三卷,台北:"中央研究院"历史语言研究所1962年版,第2722—2724页。地方官员在弘治十六年(1499)和正德八年(1513)又发出了基本一致的请求,参见《明孝宗实录》第一百九十七卷,台北:"中央研究院"历史语言研究所1962年版,第3644页和许缙纂修:《明武宗实录》第一百卷,台北:"中央研究院"历史语言研究所1962年版,第2076页。

出请求的官员往往反被处罚。即便镇守太监犯错，皇帝们也多有维护而没有任何实质性的惩罚。究其原因，并非是对他们的信任，而是太监们在满足个人贪欲的同时，也帮助帝王们实现了享乐的要求。事实上，太监们的很多行为本身就是皇帝个人意愿的体现。云南的镇守太监虽在嘉靖时期被彻底废止，但由于皇帝对于宝石等物的渴求，万历年间（1573—1620）开采内使杨荣又再次以采买之名追寻宝石，以致"几开边衅，竟为乱军所击死"①。由此可看出，太监们的很多行为只不过是皇帝个人欲望的表现，这种追求享乐的个人欲望，成为影响边地土司安宁的一个重要因素。

由于高度的集权，明代的皇帝们本身就是国家的象征，他们的一举一动都可以被视为国家意志的体现，因此，他们的言论和行为具有高度的合法性追求。而占有统治地位的儒家思想，一直将"仁君"作为最高统治者的价值追求，并且希望他们在处理边疆事务时可以达到"怀柔远人"的境界。处在这样的思想体系下，明代的皇帝们在处理涉及土司的各种问题时，就会更多地从宽仁的立场出发，来推行和实践各种政策，以此来塑造自身"仁君"的形象，使统治的合法性不断地得到证实和加强。当然，在"仁慈"的背后，皇帝乾纲独断的本质不会改变，不同的皇帝在面对大体类似的土司政治问题时，有时会出现截然不同的结果。作为有欲望的个体，皇帝们往往通过自己所信任的宦官来谋求不当的利益。当宦官们的行为超出预期时，皇帝们又可以通过对他们的惩处再次加强自身的合法性，塑造仁慈的形象。

二、"保守"的牧民者：文官

虽然皇帝作为至高无上的存在，在法理上具有无与伦比的权威，但作为个体，任何皇帝都不可能直接管理国家，他们必须依靠处在严密科层体系下的文官们来治理国家。作为一个有着自身意识形态和特殊利益的群体，文官们很早就塑造了自身的行为模式和价值取向。正因为文官群体具有的强大力量，帝王们也非常重视与文官系统的合作。明代作为文官制度高度发达的时期，以内阁为首的文官们，更是全面和系统地参与到明代政治运作中，并形成了自己的特点，这一点在土司政治中表现得尤为显著。

作为深受儒家文化影响的群体，文官们往往以"齐家、治国、平天下"为自身最高的政治理想。其中，"治国"和"平天下"又有所区别，所谓"治国"，指的是对于中原和南方农耕区为核心的各种治理活动；而"平天下"的"天下"主要指涉核心区域之外的周边草原和山区。在这样的区域中，中央王朝往往是采用地方自治的方式加以管理②，土司政治即是"平天下"理想中的重要组成部分。对于文官们来说，他们始终将"治国"的位置放在"平天下"之上。与皇帝所强调的华夷皆"赤子"不同，对于文官而言，华夷之间的差异才是他们践行土司政治的基本运作逻辑。在这一思路的指引下，文官们对于各种土司政治中的问题，采取一种放任自流的态度。被时人誉为"边镇之臣、郡国之长"③的内阁首辅张居正，就主张对土司们采用一种不干涉策略。他在万历四年（1576）写给贵州巡抚何莱山的信中即提到，"指御土夷之道，惟在谨修内治，廉察边吏，毋定贪吏需索，结怨起衅；禁戢四方奸徒，毋定教唆播弄，

---

① 云南省人民政府参事室、云南省文史研究馆编：《滇考校注》，云南民族出版社 2002 年版，第 284 页。
② "治国"与"平天下"之间的区别与联系，参见苏力：《大国宪制：历史中国的制度构成》，北京大学出版社 2018 年版，第 24—30 页。
③ 陈子龙：《陈子龙全集·安雅堂稿》，王英志编纂校点，人民文学出版社 2010 年版，第 1234 页。

致生嫌隙。镇之以威，示之以信，毋以小术欺诱之。但令遵奉约束，不废贡职而已"①。这种放任自流、不干涉的态度基本就是文官集团对于土司政治，尤其是针对土司间冲突的基本指导思想。有些官员甚至直接指出，土司之间的冲突对国家来说是一件非常有利的事。云南的三司官员在处理木邦与孟定、孟密冲突时就认为："故以诸夷相杀，似为中国之利，然又惧其浸强，适为中国之害，将欲防微而杜渐。"② 万历三十二年（1604）云南巡抚陈用宾在上奏阿瓦与猛乃之间的冲突时，也直接说，"阿瓦与猛乃聚兵相攻，争在夷狄，利在中国"。③ 从以上的例子可以看出，对土司放任自流可以说是各级文官的共识。

之所以对土司放任自流，除了认为他们不重要外，文官们还相信直接统治土司地区是缺乏利益的。在正统年间（1436—1449），关于是否需要征伐麓川的讨论中，刑部侍郎何文渊就认为，"麓川之在南陲，一弹丸之地而已。疆里不过数百，人民不满万余，以大军临之，同往无不克。然得其地不可居，得其民不可使"④。从他的论述中，可以清楚地看到，得地无用得人不可使，才是文官们反对介入土司政治的根本原因。

然而，对于土司制度的放任自流不是自动实现的。边疆地带还存在着大量的武职群体，出于各种原因，他们时常会挑起事端或者参与到事端中去。对于这一点，文官们一直有着清醒的认识，并主张约束武将们的行为。明初重臣桂彦良在《上太平治要十二策》中明确提出："夫驭戎狄之道，守备为先，征伐次之，开边衅贪小利斯为下矣。故曰：天子有道，守在四夷。言以德怀之，以威服之，使四夷臣服，各守其地，此为最上者也。"⑤ 具体到政治实践层面，这种讨论更是不绝于耳。张居正就认为："究观近年之事，皆起于不才武职，贪黩有司，及四方无籍奸徒窜入其中者，激而拘煽之……幸而胜，兵罢财费，将吏冒赏，于国家无秋毫之益；不幸而败，三军暴骨，损威伤重，其祸又有不可胜言者，此已事可鉴也。"⑥ 所以，对于明代的文官来说，特别是高级文官来说，约束住边疆的武将，是土司政治中的重要任务之一。

除一般的文官外，作为辅助人员的各级文吏也通过独特的方式参与到土司政治中来。由于回避制度和任期问题，中国古代的官员，很难久居一个职位。各种吏员的职位更多世袭而来，更熟悉相关事务，即所谓的"官无封建而吏有封建"⑦。同时由于中国古代财政制度中的问题，文官和吏员都不可能依靠薪俸来维持生活，必须通过各种陋规以谋求个人利益。⑧ 而土司政治中的核心问题——承袭，恰恰需要经吏员之手。特别是承袭时，土司常常会遭遇"吏胥视为奇货，店土吓诈多方，不曰驳回行查，则曰新例降级，内家人、外家人，大走空、小走空，稍不如意，或藏匿其黄册，或洗改其公文，一经驳回，竟不能袭"⑨ 的情况。明政府虽很早就注意到土司承袭中文吏们造成的种种问题，但由于官吏的寻租行为，这些

---

① 张舜徽主编：《张居正文集·第 2 册书牍》，湖北人民出版社 1994 年版，第 643—644 页。
② 严从简著，余思黎点校：《殊域周咨录》，中华书局 1993 年版，第 595 页。
③ 张惟贤等纂修：《明神宗实录》第三百九十四卷，台北："中央研究院"历史语言研究所 1962 年版，第 7424 页。
④ 柯潜等纂修：《明英宗实录》第七十五卷，"中央研究院"历史语言研究所 1962 年版，第 1459 页，类似的表述也见于张居正给何莱山的信中，其中提到，"夫土夷杂种，譬之狐鼠貜狌，据险为固，得其地不可耕也，得其人不可使也。以国初兵力之强，高皇帝之，岂不能画野而郡县之，势不可也。"见张舜徽主编：《张居正集·第 2 册书牍》，湖北人民出版社 1994 年版，第 643 页。
⑤ 《名臣经济录》，《景印文渊阁四库全书》，第 443 册，"台湾商务印书馆"1983 年版，第 6 页。
⑥ 张舜徽主编：《张居正集·第 2 册书牍》，湖北人民出版社 1994 年版，第 643 页。
⑦ 叶适著，刘公纯等点校：《叶适集》，中华书局 1961 年版，第 808 页。
⑧ 中国古代的财政问题，特别是陋规在政府运作中的重要作用，可以参见洪振快：《亚财政：制度性腐败与中国历史弈局》，中信出版社 2014 年版中的相关论述。
⑨ 张惟贤等纂修：《明神宗实录》第二百六十二卷，台北："中央研究院"历史语言研究所 1962 年版，第 4864 页。

弊病直到明末都没得到很好的解决。《万历野获编》中提到土官承袭时曾指出,"武官袭替,例有贽为凭,其记载生时邻右,及收生妇人甚详,盖防异姓假冒,及乞养之溷也。近世作伪者多凭空捏造,苟得金钱,兵部武选司吏胥概为准行"①。可见,当时吏员们还是直接通过承袭获得利益,甚至不惜参与作假。

作为封建国家科层制的基石,文官是保证国家正常运行最重要的政治力量。为了保证国家的正常运作,文官们都倾向于复制和延续之前的政策,这种取向在公共政策领域被称为"渐进主义",也就是所谓的"萧规曹随"和遵循"祖宗之法"。在这样的政策取向指引下,明代的文官们倾向于延续明初既定的方针来处理各种土司政治问题。此外,由于土司地处边陲远离中枢,明代的文官们普遍认为土司政治的各种问题与国家的正常运作关系不大,故多采用观望的态度来处理土司问题,尤其是土司之间的争斗。在这两种思维的影响下,文官们在土司政治中呈现出明显的政治保守性,排斥几乎所有力图改变现状的政治实践。

三、"在地"的执行者:武官

不同于远在天边的皇帝和身处庙堂的文官,武官们大都是在地居住和履职的,他们与地方上联系更为紧密,特别是在边疆地区。为了更好地控御地方,很多沿边卫所,逐渐转变成了军民指挥使司,开始直接管辖州县和安抚司、长官司之类的土司地方。②很多地区的卫所辖地和土司辖地呈现一种犬牙交错的格局,从而产生了武官集团和土司之间的直接利益冲突。此外,土司之间和土司内部经常会发生各种矛盾和冲突,在面对这些冲突时,武官们具有更强的能动性,强烈希望参与。这一方面是基于利益的考虑,有文官就指出,"卫所指挥等官,惟喜兴兵,不喜抚谕,盖抚谕则不费钱粮,不劳人力,不用爵赏,于朝廷有益;兴兵则得支钱粮,得掠女子金币,归则又获升赏,乃于武臣有利"③。另一方面则是职责使然,因为一旦军事上出状况,武官们就要承担直接责任。万历年间(1573—1620),"缅夷、阿瓦拥众数万攻围木邦宣慰司,我军不援,失之。事闻,黜镇守副总兵陈寅,锢其终身,游击刘素并罢"④。正是在正反两方面的刺激下,武官们更倾向使用军事手段解决问题,因而成为明代土司政治中的一大变数,必须加以细致地分析。

在云南,除卫所和都指挥使司的军官外,还存在着自明初以来就世代担任总兵官、带有"亚分封"⑤制特点的沐氏家族。他们与朱明皇室有着非常密切的联系,对云南的军事、政治、经济和文化都有相当的影响。⑥在云南的土司政治中,沐氏家族也发挥了不可替代的作用。明初云南三司的官员在奏折中,就曾明确提到,"况云南去京师万里,边夷事情,尤难遥制。合无本部行文镇守等官黔国公沐崑等,会同三司官从长计议"⑦。这说明,至少在明初,"边夷事情"是由沐氏家族带领三司官员来处理的。沐氏家族确

---

① 沈德符:《万历野获编》,中华书局 1959 年版,第 934 页。
② 顾诚:《隐匿的疆土:卫所制度与明帝国》,光明日报出版社 2012 年版,第 54 页。
③ 傅翰等纂修:《明宪宗实录》第二百二十九卷,台北:"中央研究院"历史语言研究所 1962 年版,第 3921 页。
④ 张惟贤等纂修:《明神宗实录》第四百二十二卷,台北:"中央研究院"历史语言研究所 1962 年版,第 7984 页。
⑤ 李建军:《明代云南沐氏家族研究》,辽宁人民出版社 2002 年版,第 412—413 页。
⑥ 沐氏家族对于明代云南政治、经济、文化发展的影响,参见辛法春:《明沐氏与中国云南之开发》,台北:文史哲出版社 1985 年版;李建军:《明代云南沐氏家族研究》,辽宁人民出版社 2002 年版中的论述。
⑦ 方国瑜主编,徐文德等纂录校订:《云南史料丛刊》,第 5 卷,云南大学出版社 1998 年版,第 266 页。

实深深地卷入了云南土司政治之中，他们既参与对叛乱土司的征抚工作，也参与云南土司的承袭事务。

作为总兵官的沐氏家族到云南后，承担起了保一方平安的职责。只要有任何叛乱，沐氏家族都会带兵征伐，其中很多都是针对各个土司和其下属的。洪武年间（1368—1398），沐英先后组织和参与了对乌撒和越州叛乱土酋的征伐，之后的几代人都参与到对麓川思氏的征伐中去。①毫不夸张地说，几乎每一代黔国公都组织和参与过与土司有关的军事活动。②并且，沐氏家族对于土司之间的冲突，一直都保持一种积极的介入态度。宣德二年（1427），当时的云南总兵官沐晟就上奏朝廷，指出"云南潞江千夫长刀不浪班叛归麓川，聚众攻劫潞江安抚司，逐土官安抚曩壁入金齿，杀招刚因达硬等七人，劫夺财物，焚毁民居；又据潞江驿，逐以丞周礼，立寨固守，断绝道路。蒲、峨、阿昌诸蛮与之接境，虑相扇为乱，请发兵讨之"③。刀不浪班确有反叛行为，却并非大规模的叛乱。但沐晟还是请求出兵，可见他非常希望介入土司之间的冲突。除了对土司的征伐之外，沐氏家族还积极参与到土司承袭的事务中去。成化年间（1465—1487）之前，土官的承袭问题都是由沐氏家族牵头来解决的。成化六年（1470），朝廷诏令"土官袭替，止令御史、三司保勘"，剥夺了沐氏家族的参与权。当时的总兵官沐琮即刻上书朝廷，"缘臣父祖以来镇守云南，熟谙夷情，凡其世系部落，悉知其详。今御史、三司多有不谙夷情或听请嘱，以致土官争袭，甚至连年仇杀不已，乞仍旧例，令臣区处，庶事体归一"④。之后，明宪宗考虑到沐氏家族的威望，还是再次赋予了沐氏家族在云南土司承袭中的主导地位。

沐琮在确定自身的职权后，更加积极地参与到土司承袭中，并提出制度方面的建议。在成化十四年（1478），沐琮上奏时即言，"所属土官，不能分别嫡庶，以致身死之后，或同族、姓与其应袭之子互相争立，三司保勘之官又各依违不决，恐生他虞，乞下所司移文镇守、巡按等官，急为剖决，仍行布政司转行土流官吏人等，公核在职土官宗派嫡庶始末，详具谱图，岁造册籍，遇有土官事故，藉此定之，则事有定规。争端可息"。明确提出要明晰土官承袭世系，兵部同意了他的建议，而宪宗也表示"以此著为定例"⑤。成化二十一年（1485），为了推进这项工作，沐琮继续上书，提出"凡土官嫡庶，每三年一上其籍。承袭之际，三司官会勘不得过三月"⑥。这一主张，在皇帝批准后得以执行。要求土司明晰世系的做法，对于云南土司政治的影响甚大，使得云南土司的承袭，相较其他地区更为简单。

尽管对于云南的土司承袭，沐氏家族做了重大的贡献，但在弘治年间，他们还是被排除出了这一重要事务中。直到嘉靖六年（1527），当时的总兵官沐绍勋再次上书朝廷，"云南地方多事，所属土官，或病故坐事未结，及父祖贻累，久未承袭者，查不系叛逆子孙，请行布政司，令戴罪暂给冠带，而督趣有司保勘袭职，或请敕谕，听臣区画"。希望恢复原有的权力。但兵部却认为，"土官袭替，载在令典，自弘治以来，皆抚、按及三司核实奏请，总兵官不得与其事。绍勋所请，未可轻许。其土官不得承袭及勘官展转避嫌者，宜下抚、按亟为议处"。以法律和惯例为理由，想再次将沐氏家族排除在土司承袭的事务之外。明世宗则倾向于沐绍勋的意见，认为"云南不宁，皆因土官不得承袭，令夷人无统，遂至生事，

---

① 详见李建军：《明代云南沐氏与思氏家族关系研究》，《湖南师范大学社会科学学报》2005年第2期。
② 沐氏家族在云南军事活动的简况可以参看李建军：《明代云南沐氏家族研究》，辽宁人民出版社2002年版，第100—108、223—230页。
③ 李时勉等纂修：《明宣宗实录》第四十五卷，台北："中央研究院"历史语言研究所1962年版，第1098页。
④ 傅瀚等纂修：《明宪宗实录》第八十三卷，台北："中央研究院"历史语言研究所1962年版，第1619页。
⑤ 傅瀚等纂修：《明宪宗实录》第一百八十卷，台北："中央研究院"历史语言研究所1962年版，第3239—3240页。
⑥ 傅瀚等纂修：《明宪宗实录》第二百七十三卷，台北："中央研究院"历史语言研究所1962年版，第4599页。

及酿成大患，未免用兵征剿。抚、按官行三司会勘奏保，往往避嫌推调，展转驳勘，动至十数年，或缘为奸利，岂朝廷绥怀远人之意。镇守总兵，即不得专主，岂尽不得预事？今自承袭事宜，皆令镇守抚、按会行三司，如例催勘，有蹈前弊者罪之"①。明确地将沐氏家族重新加入土司承袭的事务中，但他们也丧失了专断之权。之后，沐氏家族一直保持自身在土司承袭中的地位，直到明亡未有重大变化。与文官不同，沐氏家族不仅将土司承袭视为一种惯例，在特定情况下，还会利用自身在承袭中的权力来激励土司及其子弟为沐氏效力。比如，沐绍勋在平定寻甸土舍安铨和武定土舍凤朝文的叛乱时就曾"告土官子弟当袭者，先予冠带，破贼后当为请"，于是"众多奋战，贼大败"②。由此也可看出土司对于承袭的重视。

正是由于沐氏家族在对土司的征抚和土司承袭中的重要地位，土司们对于他们也始终礼敬有加。《明史》即载土司们对沐氏家族"每下片楮，诸番部具威仪出郭叩迎，盥而后启，曰：'此令旨也'"③。因此，沐氏家族在云南土司政治中起到了非常关键的作用。正如研究者所言，"终明之世，沐氏十四世镇守云南，以一方之主而镇服土酋；实居朝廷与地方土司之中间联系地位"④。

除沐氏家族外，还有大量以卫所军官为代表的基层武官，他们在政治、军事上影响力虽远远不如沐氏家族，但与土司们日常接触很多，且由于生活区域有所重叠，双方会产生很多冲突。其中最常见的是卫所军官通过各种手段，来侵占土司的领地。正统十二年（1447），金齿军民指挥使司的官员上奏，"本县地居边境，诸种夷民刀耕火种，先被本司官舍、旗军倚势骚扰，逼民逃窜；近又被附近水平千户所官舍、旗军放债取利，准折子女田产。"⑤ 天顺二年（1458），南甸土司刀落盖就直接上奏称，"南宁伯毛胜、腾冲千户所千户蔺愈强占招八地方寨子田亩，分作庄户，办纳银两、米谷等物，逼民逃窜"。对此，户部明确回应，"请令云南都、布、按三司同巡按监察御史诣彼从公体勘，所占地方田寨照数退还于碍，毛胜、蔺愈，径奏拿问"⑥。

虽然朝廷明确反对卫所军官侵占土司田地，却无法阻止这些驻扎在沿边卫所的武官们继续侵占土地、欺压百姓。正德年间（1506—1521），云南何孟春在给朝廷中的上奏中提到，"景泰末都督毛胜因随征麓川，知金齿司指挥，供给甚多，遂营干镇守，有内臣见毛胜得利，遂接踵前来，由是广占彝田，以为官庄，大取彝财，以供费用……彝民畏死，不敢不从，由是强者为盗，弱者远逃。如近城凤溪一长官司，今止数家，二代不袭，可见矣。比之宣德、正统间，环城万里之彝民，十亡八九；比之成化、弘治初二三百里之彝民，亦减六七……如施甸彝民，害极欲变"⑦。从"彝民"流失的程度可以看出当时压迫的程度，卫所军官这样对土司和一般少数民族民众进行欺压，势必会使土司们对于明政府产生不满的情绪，这也是引发土司叛乱的一个重要诱因。

不论是沐氏家族还是一般的基层武官，他们最大的特点均是"在地化"，即土司对他们来说不是远在天边的符号性存在，而是利益休戚相关的地方首领。这种"在地化"的特点，使得武官们不能将自身从土司政治中抽离出去，相反，出于追求利益和自保的考虑，积极介入土司政治之中，成为政府方面最积

---

① 陈经邦纂修：《明世宗实录》第七十九卷，台北："中央研究院"历史语言研究所1962年版，第1760页。
② 张廷玉等撰：《明史》，中华书局1974年版，第3763页。
③ 张廷玉等撰：《明史》，中华书局1974年版，第8064页。
④ 辛法春：《明沐氏与中国云南之开发》，台北：文史哲出版社1985年版，第54页。
⑤ 柯潜等纂修：《明英宗实录》第一百五十卷，台北："中央研究院"历史语言研究所1962年版，第2939页。
⑥ 柯潜等纂修：《明英宗实录》第二百九十八卷，台北："中央研究院"历史语言研究所1962年版，第6339页。
⑦ 道光戊戌重修、光绪丁酉重刻《云南腾越州志》卷一，第7—9页。

极的行动者。这种能动性一方面加剧了土司政治的动荡性,另一方面也使得武官成为皇帝和文官规训的重要对象。

四、 互动与博弈

以上简要叙述了参与土司政治各个主体不同的目的和取向,可以看出其中存在着明显的不同。不过,任何政治过程不仅是各个行动主体自身行为的结果,更是不同主体之间互动与博弈的产物,土司政治自然也不例外。正是在皇帝、文官和武官这些行动主体的互动和博弈之下,明代土司政治才呈现出我们所见的局面。

文武官员作为具体政策的执行者,理想的状况应该是将相相合,共同推进具体政策的执行。但是,在明代的土司政治中,我们看到的却是文武之间高度的对立。前文已提到文官们对武将们蓄意挑起边事的指责,与此同时,武官们也在努力夺取文官的权力,扩大自身的影响。成化年间,云南总兵官沐琮就曾经上书,希望增加自己的权势,进而可以"节制云南三司"①。在面对土司承袭这样可以给管理者带来直接经济利益的事务时,双方的争夺就会变得白热化,纷纷征引惯例来强调自身的主导作用。文武之间的冲突,既是利益之争,又是制度设计使然,明宪宗在回复沐琮的请求时,就明确提到,"国朝建官之制,文武相颉颃"②。

不同于文武之间的直接对立,土司政治中皇帝与文武官员关系更为复杂。虽然在土司政治的实践中,官员的品衔和职务起着非常重要的作用,但对于君臣关系来说绝非主导性因素,皇帝与臣子之间能否建立起信任关系才是关键。建立信任的关键是和皇帝保持密切联系和特殊的关系③。从这个层面上讲,沐氏家族由于和皇室具有特殊的亲缘关系,一直以来为皇帝所信任;太监则因出入于内宫,与皇帝日常接触频繁,也受到皇帝的信任。而在文官层面,只有身份卓越并与皇帝日常交往密切的内阁大臣才能被皇帝充分信任。只要皇帝对官员保持信任,他们的行为就会得到支持,甚至一些违规的行为也会被视为从权之举。这一点在皇帝对云南太监的支持中,得到了充分的体现。当然,这种信任关系也需要官员积极经营,世宗年间,沐朝弼曾多次给皇家献银,甚至帮助笃信道教的嘉靖帝寻找法书。④ 当然,大部分的官员与皇帝仅仅保持着礼仪型的君臣关系⑤,皇帝在处理与他们的关系时,更多是依规办事,没有宽待的余地。皇帝虽大权独揽,却并不意味着各种文武官员没有反制措施。他们主要依靠在地的优势,来实现信息垄断,进而将皇帝排除在很多事务之外。张居正就曾指责地方官员在面临土司事务时"遽为腾奏"⑥。表面上看是希望地方官员负起责任来,实际上也是希望让皇帝不要过多地参与到这些事务中来,以免影响文官们按照既定方针施政。正是这种欺瞒的可能性始终存在,皇帝才会派出太监和御史加强对地方文

---

① 傅瀚等纂修:《明宪宗实录》第一百三十一卷,台北:"中央研究院"历史语言研究所1962年版,第2474页。
② 傅瀚等纂修:《明宪宗实录》第一百三十一卷,台北:"中央研究院"历史语言研究所1962年版,第2474页。
③ 皇帝和臣子之间信任关系的建立和维护,可以参见侯旭东:《宠:信—任型君臣关系与西汉历史的展开》,北京师范大学出版社2018年版。
④ 李建军:《明代云南沐氏家族研究》,辽宁人民出版社2002年版,第191页。
⑤ 所谓礼仪型君臣关系指的是皇帝和臣下通过一定的仪式特别是策名委质确定的君臣关系,在这样的君臣关系下,皇帝和臣子之间比较陌生,双方缺乏个人性的联系。参见侯旭东:《宠》,北京师范大学出版社2018年版,第12—13页。
⑥ 张舜徽主编:《张居正文集·第2册书牍》,湖北人民出版社1994年版,第643页。

武官员的监督，进而形成一种相互制衡的局面。

尽管在制度设计和利益分配上，参与土司政治的各个主体确实存在着一定的冲突，但这绝非一种零和博弈，他们在很多情况下会构成一个利益共同体。如镇压土司叛乱时，文武官员就可能联合起来，虚报战功。万历年间（1573—1620），当时的总兵官沐昌祚就与巡抚刘世曾等人虚报镇压陇川岳凤等功劳。[①] 在日常的交往中，这些人群之间还会呈现出更为复杂的关系。此外，文武官员之间虽对土司的意见不一致，但相互之间联系仍很密切。张居正在给云南巡抚王凝的信中曾提到："外沐氏总兵前屡次书来，并有厚馈。"[②] 正是因为双方之间广泛的交往，总兵官沐朝弼获罪之后，张居正即上言提出"朝弼稔恶有年，谋害亲子，擅杀无辜，揆其情罪，处死不枉，但其始祖三世皆有大功于国家，非有反逆实迹，似应稍从宽宥"[③]，使其得以免死。归根结底，在中央集权的体制下，所有参与土司政治的人群，其背后的资源都来自封建皇权。对此，土司们就有着清晰的认识。明末武定土司吾必奎叛乱时，就公然声称，"已无朱皇帝，何有沐国公"[④]。

可以说，皇帝、文官和武官形成了明代政府处理土司政治的"铁三角"，虽利益和出发点有所不同，采用的治理措施也有所差异，但在维护国家统一和有效控制土司等方面，仍能达成一致，从而开展卓有成效的合作。这就保证了明代大部分时期，云南土司政治基本稳定。正因为不同的治理主体和治理措施的存在，使土司政治在实践中具有了相当的弹性，可根据外部条件的变化，调整治理的方向，实现"战"与"抚"之间的灵活切换。在不同的时期，由于主导力量和背后观念的差异，看似相同的土司事务，可以有完全不同的解决手段。面对同样的叛乱，如果武官处理，可能会导致一场战争。反之，如果文官主导，可能就是抚谕了事。同时，在不同行动主体的不断博弈和互动中，明代云南土司政治还呈现出典型的时序性特征。明代早期，尤其是太祖、太宗时期，皇帝大权在握，是土司政治中的绝对核心；之后，沐氏家族依靠自身的优势，在土司政治中扮演了重要的角色；明中期以后，文官们在土司政治中的话语权逐渐加强，甚至一度剥夺了沐氏家族固有的权力。

因此，在书写和描述明代土司政治时，重要的不是了解和阐释《明会典》《明史》和《土官底簿》中有关土司的各种制度性规定，而是要回到当时具体的土司政治实践中，讨论不同行为主体的行动策略和他们的互动模式，分析各种行动所构成的合力。在这样的视角下，就不会再将土司政治视为一种静态的制度条文，而是将其视为不断演变的动态过程。唯有此，才可能更接近历史本相，进而将"人的历史"从"国家的历史"中拯救出来。

当然，这一通过复杂互动建立起来的土司政治，并不是仅仅局限在政府之内，它实际上是由土司和其治下的人民来承受的。数量和种类众多的土司们，在面对复杂多变的土司政治时，往往基于自身文化传统，充分利用各种资源，成功地参与到社会结构和制度实践中来。这一生动的历程，留待今后专文加以讨论。

---

① 详见张惟贤等纂修：《明神宗实录》第一百九十六卷，台北："中央研究院"历史语言研究所1962年版，第3700—3702页；张惟贤等纂修：《明神宗实录》第一百九十七卷，台北："中央研究院"历史语言研究所1962年版，第3708页。
② 张舜徽主编：《张居正文集·第2册书牍》，湖北人民出版社1994年版，第787页。
③ 张惟贤等纂修：《明神宗实录》第七卷，台北："中央研究院"历史语言研究所1962年版，第268页。
④ 计六奇：《明季南略》，中华书局1984年版，第341页。

Tusi Politics from Human History Perspective

an investigation into the Politics of Yunnan Chieftain in Ming Dynasty

Huang Xiaoying Li Meitian

Abstract: The studies of chieftain politics before was often based on the institutional provisions, which was actually regarded as a static national history. Emperor, civil officials and military officers are the three key actors of chieftain Tusi politics. It is through their interaction and games, the institution provisions in tusi politics have been implemented. From the perspective of "human history", it can be found that in the political practice of Yunnan chieftain Tusi in Ming Dynasty, Emperor often acted as the arbiter of "mercy". The civil officials were relatively conservative, and the military officers were more aggressive. In specific events, the three parties often conduct complex interactions and play games so that in different historical situations, seemingly identical chieftain affairs may have completely different solutions due to different dominant forces.

Key words: human history; Tusi; political process

社会与文化研究

"卡巴"：凉山彝族礼物中的隐性权力

吉克曲日　张力尹*

摘　要　本文从凉山彝族"卡巴"礼物的词源和概念入手，分析了"卡巴"的奖赏和即时回报过程，发现单向馈赠和不求回报的理解源自人们对不对等交换关系的否定。这是一种隐性权力使然，它策略性地将回报转变为奖赏，其目的是用以维护礼物交换双方原有的地位关系。

关键词　彝族；礼物；卡巴

DOI：10.13835/b.eayn.29.10

礼物从一进入人类学的视野起，便受到持续的关注。从莫斯的初民社会的礼物之"灵"，到马林诺夫斯基的"互惠"原则，到格雷戈里的礼物经济，再到彼得·M.布劳的大型社会的交换理论。[①]我们看到的是一个礼物范畴不断得到扩展的过程，它由我们所熟知的人与人之间的物品互赠扩展至多元化的非实物交换，如服务、情感、亲密、待遇、好处等都可参与到礼物交换的讨论之中。

在这一过程中，学者更多的是对礼物交换的原则、动力，以及由此所产生的各种权力、财富、等级、地位、义务、情感等关系的讨论，而对于礼物本身的概念属性及界定似乎关注较少。直到阎云翔在《礼物的流动》一书中对"礼物"一词进行了界定："从词源上讲这个汉语词暗示了礼物不只是物质的礼品，它承载着文化的规则（礼节）并牵涉到仪式。所以，无礼之物就是物品而不是礼物。"[②]他抓住"礼节并牵涉到仪式"的关联，用"表达性""工具性""仪式化""非仪式化"[③]四组词对礼物做了分类及限定，并以此解读出了礼物背后的人情内涵。与之相比，巫达则从凉山彝族社会的礼物中得出了不一样的分类和理解，他在《彝族社会中"尔普"形式的变迁》一文中区分出了两种交换类型的礼物："尔普"（l ̩^{33} p^{h}u^{33}]和"卡巴"[k^{h}a^{33} ba^{33}]。他说道："彝语中有个词叫'卡巴'，可以涵盖阎云翔所列的部分礼物，但也不是全部。'卡巴'虽可勉强译为'礼物'，但也只表示长辈给晚辈的礼物（如压岁钱）或是将领给勇士的奖赏……从年龄、辈分或阶级地位由上而下的单向馈赠，有点儿接近于印度的'檀施'和日本的'恩'礼……'卡巴'是不能回报或不求回报的单向馈赠。"[④]巫达的论述足以证明，凉山彝族社会的"礼物"与阎云翔的"礼物"在概念及分类上都呈现着不同的特征。但是，巫达对"卡巴"单向馈赠的理解并不全

---

*　吉克曲日，西南民族大学博士研究生、云南民族大学教师，研究方向为民族学。张力尹，云南民族大学教师，研究方向为民族学。

[①]　以上内容参见马塞尔·莫斯：《礼物：古式社会中交换的形式与理由》，汲喆译，人民出版社2002年版；马林诺夫斯基：《西太平洋上的航海者》，梁永佳、李绍明译，华夏出版社2002年版；格雷戈里：《礼物与商品》，姚继德、杜杉杉、郭锐译，云南大学出版社2001年版；彼得·M.布劳：《社会生活中的交换与权力》，李国武译，商务印书馆2008年版。

[②]　阎云翔：《礼物的流动：一个中国村庄中的互惠原则与社会网络》，李放春、刘瑜译，上海人民出版社2000年版，第43页。

[③]　阎云翔：《礼物的流动：一个中国村庄中的互惠原则与社会网络》，李放春、刘瑜译，上海人民出版社2000年版，第50—70页。

[④]　巫达：《彝族社会中"尔普"形式的变迁》，《民族研究》2004年第1期。

面，因为从交换结构上看，"卡巴"具有回报的特性，它只是用奖赏达成了类似单向馈赠的特征，这涉及了礼物交换中权力的运行策略。

一、"卡巴"的情景

笔者 2016 年在凉山美姑县初次对彝族社会的礼物交换进行调查时便遇到一个很有趣的问题。当时在问及当地人"礼物"一词用彝语怎么说时，当地人普遍回答说是"卡巴"，但是在对婚礼和葬礼的"卡巴"进行归类时，发现并不是所有的礼物交换形式都能被称为"卡巴"，除了巫达提到的"尔普"外，还有被称为"洛尔"（lo^{33} l̩^{55}）[①]的交换类型。于是笔者依照当地人的说法，将当地的所有礼物类型进行了一个初步的归类，梳理出"卡巴"所处的情景关系：

第一，婚礼中的礼物交换，主要是"卡巴"和"洛尔"两类。婚礼中的"卡巴"种类较多，多数以名称+"者"（dzɯ^{33}）的形式来命名，如"拂嘎者"（fu^{33} ka^{33} dzɯ^{33}）意为"媒人钱"、"哦里者"（o^{33} ni^{33} dzɯ^{33}）意为"舅舅钱"、"协木者"（ɕe^{33} mu^{33} dzɯ^{33}）意为"接亲钱"等。这类"卡巴"多是指对婚礼中参与帮助的亲朋好友等分类型的奖赏性礼金。而婚礼中涉及的"洛尔"交换则只指亲朋好友参加婚礼时送来的礼金，这类礼金的特点是回报时只能多于前者。比如一个人在他的婚礼中收到 100 元的礼，等对方结婚时要回报超过 100 元的礼，如果不回报或回报少于 100 元则会受到舆论的谴责。

第二，丧礼中的礼物交换只涉及"尔普"和"卡巴"。丧礼中的"尔普"指一切前来参加丧事时给予死者家的礼金和牺牲，这类用于丧礼的"尔普"一般是以集体的形式出现，如由近亲成员组成的"尔普"或同事组成的"尔普"等，它遵循平等的交换原则，并且几乎所有的"尔普"都是事先商定好的，其普遍的原则是每个参与"尔普"的成员以家庭为单位，拥有四个名额（一般是夫妻双方的父母），并规定好双方老人去世的"尔普"金额后，所有成员便按照约定的内容进行"尔普"的给予。其次，还有一类"尔普"是专用于人命纠纷的赔偿，这类"尔普"只限于同家支成员内部。在丧礼中属于"卡巴"的交换主要是指死者女儿方（女婿方）来参加丧礼时对前来帮助举行葬礼的乡亲的奖赏性礼物，奖赏的物品可以是现金、烟、酒等，一般在特定的场景才进行给予，当地称为"卡巴尔"[kʰa^{33} ba^{33} l̩^{55}]场景，意为"给卡巴"。

第三，宗教祭祀中的礼物交换只涉及"卡巴"。一切给予毕摩的礼物都称为"毕摩卡巴"，其形式是毕摩主持各类法事时，由主人家给予毕摩礼金或贵重物品作为"卡巴"，"毕摩卡巴"的贵重体现在所主持仪式的规格上，一般仪式过程越复杂、规格越高，其"卡巴"越贵重，在以前经常有将金、银、土地，甚至女人当作"卡巴"给予毕摩的[②]。

第四，日常生活中的礼物交换主要只涉及"卡巴"的交换。最为常见的为过年时长辈给晚辈的礼金。按当地风俗，每年过年时晚辈要背上猪肉和酒水等，依次去长辈家拜年，长辈便会给予"卡巴"礼物。其次是"阿依卡巴"（a^{33}ʑi^{33} kʰa^{33} ba^{33}），意为"小孩卡巴"，一般是指小孩满月后取名或是带去见亲朋时给

---

① 洛尔，当地彝语，其词源本义为"手印"，与礼物的不可让渡性有关。通常可理解为"人情"或"恩惠"。"洛尔"的这类礼物并不像"卡巴"和"尔普"一样有特定的称呼，是因为当地人在理解这类礼物交换时经常用"洛尔"一词来说明礼物的权力关系，因此笔者便用"洛尔"一词来指称这类礼物。在凉山其他县对"洛尔"一词在音调上有一定的区别。

② 巴莫阿依：《彝人的信仰世界——凉山彝族宗教生活田野报告》，广西人民出版社 2004 年版，第 67 页。

予小孩的礼金；还有一种情景是在受到主人家杀牛、杀羊等款待后，客方给主人方的礼金也被称为"卡巴"。

从以上梳理可以看出，"卡巴"礼物在当地整个社会生活中所占的比例最大，几乎每个场合都能找到"卡巴"礼物的身影，而且"卡巴"礼物之下还有更细的分类，同时也能了解到当地人所说的"尔普""洛尔"的所指部分。这让笔者更加好奇，既然当地有三种类型的交换形式，为何当地人在理解汉语的礼物一词时却只提"卡巴"，而不提其他两类？这似乎在说明"卡巴"才更接近当地人对礼物概念的理解。反观阎云翔对礼物的理解，是将礼物扩展到仪式中去理解的，也由此区分出表达性和工具性的礼物，但是对工具性的提法在杨美惠看来却有不同见解，她并没有将所有功利性送礼当成礼物的形式，而是从中区分出了拉关系与"贿赂"的不同：认为两者分别建立在一种恩惠和交易的基础上，行贿是种交易，可以是陌生人之间"只是物质利益的关系，并以直接和即刻的支付为特点"，而拉关系有一定的关系基础"在回报结构上不确定"[①]。这一差异性的区分再次说明不同视角的理解对礼物界定的重要性：什么样的交换才能称为礼物？也许从当地不同礼物的对比中，可以找到一些依据来进行解答。

从当地三种礼物交换类型的梳理中，不难发现"尔普"和"洛尔"有一个共同的特征，而这正是"卡巴"所不具有的。对于"尔普"，巫达也做过详细的描述[②]，这一类交换的义务性和互惠性是一种通过共同协商的方式来强制规定的，而且它有特定的群体，尤其是同一家支成员构成的"尔普"，其强制性更为明显，它规定了不交"尔普"将会受到家支的严厉惩处的义务；而"洛尔"主要指婚礼中送去的礼金，这在阎云翔的礼物分类里是归为"表达性"的礼物的，而在当地彝族社会里却有着不同的理解。"洛尔"同样带有强制的特点，但比起"尔普"的规定性义务，其强制性要小得多，它更趋向于一种约定俗成的习俗。反观"卡巴"则没有这种强制性的特性描述，这也许是当地人得以将"卡巴"和另两类交换进行区分的关键所在，这似乎暗示了当地人所理解的礼物是一种非明显化的交换，或者说是一种隐性的交换。这就需要对"卡巴"礼物进行更为细致的剖析，以此才能得到更多关于"卡巴"的理解。

二、"卡巴"词源辨析

受阎云翔对"礼物"词源分析的启示，词源的分析往往能牵引出有关礼物的某些特征，尤其是对当地"卡巴"这样古老的词汇的追溯，定能揭示出更多关于礼物的原初属性。将"卡巴"视为奖赏的理解，是没有任何异议的，但是当问及"卡巴"的词源问题时却没有一个人能清晰地回答出来，翻看以往文章、书籍也未发现相关的词义考究，按当地人的说法，只知这是很早以前就沿传下来的说法，而不知其意，于是只能从现有的语义背景中去寻找线索。"卡"在现行的彝语里有"要、接受"之意，"巴"则有"伴随"之意：

在当地彝族谚语中，有这么三句彝语：$zo^{33}\ k^hu^{55}\ lɯ^{33}\ ba^{33}\ la^{33}$，$s\underset{\sim}{l}^{33}\ z\ʐɯ^{21}\ ʂu^{55}\ ba^{33}\ la^{33}$，$zi^{33}\ k^hi^{55}$

---

① 杨美惠：《礼物、关系学与国家：中国人际关系与主体性建构》，赵旭东、孙珉、张跃宏译，江苏人民出版社2009年版，第174—175页。
② 巫达：《彝族社会中"尔普"形式的变迁》，《民族研究》2004年第1期。

ɦɯ³³ ba³³ la³³。意为"赶羊牛随来,搭柴柏枝随,舀水鱼随来"。而这里的"ba³³"便是"相随"之意。其次,"ba³³"在当地彝语里与另一个字"pa³³"容易混淆,这一细微的区别在于辅音的清浊上,而这一清音"pa³³"有"交换、理睬"之意。

虽然"巴"字在语音最小的对立上形成"伴随"和"交换"两种解释,但从语音的同源性起源上也不可否认两者之间的关联性,因此"卡巴"一词合起来便可理解为"接受伴随"或"接受交换",伴随意味着一种相互关系的确立,从送礼所产生的权力关系上看也算比较符合礼物属性的一种理解,而交换的说法如果成立,更是直白地道出了礼物的本质所在。对于这种解释,有当地人提出了应该用另一个读音来理解"卡",意为"开心、快乐",而"卡巴"是一种"快乐地给的":

> 持该观点的人认为①"卡"的 kʰa³³(中平调)同 kʰa⁵⁵(高平调),用她们的原话讲:"'卡巴'是一种在快乐的场合下给的,用于好的。而不好的地方,像人死时给的叫'尔普',就不能叫作'卡巴'了。"

这种理解虽没有单独对"巴"进行解释,只是笼统地说出自己的看法,但这一说法也得到一些人的赞同,原因在于这一理解至少从侧面反映出了"卡巴"礼物所处的社会情境,这涉及当地人对礼物给予场景的理解。反观阎云翔对下岬村礼物的考察,他从词源上理解出汉语的"礼"与礼节等仪式场景相关,这和"卡巴"词源理解中关于"愉快的"理解是有共性的,都揭示出了礼物是有一定场景的,而在当地,不同的场景还成了区分"卡巴"和其他交换类型的依据之一。

以上两种说法虽各有侧重点,但更多的当地人则表示对"卡"字的理解还有一定的保留空间,于是笔者只好依据同语支同源词不变的特性,将答案放到更广的范围去寻找"卡巴"最初的词源,最终通过多方言区的询问和考察在彝语西部方言和彝语支拉祜语里得到了对"卡"的另一种理解:

> 在西部方言云南巍山的彝语里找到了读音完全相同的词汇"卡巴",茶志高②解释道:在巍山彝族腊罗话里,"卡"[kʰa³³]有"贵"之意,买东西时觉得价格太贵了就会说"卡巴"[kʰa³³ ba³³]。别人送礼物给你或你送别人礼物时,受礼一方又通常会问一句"卡下"[kʰa³³ ɕa³³],意为"贵吗?"意在问送礼方所送礼物是不是很贵重,或得来是否不易,表示受礼方的礼节性答谢。在询问"卡下"的同时,意味着受礼一方的理亏,或者说一种隐性权力转移到了送礼一方。
>
> 张劲夫③告诉笔者:"卡"[kʰa³³],在(彝语支)拉祜语里有两层意思,一是村寨之意,二是物品价格贵,这里的物品是商品,不是礼物的贵重。

从以上材料基本可以确定彝语支里的"卡"确有"贵"之意,而且"卡"与物品紧紧相关,拉祜语中"卡"的"贵"的含义虽只指商品,但从物本身来讲,礼物和商品只是物的文化属性和经济属性的不

---

① 访谈对象:古次妈妈等 访谈地点:美姑县九口乡街道上。访谈时间:2015年7月。
② 茶志高,男,云南巍山彝族。访谈地点:云南民族大学。访谈时间:2017年5月。
③ 张劲夫,男,云南澜沧拉祜族。访谈地点:云南民族大学。访谈时间:2017年5月。

同方面的体现，格雷戈里曾指出，"礼物与商品这两个概念尽管不同，但却互补：商品概念以互报独立性和可异化性为前提，是礼物概念的镜像，礼物概念是以互报依赖性和不可异化性为前提的"[①]。事实也证明，同一件物品在参与礼物交换时便是礼物，而放在市场交易时则成为商品，因此，从物的本身而言，礼物与商品没有严格意义上的界限，决定一个物品是礼物还是成为商品，取决于该物品所处的社会情景。

彝语西部方言区的巍山腊罗话里的"卡巴"的同源词的可能性已很明显，它不仅有"贵重"之意，而且该词与凉山彝语里的"卡巴"一样直接指参与馈赠的礼物，并能通过"卡"的询问生成礼物赠予过程中赠礼者与受礼者之间的权力关系。这样看来，似乎也可将"贵重"作为一种对"卡"的理解。于是笔者将这一理解与一些当地老辈学者讨论时，他们没有过多的表态，只是觉得"贵重"的说法还是有些道理，毕竟在凉山彝族社会里"卡巴"的赠予也处处体现着"贵重"的特性，当地人在接受"卡巴"时也常会客气地说道"这太贵重了吧"来表达谢意。其实，贵重不仅表现在礼物所寄托的情意上，还体现在礼物本身的价值上，历史上，人们常用牲畜、金银、土地，甚至会将人当作"卡巴"来赠送他人。至此，"卡巴"的词源便有三种解读：接受伴随，愉快地给予，贵重的交换。虽然不能确定哪一种说法才是最为原初的理解，但它们都是对"卡巴"礼物的不同方面的阐释，综上，可归纳出"卡巴"是有特定场合、具有一定权力关系的贵重礼物。但这一概括和当地人将"卡巴"理解为一种奖赏的观点似乎有点出入，因为奖赏似乎体现不出礼物的权力关系。这便引出了下一个问题，"卡巴"的奖赏性源自何处？

三、"卡巴"的奖赏策略

对于"卡巴"奖赏的阐释需从整体上去进行分析，首先可以从最为常见的说法去分析其结构，这便是经常有人提到的过年时长辈送给晚辈的"卡巴"礼物。如果单从这句话去理解礼物的交换性，其实很容易被误导，从字面上看，长辈送出了"卡巴"礼物，用于奖赏晚辈，听上去类似于压岁钱，而晚辈则不用回报，依照这样的视角去分析便容易得出单向馈赠、不可回报的定论，从礼物交换的结构来看，也会发现的确符合只有赠送没有回报的单向结构。但是如果我们追问：为什么长辈要奖赏晚辈，他要奖赏什么？那便能引出奖赏的前提条件，而有了这个前提才能使奖赏的行为得以发生。如此便能跳出这个误导，看清整个事件的全部过程，还原其真实的结构。按照当地的风俗，每当过彝历年时，晚辈都会背着自家的猪肉和食物去长辈家里拜年，猪肉和食物送给长辈，而长辈则会给以"卡巴"回礼，这便是整个事件的前后过程。至此，便可明白"卡巴"并不是所谓的单向馈赠，也不是不可回报的，"卡巴"在整个礼物交换中其实就是一种回礼，处在回报的位置上，只是当地人将"卡巴"的回报当成了赠送来给予。这一有趣的转变似乎隐藏着某种原因，当地人似乎是在有意忽略或改变着这一交换的结构。

首先，布迪厄曾在讨论馈赠和礼尚往来中的回报时间间隔时认为："时间间隔就是使那给予的人认为自己的馈赠是一种没有回报的赠予，使报答的人认为自己的回赠是无动机的，而并不是因为初始的馈赠决定的。"[②] 他还为此分析赠予—回报的"结构本质好像被集体压抑住了。人们只有假设给予的人和接受

[①] 格雷戈里：《礼物与商品》，姚继德、杜杉杉、郭锐译，云南大学出版社2001年版，第15页。
[②] 皮埃尔·布迪厄：《实践理性：关于行为理论》，谭立德译，生活·读书·新知三联书店2007年版，第156页。

的人不知不觉地合作，共同隐瞒，旨在否认交换的事实真相，否认体现了馈赠交换终止的礼尚往来"[①]。从布迪厄的理解中我们似乎能找到当地人忽视"卡巴"礼物交换的动机所在，只是布迪厄是从回报时间的间隔去论证，反观"卡巴"的回报时间间隔，几乎是一种即时性的，布劳在其论著中说过"对恩惠的过快回报——这意味着拒绝负一段时间的债"[②]，这就意味着即刻回报也是对交换关系的否认。虽然时间间隔不一致，但从结果来看，两者都达到了否认回报存在的效果，布迪厄是以时间的间隔差来切断交换的存在，而"卡巴"则是将回报转变为即时赠予来否认交换。其次，从"卡巴"的"贵重"的词源理解中也能得到同样的论据。"贵重"使礼物变得不可衡量，从而隐藏了它的价格。在布迪厄看来，"人们在送礼物时，把价格标签撕掉，就是消除交换"[③]。从此观点出发便会发现，礼物从一开始就一直在尽量规避或忽视交换（交易）的存在，礼物赠予和回报的过程都是在一种共同隐瞒的、不用言说的隐性状态下完成的，而一旦有人点破了这一状态，那便不再是礼物，而是一种毫无情感的交易。这样便能理解"卡巴"回报关系转换的根源所在，但这还不能完全理解"卡巴"奖赏性的形成原因，这就需要以更深一层的视角去理清这一过程。

还是以过年的"卡巴"礼物为例，在当地过年背肉给长辈的风俗里，有一个现象很值得进行深层的分析，那便是送猪头的现象，这一习俗不仅可以在彝历年中看到，而且在当地人在招待贵客时也能看到。送猪头的风俗起源比较早，嘉日姆几教授对此习俗做过深刻的描述与剖析："凉山彝族家庭会把过年猪的猪头砍成匀称的两半，民主改革前，将其中一半送给土司、黑彝等首领以示臣服，多数黑彝也会将半边猪头送给当地的土司、官府来获得政治保护。因此，将半边猪头送给谁指示着彝人们的政治归属。"[④] 此外，我们也能在相关的文献资料里找到类似的论述："过年时每户曲伙必须送半边猪头给主子，象征着对主子的隶属关系。"[⑤] 可见，送猪头在以前的时代里是一种表达臣服关系的重要象征，猪头的赠受两端代表了不同的等级差别。然而，在现行的社会里，接受猪头的一方已由过去的土司和主子转变为长辈及贵客，虽然已失去了臣服的隶属关系，但是我们仍然能看到它保留了某些特点：接受猪头的一方在身份地位上始终要优越些。这在当地的案例里也能明显看出，接受猪头是一种地位和身份的象征：

> 古次尔罗[⑥]："要是哪个能送我猪头，我一定给他大'卡巴'。"他儿子插嘴道："猪头有什么吃头，肉都没有。"尔罗反驳道："只有厉害、辈分高的人才吃得到的，你不懂吧？"他一旁的妻子，冷冷说道："怕是还轮不到你吃。"
>
> 古次海体[⑦]家来一位客人，他家杀小猪款待。客人吃好要离开时，只见古次海体的妻子提了一个袋子拿给客人带走，里面装着早已备好的半个猪头和两个玉米粑粑，其间相互推诿了好几回。而另一半猪头则送给了来帮忙杀猪的邻居，说是拿去给家里的老人。这种场景在当地比较常见。

---

① 皮埃尔·布迪厄：《实践理性：关于行为理论》，谭立德译，生活·读书·新知三联书店 2007 年版，第 156 页。
② 彼得·M. 布劳：《社会生活中的交换与权力》，李国武译，商务印书馆 2008 年版，第 166 页。
③ 皮埃尔·布迪厄：《实践理性：关于行为理论》，谭立德译，生活·读书·新知三联书店 2007 年版，第 158 页。
④ 嘉日姆几：《族群关系的仪式表达》，《社会学研究》2007 年第 1 期。
⑤ 马长寿：《凉山美姑九口乡社会历史调查》，民族出版社 2008 年版，第 31 页。
⑥ 古次尔罗，男，四川凉山彝族。访谈地点：九口乡瓦乌村古次尔罗家。访谈时间：2016 年 7 月。
⑦ 古次海体，男，四川凉山彝族。访谈地点：九口乡瓦乌村古次海体家。访谈时间：2016 年 7 月。

可见，在这一风俗的变迁中，对象和用意虽然发生了改变，但它等级性的结构则保留了下来，这可以用二元观来理解。文化现象深藏于社会结构当中，而结构是一种社会秩序的理解，秩序则来源于人的二元对立的观点。正因如此，送猪头这一二元结构得以保留下来，并内化于当地彝族人的意识里。当时代转变时，深层的二元结构未变，只是将原有的秩序进行了新的替代，形成一种新的与时代相适宜的结构关系。只是这种结构等级所体现的不再是阶级性的，而是体现为巫达所说的年龄、辈分和地位的上下关系。

从以往人类学对礼物的讨论中，我们得知礼物的馈赠能使受礼方陷于债务的偿还关系中，而受礼者的礼亏心理也往往能产生权力的依附关系，礼物造就了一种不对等的关系。纵观历史，可以看到与送猪头以示臣服习俗类似的情景——周边方国向中央王朝进贡以示臣服；从礼物的角度来看，这和送猪头的形式是一致的，而中央的处理方式便是对方国使臣进行即时地重赏，以显大国的风范和身份，这一过程和"卡巴"礼物竟如此相似。如果以此案例来分析，礼物馈赠似乎真有这个力量改变这一上下的地位关系，才使得接受方为了保持自己的地位和身份优势，否认礼物交换的存在，他们接受的不是礼物的债务而是礼物表达的臣服和敬重，由此将自己从受礼者的角色成功转变为赏赐者，不仅规避了债务关系，反而使对方处于无法回报的境地，其结果是自己的地位得到巩固或加强，这无疑是一种艺术性的统治策略。同理，在"卡巴"里接受的一方，按常理也会造成低人一等的权力关系，但是作为地位和等级高的一方，绝对不会允许有这样的事发生，而且从现行的秩序观来讲，也不会允许晚辈与长辈之间的秩序出现颠倒，这就意味着"卡巴"受礼人的身份、地位、等级等的不可逆性才使得"卡巴"礼物向奖赏性过渡，因为奖赏的策略很好地规避了这一秩序颠覆带来的风险，于是"卡巴"礼物就表现得和当地人的理解一致。至此，我们便理清了"卡巴"词源与概念之间的疑问，并通过"卡巴"奖赏性的分析，看到礼物在主观上对交换进行否认的同时，也维持着双方的结构关系，这也许便是当地礼物概念的关键所在。

四、小结

从"卡巴"礼物的整个过程来看，"卡巴"的确构成了一种交换结构，但在主观层面上，人们却策略性地否认和转换这一交换关系，才使得"卡巴"成为一种当地人所认为的不求回报的奖赏。可以说"卡巴"在结构上是一种交换，但在人际层面上却极力地否认和隐藏，其目的就是为了和直白的、带有强制意味的交易进行区分，其根源在于礼物交换双方固有的地位差异，而"卡巴"的单向奖赏便是高地位者用以巩固或操演其权力的一种策略。这正好也可以让我们重新审视未被当地人归入礼物一词的"尔普"和"洛尔"，因为这两类交换正好与"卡巴"相反，使交换关系明朗化，它带有的义务法则不仅使交换双方的情感倾于无，而且使双方的地位也倾于平等化。因此，从礼物所体现的对交换否定的特征来看，其背后应是礼物馈赠双方对自身地位的维护。

"Kaba": The Hidden Power in the Gift of the Liangshan Yi People

Jike Quri   Zhang Liyin

Abstract: Starting from the etymology and concept of the "Kaba" gift of the Liangshan Yi people, this paper analyzes the rewarding and timely repayment process of "Kaba". It is found that the understanding of the one-way gift transfer and no-strings-attached reward is derived from the negation found in the in-equivalent exchange relationship. There is, therefore, a kind of implicit power present. It strategically transforms a payment into a reward. The purpose is to maintain the original statuses that determine the relationship between the two parties.

Key words: Yi people; gift; Kaba

安龙谢土仪式及其象征人类学解读
——以大理地区为例

陈丽媛*

摘　要　安龙谢土是民间百姓对土地家神和五方地脉龙神等土府神的信仰，这一信仰在我国的一些地区至今仍然存在，许多民族依然延续着这一信仰的仪式。安龙谢土仪式在新居落成之后，搬入新家之前举行。有此信仰的民族所举行的仪式差别不大，信仰的实质基本相同。文章以大理地区一户新房建成的人家举行的安龙谢土仪式为例，从人类学的视角，对仪式过程及仪式中的象征符号蕴含的象征意义进行分析，旨在阐释仪式所折射出的安龙谢土信仰的文化内涵。

关键词　安龙谢土；信仰；仪式；人类学

DOI: 10.13835/b.eayn.29.11

一、引言

安龙谢土是对五方土府家神和五方地脉龙神等土府神的信仰。安龙谢土又称"安龙奠土"，民间简称"谢土""奠土"。顾名思义就是既要"安龙"又要"谢土"。"安龙"是复原新房地脉与安入新居土府神的意思。民间认为盖房动工时要破土，土层被挖开破坏后，可能会动了地脉，所以新房盖好后，在搬入新居之前，要举行仪式恢复新房子的地脉，即将新家宅盖房时破土动工破坏掉的地脉归位到盖房前对应的位置。同时通过仪式安位好新家宅的五方土地保护神，即土府神，简称"土神""土祇"，祈求安入新宅中的土神保佑新家宅世代平安、兴旺发达、财源广进、五谷丰登，这一仪式过程称为"安龙""安土""安土神""安位"。护佑新居家宅的土神各安方位后，接着还要举行"谢土"仪式，"谢土"的目的主要是基于盖房多日来动土施工搅扰到土神，但土神并未怪责的恩情，通过献祭给土神祭品的仪式表达对五方土府家神与五方地脉龙神等诸位土神的感谢，这一仪式过程称为"谢土""奠土"。

在大理，安龙谢土信仰的历史源远流长，至今许多民众仍然延续着安龙谢土信仰的仪式。安龙谢土信仰与道教的五方谢土科仪密切相关。历史上，大理与中原地区往来较为密切，受中原文化的影响较为深远，其中包括了中原地区普遍流行的宗教文化。因而，道教传入大理的时间也较早，有学者做过研究，指出："信仰原始宗教的同时，南诏和大理国时期主体民族还信奉早期道教——天师道。此教系东汉末张陵创于鹤鸣山（今四川大邑），又名'五斗米道'。"[①]

---

* 陈丽媛，云南大学西南边疆少数民族研究中心博士研究生，中共云南省委党校（云南行政学院）讲师。
① 邵献书：《南诏和大理国》，吉林教育出版社1990年版，第247页。

道教的传入，使得相应的道教科仪也随之传播至大理地区。五方谢土科是道教的重要科仪，仪式在建筑物完全盖好完工后举行，主要目的是通过祭祀土神的仪式来谢恩五方的土府神灵，祈请土神保佑新居清吉平安、子孙兴旺。这一信仰与民间百姓对新房盖好、搬入新居后期待美好生活的愿望较为贴合，于是信仰的仪式在大理民间很早就传播开来，逐渐形成了具有本土特色的汉族、白族民众共同普遍崇奉的民间信仰。

二、安龙谢土仪式

笔者于2017年、2018年对大理地区的安龙谢土仪式做了调研，发现安龙谢土仪式是当地民众在新房刚落成后普遍举行的仪式，各家举行的仪式过程差别不大，信仰的实质基本相同。现对2018年12月刚刚盖好新房的男主人刘之兴[①]家在新宅中举行的安龙谢土仪式进行深描。

范热内普认为："有些与筑基建房相关之祭献活动也属于过渡礼仪，该仪式之目的就是为了改变居住地。"[②]他把"通过仪式"定义为："'随着状态、地点、年龄和社会位置的每一次变化所举行的仪式。所有的过渡仪式都分为三个阶段：分离、阈限（或边缘）、聚合。'第一阶段——分离，是由个人或团体离开了原先在社会结构中的固定位置或一套文化环境的象征性的行为构成；第二阶段——阈限，仪式'过渡者'的状态模糊不清，在这个阶段，'过渡者'很少带有或不带有过去的或即将到来的状态的任何特性；第三个阶段——聚合，通过过程完成。作为仪式主体的个人或团体再次处于稳定状态，拥有了一些明确规定的和'结构'类型的权利和义务，同时被期待依照一定的道德标准和习俗规范来行事。"[③]

安龙谢土仪式是新房盖好后，搬新家之前在新房子中举行安入新家宅保护神，复原新宅地脉的仪式。仪式是安龙谢土信仰衍生出的行为方式，是人们从行动上对信仰的外显表达。安龙谢土仪式前的诵经祈福，仪式过程中的请土神、安土神、娱土神、除煞神的展演，仪式后的搬新家、烧锅底，体现出了分隔、边缘、聚合的结构、反结构、结构的过渡历程。

（一）分隔阶段

安龙谢土仪式前要准备祭品，并进行诵经祈福等法事活动。笔者拜访的刘之兴家在新居落成之际，先择算好黄道吉日，然后家人便忙着去请行仪式的祭司，告知日期。待日子到来当天，祭司董进铖[④]一大早就被主家接到新居。

吃过早餐，祭司董进铖在客厅中摆放的四方桌上专心书写表文。董进铖所写表有两道：一道写给地脉龙神，另一道写给土公和土母。表文写好后，董进铖将赤白黄青黑五种颜色纸各拿了一张，裁剪成五件纸衣服，再用这五种颜色纸裁剪了五匹马、五面小旗子。接着董进铖在裁剪好的每一件纸衣服中间插入一根尺寸与纸衣服长度大致相等的红香，然后把相同颜色的纸衣服、纸马、纸旗子固定在同一根红香

---

① 刘之兴：男，65岁，大理古城绿玉路人。
② 阿诺尔德·范热内普：《过渡礼仪》，张举文译，商务印书馆2012年版，第27页。
③ 维克多·特纳：《象征之林——恩登布人仪式散论》，赵玉燕、欧阳敏、徐洪峰译，商务印书馆2006年版，第94页。
④ 董进铖：男，68岁，大理市人。

上。最后，董进铖还制作了五支桃弓柳箭和二十个纸制的金银元宝。

1. 布坛

仪式所用祭品准备好后，董进铖开始布置祭坛，祭坛设在客厅最里面中间位置，神像供奉在祭坛中央。祭坛上献祭给神灵一些祭祀饮食。另外，董进铖刚才所写两道表供在祭坛左边，女主人早前买好的纸钱放在一个方形托盘里供在祭坛右边。祭坛正前方位置设经坛，专摆董进铖所诵经书及使用的法器。

2. 诵经

准备就绪之后，只见祭司董进铖手持木鱼，面对神像跪拜一番后，敲过起坛鼓，然后左手持木鱼，右手用木鱼棒有节奏地敲击木鱼，开始念诵替主家忏悔和祈福的经文，念诵经文的同时不断地交替击打各种法器。诵经过程持续时间较长，到下午太阳落山之前才结束。经文诵完后，董进铖在经坛前叩拜三个头后方才起身。安龙谢土仪式前的准备过程是即将与世俗空间分离的阶段。在分离期，董进铖为即将举行的安龙谢土仪式诵经祈福，通过虔诚地诵经，替主人家忏悔、积福积德，向神灵祈祷即将举行的安龙谢土仪式能够平安顺利。

祭司和主家人在安龙谢土仪式之前所做的准备，使得仪式主体从世俗空间分离出来，逐渐过渡到神圣空间，原来的日常社会结构被打乱，众人开始接受反日常社会结构的各种文化规则的约束和禁忌。

（二） 阈限阶段

1. 布道场

安龙谢土仪式开始的时辰需在夜幕降临之后，因为安土是与土地有关，安入新居中的土神位于新居土府中的五方，而土府在地下，地为阴，所以安龙谢土仪式要在天黑之后方能进行。

待夜幕降临，祭司董进铖将一张正方形的黄纸铺在院子正中央，然后将一张绘有图案的正方形红纸以对角方式铺在黄纸上，正方形红纸上画的是一幅以一个太极图案为中心并向外扩展的三圈八边形的太极图和八卦图组合而成的太极八卦图案。这张正方形红纸上所绘图案，董进铖称其为八卦图或八卦阵。红纸铺好后，董进铖将早晨裁剪好的五件纸衣服、五匹纸马、五面纸旗，在正方形红纸的东西南北中五个方位一个方位插一份。其中青色纸裁剪的插在红纸的东方角，对着八卦图上写的"木"字。白色纸裁剪的插在西方角，对着"金"字。赤色纸裁剪的插在南方角，对着"火"字。黑色纸裁剪的插在北方角，对着"水"字。黄色纸裁剪的插在正方形红纸中央画的太极图上。

董进铖在准备这些祭品的时候，主家人也没闲着，他们在晚饭过后，就不停地在厨房忙碌，准备安龙谢土仪式中所需的祭祀饮食。他们需要准备五个生蛋，其中，四个是鸡蛋，一个是鸭蛋，鸭蛋的个头明显比鸡蛋大，每个蛋分别竖放在杯子中。听董进铖说鸡蛋象征着清吉，鸭蛋象征着平安，所以仪式中要用它们作为重要的祭祀饮食，意为向安位在新宅中的土神祈求新家宅的清吉平安。董进铖将八卦图铺好后，接着把五个盛蛋的杯子及五杯茶、五杯酒、五碗熟米饭在八卦图的东西南北中每个方位各供了一份。

绘有八卦图的正方形红纸上供的这些祭祀饮食都是献祭给即将安位在新居中各个方位的土府诸神的，

供在东方的祭祀饮食献祭给土子，南方献祭给土秀①，西方献祭给土公，北方献祭给土母，中央献祭给土姥。东西南北四个方位供的是装有鸡蛋的杯子，而位于中央的土姥则要供奉装有比鸡蛋个头大的那个鸭蛋的杯子。用鸭蛋来祭祀土姥，是因为当地民间认为土姥是土地家神中年龄最长、地位最高的神，所以用比鸡蛋大的鸭蛋来献祭她，以显示她的地位，同时把她安入新居土府中央位置供奉也凸显了中央为大的地位特征。八卦图东西南北中五个方位供奉的祭祀饮食除了祭祀位于新居土府中央的土姥、位于西方的土公、位于北方的土母、位于东方的土子、位于南方的土秀，同时也一并祭祀土府五方地脉龙神，即东方青帝木德土府龙神、西方白帝金德土府龙神、南方赤帝火德土府龙神、北方黑帝水德土府龙神、中央黄帝土德土府龙神。

之后，董进钺又把五支桃弓柳箭在东西南北中五个方位各放一支，每支桃弓柳箭下面压着董进钺早晨做好的金银元宝四个。金银元宝上面贴着的大红色纸花剪纸象征着福禄寿，金银元宝下面还压着数张纸钱。这些祭品供好后，董进钺又在每个方位点燃两支红香、一支红烛。此外，董进钺还把诵经时供奉在祭坛上的两道表放在八卦图旁边。

2. 请土神

一切准备就绪，祭司董进钺大声说道："安龙谢土开始。"只见董进钺带领众人打着鼓、敲着锣向新宅大门外走去，主家的所有人丁走在队伍的前面，其中男主人刘之兴走在队伍的最前头，手里拿着自家院子里的一把扫帚，右肩上扛着一把锄头，此时男主人扛锄头的方向是倒着扛出家门外，即锄柄在后、锄头在前扛出大门外。待会儿回家的时候要将扛锄头的方向反过来，即锄柄在前、锄头在后的方向正着扛进家门。出门再进门的整个过程中扫帚和锄头都只能由男主人拿着和扛着，其他人不能替代。

一行人敲锣打鼓走出门外的距离也不远，到门口的巷子处即停下，这时锣鼓声也随之停止。一行人在停留地供了一杯茶、一杯酒，然后烧了一堆纸钱，来帮忙的邻居张翠香②将从家中带出来的十支红香点燃，口中还念念有词："土公、土母、土德星君，给有请到了。"张翠香自答："请到了。"张翠香再问："今天带来什么？"张翠香自答："带来金银财宝。"张翠香接着说："房子盖好了，今天安土后，保佑他们清吉平安。"

待纸钱焚烧尽后，一行人又敲锣打鼓地返回家中，这时回家的队伍顺序发生了变化，年长的张翠香手里拿着刚才点燃的十支红香走在了最前面，紧接着才是敲着锣、打着鼓的董进钺及其他帮忙的人，后面走着的是主人一家，其中，男主人刘之兴走在队伍的最后面。也就是说，出去的时候是主人家先出去，而回来时则是主人家最后回来。一行人边走，祭司董进钺边问："给有请进来？"然后董进钺自答："逐步逐步请进来？"众人也跟着回答："请进来，逐步逐步请进来。"当排头的张翠香刚走进大门的时候，开始燃放鞭炮。

进入家门后，张翠香问道："给有请到了。"众人答："请到了。"张翠香接着问道："带来什么？"众人答："带来黄金白银。"张翠香再问："给有带来黄金白银？"众人接着答："带来了。"董进钺紧接着说道："土公、土母安土。"张翠香接着说："金银财宝带到家。"

---

① 秀指的是年轻姑娘，土秀就是土府家的女儿或儿媳。当地人认为土秀的扮相就是装扮成一个穿着赤色，即红色衣服的年轻媳妇或姑娘。
② 张翠香：女，73岁，大理古城绿玉路人。

请土神，是安龙谢土仪式的第一步，先将土神请进新家宅中，然后在家中举行安土神仪式，将请进来的土神安位在新家宅土府中的东西南北中五个方位长年供奉，祈求安在新居中的土神镇守家宅，以保佑新家宅平安。

3. 安龙谢土

回到家中，祭司董进铖将张翠香拿回来的十支红香在院子中间铺的八卦图东西南北中五方，每个方位各插两支。然后董进铖开始敲锣打鼓，一行人跟着董进铖围着地上的八卦图按顺时针方向转圈，众人边转圈口中边唱着："土公、土母、土子、土孙安土。"

转圈过程中，主人一家需排在队伍的后面，并双手合十，也跟着董进铖边转圈边唱着同样的祭祀词，其中，男主人刘之兴仍然排在队伍的最后面。祭司董进铖每转到东西南北中的一个方位，都要停留片刻，并带领主家人在这个方位双手合十拜一下，意为请进新家宅居住在此方位的土神已经安位好了。东西南北中五个方位，祭司都要带着主家人重复同样的过程，直到五个方位都转了一遍，祭司董进铖才停下来，此时，意味着新宅东西南北中五个方位的土神都已经各安方位。

接着，董进铖将八卦图东方供着的那杯茶交到张翠香手中。然后张翠香举起茶杯，众人与张翠香一同面向东方边鞠躬四下向土神行敬茶之礼，边唱道："一杯样好茶，你们样行请，土公、土母、土子、土孙。"

向东方的土神献祭茶后，茶杯依旧放回原位。在其他四个方位重复同样的过程，直到东西南北中五个方位按顺序依次转了一遍后，敬茶仪式才结束。

敬完茶后又换成敬酒，张翠香举行的敬酒仪式与刚才敬茶时一致，只是唱词略有不同，众人跟随张翠香唱道："二杯样好酒，慢慢样行请，土公、土母、土子、土孙。"仍然是重复同样的过程，直到东西南北中五个方位按顺序依次转了一遍后，向土神敬酒的仪式方才结束。

然后，祭司董进铖开始摇铃铛并按顺时针方向转了一圈作为向土神行敬茶、敬酒仪式结束的回应。接着，董进铖点燃一把红香放到火盆里，并开始在火盆里焚烧白天诵经时在祭坛上供奉过的那盘纸钱。

纸钱焚烧尽后，董进铖边摇铃铛边念道："今天，谢火神护法、飞龙飞虎、兵马、护法神，全部请拢，宝时见证，呈献表文、文书。"然后，董进铖让男、女主人在八卦图的土公、土母位前叩三个头后，面向东方跪在八卦图边上，并把呈献给土神的两道表文点燃后交给跪拜着的男、女主人举着。两道表燃尽后，便燃放鞭炮。

安龙谢土仪式持续时间较长，仪式的主要内容先是安土神，即先将刚刚请进新家中护佑新家宅的五方土神各安方位在新居土府中的东西南北中五方。土神各安方位后，接着还要谢土神，即通过向土神敬茶、敬酒等献祭祭祀饮食的仪式过程，来表达谢土的诚意。

4. 土神开光

刚才举行的仪式已经让土神在新宅中各安方位，但是此时的土神还没有生命和神力，需要将其开光后，方才具有神性，而给土神开光的重要工具就是活公鸡鸡冠上的血。鸡冠上的血点到八卦图的哪个方位，即寓意着已经给安入这个方位的土神注入了代表生命的血液，意为土神已经具有了生命力，有了护佑新家宅平安清吉的神力。

只见张翠香抱着一只活公鸡走到八卦图旁，用公鸡鸡冠上的血分别点插在八卦图东西南北中五方的五色纸旗,当点到青旗的时候,张翠香念道:"开了土子光,福寿给人金箱。"当点到赤旗的时候,张翠香念道:"开了土秀光,给他们发财展旺过十关,给他们子孙后代代代平安。"当点到白旗的时候,张翠香念道:"开了土公光,给他们世代保平安。"当点到黑旗的时候,张翠香念道:"开了土母光,给他们各人各家几个金箱。"当点到中央黄旗的时候,张翠香念道:"开了中央土姥光,给他们各家小家平安。"

开光结束后,意味着安位在新家宅土府东西南北中五方对应方位的土姥、土公、土母、土子、土秀都已经具有了生命力,成为活生生的神灵。张翠香抱着公鸡向着八卦图拜了三拜,然后把公鸡交到一直跪在八卦图旁的男主人刘之兴手中,这时男主人才起身。接着,祭司董进铖敲着锣、击着鼓、打着镲,又让众人双手合十跟着他围着八卦图按顺时针方向转圈,边转圈边唱着:"天门开,地门开,土公、土母、土子、土孙。"同样转到东西南北中的每个方位时,都会停留片刻,鞠躬拜一拜,直到五个方位全都转了一遍才结束。

5. 安龙谢土后的除煞

(1) 射凶神

前面的仪式已经安位好了护佑新宅五方的土神。接下来的仪式——"桃弓柳箭射凶神"则是为了把新宅中有可能存在的凶神恶煞驱逐出家门,避免这些可能给家宅带来灾祸、给家族造成厄运的灾难神灵在新宅兴风作浪,从而让新宅的保护神——土神能够安心镇守家宅、护卫宅院,保佑新宅平安、诸事顺利。

"桃弓柳箭射凶神"必须由男主人刘之兴亲自完成,在祭司董进铖的指引下,只见男主人先跪在八卦图的西边,面朝东方,然后,董进铖敲锣、击鼓、打镲,并念唱一番后,董进铖让男主人拿起摆在八卦图西方的桃弓柳箭,将箭射向东方的青旗,射中旗子即表示东方的凶神已被射中。这时,董进铖问众人:"给有射着了?"众人回答:"射着了。"董进铖接着问:"凶神给有射出去了?"众人答道:"射出去了。"董进铖再问:"金银财宝给有进来了?"众人答:"进来了。"董进铖接着说:"清吉保平安。"话音刚落,张翠香马上端起一个盛满五谷的托盘,抓起托盘里的一把五谷从上往下抛向刚才箭射中的位置,以回应东边的凶神被射出去,五谷财米带进家的事实。接下来在西、南、北、中几个方位重复同样的行为。直到最后男主人将中央的凶神射中后,即意味着家中所有的凶神恶煞都已经被驱逐出去,再加上土府神灵、家宅神灵等诸位土神也已经安位在新宅中护卫宅院,新宅终于可以安全入住,所以主人家感到格外地欣慰。

(2) 扫煞星

在仪式的最后,请来帮忙的张翠香拿着刚才男主人刘之兴扛出门外又扛回家的锄头,在八卦图的东方插着纸衣服、纸马、纸旗子和两支红香的地方象征性地挖一下,在挖过的地方,祭司董进铖将插着的纸衣服、纸马、纸旗子和红香拔掉放在一旁,再用刚才男主人拿出门外又拿回家的扫帚象征性地在锄头挖过的方位扫一下,董进铖边扫边念道:"金银扫进来,过时扫出去,自从今天安土后,东边呢,过十关,过关后,增福寿,给他们清吉保平安。"东西南北中五个方位都要重复一遍同样的过程,才意味着新宅中的煞星被扫地出门。

(3) 驱煞气

此时,安龙谢土仪式接近尾声,但新家宅中还有一件重要的事情要做,只见祭司董进铖拿着一把用红纸捆扎整齐的筷子,在一个盛着香面、生鸭蛋和淘米水的盆里不停地搅拌,直到香面、鸭蛋汁与淘米水完全融合。然后，董进钺端着这盆黏糊糊的液体，用盆里的这把筷子边蘸液体边把液体洒在新家宅的客厅、走廊、院子等各个角落，以祛除新居中的煞气。董进钺洒完盆里的液体，主人家燃放了一鞭鞭炮以示庆祝。

从安龙谢土阈限阶段举行的仪式可看出，阈限期，在世俗空间中地位高的人变成神圣空间中地位低的人，地位低的人变成地位高的人，整个社会结构呈现出一种反日常社会结构的状态。仪式的核心主体，"阈限人"——男主人的地位与阈限前相比发生了逆转。阈限期之前，男主人作为一家之主，是家中地位最高的长辈，家人都会尊重他的权威，平日对其心存敬畏，家中大事基本听从他的意见，由他做主。但从阈限期的请土神仪式开始，男主人的地位变成参与者中最低的。出去家门口请土神时，男主人排在众人队伍的最前面，此时，即将从世俗空间分隔出来的男主人还保持着世俗空间的高位，男主人排在请神队伍第一的位置即象征着他在日常生活中的家长地位。但待众人请到土神，返回家中时，土神的加入，使得世俗空间过渡到了神圣空间，成为"阈限人"的男主人地位发生了反转，从世俗空间中的最高位变为阈限期的最低位，所以在请到土神后，返回家的队伍中，男主人排到了众人的最后面，是最后一个走进家门的。请土神前和请土神后，男主人在请神队伍中所站位置的变化，反映出男主人在阈限期，已经从地位高的人变成了地位低的人。而其他的参与者请神回家时走在了男主人的前面进家门，体现出了他们从日常社会结构中家庭地位低的人变成了阈限期地位高的人。

仪式主体地位的高位与低位的变化在阈限期一直持续着。这种反日常结构的社会地位还体现在仪式的核心主体——男主人与其他参与者在仪式中跪与站的行为差别上。请土神回家后的阈限期过渡仪式整个过程中，男主人除了安土神和娱土神时围着八卦图的转圈打跳可以站立着外，其他时间几乎都要跪在八卦图旁，虔诚地接受祭司和其他参与者的安排。而其他仪式主体，则在整个阈限期大部分时间只需站着就行。这种跪与站的差别，仍然是男主人在阈限期地位最低的表现。男主人在仪式中除了要忍耐长时间下跪所带来的疼痛的折磨和惩罚，还要忍受祭司和其他参与者对其无条件的命令。除了服从，他别无选择，在整个阈限期，祭司和其他人指挥他干啥，他就必须绝对地服从安排，哪怕众人的命令并不是他心甘情愿，他也必须毫无怨言地按照要求去做。就像祭司命令他下跪，他就必须毕恭毕敬地执行祭司的命令，在祭司没有让他站起来之前，他是不能自行站立的，即使他已经感觉到下跪的膝盖麻木、隐隐作痛。哪怕别人看来，男主人的行为有点滑稽，但他也必须接受旁人的嘲讽而不能发怒。

在安龙谢土阈限期将安位在新居土府五方的土神开光之后，众人围绕八卦图的东西南北中五方转圈打跳歌唱。众人围着八卦图载歌载舞的庆祝活动是一种娱土神，人神共舞，人神同欢同乐的行为体现。这时，人与神共处在同一个神圣空间，"阈限人"与神灵之间、"阈限人"相互之间没有了阈限前的地位、财产、级别、亲属位置等的差别，呈现出与世俗空间不同的反日常社会结构的状态。人与人、人与神同欢同乐的行为亦是这种界限模糊、没有差别、地位平等的表现形式。当然，在这个众人彼此之间身份和地位模棱两可的娱神过程中，男主人仍然延续着最低的身份地位，因此娱神打跳时，他虽然可以有短暂的站立，参与到众人的娱神活动中，但他仍然需毕恭毕敬地排在打跳队伍的最后面，而不能逾越这一界限。阈限阶段，男主人作为核心"阈限人"成为一无所有、最没有身份地位的人。

（三）聚合阶段

阈限阶段之后，"阈限人"与神圣空间分隔，此时人神分离，但新居家宅还没有回归日常状态，必须在安龙谢土的整套仪式结束后，把在仪式过程中祭祀过土神的全部祭品装在大纸箱中，带去祭司董进铖认为是新宅的地脉所在地焚烧干净，这些祭品焚烧后即喻示新宅安土已经安妥。这是"阈限人"从阈限期分离，与世俗空间聚合的标志。

而主人家可以搬入新居，回归日常生活，解除阈限期禁忌的仪式则是第二天在新居中举行的"烧锅底"，即在新居中做第一顿饭。全家人吃了这顿"烧锅底"，才能搬入新房居住。"烧锅底"用的菜的品种可以随意，但鱼、肉、莲藕、百合这几样菜不能少。鱼寓义年年有余，煮鱼时必须一整条煮。莲藕喻义一家人心心相连，而且切藕时要切成一整圆片，不能将莲藕切成两半，这样才表示事情圆满顺利。百合则寓义一家人和睦相处、和和美美。"烧锅底"仪式之后，才意味着新居可以平安入住。

如范热内普所说："解除禁忌、决定谁为保护神、确保未来万事平安等，这些仪式之后都伴有聚合礼仪：祭酒、仪式性拜访、对房子各处之祭献、共享祭祀饮食及共餐（在法国，乔迁之喜的说法是'该挂锅了'）。这些仪式实质上是使未来居住者对其新房子建立认同感。"[①]

"烧锅底"的聚合礼仪，使得人们从神圣空间回归到世俗空间，阈限期的各种禁忌解除，社会结构又返回到日常状态，居住在新家中的家庭成员之间的长幼尊卑的地位差别回归从前，男主人又恢复了世俗空间中的长辈地位，父子、祖孙、夫妻这些亲属关系也重新回到了世俗空间原来的建构。

整套安龙谢土仪式在一种喜悦而又严肃的气氛中结束。此时，保佑、镇守新家宅的土公、土母等家宅神灵与五方地脉龙神等诸位土神已经在新宅中各安方位并奠谢了，新宅终于可以平平安安地入住，一切又从一种人神共处的氛围回归日常生活。

三、文化符号的象征意义

特纳认为："仪式象征符号成了社会行动的一个因素，行动领域的一股积极力量。象征符号和人们的利益、意向、目标和手段相关，不管这些是明确表述出来的还是得通过我们观察到的行为推测而来。至少是在行动的恰当语境中，象征符号的结构和属性变成了动态实体的结构和属性。"[②] 安龙谢土仪式中展现的许多文化象征符号，代表着围绕安龙谢土信仰的象征隐喻。仪式中出现了图案、祭品、行为、语言、颜色等重要象征物，隐喻着特定的象征意义。

（一）太极八卦图的象征隐喻

祭司董进铖在红纸上画的太极八卦图在仪式过程中是最具有象征意蕴的符号。八卦图案中的卦象借用了太极八卦图阴阳调和、万物和谐、避凶趋吉、避灾除凶的喻义。

---

① 阿诺尔德·范热内普：《过渡礼仪》，张举文译，商务印书馆2012年版，第27页。
② 维克多·特纳：《象征之林——恩登布人仪式散论》，赵玉燕、欧阳敏、徐洪峰译，商务印书馆2006年版，第19、20页。

八卦图的中央位置画着一太极图案，太极图的黑与白两鱼头分别代表的是阴与阳两极。黑色的鱼头一极为阴，象征的是没有光明、黑暗的地下，隐喻安位在新宅中的土神居住的位置是在地下的土府里。而白色的鱼头一极为阳，象征人们居住的地方充满阳光。八卦图中央画的太极图案即隐喻着居住于阴暗地下的土神护佑着居住在天地之间光明地带的人们。对于安龙谢土仪式而言，八卦图中央画的太极图即代表了金木水火土阴阳五行的"土"行，土代表的是大地、土地本身，土在五行的方位上位于中央，所以位于八卦图中央的太极图案象征着安龙奠土，八卦图中央的卦象代表着安位在新居土府中央的土神是土姥与中央黄帝土德土府龙神。

以太极图为中心，向外一圈画的图案为八边形，并划分为八格，八个格子每空一个格子写着"金、木、水、火"四个字，剩下的四个空格分别画着"- -"与"—"的符号。"- -"与"—"在八卦图中隐喻着天地万物皆分阴阳，"- -"象征着阴，"—"象征着阳，代表着金木水火土阴阳五行相生相克的本义象征。金木水火土五行在八卦图的卦象中对应天地之间的东西南北中五个方位，"土"行的方位位于中央，"金"在五行的方位上位于西方，"木"在五行的方位上位于东方，"水"在五行的方位上位于北方，"火"在五行的方位上位于南方。金木水火四个卦象既对应了东西南北四个方位，也隐喻了安入八卦图这一圈位置的东西南北四个方位的土府神为：土公，位于西方；土母，位于北方；土子，位于东方，土秀，位于南方。

再向外一圈画的仍为八边形，同样划分为八格，依然是空一格写着"金、木、水、火"四个字，并且这四个字需与前一圈的"金、木、水、火"四个字对应书写，剩下的四个格子分别写着"天、地、龙、凤"四个字。这一圈所写卦象仍然是象征天地万物皆分阴阳，延续金木水火土阴阳五行相生相克的本义。金木水火对应东西南北四个方位，隐喻着安入八卦图这一圈位置的东西南北四个方位的土府神分别为青帝木德土府龙神，位于东方；白帝金德土府龙神，位于西方；赤帝火德土府龙神，位于南方；黑帝水德土府龙神，位于北方。

最外面一圈画的还是八边形，也划分为八个格子，每个格子中所写内容与前一圈八个格子所写文字对应书写，"西白虎"对应前一圈的"金"字，"东青龙"对应"木"字，"北玄武"对应"水"字，"南朱雀"对应"火"字，"戌亥"对应"天"字，"申未"对应"地"字，"巳辰"对应"凤"字，"寅丑"对应"龙"字。

青龙、白虎、朱雀、玄武是古代传说中的四大神兽，有祈福、避灾、驱邪的功能。八卦图在对应方位写入其名号，象征着安入新居中镇守新家宅的四大神兽在新宅土府中居住的方位。白虎安入新宅的西方，即为镇守西方的神兽，在八卦图中对应五行中的"金"字书写，意为西方属金。青龙安入新宅的东方，即为镇守东方的神兽，在八卦图中对应五行中的"木"字书写，意为东方属木。朱雀安入新宅的南方，即为镇守南方的神兽，在八卦图中对应五行中的"火"字书写，意为南方属火。玄武安入新宅的北方，即为镇守北方的神兽，在八卦图中对应五行中的"水"字书写，意为北方属水。"戌亥""申未""巳辰""寅丑"为五行对应的天干、地支。

同时，八卦图对应卦象中书写的这四大神兽名称，还象征着一年的四季。青龙位于东方，东方是太阳升起的地方，代表着一天的开始，也喻示了一年的开端，所以青龙代表春季。朱雀代表的是夏季，白虎代表的是秋季，玄武寓意了一年中的最后一个季节——冬季。

祭司董进铖所绘的八卦图以中央太极图案为中心，从里向外分为三圈八边形，从八卦图画的图案和写的卦符可以看出，整幅太极八卦图案象征着安龙奠土的寓意，隐喻着安入新居土府中护佑新家宅的土神与金木水火土阴阳五行的对应关系。八卦图中不同的卦象代表着新居中土府的不同方位，亦象征着安入新居土府中的土神类别及居住和供奉的方位。每个方位安入的土神包括了土府家宅神灵、五方地脉龙神、神兽。同一类别的土神名称分别书写在八卦图的同一圈八边形划分出的对应格子里。从八卦图卦象的重要性来看，八卦图中隐喻的安入新居土府中的土神，以安位于八卦图中央太极图案位置的土神地位最高。

（二） 祭品与动作相结合的象征意义

1. 锄头和扫帚的符号喻意

请土神进新宅的仪式中，男主人扛着的锄头，要反着扛出家门外，然后再正着扛回家，寓意着盖房子时动了土，土层翻动破坏后，不是原形了，安龙谢土后，安好了土神，土层恢复了原样，于是盖房时破坏的土层又正回来，即恢复了原样。男主人肩上扛的锄头从反到正的方向改变成了表达新家宅自安土仪式后地脉恢复、归回原位的符号象征。仪式中用锄头作为符号来表达这一象征意义，是因为锄头是旧时的主要建房工具，过去盖房子建造地基是用锄头开挖土层破土动工开始的。

而在扫煞星仪式中，张翠香用锄头在八卦图东西南北中五方插着纸衣服、纸马、纸旗子和两支红香的地方"挖"的动作，仍然是为了表达盖房子时，是用锄头破土动工，挖土建地基的寓意。接着祭司董进铖拿扫帚在锄头挖过的位置"扫"的行为，象征着盖好房子后，要用扫帚来打扫新宅，把盖房时锄头挖开破坏的土层扫平整，扫得还原土层的原貌，复原新宅的地脉。同时"扫"的动作还寓意着安龙谢土后，新家宅安土已经安好了，诸位土神各安方位，扫进来平安和财富，扫出去新宅的灾星、煞星、煞气、晦气，使新宅随时保持干干净净、清吉平安。所以扫煞星仪式中使用锄头和扫帚所行的动作隐喻着盖房和房子盖好后的两个场景。

2. 桃弓柳箭射凶神与撒五谷的象征隐喻

桃木制作的弓箭用来射凶神的做法借用了古人流传下来的桃木是一种辟邪避祸之木的寓意。用桃弓柳箭来射凶神寓意着射中凶神后，即化解了五方的凶神，给新宅解了煞，新宅就可平安。

而男主人刘之兴用桃弓柳箭将每个方位的凶神射中后，张翠香又抓一把五谷撒向箭射中凶神的位置，这一行为象征着凶神射出去，同时安入新宅中的土神保佑住在新房子中的人们有吃不完、用不尽的五谷财米。

3. 洒鸭蛋汁、香面和淘米水的象征意义

在驱煞气的仪式中，祭司董进铖用筷子蘸香面、生鸭蛋和淘米水混合搅拌而成的液体，洒向新家宅的客厅、走廊、院子等处，除了象征驱除新房中的煞气、晦气之外，同时鸭蛋汁、香面和淘米水各隐喻着特定的象征意义。鸭蛋的"鸭"与压土的"压"同音，所以洒的液体中用到鸭蛋寓意着盖房时动了土，破坏了土层，因而盖好房子后要压压土，恢复土层原貌，土安好了才能保佑新宅清清吉吉、平平安安。洒的液体中拌入香面，是因为香在民间信仰中是一种神圣的象征，所以也有保佑新宅平安吉祥之意。而

淘米水是日常生活做饭时产生的常见物，喻示着主人家搬入新宅后的日子衣食无忧。用来洒液体的那捆筷子的数量也有讲究，是根据主人家有几口人来计算的，新家宅中有几口人吃饭，就将几双筷子用红纸捆成一捆来洒这种液体。

（三）祈福词的象征寓意

安土神仪式中，祭司董进铖在八卦图旁反复吟唱的"土公、土母、土子、土孙安土"的祈福词隐喻着人类的亲属关系，是人们日常生活亲情关系的体现。在大理，家族、宗族等大家庭观念较强，所以除了赋予神灵生命外，人们认为神灵也有着类似人间的人情冷暖，也会结婚生子，也能延续香火。安龙谢土仪式安位在新家宅中的土神，被当地人认为像人一样存在一个祖孙几代的世系家族。仪式中，把土姥、土公、土母、土子、土秀祖孙三代各安位在新宅土府的东西南北中五个方位供奉的展演，祭祀土姥、土公、土母、土子、土秀一家的行为，反复吟唱对土公、土母、土子、土孙祖宗三代的祈福词，实际上是受到民间亲属称谓和姻亲关系的影响，体现出了人们把信仰的土神也赋予了与人一样的以血缘和婚姻为基础的亲属关系和婚姻家庭。这些祈福词既寓意了人类的亲属制度，同时也隐喻了民众向土神祈求家族兴旺、子孙绵延的愿望。

（四）颜色的象征隐喻

八卦图中的金、木、水、火、土五行在卦象中不仅对应西、东、北、南、中五个方位，还对应着白、青、黑、赤、黄五色。青龙、白虎、朱雀、玄武四大神兽和中央黄帝土德土府龙神的名称中出现的颜色即象征着各神兽镇守新居的方位在五行中所属的颜色。青龙是东方的守护神，青色即为东方在五行中的象征色。白虎是西方的守护神，白色为西方在五行中的象征色。朱雀是南方的守护神，"朱"为赤色，所以赤色是南方在五行中的象征色。玄武是北方的守护神，传说玄武是一种黑色的龟蛇，玄代表着黑的意思，即黑色为北方在五行中的象征色。镇守新居土府中央方位的中央黄帝土德土府龙神，隐喻着黄色是中央在五行中的象征色。

另外，安龙谢土仪式中，董进铖在八卦图东西南北中五个方位插上裁剪好的赤白黄青黑五种颜色的纸衣、纸旗、纸马，同样隐喻着安入新居中的土府家神一家在土府中居住的方位及各个方位在五行中的象征色。民间认为土姥位于中央，中央属黄色，所以土姥穿黄色衣裳，配黄色马为座驾，抬黄色旗子。土公位于西方，西方属白色，所以土公穿白色衣裳，配白色马为座驾，抬白色旗子。土母位于北方，北方属黑色，所以土母穿黑色衣裳，配黑色马为座驾，抬黑色旗子。土子位于东方，东方属青色，所以土子穿青色衣裳，配青色马为座驾，抬青色旗子。土秀位于南方，南方属赤色，所以土秀穿赤色衣裳，配赤色马为座驾，抬赤色旗子。仪式中献祭给安入新居土府中的土府家神青、赤、黄、白、黑五种颜色的纸衣、纸旗、纸马，即隐喻着阴阳五行中配予东、西、南、北、中五个方位的象征色。

四、结语

从安龙谢土仪式中出现的八卦图、祭品、行为、祈福词、颜色等重要象征符号蕴含的象征意义可看出，民众举行安龙谢土仪式的缘由主要为：第一，安龙谢土仪式中特定的象征符号呈现出了民众对安位在家宅中的土神的信仰，这些安位在新家宅土府东西南北中五个方位常年供奉的土神，在民众的思想中被认为就是新家宅这一方土地的保护神。正是因为对土神的信仰流传至今，才使得破土动工后建成的新家宅落成仪式以"安龙谢土"的信仰内容为核心，在大理地区形成并延续了一套完整的安龙谢土信仰仪式。

第二，信仰的产生背景源自人们的日常生活，信仰仪式常常是人们对其所信仰的内容具体的、外在的表现形式，是基于信仰的思想、观点建立的一套模式。人们会在需要表达情绪和动机的时候，通过展演这套仪式模型中的具体的一些象征符号来表达信仰的观念和动机，从而获得心理上的满足感，实现精神慰藉。正如特纳所说："连接和围绕'阈限人'的象征意义是复杂而古怪的。许多象征意义模仿了人的生物过程，而人的生物过程，据信就是列维-斯特劳斯所谓的与结构的以及文化的过程'同形的'东西，它们给一个内在的和概念化的过程赋予了外在的和可见的形式。"[1] 安龙谢土仪式的举行寄托的是参与者追求入住新居之后的未来生活平安吉祥的美好愿望，参与者通过一系列具体的仪式活动使得其信仰中的观念呈现在了日常生活中。

第三，安龙谢土仪式展现了一种民间信仰，有此信仰的人们认为，新盖好的房子是充满了污染和危险的反常物，所以还不能入住。正如特纳所说："处于过渡性的东西尤其是污染性的东西，它们既是这种东西又是那种东西，或既不是这种东西也不是那种东西，既不在这里也不在那里，甚至到处都没有，它们有一点点'模棱两可'于时空的结构分类上的所有确认的固定点。"[2]

因此，只有通过请土神、安土神、谢土神、给土神开光、射凶神、扫煞星、驱煞气等一系列为新房举行的驱除污染和凶神恶煞等危险的仪式程序，通过仪式中特定的象征符号隐含的象征意义把诸位土神安入新家宅土府中东西南北中五方，才能把充满污染和危险的新房子转变为人们可以平安入住的正常物。正如范热内普所说："每栋新房子在通过适当礼仪使其成为诺阿（世俗或平凡）之前都是禁忌。在形式和动力意义上，此类解除禁忌礼仪与对神圣地域或女人解除禁忌之行为极相似：包含清洗、驱邪或一次共餐。其他实用行为都是为了保证房子不受损害、坚固不塌等。"[3]

正是以上三个方面的主要原因，使得大理地区的安龙谢土仪式成为当地民众为新盖好的家宅举行的普遍仪式。民众在仪式中通过特定象征符号隐藏的具体象征意义将信仰的内容予以了表达。

---

[1] 维克多·特纳：《象征之林——恩登布人仪式散论》，赵玉燕、欧阳敏、徐洪峰译，商务印书馆2006年版，第95—96页。
[2] 维克多·特纳：《象征之林——恩登布人仪式散论》，赵玉燕、欧阳敏、徐洪峰译，商务印书馆2006年版，第97页。
[3] 阿诺尔德·范热内普：《过渡礼仪》，张举文译，商务印书馆2012年版，第27页。

The Ceremony of Entering the Dragon God and Thanking the Earth God Alongside its Symbolic Anthropological Interpretations

Taking the Dali area as an Example

Chen Liyuan

Abstract: It is a folk belief that the God of Earth will enter the Dragon God and thank the Earth God. This belief still exists in some areas of our country, and many ethnic groups still maintain this belief. The ceremony is held after the construction of new homes and before moving into the new house. There is little difference in the rituals of the people who have this belief, and the essence of the belief is basically the same. This paper takes the ceremony of entering the Dragon God and thanking the Earth God held by a family building a new house in Dali as an example, and moreover, from the perspective of anthropology, this paper analyzes the ritual process and the symbolic meaning of symbols in the ceremony, aiming to explain the cultural connotations of faith embodied in the ceremony.

Key Words: Entering the Dragon God and thanking the Earth God; belief; ceremony; anthropology

艺术人类学

文学、史料和遗产：关于拉祜族起源叙事的三种解释

黄静华

摘　要　拉祜族起源叙事所经历的由外界主导的社会文化实践包括：书面文本的写定和出版，文学文本的历史属性解释，文化遗产的价值创造。三种建构所指向的社会文化运动虽不同程度地与民俗世界相关，却在更多他者意愿的凝聚中，不断指向拉祜族起源叙事新属性的制造。在追问本真性和寻求合理性的过程中，关于拉祜族起源叙事的诠释和理解日渐走向和营建一个非日常的、可被分析的和能被消费的文化世界。生活之外的阐释如何能回归生活之内的实践，这是值得实践各方予以思考和探讨的话题。

关键词　起源叙事；文类；史料；资源；非日常

DOI：10.13835/b.eayn.29.12

拉祜族主要生活在中国云南澜沧江流域（缅甸、泰国、老挝等也有分布），素有演述宇宙、人类、文化起源及族群生活历史的叙事传统。在超过半个世纪的生活变迁中，该传统在不同指向的实践中延续。在多种意愿的凝聚中，不同的社会文化实践指向着拉祜族叙事传统的新属性制造。本文所叙，即为对此过程的观察和描述，其间也包蕴着学术研究和其他社会实践需要接受的检视和再思。

一、叙事文本的文类意义

被界定为神话或史诗，是拉祜族起源叙事在民间文学文类意义生产上的清晰表达。这一意义的生产，集中源于以口头传统为基础的书面文本的写定和出版。在一系列搜集整理和出版事件中，作为书面文本之名称的"牡帕密帕"这一语词的被选择和被使用，值得描述和分析。

第一，成为拉祜族书面神话和史诗的文本学名，是"牡帕密帕"一词进入公共视野的首秀。拉祜族起源叙事的搜集和整理置身于"中国少数民族史诗搜集出版的第一个黄金时期"[①]："对拉祜族民间文学的搜集采录开始于1960年。当时，昆明师范学院中文系龚维顺、杨铜、刘辉豪等20多位师生，受中共云南省委宣传部、省文联的委托，对拉祜族文学进行了第一次全面搜集，凡拉祜族居住比较集中的县份，如

---

* 本文系2021年度国家社科基金《怒江流域人口较少民族动植物神话叙事研究》（21BZW185）和2021年度云南大学人文社科项目《跨越和归返：比较神话学的理论问题研究》阶段性成果。
** 黄静华，云南大学文学院教授。
① 冯文开：《20世纪中国少数民族史诗的搜集整理与出版》，《中国出版》2015年第22期。

澜沧、孟连、双江、勐海等县都去搜集了，末后汇集了大量材料，使之对这个民族的文学面貌有了初步了解。"① 显然，对于搜集整理的对象，其属性已被预先界定为"拉祜族文学"。在为整理后的书面文本取名的过程中，"牡帕密帕"一词被选择和确立："这个名字，原来也不是这个名字，原来是'牡逮密逮'，这个我们也是请教了专家，他在拉祜族地区生活了多年，他说'逮不对头，逮不准确'，应该是'帕'，'牡逮密逮'他说不准确不好，他说'帕'才准确，带有创造的意思，'天造地造'，他说'逮'是做的意思，'做天做地'不如'造天造地'。"② "牡帕密帕"一词的确立深植于20世纪中叶的社会文化思潮中，其最初被用来确指"经由整理的拉祜族书面文学文本"。

第二，确指特定书面文本之后，"牡帕密帕"的意义扩伸至"神话"或"史诗"的文类含义。因"牡帕密帕"一词的既有含义，其所指的拉祜族文学文本，在文类上主要包含神话③和创世史诗，或是关于起源事件的散文和韵文文本。各种以其为名的书面文本在经历多番"量体裁衣"之后，书写内容也和造天造地之义大致相符。从1978年第一次见诸公众，仅就诗歌体而言，"牡帕密帕"所冠名的文本有4部④。从这4部文本的书写内容来看，"牡帕密帕"的意涵经历了从"创世史诗"到"史诗"的文类扩展，这样的扩展在2014年版的《牡帕密帕》中得到鲜明体现。该文本"根据数位老艺人的演唱整理而成……用汉、拉（祜族）两种文字对照。全书由造天造地、造太阳月亮、划分季节、造江河湖海、造花草树木、造扎努扎别、播种葫芦、扎迪娜迪的传说、比氏依休的出世、猎虎分族、战争与迁徙等十一个篇章组成"⑤。相对地，首部出版的《牡帕密帕》由三个篇章组成：造天造地、造物造人、生活下去（扎迪、娜迪结婚，第一代人，取火，打猎，分配，盖房子，造农具，种谷子，种棉花，鹌鹑跳舞）⑥。两相对照，可明显看到2014年版的文本新增加了"扎努扎别与厄莎的斗争""族群迁徙"这样两个叙事主题，这也表明："牡帕密帕"这一文本语词的主题范围显然已经囊括了英雄史诗（雏形）和迁徙史诗。

第三，"牡帕密帕"逐渐成为拉祜族"神话"或"史诗"的代名词，其民间文学的文类意义逐渐被建设为共识和常识，在经历了搜集整理者的选择和民间文学学者的多番使用之后被确定。拉祜族的语库中，关于演述、诗歌等有如"古格噶木科"（古老诗歌）之类的词汇，甚至在当地汉语方言的对应指称中，也有"古根""老古话"等，而作为拉祜文音译的"牡帕密帕"一词⑦，其叙事文学文类的意义并不主动地来自族群内部或地方世界。此外，就笔者的个体感受而言，若将上文所提及的4部文本独立开来看，作为对叙事内容的凝练，"牡帕密帕"只是书名，对文类、体裁等学术范畴无明显和直接显示。但将它们连缀起来，便能觉察其文类意义的显现：几部文本在故事母题和类型上有相同点，但叙事的笔法、话语和具体情节方面的差异亦不少。并非完全一致的多部文本何以都冠名"牡帕密帕"？可以明确的一点是，这些

---

① 云南拉祜族民间文学集成编委会编：《拉祜族民间文学集成》，中国民间文艺出版社1988年版，第311页。
② 访谈时间：2013年12月12日。访谈地点：昆明市刘辉豪住所。访谈双方：刘辉豪和黄静华、高健。
③ 《拉祜族民间文学集成》中，"神话史诗"名下篇目为《牡帕密帕》，"神话传说"名下篇目为《牡帕密帕的故事》。
④ 分别简称为1979年版、1988年版、1989年版和2014年版：(1) 云南人民出版社1979年版的汉文单行本；(2) 中国民间文艺出版社1988年版的汉文本（1979年版的补充整理）；(3) 云南民族出版社1989年版，刊载于《拉祜族民间诗歌集成》的拉祜文、汉文对照本；(4) 2014年澜沧县文化馆印制，拉祜文、汉文对照本。此外，收录于《云南少数民族古典史诗全集》（中卷）的《盘古盘根》和《苦聪创世歌》未被冠名"牡帕密帕"，但在体例上也具备"创世史诗"属性。几部文本的搜集中心区域主要为云南省澜沧县，而《盘古盘根》较多提及临沧，《苦聪创世歌》作为拉祜支系苦聪人的叙事，在内容上和前者差异较大。
⑤ 澜沧拉祜族自治县文化馆、澜沧县非物质文化遗产保护中心：《前言》，《牡帕密帕》，2014年版。
⑥ 昆明师范学院中文系1957级部分学生搜集，刘辉豪整理：《牡帕密帕》，云南人民出版社1979年版。
⑦ 牡（MUD）意为天，密（MIL）意为地，帕（PHAL）意为开辟，即开天辟地之义。

被转写为汉文的文本皆有作为起源叙事的共性存在,"牡帕密帕"的确定意义已然被潜在认知为"文类"(神话或史诗),多部文本所雷同或相撞的并非"文名",而是"文类"。

二、文学文本的"述史"功能

被视为拉祜族起源叙事的代表,《牡帕密帕》不止被赋予了"神话"或"史诗"的文学文类意义,还被进行了文学发展史角度的时间判断和规定。尽管《拉祜族文学简史》的撰写者曾承认"写好拉祜族的文学史,不是一件轻而易举的事"①,但在进化观念的指引中,"体现拉祜族民族的精神生活、物质生活的创世史诗《牡帕密帕》,迁徙史诗《古根》以及与创世迁徙有关的《苦聪创世歌》等诗歌。还有表现逆抗传统神力的《扎努扎别》(诗歌)"②被毫无争议地放置于中古时期(约9世纪—约17世纪)。如此,拉祜族的起源叙事,无论是被称为"神话""史诗"或是"传说",皆成为历史遗留物,不仅在文学史撰写中被着力建构,也在基于书写文本的研究话语中被认可,如《拉祜族神话史诗〈牡帕密帕〉的文化特点》《试析拉祜族创世史诗〈牡帕密帕〉蕴含的朴素唯物主义思想》《试论〈牡帕密帕〉中的天神厄莎》《拉祜族民间文学〈扎努扎别〉特点浅析》等文均在将拉祜族起源叙事视为停留于某历史时期的静物的基础上,去想象或推演其间的思维逻辑和文化特点。

第一,多部书面文本构筑出文类上相对完整的拉祜族史诗体系,并阐明该体系来自时间深处,所述之事是往昔生活。这些故事文本不止单向地表达为过往如何显于其间,还被作为记忆证据,参与到拉祜族史书的撰写之中。20世纪80年代以来先后出版的《拉祜族简史》《拉祜族史》均将拉祜族起源叙事使用到群体历史记忆和身份的构造之中。在与文献史书的互证中,《牡帕密帕》中的相关叙述成为可用来阐明不同阶段拉祜族面貌的证据。经过多番修订、续写的《拉祜族简史》修订本如此表述:"在十分困难的条件下,前辈们步行千里,通过眼观、口问和笔录,搜集了大量的第一手材料,用铁杵磨成针的精神完成了编写任务,值得我们永远学习。在这次修订、续写之前,我们也多次深入拉祜族山区进行调查,获得了许多鲜活的材料。同时,我们也充分吸收了20世纪80年代以来出版和发表的许多学术研究新成果。"③这里所说的"鲜活的材料"之一便是拉祜族对于祖先生活和历史的歌唱,这些歌唱或被史书编写者用来作为历史观的强调,或被编织进对不同时序拉祜族形象的塑造中。譬如,关于拉祜族族源的说明,引用和阐释故事文本是主要方式之一:"长篇史诗《牡帕密帕》叙述说,人类最初的祖先是从葫芦里孕育出来的一对兄妹扎迪和娜迪。扎迪和娜迪婚配之后生了九对孩子,这九对孩子其后又相互婚配繁衍出拉祜、汉、傣、彝、哈尼、佤等九个民族。每当盛大节日,拉祜族长者常用这首感人的史诗教育后代记住,祖国各族人们血肉相连,同出于一个伟大祖先。"④又如,对于拉祜族早期历史的勾勒,也主要依赖史诗文本的叙述:"拉祜族氏族社会是从母系制开始的,时间极为漫长,据拉祜族迁徙史诗《古根》中叙述,先民们在北极(拉祜族'北基')一带生活了很长时间,这里是一个美好的地方,拉祜语称'北基落达

---

① 雷波、刘辉豪:《拉祜族文学简史》,云南民族出版社1995年版,第49页。
② 雷波、刘辉豪:《拉祜族文学简史》,云南民族出版社1995年版,第118—119页。
③ 《拉祜族简史》编写组:《修订后记》,《拉祜族简史》,民族出版社2008年版,第227页。
④ 《拉祜族简史》编写组:《拉祜族简史》,民族出版社2008年版,第9页。

多弥'（美好山河坝）。"① 在撰写拉祜族历史概况的过程中，除了《史记》《后汉书》《蛮书》等文献证据外，文学文本书写被直接使用："在劳动生产发展史方面，传说古代拉祜族最初从事采集业，接着从事狩猎业，最后从事农业。据长篇史诗《牡帕密帕》反映，古代拉祜族最初过着采集野生食物的生活，后来'吃光了甲哈草'，'啃缺了山梁子'，才花了整整三年的时间去追捕又肥又大的豹子和麂子。他们按照不同的自然条件从事社会生产，'早上到阿戈山，晚上到阿沃山打猎'，到'罗普河边、柯普河边'去采野果。"②

第二，与史书文献的互证视角不仅见于观察社会面貌，还在故事角色阐释中得到贯彻。对于核心角色"厄莎"，撰史者"幸运地"在典籍中寻找到能对应的记载："羌无弋爱剑者，秦厉公时为秦所拘执，以为奴隶。不知爱剑何戎之别也。后得亡归，而秦人追之急，藏于岩穴中得免。羌人云爱剑初藏穴中，秦人焚之，有景象如虎，为其蔽火，得以不死。既出，又与劓女遇于野，遂成夫妇。女耻其状，被发覆面，羌人因以为俗，遂俱亡入三河间。诸羌见爱剑被焚不死，怪其神，共畏事之，推以为豪。河湟间少五谷，多禽兽，以射猎为事，爱剑教之田畜，遂见敬信，庐落种人依之者日益众。羌人谓奴为无弋，以爱剑尝为奴隶，故因名之。其后世世为豪。"③ 在与文献记载的对证中，撰史者如是猜想："我很疑心，这个'爱剑'，就是厄莎的原型……厄莎之有如此强大的生命力，还有一个重要的原因，那就是它有它的社会经济基础，这个基础就是双系大家庭公社制。这是我国少数民族中的一种特殊生产关系，厄莎就是这个生产力和生产关系的代表。"④ 在这样的书写思路中，撰史者"顺理成章"地将"厄莎"和"爱剑"进行了连接。此外，在对《牡帕密帕》和《札努札别》的故事解析中，论述者有意在前后顺序观中串接起厄莎"由善至恶"的演变过程，而论述依据主要是对两个文本时间归属的判定：描述厄莎之恶的文本产生于农业社会生产力有所发展之后，这时的拉祜族社会已经进入集体所有和个体所有迸发矛盾的社会阶段。也就是说，《札努札别》所述的一切实是"拉祜族社会一定要进步，一定要发展的反映"⑤。"厄莎"的历史化在较大程度上意味着史诗被给予文学性外的历史性阐释，从心理真实到事实真实，文学叙事的历史功能被"发现"且被寄予厚望，在对"厚望"的落实中，贴着历史标签的书面文本顺理成章地成为制造民族记忆的重要资料。

第三，因着历史化的诠释，书面形态的神话或史诗被延伸运用到追问和撰编拉祜族史的事业中。当然，被编织进史书的主要为关于世俗事件的叙述，其编纂逻辑也大抵为：如果迁徙史诗所叙乃是"拉祜失落故土、被排挤的边缘身份"⑥，那么史书编纂便循着失落家园的反向回归，将其视为拉祜族历史身份的合法和合理证明。这样的选择主动屏蔽文学想象，把主体回忆引入宣称为"客观"的历史撰写，使民间的叙述话语顺利参与到历史身份和族群意识的塑造之中。由神圣书写转化而来的世俗描摹"在建构拉祜生活中的世界秩序的来源、在描绘拉祜的宇宙观的同时，也建构了一个有关

---

① 《拉祜族简史》编写组：《拉祜族简史》，民族出版社 2008 年版，第 40 页。
② 《拉祜族简史》编写组：《拉祜族简史》，民族出版社 2008 年版，第 10 页。
③ 范晔：《后汉书·西羌传》，中华书局 1965 年版，第 2875 页。
④ 王松：《前言》，云南拉祜族民间文学集成编委会：《拉祜族民间文学集成》，中国民间文艺出版社 1988 年版，第 12 页，14 页。
⑤ 王松：《前言》，云南拉祜族民间文学集成编委会：《拉祜族民间文学集成》，中国民间文艺出版社 1988 年版，第 23 页。
⑥ 马健雄：《宗教运动与社会动员：木嘎拉祜族神话、历史记忆与族群身份认同》，《思想战线》2007 年第 1 期。

'拉祜'的族群身份认同的地方性叙述，一种描述'我们和我们的世界'的地方性知识"[①]。尤其与文献史籍的他者描述相比，不管口头还是书写文本，神话和史诗中的生活回忆都被作为自我叙述的代表而使用。在时间重量的加附和使用中，因着阐释者的既定期望，这些经过他者阐释的自我叙述被依其所需地定位，也被给予了依其所想的归属。

三、文化遗产的资源价值

2006年后，被视为拉祜族叙事传统代表的《牡帕密帕》入选国家级非物质文化遗产名录，其身份塑造开始落脚于共时和地方世界，诠释视角扩至更具发挥性的"非物质文化遗产"一词，以其为核心的诸项设计也大多承载着对遗产现实价值的即时追求。在有章可循的非遗运动中，关于拉祜族起源叙事的话语诠释和行为建构既走向规范，也渐露泛化和虚化，似乎唯有如此，遗产的现实价值才能获得最大限度的兑现。

第一，诸多指向地方和现实效益的举措中，非遗的传承和保护工程为遗产之"产"的归纳和使用提供了条件。在非遗工程中，以特定范本来规范拉祜族起源叙事的行动被逐渐落实，依照保护计划，澜沧县文化馆定期举办传承培训，搜集时依赖的歌手成为教员主体，书面文本以教材身份回溯到学员大脑记忆中。此处此时的知识流动中，来自民间的口头文本被整理者依特定原则进行了清晰的书面编排，当这种体例返回民间时，其规范指令是明显的。较之未被"编程"的民众，传承训练的教学双方对拉祜族传统故事的理解，更符合书面文学的知识范本，说或唱的段落和篇章意识都较明显，常让外来的调查者既生传承"完整"之评，也觉沟通"舒服"和"顺畅"。如此，较之习俗世界的"无心之习"，培训班的史诗建构在设置、运行、维护等环节均有既定文书的规划、指导和监督，是名副其实的"有心之学"。"有心之学"所建构的拉祜族起源叙事，已然难寻内在的无须确证，借助外来视角宣传正确性和评断有效性是常见之景。而且，在传承班的开办中，在让更多人"知道"和"会唱"的业绩目标前，较之习以为常式的浸润和养成，"班"的教与学大多体现为可见的"一字一词""一句一段""一则一部"的输出和获得。如此建设之下，拉祜族起源叙事不再是四处渗透和弥漫的生活整体，而是被建设得具有了就作品、篇章而言的整体性。必须提及的是，这样的整体性有需要检视之处：日常生活中少有人按照段数、篇数有"秩序"地讲和唱，被书面知识束缚的田野发问（如：《牡帕密帕》一共有几个章节？）常让对话者摸不着头脑。当然，这样的完整性中所潜存的、难以避免的结构封闭性、单一性和稳定性，也成为故事能被作为资源来使用的必要条件。

第二，作为遗产被资源化的应用事例中，故事所叙神圣或神奇之事被固化地安放于现实的地方世界，可以说是充分显示着地方精英的"冥思苦想"和"奇思妙想"。澜沧县南岭乡的勐炳被官宣为"厄莎种葫芦的地方"，制造者将自然景观与文本情节结合，选建"厄莎种葫芦的丫口山""抚养扎迪和娜迪之地""厄莎跳歌处""厄莎种茶处""厄莎养蜂处""厄莎养猪处"等人造景观。该县的某文化工作者曾言："我

[①] 马健雄：《再造的祖先：西南边疆的族群动员与拉祜族的历史建构》，香港中文大学出版社2013年版，第178页。

开始看也不像，但他讲了故事之后，就觉得真真的是了。"① 在这些纪念物的制造中，族群记忆中的神圣叙事继被历史化后，又被在地化。尽管这样的设计和在地化解释与拉祜族先祖来自青海的论证相抵牾，但在地方成果需要积极推进的目标面前，传统故事所叙之事落实到"日常生活环境中的某些'实物'之上，从而唤起人们的自我感知，将演述者、听众以及不在场的本地更大人群连接起来，滋生或温习对地方传统的认同感"②。如此，当遥远的情感想象转换为可见、可触、可用的熟悉感时，一个更具有实体性，更能为后世所仰所用的拉祜族"遗产"形象在得到相对完满塑造的同时，也顺理成章地转化为地方所有的澜沧遗产。

第三，在拉祜族起源叙事的资源价值被创造的过程中，"旅游业是围绕着文化遗产的政治经济中的一股主要力量，是有意识地重新安排文化实践的一项核心动机"③。比如，以"葫芦"为主题④的设计成为时下征用拉祜族起源叙事的主要选择，并被理所当然地运用到旅游场域的各项创造中。澜沧县城建有葫芦广场，广场中心设置巨型葫芦，有多处雀、葫芦、老鼠的图案。1991 年确立的葫芦节对起源叙事的遗产身份理解也值得注意，该节的最初设立"明确来自于对《牡帕密帕》的理解：节期是天神'厄莎'培育造人的农历十月十五日"⑤。然自 2006 年起，节期由农历十月调整到公历 4 月，与县庆（4 月 7 日）合并，也和周边县域节庆顺连，合力打造拉祜文化和区域文化品牌，成为这一区域 4 月系列旅游活动的重要一环。当然，设计者也在地方自然常识中寻觅到更换节期的合理性：农历十月是葫芦成熟时节，公历 4 月是种植葫芦的时节。并将这种合理性视为对拉祜族起源叙事的尊重和正确使用。当然，不管如何解读这些合理性，关于节日本身，如下的他者感受其实颇具意味：

> 4 月 7 日到葫芦广场，上午就一个自行车竞技比赛，跟民族民俗也没有任何关系，我们三个兴致恢恢，等晚上很兴奋地去看，发现都是一些文艺团的演员表演一些经过艺术加工的舞蹈或是新编出来的得奖歌曲，就瞬间没有兴致了……第二天 4 月 8 日进行的是非物质文化遗产成果展演，本来以为是唱《牡帕密帕》与跳芦笙舞，结果这个所谓的非物质文化遗产成果展演只是每一个乡镇必须出两个节目上台表演……再问过很多老乡，得知大部分村寨并不过葫芦节时更是觉得气馁，在与不同乡寨的人交流之后发现葫芦节也并没有一项专属于葫芦节的民俗活动内容……我心里失望之极，得出（结论认为这）只是一个造出来的节日罢了，就不愿意多提了。⑥

无疑，节日的制造恰好表达了遗产应用的可能性与可行性。文化遗产工程的地方执行所建构的是作为文化资产的史诗，不仅谈论保护，也着重强化对"产"的活性激发，有向"产业"和"产出"迈进的显然意思和清晰行动。

---

① 对谈双方为澜沧县木戛乡文化站的工作人员，黄静华、高健、赵文霞和张玥，时间为 2013 年 8 月 6 日，此处的"他"为这一景观的主要设计者，是普洱澜沧和拉祜族世界的文化精英。
② 陈泳超：《背过身去的大娘娘：地方民间传说生息的动力学研究》，北京大学出版社 2015 年版，第 7 页。
③ 克里斯托弗·布鲁曼：《文化遗产与"遗产化"的批判性观照》，吴秀杰译，《民族艺术》2017 年第 1 期。
④ "扎迪娜迪出葫芦育人类"是拉祜族史诗的主要叙事单元。
⑤ 黄静华：《论作为"非物质文化遗产"的少数民族神话》，《文化遗产》2013 年第 3 期。
⑥ 赵文霞：《澜沧县葫芦节田野调查报告》。作者系云南大学民俗学 2012 级硕士研究生，调查时间为 2014 年 4 月，调查参与人还包括云南大学民俗学 2013 级硕士研究生钟玲燕和蓝媛媛。此次调查的部分经费支持来自国家社会科学基金重大委托项目"中国少数民族语言与文化研究"的子课题"当代语境中拉祜族史诗传统的建构问题研究"。

四、结语

从被视为文学文本,到被视为民族史料,再到被视为公共资产,拉祜族起源叙事在规范和虚泛、历史和现实、公共和地方、统一和特殊等矛盾交织中被诠释和塑造。书面文本的制造是拉祜族起源叙事被诠释为具有公共意义之身份的开启,"牡帕密帕"的语词使用及其后蕴涵的文类概念生长是其塑造核心。在书写文本出版系列的叠加中,文类意义和定本概念被编织进叙事体系之内,精心整理和装扮过的书写文本为历史属性和遗产身份的落实提供了可见证据。在成为史料的过程中,叙事和历史的关联被制造出来,群体历史的追溯中,真和源的追寻构建着"叙事何为"的各种意图。而拉祜族起源叙事的文化资产身份制造就是显然的具有持续性的文化实践过程,是基于不同时期的"'现在的'需要而创造性地挑选、命名、重组'过去的'文化资源的创造性活动"①。

立于生活之外的拉祜族起源叙事获得了在更广阔领域的存在合理性,但这些建构必须要正视的,是越来越难以日常和平常的疏离性。无论是文类敲定和范本制造,还是以其为基础的史学解释和资源开发,非反思的日常生活意义的丧失是确定的,相关诠释和塑造所走向的是可被分析和能被消费,在那里,在大多数时刻,拉祜族起源叙事站立于生活之外,或和生活分别两处。若各方认同"实践不在于认识既有的民俗,而在于通过保护实践来改变'民俗'本身的存在方式,甚至产生新的民俗实践"②,则拉祜族起源叙事的各种实践就确实面临着被评判的问题,那么重点便不在于数量罗列和级别竞争,而在于如何在各种新性征、新模式的建设中望见自有、自由、自觉和自信,即生活之外的阐释如何回归生活之内的实践。这是值得实践各方予以深思和讨论的问题,唯有如此,所释和所塑即便有异于旧景,也定绿意盎然。

---

① 王杰文:《"遗产化"与后现代生活世界——基于民俗学立场的批判与反思》,《民俗研究》2016 年第 4 期。
② 户晓辉:《非遗时代民俗学的实践回归》,《民俗研究》2015 年第 1 期。

Literature, Historical Materials, and Heritage: Three Interpretations of the Origin Story of the Lahu People

Huang Jinghua

Abstract: The social and cultural practices that have been projected onto the origin story of the Lahu ethnic group have been dominated by the outside world and include the following: the composition and publication of texts; the interpretation of historical elements found in the literature; and the creation of values in cultural heritage. Although the social and cultural movements that these three constructs refer to relate to the world of folklore to some extent, they continually suggest the creation of new narrative elements in the Lahu origin story originating from the condensed will of others. In the process of questioning authenticity and pursuing rationality, the interpretation and understanding of the origin story of the Lahu people gradually moves toward building a non-daily-life cultural world that can be analyzed and consumed. How the extra-daily-life interpretation can return to inter-daily-life practices is a topic worth consideration and discussion by all parties.

Key words: narrative story; genre; historical materials; resources; non-daily life

少数民族口头传统中的中华民族共同体意识
——以彝族为例*

阿洛秀英**

摘　要　彝族口头传统作为彝族古老文明的活化石不断传承至今，其中不仅包含了彝族先民们关于宇宙、人类起源等哲学式的思考，也体现了他们对现实世界的直接反应，包括中华民族共同体意识的萌芽及发展。本文探讨了彝族口头传统中的中华民族共同体意识萌芽、发展及其演变过程，发现彝族中华民族共同体意识经过了一种从深到浅，再从浅到深的转变历程。这种认同来自彝族与各民族在经济、文化、政治上的交流交往交融的过程。最后从艺术依托形式、传播媒介等方面试析出彝族口头传统具有的"铸牢中华民族共同体意识"导向功能。

关键词　彝族；口头传统；萌芽；演变；功能

DOI：10.13835/b.eayn.29.13

引言

中华民族历经不同朝代的更替，经历过辉煌也遭遇过险境，唯一不变的就是多民族格局。1949年中华人民共和国成立以后，史无前例的少数民族社会历史调查与民族识别工作把历史上关系错综复杂的众多民族有序地分为了56个民族，正确认识和处理好56个民族间的关系就成了国家治理中的重中之重。2014年5月，习近平总书记提出"筑牢中华民族共同体意识"的民族工作主旋律。党的十九大报告在民族工作方面提出"全面贯彻党的民族政策，深化民族共同体意识，加强各民族交往交流交融，促进各民族像石榴籽一样紧紧抱在一起，共同团结奋斗、共同繁荣发展"。"中华民族共同体意识"一经提出，就引起了社会各界的强烈反响，多民族文学也以其包罗万象的姿态矗立其中。

作为多民族文学成员的彝族口头传统，自古就作为彝族古老文明的活化石不断传承至今，其中不仅包含了彝族先民们关于宇宙、人类起源等哲学式的思考，也体现了他们对现实世界的直接反应，包括中华民族共同体意识的萌芽及发展。而以往学界中对彝族口头传统的研究大多从功能论角度探讨彝族口头传统的教育、文化功能等，如龙保贵"试析滇南彝族民间文学中的传统教育思想"认为："滇南彝族民间

---

*　本项目为国家社科重大招标项目"民族宗教与国家治理问题研究"（15ZDB123）子课题"原生性宗教与国家治理"阶段性成果；国家民委人文社会科学重点研究基地中国彝学研究中心项目"建国70年凉山彝学研究回顾与展望"（YXJDY1903）阶段性成果。

**　阿洛秀英，西南民族大学博士研究生，西昌学院讲师。

文学中的这些教育思想,曾对滇南彝族生存、劳作、繁衍、发展、生息起到过不可估量的作用和意义,并有利于促进滇南彝族地区'五个文明'建设及实施滇南彝族乡村振兴战略。"[1] 以及运用口头程式理论对彝族口头传统做文本研究,如沙马拉毅"彝族民间长诗叙事中的'主题程式'研究"认为:"彝族民间口头叙事不仅情节生动,语言优美动人,还蕴藉着丰富的程式。这些程式是经过无数民间口头诗人的千锤百炼后在传统中形成的历经若干世纪之久的古老的传统遗产,它是具有固定涵义的现成表达模式。"[2] 在此基础上,本文从中华民族共同体理论角度出发,尝试对彝族口头传统提出新的理解,借此扩展彝族口头传统研究的范围与深度。

一、彝族中华民族共同体意识的历史溯源

根据结构主义原理的整体概念,整体的内在机制是体系性存在,即体系内各部分有机融合为整体。中华民族不是各民族相加之和,而是多民族形成的中华民族共同体。任何单一民族不构成中华民族整体性,中华民族共同体也因56个民族的构成而成为一个具有自身特性的有机整体。二者相互依存。

历史上的中华民族无论处于哪个阶段,民族间的交往交流交融都不可或缺,这种交往交流交融不仅是文化上的,还涵盖了经济、科技、政治等多方面的内容,它使各族人民各取所需,各得其所,满足了人民生活的各种生存与发展需求,进而保证了国家的正常运转。公元2世纪时,彝族主要分布在西南的三大区域,分别是滇池一带的益州[3](滇王国区域)、安宁河流域的邛都[4]和滇东北的朱提、堂琅[5]。这些区域对于当时的中原统治王朝都是属西南域的偏远地带,鉴于此,秦王朝时就已修建了"五尺道",古代通西南夷的道路分东西二路,东路是僰道路,即"五尺道",至公元前130年(汉元光五年)汉武帝发动巴蜀四郡的劳动人民第二次修筑,从僰道(今宜宾)南下,经过朱提一直到益州。西路是清溪路,这条路被称为"古道",可能通行更早,经过邛都而直达益州。这两条道路对于彝族的经济发展和商品流通都很重要,直接推动了彝区经济与文化的逐步发展。更甚,远在西南夷设郡以前,西南夷和中原就早已进行人口买卖和牲畜、铁器的商品交换。蜀郡从越嶲[6]、僰道、滇输入的有筰马、旄牛、僰僮;越嶲、滇从蜀郡输入的有铁器、漆器和丝织品等等。沿着种种交通道路,彝汉地区实现了物质与文化的互相交流与交融,所以"中华民族共同体意识"不是无根之木,而是社会自身发展的成果,是各民族深层交往交流交融的必然结果。这种意识是随着"中华民族"概念的萌芽与发展不断深化的,其主要特征是多民族对中华民族及国家的认同,是将对方视为共源共流的强烈倾向,在中国历史上较为著名的几次大事件可以证实这一点,其中关涉彝族的事件是一个极具典型的范例。历史上,彝族先民为中华民族之团结作出了持续贡献,用身体践行着各民族彼此互助互爱的重要原则,始终维护着中华民族的共同利益。如元末明初的奢香夫人为维护地方民族团结和国家统一建立了丰功伟绩,她不仅在政治上维护和促进了祖国统一,

---

[1] 龙俣贵:《试析滇南彝族民间文学中的传统教育思想》,《红河学院学报》2019年第6期。
[2] 沙马拉毅:《彝族民间长诗叙事中的"主题程式"研究》,《西南民族大学学报》2016年第10期。
[3] 四川一带古地名。
[4] 古代西南少数民族国名,在今四川省西昌市东南。
[5] 朱提,昭通的古称;堂琅,中国古代县名,今云南省巧家县老店镇一带。
[6] 今四川越西。

还促进了彝族与其他民族之间的交流交往交融;还有红军长征时期著名的彝海结盟事件,展现了彝人首领果基小叶丹对"党和人民是一家"的身体力行,使中国工农红军得以顺利通过了凉山;还有龙云、卢汉等彝族著名的爱国将领,都是彝族历史上中华民族共同体意识的践行者。在这些彝族杰出历史人物的事迹中,中华多民族的家国意识展现得淋漓尽致。他们虽身处中国西南边地,却始终坚守对母国的忠贞不渝,保证了国家的安全稳定以及人民的安居乐业,这种超越了民族与朝代的大爱与今日提倡的中华民族共同体一脉相承。彝族历史上的爱国人士还有很多,功绩也各不相同,这些都印证了在彝民族的历史进程中,爱国并不只是随口而出的娱词,而是付诸了实践的历史事实。

二、彝族口头传统中的中华多民族认同叙事

"《想象的共同体》最著名的观点是:民族是一个想象出来的政治意义上的共同体,即它不是许多客观社会现实的集合,而是一种被想象的创造物。"[①] 而从早期社会传承至今的口头文学无疑具有这种想象性,所以如果要往更深的层面去寻找彝族的中华民族共同体意识起源,更可靠的应该是追溯自古就有的反映彝族民间生活的最能代表广大彝族同胞社会文化心理的口头传统。"在有文字记载以前,先民是通过世代相传的神话传说传颂远古的历史,除了天地开辟、人类起源和洪水的神话,最重要的便是关于本族所奉祀的天神(或称帝、上帝)与祖神的神话。"[②] 基于此,接下来将引用一些彝族的口头传统作为支撑材料,说明彝族自古就有中华民族共同体的自觉意识,但这种意识不可能凭空产生,而通常是经由某些贴近人民生活的媒介或事项所体现,这些事项要么促进了生活的便利,要么提高了生活质量与水平,总之是与人民生活密不可分的,比如经济交往、文化交流等,这样才有可能合理地解释为何彝族自古就有着中华民族共同体的自觉意识。

(一)人类起源口述传统中的民族公祖

历史上民族的形成呈多元化路径是公认的史实,每个民族几乎都是你中有我、我中有你。易谋远认为:"中华民族是由古代的氏族和部落,即古夷人各部、古羌人各部、古戎狄各部和古苗蛮各部共同融合而成的。彝族起源是多元的。但在彝族起源的多元起源中,其主源是以黄帝为始祖的'早期蜀人',而以蚩尤为祖先的东夷族——昆夷则是彝族的又一源。"[③] 西南各族的形成得益于古羌族也是有史可证的。"汉族是以接纳为主而日益壮大的,羌族却以供应为主,壮大了别的民族。很多民族包括汉族在内从羌人中得到了血液。"[④] 即使不把羌人作为西南各族的主要来源,羌人在各民族形成过程中的重要作用也是无可怀疑的,这些史实都向我们证实了在起源问题上各民族之间千丝万缕的联系。在民族形成过程中,各民族你来我往,分合聚散,东迁西移,才形成了现在我国境内的56个民族,"炎黄子孙"的共源叙事并不是空穴来风,这在彝族多部史诗及其他形式的口头传统中可以得到印证。

---

① 美本尼迪克特·安德森著:《想象的共同体:民族主义的起源与散布》,吴叡人译,上海人民出版社2016年版,第2页。
② 费孝通主编:《中华民族多元一体格局(修订本)》,中央民族大学出版社1999年版,第72页。
③ 易谋远著:《彝族史要(上)》,社会科学文献出版社2000年版,第162页。
④ 费孝通主编:《中华民族多元一体格局(修订本)》,中央民族大学出版社1999年版,第28页。

云南彝族创世史诗《梅葛》是发掘时间较早、影响较广的一部作品，也是彝族创世史诗中记述较完整，保留彝族文学风格较好的一部史诗。在史诗中的"人类起源"部分，洪水过后世间只留下了学博若和妹妹俩人，天神格滋采取各种办法，迫使兄妹俩成亲安家，担负重新繁衍人类的重任，但兄妹俩不肯，实在被逼无法时这样说道：

  我们俩兄妹，同胞父母生，成亲太害羞。要传人烟有办法，属狗那一天，哥哥河头洗身子，属猪那一天，妹妹河尾捧水吃，吃水来怀孕。①

最后，妹妹怀孕九个月生了个怪葫芦，天神打开葫芦，从里面出来了各民族的祖先：

  戳开第一道，出来是汉族，汉族是老大，住在坝子里，盘田种庄稼，读书学写字，聪明本事大。戳开第二道，出来是傣族……②

一共出来九个民族，眼睛横起长，叫作横眼睛人。这是关于民族起源的很直观的展示，揭示出各民族多元一体的来源事实。而史诗中为何称汉族为老大，其实也有着其历史依据："中华民族多元一体格局存在着一个凝聚的核心，它在文明曙光时刻……已经在黄河中游形成它的前身华夏族团……汉继秦业，在多元的基础上统一成为汉族……凡是宜耕的平原几乎全是汉族的聚居区，同时在少数民族地区的交通要道和商业据点一般都有汉人长期定居。这样汉人就大量深入少数民族聚居地区，形成一个点线结合，东密西疏的网络，这个网络正是多元一体格局的骨架。"③ 正是在这样的前提下，汉族依靠深入各少数民族地区的队伍，发挥它的凝聚力，巩固了各民族的团结，形成一体。

《勒俄特依》流传于四川彝区和云南部分彝区，是彝族先民世代传承的口头传统精华，产生时间可上溯至万年前。经过历代彝族先民的不断加工与精练，史诗中集萃了不同时期的民族观念。在这一过程之中，"中国"与"中华民族"等概念日益在彝族人民的思想中扎根、发芽，并成为他们价值观中自我认同的重要准则。在"支格阿龙"部分中，对于支格阿龙与天神之女的三个儿子，史诗这样叙述：

  白雀回来把话告，居木武吴啊，前后忙不停……首先烫长子，说声俄底俄夺，成为藏族的始祖，蹲起双脚坐。然后烫次子，说阿兹格叶，成为彝族的始祖，跳到竹席上面坐。最后烫么子，说声毕子的咯，成为汉族的始祖，跳到门槛上面坐。④

三个儿子虽然"三子三样话，互相听不懂"，但是在神话中他们有着共同的父亲和母亲，有着共同的血缘是不争的事实。

---

① 云南省民族民间文学楚雄调查队：《梅葛》，云南人民出版社1978年版，第42—43页。
② 云南省民族民间文学楚雄调查队：《梅葛》，云南人民出版社1978年版，第44—45页。
③ 费孝通主编：《中华民族多元一体格局（修订本）》，中央民族大学出版社1999年版，第32页。
④ 凉山彝族自治州人民政府选编：《中国彝文典籍译丛第一辑》，四川民族出版社2006年版，第51页。

此外，彝族尔比①里也大量提及人类同源共生的内容：

> 谢世的老人，祖死孙悲伤，父死子悲伤，母死女悲伤，兄死弟悲伤，兄姊亡故弟妹悲，族亲亡故宗族悲，人类都是同宗分，同类死亡岂能不伤悲。
>
> 猛虎捕食林中梅花鹿，汉区水牛见了也悲伤，豺豹捕杀林边的獐麂，彝区黄牛见了也悲伤。
>
> 自古彝人死后归土中，汉人死后也归地底下。②

无论是哪个民族，生与死都是必须面对的问题，或许也正是在面对生死问题的时候，人们更容易意识到人类命运共同体的最终归宿。彝族尔比从本质上总结了人类同源共生的生命本质，认识到了中华民族多元一体的本质特征。

总之，虽然中华民族整体的自觉意识出现在辛亥革命以后，但中华民族起源、形成、发展的历史过程却非常悠久，可以溯源至上古时代，这些从上述口头传统中可见一斑。而神话并不只是虚构，历史上"中华民族先民在中国大地上的远古存在，表现为以蒙古人种为主体的多态特征"③，杨成志先生也早在20世纪20年代就深入四川大凉山彝族地区进行调查，发现倮倮（彝族的前称）是蒙古人种。所以，神话并不只是人们头脑中肆意想象出来的虚有的东西，而是有着一定的现实基础，而这种现实基础就成了中华民族认同的原生基础。

（二）生产生活叙事中的民族交往

"如果要寻找汉族凝聚力的来源，我认为汉族的农业经济是一个主要因素。"④ "机器制造工业兴起以前，农业生产是决定性的生产部门。汉族是农业最发达的民族，其精耕细作与农业科学技术，在现代农业科学与集约化农业生产形成以前，达到了世界最高水平。中国历代封建王朝，无论其统治民族是汉人还是北方少数民族，没有一个不是建立在广大汉地个体农业的基础上。"⑤ 汉民族在农业生产领域占有主导性地位。当然，其他各民族也各有优势，也正是因为各民族在农业经济中各有优势，才导致为了便于生产生活，各民族互相借鉴、互相影响。在彝族口头传统中，对生产生活叙事中的民族间交往也做了大量的描述。

《梅葛》不仅是一部虚构的史诗，彝族古代先民们通过这种口耳相传的方式将生产生活的重要内容也囊括进了史诗里面，所以史诗开头的创世部分神话性很强，但后面"造物、婚事恋歌、丧葬"几部分偏重经验实践，神话性减弱，这正好为我们探求彝族先民的真实意识提供了线索。史诗中有多处提及了不同民族先民们之间的生产生活交往活动：

---

① 尔比，一般译为谚语、格言。是彝族群众中广为流传的一种民间文学形式，以铿锵有力、抑扬顿挫的短语和格律诗的形式表达感情和哲理，蕴含着极其丰富的思想和艺术性。
② 凉山彝族自治州人民政府选编：《中国彝文典籍译丛第一辑》，四川民族出版社2006年版，第51页。
③ 张海洋著：《中国的多元文化与中国人的认同》，民族出版社2006年版，第59页。
④ 费孝通主编：《中华民族多元一体格局（修订本）》，中央民族大学出版社1999年版，第34页。
⑤ 费孝通主编：《中华民族多元一体格局（修订本）》，中央民族大学出版社1999年版，第114页。

河头写字贴上，河尾插上木牌；各族人一齐跑来看，都说真是好盐水。傈僳族来煮盐，没有煮成功，汉族来煮盐，头回煮不成，后来仔细想，二回煮成了。大家听说煮出盐，纷纷搬到石羊来……①

这段史诗非常生动地再现了各族人民初次遇盐、煮盐的历程。人们依据经验判断，动物身上这种咸味不可能由动物自身散发出来，所以断定一定有盐水的存在，于是沿着动物的脚步找到了盐水之源，之后汉族先民带头煮盐成功，于是大家纷纷搬到了这个盐水之源的附近居住。关于盐的记载，彝文古籍《博潘特依》（物种起源）中也有这样的记载：

南方出白盐，白盐出三处……北方出白盐……东方出灰盐……西方出绿盐……彝区多用盐，祭祖之盐放在首，汉区用盐天数多，雪白细盐常使用。②

盐的发现对先民的生产生活非常重要，盐的发现并使用的过程也促进了各民族间的交往，这也从侧面说明了中国多民族的生活史就是一个不断延续的互帮互助的民族交往史。

江西挑担人……找到了蚕种……汉家姑娘抱蚕子……蚕儿钻出来……蚕就养大了……哪个来捡蚕？汉家姑娘来捡蚕……蚕丝挑出来，丝线纺出来……各色丝线都纺好，用它来绣花衣裳。③

抱蚕、养蚕、捡蚕、煮蚕、纺丝是一个艰难的过程，这个过程需要各民族之间的共同协助才能完成。

江西货郎哥，卖针卖线到你家，你家小姑娘，爱针又爱线，货郎看见了，货郎跟我讲……

这段史诗反映了各民族彼此在经济上往来的历史事实，这种往来不仅包括盐、猪、水稻等必需品，还包括像棉麻、蚕丝、茶叶等更高层次的消费品：

傈僳族会撒麻，傈僳族会种麻，傈僳族会剥麻，找傈僳族去，找到山腰上，到了傈僳族住的地方。④

茶叶的发现也促进了彝汉地区的经济交往，同时为各族人民的日常生活带来了新的色彩：

茶树在彝地，茶叶到汉区
彝汉都爱吃（圆根萝卜）……汉区贵茶水，彝区贵酸汤。⑤

---

① 云南省民族民间文学楚雄调查队：《梅葛》，云南人民出版社1978年版，第94页。
② 凉山彝族自治州人民政府选编：《中国彝文典籍译丛第一辑》，四川民族出版社2006年版，第147页。
③ 云南省民族民间文学楚雄调查队：《梅葛》，云南人民出版社1978年版，第97—98页。
④ 云南省民族民间文学楚雄调查队：《梅葛》，云南人民出版社1978年版，第60—61页。
⑤ 凉山彝族自治州人民政府选编：《中国彝文典籍译丛第一辑》，四川民族出版社2006年版，第107—118页。

除此之外，彝族尔比中也有对经济交往的直观描述：

银锭没生脚，走遍彝汉区。①

综上，彝族先民地区的物质与经济发展，离不开其他民族人民的帮助。口头传述总是有着现实依据，如自汉武帝通"西南夷"以后，汉族文化对西南彝区的影响迅速加强，此于晋宁的墓葬中表现得甚为鲜明，彝区以前没有的纯汉式的长铁剑、铁斧、洗、印章、镜，以及漆器、带钩、钱币等，后逐渐出现，而且逐渐增多，不久后西南彝区的青铜时代也就正式宣告结束，而转入铁器时代。还比如宋代时，勿邓、两林、风琶②和以董蛮为首的马湖部37部落，及峨边、美姑的虚恨部，这些彝族先民与汉族间以"茶马互市"为中心的经济联系更加密切，用马和其他土特产交换汉区的铁器、茶、盐、布、绢、绸、银等。种种经济联系的事例，史籍记载斑斑，在此不再赘举。正由于长期以来彝汉的经济联系密不可分，故到1949年以前在凉山彝族中还普遍流传着几句谚语："彝人离不得汉人，汉人离不得彝人，彝人离不得盐巴铁货，汉人离不得毛皮山货。"这都说明彝族的山区经济必须与汉族的农业经济互相结合，取长补短，互通有无，人民的生活才能得到保障。总之，汉文化的影响对彝区的发展与变化是功不可没的，这种物质方面的影响终归潜移默化地表现在文化方面，进而推动整个彝区的整体性社会文化变迁。同时彝族特殊地域中的独特产物也为汉区提供了新鲜的血液，整合形成汉民族更加多样而统一的文化整体。总之，物质的交往为多民族间的交流交往奠定了坚实的基础，基于物质交往，其他领域的共享才成为可能，也正是通过物质的交往，各民族间结下了深厚的情感纽带，中华民族共同体意识从而成为可能并逐渐形成。

（三）交流互动口述中的文化融合

除了物质生活方面的交往外，文化交流也在口头传统中有着鲜明的体现，且这种文化上的交往显得更加彻底，是一种互动涵化的过程。张海洋认为：中国文化多元多样的事实尽人皆知，其中包含了以中央王朝为载体的文化大传统，也有许多建立在各地各民族生态和生活基础上的文化小传统，而经过成百上千年的接触和交往，大小传统之间都有不同程度的重合。大小传统之间的长期互动使其互有濡染，大传统始终从各地各民族小传统中吸收各种元素，而小传统也始终吸收大传统中的内容。彝族口头传统生动再现了这种交往与互相濡化。

《玛牧特依》又译《教育经》，是教育人们做事做人的经典，彝族先民把古人总结下来的生产生活中的经验都通过口耳相传的方式传承了下来，用以训诫和教育后世儿孙，具有极其重要且丰富的传承和研究价值。彝族先民通过和汉区人民的交往，知道汉区的服饰是最美的，因此教育后代服饰要去汉区找：

---

① 凉山彝族自治州人民政府选编：《中国彝文典籍译丛第一辑》，四川民族出版社2006年版，第184页。
② 唐代凉山西部地区有勿邓蛮、两林蛮、风琶蛮合称东蛮。

论到好的呢，年辰好就除灵，月份好就过年，日子好就修房，夜好就嫁女，山好就放羊，坝好就栽秧……牛羊壮的彝区找，衣饰美的汉区找。①

《勒俄特依》中也有关于彝汉交往交流的证据：

西昌这地方……彝汉相交杂，出门在一起，归家各走各。
大兴场这地方……彝人说汉话，汉人留彝髻。②

民族混居是多民族国家的常态，由来已久，而混居的状态必然引起文化上的共鸣，甚至互相影响。《史记·西南夷列传》说："（夜郎）其西靡莫之属以什数，滇最大；自滇以北，君长以什数，邛都最大；此皆魋结（椎髻），耕田，有邑聚。"椎髻是彝族头饰的特征，从此可知在汉武帝时即公元前2世纪时彝族已由云南迁移到四川西昌一带了。在古代记载中，区分各少数民族的标志，往往以发式及服饰为主，可以一望而知，故汉人留彝髻就很好地展现了这种现象背后彝汉两族亲密的关系。

汉人看岁数，彝人看辈分。
汉地银价贵，彝地羊价贵。
跟汉人就蓄胡子，跟藏人就蓄发辫，跟彝人就挽发髻。
彝富作大斋，汉富建房屋，藏富敬菩萨。③

彝族尔比中的这些叙述，恰好表明了彝汉人民长期的生活和文化共存之现实，只有长期的交往才能促进互相之间文化的深层了解，相互信任，并实现通婚，通婚是从血缘的角度论证民族间交往交流交融的最好例证。

汉区吾亦婚，吾亦拿洋婚，拿洋古尔婚，古尔古基婚，古基南尔婚，南尔俄都婚，俄都骑黑马，站到上方位，上方"兹敏"婚，站到下方位，下方彝人婚，转来又转去，回到安宁坝，安宁河坝边，长有三棵树，三棵树相依，枝叶相开亲，桃李相通婚，树与石磨婚，磨跟狄博有缘，狄博娶汉女，汉女嫁丹杰。④

除此之外，祭祖是彝族宗教活动中最为重要的事项，在祭祖仪式过程中通常运用到大量经文，这些经文是彝族自母系社会时代就萌芽，逐代流传并不断丰富的古老信仰的载体，通过口头与书写不断得以传承，在其中我们也能发现彝族关于多民族交流的叙事。《毕祖护法经》是彝族在进行大型祭祖仪式"尼木措毕"时用到的经书之一，是恭请历代毕摩的护法神灵和天地诸神前来保佑并协助施法的经典，其中

---

① 凉山彝族自治州人民政府选编：《中国彝文典籍译丛第一辑》，四川民族出版社2006年版，第174页。
② 凉山彝族自治州人民政府选编：《中国彝文典籍译丛第一辑》，四川民族出版社2006年版，第57页。
③ 凉山彝族自治州人民政府选编：《中国彝文典籍译丛第一辑》，四川民族出版社2006年版，第203—233页。
④ 云南省民族民间文学楚雄调查队：《梅葛》，云南人民出版社1978年版，第60—61页。

有这样一段：

> 彝家世代毕祖齐来享祭助吾阵，汉家道祖请来享祭助吾阵，藏家喇嘛佛祖请来享祭助吾阵。人神共声讨，禽兽同剿杀，死神病鬼定难逃。①

宗教仪式一般在神圣并庄严的场阈中进行，仪式过程中所运用的经文内容也是如此，无论是内容还是演述方式。可想而知，在这样神圣的情境下，所演述的内容涉及汉、藏等其他民族的宗教文化，足以表明彝族口头传统中多民族概念的根深蒂固。

其实我们要追寻文化交流的证据，从神话本身就可见端倪。如上述人类起源神话，很多民族把人类的诞生都归因于兄妹婚，女娲伏羲就是兄妹通婚，这并不是偶然，而是文化相交的结果，关于这点很多学者也做过阐述，大多认为该神话反映了原始血缘公社婚姻的特点。还有如九隆神话、洪水神话等广泛存在于各民族中的神话类型也活跃于彝族口头传统中。而在民俗中，彝族也有十二属相纪生年的传统习俗等等。上述这些神话、传说等的内容，各民族基本相同，但每个民族又都各有特点。除此之外，彝族语言本身也受到了汉语很深的影响，目前的彝族日常用语中，甚至彝族文字中，有很大一部分名词是直接从汉语音译制成的，如电视、电话、手机、国家，当然这是晚近以来的事了，但也足以表明民族文化交往交流交融的事实。

三、中华人民共和国成立前后民族平等关系的口头叙事

马克思主义的唯物辩证的特点之一，就是"发展"的观点。运动、发展、演变，是一切事物存在的形式。作为特殊社会现象的语言，特别是语言词汇，也是经常处在发展变化的状态之中。人们的思想状态，总是随着社会政治经济、科学文化的发展，随着阶级斗争、生产斗争而不断发展变化，总是随着去伪存真、日益丰富的方向不断推陈出新。同样，彝族尔比的丰富与发展，也反映着彝语随着社会的发展"吐故纳新""新陈代谢"，因而，有的尔比在特定的时代被创造，而又在特定的时代被替代，甚至被剔除。

> 石头不能做枕头，汉人不能做朋友。

这条尔比是中华人民共和国成立前国民党反动派残酷欺压、掠夺彝民的真实写照。国民党"汉官"统治彝族地区，歧视彝族人民，称他们为"蛮子"，并实行"以彝治彝"的方针，进行野蛮统治。彝民对此无比痛恨，便以此尔比相互告诫，它是国民党反动派与彝族人民间民族隔阂的历史的反映，是历史黑暗时期的真实写照。当然这种民族间的排斥与矛盾在历史上早就通过以文化和语言的尺度将中华之民进行分类的"华夷之辨"显现出来，但由于各民族的互相需要，这种华夷之分实际并不能阻断各民族间的来往，使之持续共生的状态。从民族关系上看，历史上彝汉等民族间虽也有过暂时的或大或小的冲突，乃至兵戎相见的仇

---

① 吉尔铁日、曲木铁西、吉尔拉格、巴嫫阿依：《祖灵的祭礼——彝族"尼木措毕"大型祭祖仪式及其经籍考察研究》，民族出版社 2013 年版，第 10 页。

杀争战（如唐与南诏之战），但这些毕竟都是支流；而彝、汉等各族间不断密切的政治经济文化联结，维护民族联合和祖国统一的历史发展趋势，则始终是彝族地区彝汉等各民族关系史上的主流。

费孝通先生认为："中华民族的自在发展是指在中国古代随着统一的多民族中国形成、巩固和确立，各民族的根本利益相互关联，客观上在形成和发展着中华民族的一致性。这种深层次的内在联系，被历代王朝推行的民族压迫制度和民族间的纷争所掩盖，人们比较明确地注意到民族间的矛盾和隔阂，而各民族间根本利益的一致和整体不可分割的联系，未能成为自觉的民族意识。直到近现代，在中国古代实际已形成并得到了发展的中华民族整体，才在与帝国主义的斗争中得到认识，形成发展了中华民族自觉的整体认同。"[①] 随着中国共产党的成立，共产党领导各族人民推翻了国民党政权，建立了新中国，上述这条尔比也就随之成为历史的陈迹，继而产生了表现新型彝汉关系的尔比。

> 鱼和水不能分，彝和汉不能分。
> 鱼儿和水在一起，党和人民在一起。
>
> 话有五句九句，只有党的话儿最中听。
> 路有五条九条，社会主义道路最宽广。
>
> 各族人民如兄弟，雷打火烧不分离。

中华人民共和国的成立，给彝族的尔比带来了深刻的革命性变化。从以往的批判、揭露反动统治者"汉官"到以真挚的情感、动人的形象、朴素的语言来歌颂共产党，歌颂党的领导，歌颂伟大的社会主义祖国，表现出爱本民族与爱中国，保卫祖国与保卫家园一致的爱国主义精神，是中华民族整体民族意识萌发的具体表现。

> 从前我们在高山上唱歌，歌声被风吹走了，从前我们在河边唱歌，歌声被水冲走了，今天呀，我们唱的歌，毛主席派人记下来，还要印成书。[②]

这段歌谣是1959年云南省民族民间文学楚雄调查队在云南开展民间文学的调查和搜集过程中，当地的彝族人民为他们唱的，可以看出彝族人民对党和毛主席的衷心感谢，对党的民族政策和文艺政策的热烈拥护，同时也反映出党的新民族政策因地制宜，深得人心。其实如果回顾历史，我们就能发现在早期"中国"，这种政策已为君王所用，并取得很好的反响。"夏商周已与'四夷'各民族发生多层次联系，春秋、战国进一步形成了华夏居中称为'中国'，夷、蛮、戎、狄配合东南西北'五方之民'构成'四海'之内统一的'天下'，并且形成了'修其教不易其俗，齐其政不易其宜'，在统一国家中因俗而治，'五方'构成整体格局的政治理想和地理观念，表明华夷统一已形成为历史的大趋势。"[③] 所以基于历史的借

---

① 费孝通主编：《中华民族多元一体格局（修订本）》，中央民族大学出版社1999年版，第104页。
② 云南省民族民间文学楚雄调查队：《梅葛》，云南人民出版社1978年版，第234页。
③ 费孝通主编：《中华民族多元一体格局（修订本）》，中央民族大学出版社1999年版，第103页。

鉴，中国共产党"民族区域自治"的民族政策势在必行，如今中华民族的日益壮大、和谐共生也证明了这种政策方针的正确。

总之，经历了历史的转折，"彝汉一家"的认同理念又重新深深植根于彝族人民的心中，指导着彝区人民的生活实践，构建了一个和谐共生的美好场景。就如：

> 彝区与汉地，共有个太阳；大人与小人，共存一个心。①

四、口头传统的特殊使命——筑牢中华民族共同体意识

在对彝族口头传统梳理的基础上，不难发现，中华民族共同体意识在彝族精神世界的留存并不是国家强制性的介入所导致，而是基于历史的自觉化现象。作为历史的自然产物，中华民族共同体意识应当继续发展下去，响应习近平总书记"积极培养中华民族共同体意识"的号召。所以，在新时代中国特色社会主义的发展过程中，民族文学还肩负着铸牢中华民族共同体意识的特殊使命，应在新时代语境中充分发挥民族文学的导向功能，维护祖国统一和民族团结，以及中华民族多元一体的整体认知。彝族口头传统极具活态性，如今仍广泛参与着彝族人民的各种日常生活场景，贯穿于个体生命的出生、成人及死亡等仪式之中，伴随整个族群历经春夏秋冬的更替，是彝族人民赖以生活的具有多重价值的宝贵精神财富。这种活态性，就使彝族口头传统导向功能的实现获得了可能性。

首先从艺术依托形式来看，彝族口头传统包括史诗、神话、传说、民间长诗、克智、尔比、歌谣等众多形式，不同的艺术形式活跃于不同的生活和仪式场景，发挥着不同的导向功能。比如彝族尔比尔吉在日常生活中的运用主要是当发生纠纷时，人们会从历代祖先传承下来的经验与教训中寻找解决之道，尔比作为一种具有特殊功能的民间口头传统类型，给彝族人民带来实际功能，为纠纷提供可供遵循的解决方式，而在纷争解决的同时，又加强了尔比尔吉内容本身对在场者潜移默化的影响。此外，在神话的演述过程中，认同的记忆也将进一步得到强化。定期与不定期由毕摩主持的宗教仪式通常都要念诵经文，而这些经文本身内容非常丰富，有神话也有史诗，在这种神圣且庄严的场阈中，运用规范的韵文文体从毕摩口中演述出来的神话比在其他任何时候进行的演述更加具有神圣的感染力。

其次，从传播媒介来看，过去彝族口头传统只可能发生在真实的场景中，人们在一定的时空当中体验和感受古老传统的不朽魅力，但随着网络技术的不断发展，新的传播媒介不断更迭，而网络因其独特性，具有很强的意识形态导向功能。2019年第七次全国民族团结进步表彰大会上，习近平总书记强调："让互联网成为构筑各民族共有精神家园、铸牢中华民族共同体意识的最大增量"②，可以看出，网络在促进民族团结、铸牢中华民族共同体意识中起着不可替代的作用，它是影响人们民族观念的重要想象途径。目前微信、抖音、快手等已经成了彝区人民茶余饭后的娱乐方式，深受喜爱。很多史诗、歌谣、尔比尔吉都会出现在各种网络平台上，广为流传，彻底改变了以往有限时空的交流方式。所以彝族口头传统本身所具有的"铸牢中华民族共同体"功能得以多渠道实现。

---

① 凉山彝族自治州人民政府选编：《中国彝文典籍译丛第一辑》，四川民族出版社2006年版，第198—299页。
② 习近平：《在全国民族团结进步表彰大会上的讲话》，《人民日报》2019年9月28日。

最后，从近年国际形势来看，当今中国综合国力的迅速上升，使得中国在世界之林得以傲立，民族自豪感随之在各族人民心中油然而生，所以从更大的视角看来，"我是中国人"的命名往往更加被人看重，特别是经历了世界性的重大疫情危机以及国际上的纷争过后，这种主观上的诉求欲望更加强烈，人们迫切需要从精神上加强对中华民族的认同，来肯定中国多民族的一致性，从而满足心理的安慰需求。在这个刚好合适的时代，古老的艺术形式——口头传统得以在这片肥沃的土壤发挥它的导向功能。

总之，活跃于彝族社会方方面面的口头传统具有铸牢中华民族共同体意识的先天条件，在当今中华民族共同体意识教育的过程中，应充分运用口头传统的特殊功能。

结语

"对中国历史略加考察，我们就能理解中国以多民族统一国家的形式存在当今世界，正如西方各国以各自分立的民族国家存在于当今世界一样，都是植根于特定环境中的历史文化运作的结果。"[①] 这当然首先归功于历代中央王朝"有容乃大"的文化大传统，而在这样的文化大传统气候下，各少数民族"家国同构"的认同力量反向作用于文化大传统，使整个中国形成一个紧密相连的统一整体，故对深深植根于各少数民族文化传统中的认同进行溯源并探究对今天国家倡导的铸牢中华民族共同体意识就显得尤为重要。

作为少数民族之一的彝族对于中华民族多元一体的认同自古有之，这种认同来自彝族与各民族在经济、文化、政治上的交往，费孝通先生称之为自在的认同，虽然在此后的过程中这种自在的认同因局势的变动，国民党统治者的残酷欺压而产生了直角式的转变，但中华人民共和国成立后党的正确领导，以及党中央实施的少数民族政策，又重新获得了彝族人民的信任。总之，作为彝族历史与文化的活化石，彝族口头传统见证了彝族中华民族共同体意识的发展过程——一种从有到无，再从无到有的转变历程。而因口头传统本身的活态性特征，比如艺术形式及传播途径的多样化，使得口头传统的导向功能成为可能，再加上当今世界背景的熏染，个人主观上的认同诉求欲望更加强烈，人们迫切需要从精神上加强对中华民族的认同。基于种种原因，在现实生活中，应充分利用口头传统所具有的意识形态导向功能，积极铸牢彝族人民的中华民族共同体意识。

---

① 张海洋著：《中国的多元文化与中国人的认同》，民族出版社2006年版，第245页。

The Sense of Community of the Chinese National in the Oral Tradition of Ethnic Minority
Take the Yi Nationality for Example
ALuo Xiuying

Abstract: As the living fossil of the ancient Yi civilization, the oral tradition of the Yipeople has been passed down from generation to generation, which not only contains the philosophical thinking of theyi ancestors on the universe and the origin of human beings, but alsorflects their direct reaction to the real world. This paper discusses the germination, development and evolution of thescnse of community of the Chinese nation in the oral tradition of the Yi nationality, and finds that the sense of community of the Chinese nation of the Yi nationality has undergone a transformation process from deep to shallow, and then from shallow to deep. This identity comes from the process ofcconomic, cultural and political communication and integration between Yi and other ethnic groups. Finally, this paper tries to analyze the guiding function of "building strong sense of community of The Chinese nation" in the oral tradition of Yi nationality from theaspects of artistic form and media.

Key words: oraltraditi on; sense of community of the Chinese nation; Yi nationality; function

宗教文化研究

原生性宗教与凉山彝族社会结构互构研究

张可佳　勒伍阿支[**]

摘　要　凉山彝族（自称诺苏）是以"父系血缘"为根基的家支社会，其背后是根深蒂固的血缘根性意识。诺苏传统社会基于强大的家支意识和信念、坚实的家支组织以及完备的家支制度，生成了基于"血脉"关联之上的一种"整体性"亲族社会文化。这种整体性衍生了族群的核心象征性符号"祖"，塑造了以"祖灵"为结构核心的原生性宗教。诺苏原生性宗教以"游灵—家灵—族灵—祖神"的层级结构再现了诺苏社会"户—房—支—家"的家支层级结构，宗教仪式以"溯源—叙谱"的结构形式保障了诺苏社会"根骨意识"的稳固传续。原生性宗教通过信仰与仪式将个体—家庭—家支—族系紧密整合为一体，成了诺苏社会结构的再现与整合方式。诺苏原生性宗教与社会结构的互构关系亦表明血缘社会塑造"祖灵"作为信仰结构的核心，而地缘社会更强调"山神""土地神""寨神"等地域保护神的重要性，凸显了宗教与社会结构之间的关联，未来可进一步进行类型化的比较研究。

关键词　原生性宗教；社会结构；凉山彝族；诺苏家支

DOI：10.13835/b.eayn.29.14

原生性宗教作为一种与少数民族本土社会文化浑然一体、相辅相生的信仰系统，具有不同于其他宗教类型的种种特点，它的生成和运作与族群的社会结构有着深刻的关联。[①]凉山彝族（诺苏）的传统宗教，基于强烈的祖先崇拜，并在此基础上形成了以祖灵信仰与祖先崇拜为核心、祭司毕摩和巫师苏尼为神职人员、大量经典文献为宗教典籍，并由丰富的、成体系的宗教仪式构筑而成的宗教系统。它与诺苏族群伴生共长，在相当长的历史发展过程中，内化为思维模式，积淀成生活习俗，影响着群体的精神生活，形塑着群体的文化特征，成为深植于诺苏社会文化土壤中的原生性宗教。基于毕摩权威和祖灵认同而形成的原生性宗教网络（宗教系统）与基于血缘、亲缘形成的家支网络（社会组织），基于族群认同形成的群体网络（诺苏族群），基于地方认同形成的地缘网络（大小凉山及其腹地）相互交织与深刻互动，构成了诺苏的社会文化系统。从宗教文化存续的社会基础来看，原生性宗教主要通过诺苏社会的基石——家支血缘组织以及衍生其上的制度性文化而运作和维系，呈现出原初性与底层性、弥漫性与嵌入性、制度

---

[*]　本文为国家社会科学基金重大项目"民族宗教与国家治理问题研究"（项目编号：15ZDB123）及国家社会科学基金一般项目"本土心理学视域下凉山彝族对艾滋病的认知与应对研究"（项目编号：19BMZ131）的阶段性成果。
[**]　张可佳，宗教学博士，西南民族大学哲学学院副研究员，主要从事民族宗教理论与彝学研究。勒伍阿支，西南民族大学硕士研究生。
[①]　"原生性宗教"指的是"产生于某一民族特殊的自然人文环境，与该民族群体伴生共长、植根于民族群体传统社会、文化和习俗中，且至今仍以特定的形式活跃在当地的宗教形态"。原生性宗教与一般意义上界定的"民间信仰"的最大差异在于有血缘的全民性，它通常是一个单一民族的传统信仰，其教义信仰与一个民族的文化传统密切相关，其仪式实践与一个民族的文化习俗息息相关，是一个成体系的综合系统。

性与整体性的特点。

一、诺苏传统社会结构及其运作机制

凉山彝族，自称"诺苏"。诺苏是彝族众多支系中的一支，主要分布于四川的西南部和云南的北部。凉山彝族属彝语北部方言区，又分为"义诺""圣乍""所底"三个土语区。诺苏族群的内部，如同彝族群体本身一样，具有多样性和统一性的特征，存在着以"腹心（高山）—边缘（平坝）"划分的地缘边界，从而在服饰、风俗习俗和婚丧嫁娶等方面存在多样性特点。但这样的多样性并不妨碍诺苏族群的自我认同和对彝民族统一的民族认同。诺苏，无论是从其历史，还是从其社会结构、制度与文化形态来看，都是一个有着自己独特的文化内容、清晰族群边界的群体。正如著名的彝学研究者、人类学家郝瑞（Stevan Harrell）所述："诺苏人自身是在原生认同的层次上理解族群性的，这种族群性不是偶然发生的，在任何情况下谁是诺苏，谁不是诺苏是绝对清楚的，不会以条件的变化而移动这个界限。"[1]

（一）家支社会及其"整体性"的亲族社会文化

凉山彝族是一个典型的建基于"血缘"基础之上的家支型社会。家支，作为凉山彝族传统社会的组织形式，是以父系血缘为纽带结合而成的社会集团，以采取父子连名的办法来保持血缘关系的巩固和延伸。家支是"家"与"支"的总称，同一个父系祖先的后代互不通婚所形成的血缘集团，就是"家"，彝语称之为"措家"或"措西"。而家之下分为许多分"支"，彝语称"次杰"。支的规模大小不一，其下由"房"组成，也即小家族，而小家族的最小单位是个体家庭"户"，家、支、房、户逐层结构就是诺苏彝族社会的家支。[2] 诺苏的家支组织及其制度经历了一个漫长的历史发展与演变过程，成为长期以来诺苏传统社会的牢固基石。

凉山彝族的传统社会以家支血缘组织为其基石，以衍生其上的家支制度、毕摩文化制度、婚姻制度（民族内婚、等级内婚、家支外婚）以及包括家支关系和人际交往规范、道德行为准则等在内的律法制度（习惯法）为支柱。这几大制度又不同程度地依附于家支血缘制度之上，形成了基于"血脉"关联之上的一种"整体性"的亲族社会文化。这里的"整体性"指的是诺苏社会以血缘为认同核心、以血缘关系为主要的社会关系、以基于血缘的家支组织为主要的社会组织，诺苏社会的道德、律法、行为、心理都围绕着家支体系而来，生成了一种根深蒂固的血亲家支意识，形成了一种无所不在的强调"血缘根性"的家支文化。诺苏的社会结构作为群体的组织形式和社会关系网络，其背后的原则在于父系继嗣，成为诺苏不同社会制度之组成及运作的主要依据。

---

[1] 斯蒂文·郝瑞：《田野中的族群关系与民族认同》，巴莫阿依、曲木铁西译，广西人民出版社2000年版，第107页。
[2] 苏克明：《凉山彝族哲学与社会思想》，四川人民出版社1999年版，第11页。

（二） 基于家支组织之上的社会运作机制

在过去相当长的一段历史时期内，凉山彝族在自然地理上，都被高山、河流所阻隔，形成了与周边区域隔离的封闭孤立的自然环境。"文化孤岛"是过去对凉山地区的这种封闭性和孤立性的描写。高山深谷的天然屏障、自成一体的社会制度，使得独具特色的彝族传统文化在这里传承与发展。以家支组织为重要界限的特殊经济结构、以家支系统及其相互关系为支点的特殊政治制度、以血亲家支意识为核心的特殊意识形态，尤其是将亲情与等级紧密结合的特殊伦理道德观念，构成了凉山彝族传统社会独特的发展过程。[1]

郝瑞曾指出，"家支成员系统、社会等级分层和交表婚是今天彝族族群边界的最强机制"。[2] 在家支林立的年代，家支之间以等级、势力（地盘、人口和武力）的对立与联结来维系社会的平衡与稳定。家支组织及衍生于其上的社会制度成为维系秩序、控制与整合诺苏传统的重要机制。作为社会动员和行动的最基本单位，家支同时也是个体成员获得保障的基础。诺苏的其他社会文化制度都紧紧依附于家支血缘制之上，共同维系着传统社会的运作。因此，基于父系血缘的家支制形成了一种"文化惯性"（cultural idioms），而成为诺苏社会整合及支配性的制度[3]，并在长期的历史发展过程中孕育了独特的家支文化。每一个生活在诺苏社会中的个体，其最重要的认同和身份都与家支息息相关，并通过"次"的教育，即"背家谱，明根骨，数辈分，定亲疏"来确认自己的系属、身份和血缘。"家支身份"成了诺苏人最重要的标识，在过去，如被开除出家支，即相当于被宣判社会性死亡。[4] 而家支意识最重要的就是源自共同的血缘祖先，特别是对作为古候、曲涅后代的彼此认同，并由此产生的血缘亲近感，这种长期延续的同宗同脉的观念与意识至今仍具有强大的生命力。

二、诺苏原生性宗教的信仰结构及主要特性

建基于父系家支社会基础之上的诺苏原生性宗教，围绕着对"祖灵"的信仰和崇拜展开。它的背后是根深蒂固的血缘根性意识，由此使得"祖"构成了诺苏社会中无所不在的文化符号和关键性象征，并使得"祖灵"成了诺苏宗教的结构核心，成为承载、维系血缘群体宗教情感和信靠的根本对象，并围绕着祖灵形成了一套完整的信仰与崇拜体系，成为彝族传统文化中最具稳定性、共同性的部分。

（一） 以"祖灵"为核心的诺苏原生性宗教

彝学研究者于锦绣按照宗教中心形式的划分标准而将彝族的宗教命名为"拜祖教"，她认为彝族的祖

---

[1] 苏克明：《凉山彝族哲学与社会思想》，四川人民出版社1999年版，第326页。
[2] 巫达：《社会变迁与文化认同——凉山彝族的个案研究》，学林出版社2008年版，第51页。
[3] 文化惯性（cultural idioms）指的是某一制度或风俗习惯，渗透到该社会的其他社会文化层面，而成为整合该社会的主要机制，并为表现该社会文化特性的关键性象征所在。参见黄应贵：《反景入森林：人类学的观照、理论与实践》，商务印书馆2010年版，第45页。
[4] 刘东旭：《流动社会的秩序：珠三角彝人的组织与群体行为研究》，中央民族大学出版社2016年版，第45页。

先神 "与祖体祸福息息相关，尊于一切、重于一切、亲于一切"①。著名彝学研究者阿牛史日、吉郎伍野曾指出："彝族没有统一的神灵值得崇拜，祖先神除外。"② 在诺苏的信仰体系中，祖灵信仰与祖先崇拜历来居于中心地位，它表现在：血缘始祖"阿普笃慕"作为诺苏共同体"同出一宗"的根基性情感联结，祖界"恩木普古"（也称"莫木古尔""孜孜普乌"等）作为诺苏共同体的理想归属地，凝聚着"均是笃慕裔、人人归那里"的祖源认同情结。而由"祖灵—鬼灵、祖界—鬼界"的二元对立模式所架构的信仰体系，成了诺苏群体解释幸与不幸的解释机制。③ 诺苏宗教以"路"为界，将送祖归灵仪式与其他仪式活动区别开来，使得"送祖、祭祖、崇祖"的宗教仪式成为诺苏地区延续至今的最隆重、最受重视的仪式活动。

总之，对诺苏个体而言，终其一生的各个重要阶段，都相信与祖灵的神圣权能密切相关。而个体的命运与家支的命运紧密相连，由此祖灵的权能还渗透于家支、家族事务的方方面面，与群体生活密不可分。如彝族文献典籍《作祭献药供牲经》里记载，"设灵妣所寄，设灵保子媳，保护诸子裔。设灵子孙昌，子孙其发旺。设灵牲畜吉，稼穑其清利"④。之所以祈求祖先的神力，恭行祖制、虔诚祭祀，乃是为了家族家支共同依赖的祖业兴旺。如分支与合族⑤、迁徙与安寨、械斗与出师、结盟等与族群息息相关的重大事件，都与祖灵权能密切相关。⑥ 此外，宗教典籍中的祭祖文献占据了所有文献的二分之一，灵物"吉尔"作为"祖先留下来的物件"，"习惯法"作为"祖先留下来的规矩"等等，都指向"祖"这样一个诺苏社会中无所不在的文化符号和关键性象征。诺苏的原生性宗教围绕着"祖灵"形成了完整的信仰—实践体系。

（二）原生性宗教与诺苏社会结构紧密结合而呈现的特性

原生性宗教植根并源于当地社区，与植根于外来文化、传入当地的"次生性宗教"有所不同。⑦ 它深植于本土文化和民族认同中，嵌在社会网络之中，弥漫在从生到死的日常生活之中。其成员通常由血缘、地缘和民族相连，它的社会边界与外来的、制度性宗教也非常不同。诺苏传统宗教作为一种典型的原生性宗教，具有以下特征：

第一，原初性与底层性。诺苏原生性宗教历时久远，由彝族早期的生活地域空间和生产模式所塑造，与诺苏族群相伴而生、相辅相成。伴随着诺苏的历史发展和社会变迁，其信仰的基本结构以及仪式实践

---

① 于锦绣：《彝族指路经与拜祖教》，载左玉堂、陶学良编：《毕摩文化论》，云南人民出版社1993年版，第332—334页。
② 阿牛史日、吉郎伍野：《凉山毕摩》，浙江人民出版社2007年版，第90页。
③ 在凉山彝族的文化语境中，"鬼"是一切疾病灾难的缘由，是诺苏群体社会危机和灾难的隐喻和集体想象。它是一种破坏"人—祖"关系、"人—魂"关系的邪恶力量，而"祖"则是一种庇护、保佑人的重要力量。正是"鬼—祖"的这种二元结构对立，在对鬼的惧怕、痛恨和巫术处理中，建立起了对另一种力量（庇佑、祝福）——"祖"的归属和认同。
④ 巴莫阿依：《彝族祖灵信仰研究》，四川民族出版社1994年版，第33页。
⑤ 苏克明：《凉山彝族哲学与社会思想》，四川人民出版社1999年版。
⑥ 巴莫阿依：《彝族祖灵信仰研究》，四川民族出版社1994年版，第32—50页。
⑦ 杨庆堃曾经以"制度性（institutional religion）和弥漫性（diffused religion）"的宗教界定来回应中国宗教不同于西方宗教范畴的多样类型与特征的问题，认为制度性宗教是一个清晰而独立的领域，与其他社会面向界限分明。参见杨庆堃：《中国社会中的宗教》，范丽珠译，上海人民出版社2007年版。

的主体一直延续至今,沉积为诺苏群体的"底层文化"①,积淀成传统与习俗,呈现深厚的"底层性"。这种底层的特性,能够使一种文化在历经沧桑变迁之后,还能保持自身的特性,而不轻易受到外来文化的同化。第二,弥漫性(diffused)与嵌入性。② 诺苏宗教并没有独立于诺苏社会结构之外的、高度组织化的"教会类组织",亦没有独立于诺苏族群之外的信仰群体。它的信仰者即是诺苏族群本身,对诺苏宗教是一种无可选择的生而归属。它的观念体系、信仰系统和仪式实践与产生它的家支组织制度和文化形态紧密结合,弥漫于、分散于、嵌入于其他社会面向之中,成为社会与文化的重要组成。弥漫性和嵌入性使得诺苏原生性宗教有着深厚的结构性基础,嵌在社会网络系统之中,群体的宗教认同、信仰的表达方式都与族群本身密不可分。第三,制度性与整体性。原生性宗教的制度性,体现在诺苏群体中,即是祭司毕摩及其宗教职业活动的制度化而形成的毕摩制度。由于信仰与社会的紧密结合,彝族社会形成了一种宗教性的制度文化,它通过族群约定俗成的规范和伦理道德辐射大众,使得这种宗教性的价值理念无所不能地深入诺苏社会的各个层面。制度性的宗教依附在诺苏社会的整体中,通过各个层面来保障这种信仰和价值理念的传播与延续。而诺苏宗教通过建构与表达族群的人观、宇宙观和时空观,在血脉相连的根基性情感认同上构筑了信仰的整体性。

三、 原生性宗教与诺苏社会结构的"深层同构"

诺苏作为典型的建基于"血缘组织"之上、以"血缘"关系为本的家支社会,塑造了"祖"这一诺苏原生性宗教的结构核心。而原生性宗教也以其特定的信仰形式成为诺苏社会结构的再现与整合方式。对于诺苏而言,人与信仰核心之间的关系在于一种先赋性的血缘人伦关系,其信仰的驱动力在于现世血缘家支的凝聚与维系,信仰与社会之间形成一种"深层同构"的关系。

(一) 以"血缘"为核心的家支社会塑造了以"祖灵"为核心的原生性宗教

在"诺苏社会如何构成、诺苏的社会秩序如何可能、诺苏在什么意义上是一个整体的社会"这一问题的回答上,基于父系血缘的家支组织制度以及衍生于其上的血亲观念和血缘意识使得诺苏构成一个整体的、稳定的社会系统。"家支"作为诺苏社会的总体性制度和文化惯性,成了社会结构的核心。这种血缘关联的整体性衍生了族群的核心象征性符号——"祖",构成了诺苏社会中无所不在的文化符号和关键

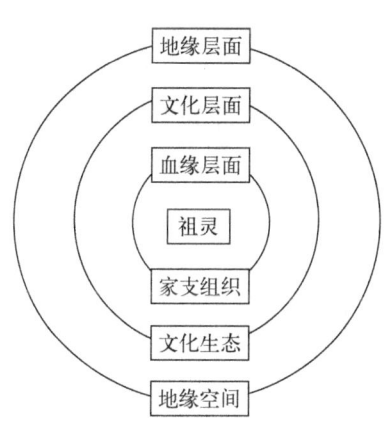

图 1 凉山彝族原生性宗教认同结构

---

① "底层"是一个语言人类学的概念,指的是一种语言尽管历经变迁,但是其基本规则及一些基本词汇始终会在一种语言的构成体系中留下深刻印记,形成"底层"现象,在某个合适的时机依然会被调动出来,显示一种语言本身的强大生命力。参见牟钟鉴:《民族宗教学导论》,宗教文化出版社 2009 年版,第 355—367 页。
② 杨庆堃的理论强调制度性宗教独立于世俗社会和文化,而弥漫性宗教十分紧密地渗透进一种或多种世俗制度中。参见范丽珠相关研究及《当代宗教的弥漫性特征——杨庆堃宗教理论的再反思》讲座纪要。

性象征①，并通过"家祖—族祖—先祖"，将诺苏的家庭、家支和族系紧密连接为一体，使得"祖"（祖先和祖灵）成为承载、维系诺苏群体认同和信仰的根本对象。

"祖灵"这一信仰结构核心作为一种稳固的"基石"，维系着身份和意义系统的一致性和稳定性。原生性宗教所具有的底层性、弥漫性、嵌入性与整体性等，使得它与族群的社会文化体系紧密结合，相伴而生，相辅相成。这样的特性造成了以"祖"为核心的信仰认同包含了外在的情境特质（如图1），以及与之不断互动的结果。这些外在的情境包含了家支力量、集体性的民族文化传统乃至大小凉山的地缘空间因素等。信仰认同被层层裹挟在坚实的社会组织（家支组织）、文化生态与地域空间（大小凉山）的外壳之下，边界稳固。

（二）原生性宗教的信仰层级结构再现了诺苏社会的家支结构

诺苏社会"户—房—支—家"的家支层级结构，表达在宗教体系中就是"游灵—家灵—族灵—祖神"的层级（递升）结构。游灵通过"安灵祭"附着在"玛都"（灵牌位）上成为家灵，而家灵通过附着在"玛都"上供奉于个体家庭的神龛中，定期或不定期接受家庭成员的祭祀与供奉，在一定时期后，通过"尼木撮毕"（送灵祭）进入属于家支的"祖箐洞"，从而正式演变为族灵。族灵在特定的时期和条件下，会被纳入以始祖为首的宗谱中，从而上升为祖神。通过"游灵—家灵—族灵—祖神"的层级（递升）结构，诺苏的个体与群体紧密结合在一起。随着祖灵权能逐级递升，其庇佑范围与权能亦从血缘近亲的平安福祉到家支，乃至族群的生息繁衍。一个人的死亡不只是一个家庭的事情，还被视为整个家支的损失，个体的命运由此而与家支乃至族群的命运休戚相关。由此，对祖灵的各种祭祀与崇拜活动，也就不仅仅事关一个家庭，而关涉整个族群。值得注意的是，从游灵到家灵乃至族灵，需要一定的限定条件，比如以有"男性子嗣"作为迈入祖箐洞的通行证和跨入族灵行列的依据。②这深刻反映了凉山彝族父系血缘关系占主导地位的社会特征，它强调的是社会结构中父系血脉的世代延续。

（三）信仰关系表现为祖先—后裔的血脉关联和祖灵—后裔的庇佑关系

金泽在斯特伦《人与神：宗教生活的理解》的《译者序》中提出，宗教的关键就在于人与神灵所结成的一种特殊关系。③祖先崇拜，作为一种"人—祖"关系的宗教表达形式，以祖灵对血缘子孙的庇护和保佑为其主要内容，它基于"神不歆非类、民不祀非族"的理念与价值，建构起一种以血缘关系为基本内核的信仰认同机制。诺苏的宗教围绕着"祖灵信仰和崇拜"而建立，人神关系在诺苏家支社会中表现为祖先—后裔的血脉关联和祖灵—后裔的庇佑关系。祖先代表了我族（诺苏）在血缘、命运上的一脉相承，它是族群共性的集中体现。"祖灵"这一符号，代表的是"始祖—族祖—家祖"之灵，它所凝聚的这

---

① 关键性象征（key symbol）这一概念最早由奥特纳（Ortner）提出，埃文斯—普理查德（E. E. Evans-Pritchard）在其基础上发展出了"文化惯性"的概念，主要关注的是一个群体社会如何透过一种关键的象征物来表达和理解周围的世界，从而使得这种象征或惯性成为该群体社会文化的特色。
② 巴莫阿依：《彝族祖灵信仰研究》，四川民族出版社1994年版，第12页。
③ 金泽：《译者序》，斯特伦：《人与神：宗教生活的理解》，金泽、何其敏译，上海人民出版社1991年版，第1页。

一群体是始祖"阿普笃慕"及彝族六祖中"古候、曲涅"的后裔,是从祖界地"恩木普古"(云南昭通)迁徙到凉山地区生息繁衍、而死后要回到祖界地的诺苏彝人。诺苏的原生性宗教围绕着信仰核心这一基点,基于血缘关系的联结来确立、强化和维系"血缘边界"以凝聚群体。

(四)"溯源、叙谱"的仪式结构模式保障了"根骨意识"的稳固传续

诺苏是强调血缘根性的家支社会,"寻根溯源"的文化习性造就了诺苏谱系文化的盛行。这种文化表现在宗教信仰中,一方面是对祖灵权能的凸显,另一方面即是通过特定的仪式结构来保障诺苏社会"根骨意识"的稳固传续。诺苏的宗教仪式虽然种类繁多、程序复杂,但所有的仪式都有着特定的程式,体现出诺苏宗教仪式所固有的基本结构:溯源("波帕")是所有诺苏宗教仪式的特定程式。凡有仪式发生,皆以溯源为先。毕摩通过念诵各种起源经,以追溯某些仪式程序和仪式牺牲、用物的起源。通过溯源以表合法性,而震慑鬼怪,增强效力。叙谱("次沙"),即念诵父子连名谱牒以追溯先祖。通常自始祖笃慕开始,以父子连名的形式,一代代往下追溯,直至最近一代送入祖灵箐洞的祖人。在追溯先祖的历史图谱中,是血脉相连的祖灵对后代的庇佑,先祖创造了历史,而又通过后代的福佑安康来延续历史。在相当长的时期内,诺苏的族群身份边界清晰,社会组织及其结构稳固,建基于其上的原生性宗教亦呈现稳固的特性。

(五) 社会结构的变迁带来信仰认同的变迁

原生性宗教作为诺苏群体的信仰文化制度,在过去相当长的时间内,成了诺苏社会结构与制度合理化、合法化的超验基础和神圣保障,是社群建构的重要力量。然而,全球化时代的到来对包括民族传统信仰在内的诸多文化可能产生同质化的影响。随着现代性的演进,理性化与个体化又在驱使着世界不断地"祛魅"(去神圣化)。随着社会的发展变迁,原生性宗教曾作为社会整合、道德建构和权力运作的合法性源泉被逐渐剥离,少数民族群体所秉承的传统价值和意义,正在一步步地卷入其中而带来信仰认同的变迁。诚如前文所述,诺苏以"祖灵"为核心的原生性宗教是层层裹挟在族群的社会文化与地缘空间中,是与之不断互动的结果。原生性宗教的"情境性"无法使其像基督教那样将信仰"内化于心",离开原生的情境依然能得到归属。对于原生性宗教而言,其社会基石与环境的变迁,自然会引起信仰的变迁。

四、结语

原生性宗教生成于诺苏社会文化体系中,呈现了宗教与社会结构之间的重要关联,表现为一种结构性的互映关系。在以祖灵为核心的宗教中,我们看到了诺苏社会的家支内容与意识,而家支体系的长期延续也决定了原生性宗教的稳定性和共同性。以父系血缘为基础的家支社会,成了诺苏社群建构的主要形式,而原生性宗教也以其特有的信仰与祭祀活动成为整合诺苏社会的一种重要手段。不同于社会建构

逻辑更关注联姻关系和空间凝聚力的某些西南少数民族群体[①]，诺苏在社群建构中更重视继嗣关系和血脉绵延感的传续，因而如山神、寨神等标示地缘边界的神灵在诺苏的信仰体系中并不重要。与诺苏宗教不一样的是，强调"人群—资源—空间"关系的族群，表现在宗教上，就是极度重视"山神""家神""地方神"等地域保护神。[②] 如嘉绒藏族是以村落社区的家屋聚居，其社会结合以地缘为主、血缘为辅，宗教信仰中的根基性观念是地域性的山神信仰[③]，且神山和家屋在空间象征上有着深层同构性[④]，指向了社会结构特点与宗教之间的重要关联，未来值得进一步比较研究。

[①] 王铭铭、舒瑜：《文化复合性：西南地区的仪式、人物与交换》，北京联合出版公司2015年版，第137页。
[②] 张可佳：《族群认同与宗教结构特性》，《世界宗教文化》2015年第3期。
[③] 李锦：《家屋与嘉绒藏族社会结构》，社会科学文献出版社2017年版，第19—20页。
[④] 王铭铭、舒瑜：《文化复合性：西南地区的仪式、人物与交换》，北京联合出版公司2015年版，第137页。

Interactions Between the Native Religion of the Yi People and Social Structure
Zhang Kejia Le Wuazhi

Abstract: The Yi people of Liangshan (Nuosu) compose a clan-based society (cytvie) characterized by "paternal consanguinity". Based on a strong clan consciousness and belief system, solid organization, and a integrated system, the traditional society of the Nuosu has created a kind of "integratedness" between family and social culture based on blood relations. This integratedness derives its core symbol as the "ancestor" of the ethnic group, and shapes the indigenous religion with the "ancestor spirit" at the core of the belief structure. The hierarchical structure of the indigenous religion reproduces the hierarchical structure of the clan in Nuosu society. Religious rituals ensure the stable continuation of the "root consciousness" in Nuosu society in the form of "Retrospective Origin-narrating Genealogy". This indigenous religion closely integrates the individuals, clans, and ethnic group through beliefs and rituals, which have become ways to integrate different Nuosu social structures. The mutually constructive relationship between the indigenous religion and social structure also shows that the ancestral spirit is at the core of the belief structure in the consanguineous society, while their geopious society emphasizes the importance of regional deities, highlighting important relationship between religious belief and social structure and allowing for further typological comparative studies in the future.

Key words: indigenous religion; social structure; Liangshan Yi ethnic gruop; nuosu family clan

多元文化交融的彝族丧葬仪式

——以贵州省威宁县斗木村为例*

余 舒 先放梅**

摘 要 从民族学、人类学学科角度对贵州省威宁县斗木村彝族多元文化渗透的"基督教"丧葬仪式研究发现：彝族"基督教"式丧葬仪式是彝文化、汉文化、基督教文化等多元文化交融的产物，展现于仪式中的物、人、行为方式等象征符号系统中，形成动因与多民族长期的交流互动、公共文化空间的建立、社会文化变迁等关联。就本质而言，多元文化交融的彝族丧葬仪式文化空间是村庄人们在适应社会、经济、政治等环境变迁过程中延续自我文化的基础上吸收他者优秀文化的结果，是社区彝族人对变迁社会的整体性适应。

关键词 彝族；多元文化交融；基督教；丧葬仪式

DOI：10.13835/b.eayn.29.15

一、问题的提出

关于多元文化交融的丧葬仪式研究，在 20 世纪中后期就已受到了现代人类学家的关注，如美国人类学家格尔茨在变迁社会视野下，结合地方性知识，用深描的方法研究由基督教、爪哇部落等多元文化融入的一场葬礼，指出葬礼冲突是社会文化变迁引发社会边界冲突、解体和需要再整合的缩影[①]；比利时学者钟鸣旦用文献收集方法对中国天主教葬礼进行研究，指出中西文化交织是天主教文化和儒家文化共同调和的结果等[②]。综观中国的丧葬仪式研究，多数集中于单一民族居住格局、单一文化背景，而对文化全球化、多民族居住格局、中西文化共融背景的仪式研究相对较少。当然，否定土著长期与外界产生联系似乎是西方传统人类学的学术范式。如若深究人类学家格尔茨的人类学观，我们会看到他把被研究者圈定在一个地方性类型中，他将多数文字奉献给印度尼西亚土著民族的研究，却拒绝关注这些土著民族与

---

* 本文为国家社会科学基金西部项目"中国彝族葬礼研究"（项目编号：16XMZ035）的阶段性成果，受贵州大学民族学重点学科群建设项目资助。
** 余舒，贵州大学历史与民族文化学院副教授，硕士生导师，研究方向为彝族社会文化。先放梅，贵州大学历史与民族文化学院民族学专业硕士研究生。
① 克利福德·格尔茨：《文化的解释》，纳日碧力戈等译，上海人民出版社 1999 年版，第 169 页。
② 钟鸣旦：《礼仪的交织——以抄本清初中国天主教葬礼仪式指南为例》，张佳佳译，《复旦学报（社会科学版）》2009 年第 1 期。

他人交往的历史。① 但是,综观中国的村庄,跨文化交流、多族群互动是长期历史发展的产物。也就是说,中国参与全球化进程已使中国当代文化发展完全结束了"封闭式"的独特历史时期,故而不再像以往那样"与世隔绝",自成一体。因此,这种"跨文化的认同感和效忠感"的形成正是当前世界文化发展所表现出的一种"最强有力的和最重要的文化全球化形式"②。显然,在全球化、社会变迁的背景下,多元文化交流的空间是我们无法回避的。当然,不同社区在社会变迁过程中由于民族居住格局、社会环境、国家政策的介入、生态环境等方面存在差异性,使多元文化的交融逻辑不同。鉴于以上缘由,本文选择彝族居住相对集中的贵州省威宁县斗木村的彝族丧葬仪式为切入点,运用民族学、人类学的理论方法和视野深入考察仪式如何展现多元文化及其形成动因问题。笔者认为,对此问题的探讨对社区和谐发展、多元文化一体化、文化交融、仪式研究等理论方法都具有一定的深化意义。

威宁县地处黔西北,西、南、北三面分别接云南宣威、会泽、昭通、彝良,东北、东南接赫章、水城。该县如同贵州其他地方一样,是一个多民族居住的区域,主要居住着汉族、彝族、回族、苗族等,正如史书上记载的:"贵州古称鬼方,自贵阳向西,倮倮为伙,曰仲家等皆黔西苗属也。"③ 其中彝族主要分布在大街、龙街、狗街、板底、龙场、勺圃、雪山等乡镇。斗木村属大街乡管辖,距县城40多公里,主要居住着汉族、彝族、苗族,多元文化主要包括彝、汉、苗、基督教文化等,渗透于人们的社会生活之中,其中丧葬仪式就是典型。

二、仪式过程

笔者通过调查威宁的斗木、沙石、浆子林、白摩等村庄发现,亡人信仰基督教,或亡人不信仰基督教但其家庭成员或村庄居民信仰基督教,都有选择基督教式的丧葬仪式的情况。下面的例子是亡人不信仰基督教而家庭部分成员信仰基督教,因此选择了基督教式的丧葬仪式。

王某,85岁,不信仰基督教,长期受彝文化、汉文化熏陶,由于他们家庭结构的多元文化,其家人最终选择为王某举行基督教式葬礼。下面以王某为中心,对其家庭空间文化结构做简单介绍:王某的父亲是当地的一名教师、传教士;母亲初中文化水平,在当地人们的记忆中,衣着、长相等方面都代表了彝族传统女性形象。笔者在调查期间得知,王某的父母虽已过世,但在当地的为人形象还存在于人们的记忆之中,并有人称赞王某父母的人格魅力是促使当地人崇信基督教的动因之一;王某的妻子是彝族,从小受到浓厚彝文化的影响;王某的两个儿子是高中文化水平,主要在本乡镇经营土特产生意,不信仰基督教;王某的两个儿媳妇也是彝族,信仰基督教;王某的两个女儿是高中文化水平,也做生意,闲着时也会经常参加基督教教堂活动。显然,整个家庭是一个彝、汉、基督教等多元文化共融的文化空间。下面是王某的基督教式丧葬仪式过程,主要分为准备阶段、仪式阶段。

---

① 王铭铭:《西方作为他者——论中国"西方学"的谱系与意义》,世界图书出版公司2007年版,第9页。
② 卓新平:《"全球化"与当代中国宗教》,《当代中国史研究》2009年第6期。
③ 魏治臻:《〈清实录〉彝族史料辑要》,云南民族出版社1986年版,第7页。

（一）准备阶段

1. 驱邪。当地人认为，病重是由于邪气缠绕所致。王某家如同当地其他家庭一样，在王某病危期间，家庭成员也为他举行了驱邪仪式。由于他们家庭成员文化的多元性，驱邪方式也采取了多种形式，呈现了多样化的特点。如他的妻子在本村请了一位彝族老人亲自来家里做驱邪仪式；信仰基督教的儿媳妇请了邻居村的杨牧师（苗族）祷告以驱邪，祷告并不是在王某家里举行，而是在杨牧师家里举行。总的来看，这两种文化形式虽然具体实施空间不同，但都是为了驱邪。

2. 接气。在病危期间，王某的儿女、亲戚、亲家族等成员都来家里陪伴。他们认为，接气一方面为老人表达孝心，另一方面也是儿女接福的象征。据笔者调查，这一环节无论是哪一种文化模式都需要遵循。

3. 准备衣物。衣物准备按照彝族传统习俗进行：女儿、孙女们为老人准备衣物，长衫子的外衣、宽裤、鞋子、丝绸包帕等；颜色有黑色、蓝色、黄色、红色等；布料为绸缎、棉布、麻布等。

4. 落气。彝语称"落气"为"息落喔"。由当地家族中有经验的一位老人来诊断王某是否落气，诊断方法按照当地传统方法进行：试手的脉搏跳动和眼睛神色、颜色，脉搏无丝毫跳动后才确认为已落气。

5. 商定模式。诊断王某落气后，经过多方面的考虑，如多元文化背景的家庭情况、各种葬式的时间长短等方面的考虑，最后商定，按照基督教式的丧葬仪式进行，共3天。

（二）仪式阶段

第一天

1. 洗身、穿衣。王某的儿女们为老人洗身，同时在家族老人的指导下把先前准备好的衣物按照传统习俗给亡人穿戴。

2. 盖布。衣服穿戴完毕后将老人抬到堂屋左侧，按照传统习俗，孝子们拿一块硬币放在亡人嘴里，接着拿一块布盖在亡人身上。

3. 入棺。穿衣等程序完后，把棺木抬到堂屋中间摆放在凳子上，然后请家族中懂彝族传统习俗的人指导，孝子们在棺材底部铺白纸，白纸垫好后将亡人抬入由杉木制成的棺木中。据当地人说，铺纸通常由孝子操作，以避免在场人耍花招，把不好的东西放入棺内。笔者记得当时现场还发生过这样的事：由于孝女为王某缝制垫盖时不小心针线断了，就引起了一场争论，有的人认为针可能掉在垫盖里了，垫盖不能再用，要重新购买，以免将来对下一辈不利；有的人认为需要换缝垫盖的人，猜想有可能由于亡人不喜欢该孝女为他缝制垫盖等说法。在大家纷纷议论之后，最后决定把垫盖拿出来烧掉，又重新到街上购买新垫盖来代替。由此可知，传统地方知识仍然在社会变迁过程中左右着人们的社会生活。

4. 报丧。该模式下的报丧形式如同传统彝族丧葬形式，但是社会网络圈比传统网络圈范围广。王某家庭成员们采取不同的方式告知不同社会圈的人们：告知近亲戚们由他的儿子们带上酒、冻肉等礼物；通知邻居们采取放地炮的方式；邀请教会成员参加采取相互告知的方式。涉及的人员不仅包括本家族、亲戚、邻居、朋友等，还包括来自不同民族的基督教教会成员。因此，该模式下的交流网络圈超出了村落、亲属、家族的空间边界，文化公共空间构成了他们彼此交流的空间媒介。

5. 找祭司。由于如今该区域的毕摩（彝族祭司）较少，因此，王某家如同当地其他彝族人或汉族人一样，选墓地、测算下葬日等程序都是邀请邻村相对有经验的汉族道士先生；其中有关王某葬礼的基督教相关事务的主持，则邀请当地经常组织教会活动的组织人禄某（彝族）和杨某（苗族）担任。

第二天

1. 选择墓地及择吉日。此过程在仪式的第二天进行。选择下葬日和选择墓地都要兼顾当地传统知识和基督教文化：选择吉日遵循亡人的生辰八字，但还需避开星期天，星期天不能作为下葬时间。选择墓地遵循传统知识，如前面向山、向阳；后背有山；周围有森林，植被茂密等。

2. 选祭牲。不同模式选择牲畜的目的存在差异性：基督教式丧葬准备牲畜的目的是为了办理酒席，作为食物之用；毕摩教式、道教式的葬礼中的食物不仅有食用用途，还有祭祀用途。当然，无论哪一种模式的彝族葬礼选用的牲畜种类都遵循了当地彝族传统丧葬的说法，如选用白色毛羊作为丧葬之用；还遵循基督教文化，如宰杀的牲畜还要避开星期天（基督教会人员不吃星期天宰杀的牲畜）等。因此，该程序也体现了多元文化之间的相互调节。

第三天

1. 祷告和唱诗。祷告和唱诗的场数需要考虑到参加人员的数量，特别是参加唱诗的人员多、家族大等情况下，该活动在仪式的3天内都可进行。由于王某病逝期间，很多年轻人都外出打工，村庄人口相对较少，能够参加唱诵礼拜的人少，因此，大家决定只选择在第三天抬棺之前和下葬时举行该仪式。抬棺仪式中进行的礼拜和唱葬礼歌程序选在大家吃完中饭，捆绑好棺木后进行。该仪式由两个人主持，一个（禄某，彝族）负责讲道和领唱，另一个（杨某，苗族）负责召集教会人员参与礼拜。讲道内容除了来源于基督经典，还有部分来源于禄某根据亡人生平和具体场景等情况而编创的内容。此过程一方面渲染丧葬仪式的隆重程度以增加热闹气氛；另一方面为人们减轻悲痛，如祷告的内容："我们今天为杨某举行活动，目的不是使他上天，一个人的灵魂上天堂还是下地狱，不是我们每一个平常的人能够做到的，大牧师也做不到，更何况我们呢！现在该灵魂已经离我们远去了，在此地只剩下肉体，至于去了何方是由他平常的行动决定，取决于先前信仰基督的忠诚、平时的表现，他的命运不是我们能主宰的。我们在此举行活动的主要目的是对家人、亲人、朋友等成员的安慰……"讲诵完毕，接着唱颂，不分民族、年龄，在场的成员只要会唱都共同参与唱颂葬礼歌曲，唱颂的人们对各种语言形式的葬礼歌曲都很熟悉。在一阵阵充满了宽慰、赞扬等语气的歌声中，人们渐渐平息了先前的悲伤心情。

2. 抬棺。讲道和唱诵完后，抬棺者们把棺送往坟山。由于墓地通常选在山上，路途相对较远，地势相对陡峭，因而需要很多人轮换进行。通常在场的人除了留下一人在家看管东西外，其他人都要参加送葬。抬棺不分民族，只要年龄小于亡人的人都可参加。

3. 下葬定罗盘。把棺放入清洁好的地穴后，道士先生用罗盘确定地穴方向，方向定好后由孝子们确认是否正对远方预定目标，确认成一条直线，随后摆八卦图，拎一只母鸡在八卦图上绕三圈以驱邪。

4. 讲道和唱诗。在道士先生的指导下，把放入地穴的棺木摆正后，接着讲道和唱葬礼歌曲。主持人同上述一样，讲述内容相对较丰富，内容也是结合亡人的具体情况、墓地环境、如何做人、对人生的看法、如何行善等内容逐步展开。

5. 盖土。讲道和唱诗完后人们就往棺木上象征性地撒土，随后就由帮忙人挖土盖棺，仪式完毕。

三、多元文化交融的仪式符号系统

由上述基督教式丧葬仪式过程可知,该仪式是彝、汉、苗、基督教等复合文化交融的产物,其交融的展现方式通过其象征符号系统来实现,如具体的物、人、行为方式等。象征符号是仪式保留其行为独特属性的最小单位,也是仪式语境独特结构的基本单元,是人们处理社会现实和自然现实的方式。象征符号和礼仪、意向、手段相关,在行动的恰当语境中,象征符号的结构和属性都构成了动态实体的结构和属性。[1] 正如格尔茨所述,人们沟通、延存和发展生活的知识和态度,是通过一系列象征符号的文化体系来实现的。[2] 上述"丧葬仪式多元文化交融的符号系统"融汇了具体的物、人、行为方式的象征符号系统,其中物包括文本、服饰、牲畜等;结构人员包括社区成员、家庭成员、祭司等;行为方式包括葬式、找风水、碑文等内容。下面是象征符号系统展现的多元文化的具体内容。

(一)物

1. 文本(彝、汉、苗、基督教)。一是不同语言共融的丧葬文本:由苗文、彝语国际音标、汉文白话文合编的多语言形式的版本(人们用多语种来编写是为了不同民族的人方便使用)。二是赞美诗的歌唱文本:在唱诵过程中,不同年龄段或不同民族唱颂丧葬礼拜歌时会根据不同民族的葬礼而选用不同的语言,如参加彝族举行的基督教葬礼就会选用彝语;参加苗族基督教葬礼就会选用苗语来歌唱等。

2. 服饰(彝、汉、苗)。如从丧葬仪式上唱颂歌曲的不同民族来看,苗族女性穿麻布制作的上衣和裙子;彝族老人穿黑色或蓝色的长衫子,头上包着黑色丝绸帕;彝族年轻人身上披着羊毛制成的披毡,服饰几乎和汉族服饰相似;汉族女性穿短对襟衣,前面系着绣白色花纹的飘带。

3. 棺木和碑石(彝、汉)。长期以来,当地彝族如同汉族一样实行土葬,因此,棺木和碑石的选择也是当地彝族和汉族非常看重的。通常棺木是用他们栽种的杉树、核桃树、松树、漆树等树木木材来制作的。通常该区域栽种的各种树木都是为了满足他们的日常生活需求而种植的。碑石在丧葬中占据了一大笔的开支,依据家庭经济条件来决定碑石种类,经济状况好的人家从外省购买较高档碑石,经济条件一般的人家购买当地碑石;家庭条件不好的人家,碑石就需要在将来经济条件好后再购买,买好碑石后再举行立碑仪式。

4. 牲畜(彝、基督教)。在当地彝族丧葬仪式中无论采取哪一种文化的丧葬,牲畜都是不可或缺的。他们认为丧葬时宰杀牲畜一方面是为了驱邪,另一方面是衡量葬礼隆重的标志。而在选择牲畜的种类时也遵循了彝族传统文化,如牲畜由孝女购买(该习俗也是体现亲属富裕程度的标准之一,当然,随着社会变迁,礼物赠送方式也有些变化,牲畜也有家族或主人家自行准备的情况);选择白色的绵羊(和当地汉族不同,汉族选择的羊是黑色的山羊)。同时,如上文介绍的,宰杀牲畜的日子不能选择星期天,并且该仪式上宰杀牲畜是用来招待大家,并不是作为祭祀用品。

---

[1] 维克多·特纳:《象征之林——恩登布人仪式散论》,赵玉燕、欧阳敏、徐洪峰译,商务印书馆2006年版,第17—20页。
[2] 克利福德·格尔茨:《文化的解释》,纳日碧力戈等译,上海人民出版社1999年版,第103页。

（二） 不同社会结构人员

1. 家庭成员（彝、汉、基督教）。由上文可知，该家庭是一个彝文化、汉文化、基督教文化共融的家庭文化空间。如王某的父亲受到了浓厚的基督教文化熏陶，虽然没有经历基督教的受洗仪式，但由于王某父亲在1949年前在当地是受教育程度较高的人，因此受英国传教士的委托在当地传教；王某的母亲和妻子不仅受到了传统彝族文化熏陶，同时也受过汉文化的熏陶；还有王某的儿子、女儿、儿媳妇等都受到了多元文化的熏陶。据调查，在当地，同一家庭作为共融了中西文化交流的文化空间的例子很多，大多数彝族家庭中父母信仰基督教的占多数，但有的家庭中下一辈也受到父母的影响，在接受汉文化教育的同时，也接受了基督教文化信仰。

2. 祭司和参加唱颂礼拜歌曲的人员（汉、彝、苗、基督教）。如上述可知，该仪式请了汉族风水先生选择墓地、找日子等。据村民介绍，这位汉族先生和该区域的彝族关系长期保持得比较好，并且相互之间共通语言、文化，在共同相处的长期交往过程中大家都是相互知根知底的。当然，村庄中也有人家会请由远方亲戚介绍的远方彝族毕摩或彝族占卜先生来执行此事。该仪式上还请了一个彝族组织人（禄某）和一个苗族人（杨某）来充当基督教祭司身份。通常，无论代表什么文化的祭司都是由民间认可的，一般由能说会道、便于沟通、受教育程度相对较高、精通多种语言的人来担任，他们是地方精英的代表。就拿上述葬礼的祭司来说，担任牧师身份的彝族组织人在"文化大革命"期间上过初中，苗族教会人员在"文化大革命"期间小学毕业，而且精通彝、苗、汉等语言，善于交流、乐于帮助他人，是村庄人们心目中的好人形象代表之一。

（三） 行为方式

1. 土葬（彝、汉）。该区域彝族如同其他很多地方的彝族一样，葬式选择土葬，此葬式是彝、汉文化互动的结果。据古书记载内容可知，彝族在元代实行火葬，如李京的《云南志》记载了元代罗罗人的丧葬习俗。酋长死，以豹皮裹尸而焚。葬毕祭祀时，亲戚毕至，宰杀牛羊动以千数，少者不下数百等。实际上，火葬习俗在很多民族的历史中也都有记载，如《墨子·节葬》中记载："亲戚死，聚柴薪而焚之，熏上，谓之登遐。"这一记述反映的是严格意义上的火葬，其葬俗的含义是祈求灵魂乘火升天而使死者得以永生，此观念如今也同样在民间存在。比如，当人们在焚烧亡者衣物时，人们都会关注火焰的流向，他们认为，火焰方向朝上空就表明吉利预兆。实际上，火葬习俗也曾在西北地区的氐羌族中实行过，因此，在古代时期就已经存在具有普遍意义上的同样的葬俗。① 当然，随着社会的变迁，各区域的不同民族乃至同一民族的葬俗变迁常常具有差异性。如以彝族来说，四川凉山部分彝族居住相对集中的区域还保留传统的火葬习俗。总之，彝族葬式的变迁是彝、汉文化互动、交流的标志。

2. 找风水（彝、汉）。风水文化已经成了村落共同体的公共文化。如上所述，该文化是不同民族的共

---

① 郑若葵：《中国全史·中国远古暨三代习俗史》，人民出版社1994年版，第187页。

享文化，并不是哪一个民族独自享有的文化。有的学者认为该现象是汉族独有的，但目前看来，很多少数民族也不例外，上述的个案对此也有明显的表现。据调查发现，在彝族丧葬仪式上，无论是彝族祭司毕摩还是汉族的道士先生，他们在找墓地风水时，虽然所使用的经书不同，但是在他们的经书上都有如何选择墓地的内容，并且较为相似。因此，目前当地彝族人在找风水时，即使在彝族毕摩比较少的情况下，他们找汉族道士先生来替代也不妨碍其礼俗的运行。当然，对于长期彝、汉杂居的斗木村来说，该文化也不排除彝、汉文化的交流和互动。

3. 撰写碑文（彝、汉）。撰写碑文也是彝、汉文化共融的反映，无论从选用的文字来看，还是从碑文的内容来看。彝、汉文化共融一方面反映在选用的文字上：1949年之前，该区域墓碑上的文字以彝文和汉文相间的方式撰写，而如今会写彝文的人相对较少，因此多数人请汉族先生用汉文撰写。另一方面还表现在内容上：彝族人墓碑上撰写的内容大多数与当地汉族人的类似，姓氏长期以来也沿用汉姓，并且大多数人家在改为汉姓后就通过家族的商讨共同制定本家族的字辈，因此，在碑文内容上字辈也是其中明显表现的内容。总的来看，内容表达的主要意思是对逝者歌功颂德，同时也是家族族谱传承的重要方式。总之，碑文的撰写体现了彝、汉文化的交流、互动、共融。

4. 驱邪（彝、基督教）。驱邪仪式也表现了彝族文化和基督教文化的交流互动。如前所述，持有不同文化的家庭成员有着共同的目的，即希望王某的病情好转，他们举行了不同的驱邪仪式，如基督教的祷告仪式和彝族的占卜仪式等。当然，在该仪式过程中，行为方式体现多元文化互动的例子还有很多，如葬礼时间、宰杀牲畜、入棺仪式等。在仪式上展现多元文化交融的例子还有很多，由于篇幅所限，在此不一一赘述。

四、多元文化交融的动因

彝族基督教丧葬仪式多元文化交融动因与其时空的地方知识体系相互关联，如社区共同体长期的交流互动、公共的文化空间、地方社会文化变迁等都是促使文化交融的动因。

首先是各民族的长期交流、互动。据上述可知，该区域如同威宁的其他区域一样，长期以来一直是一个多民族居住的区域，因此，各民族的交流和互动也具有一定的历史性。关于斗木村的民族构成、生活交往等内容，在调查期间有一位彝族老人向笔者有过讲述：

> 斗木村在历史上有三个院子，上院子是苗族，即王家寨；下院子和中间院子是彝族，即杨家院子；还有现在居住在旁边姓陈的一家汉族。据说陈家来此居住主要是陪伴老一辈，因为当时斗木村森林好、人口少、野兽多。陈家当初来时主要靠手艺维持生活，如为当地的人们制作家具、棺木等，后来逐渐分到土地，就定居于此了。在人们的记忆中，自从陈家来此地之后，此地的木材都得到了充分的利用。

此区域民族交往在不同时期表现不同。1949年之前，此区域的土地和粮食多，如荞麦、玉米、土豆等农作物，到收获季节各院子的人都要互相帮忙。还有彝族老人喜好养殖牲畜，如马、牛、羊、猪等,由于当时生态好、野兽多,因此,放牧时各民族都是结伴而行。解放后,各个院子人口逐渐增多,特别是改革开放后,医疗条件相对较好,人们的生活水平逐渐提高,各民族、各家庭的人口数量迅速增加,就形成了各自的大家族。随后,各民族除了技术上相互帮忙外,其他日常活动的相互交往相对较少。但到了2000年后,打工潮来临,一直到如今,各民族之间的交往、交流机会又增多了。因为很多年轻人外出打工,村庄内只有老人和上学的小孩在家,大大小小的很多事情都是同村庄甚至其他村庄的各民族居民相互帮忙才得以完成。可见,人们的互动圈在很多社会活动中跨越了民族、亲属等网络圈,讲究的不是民族性或家族性等组织形式,以前的社会组织模式在支撑村庄活动时已显得渺小。因此,各民族的交流、互动为多民族文化的共融奠定了基础。正如有学者指出的,民族交往丰富了本民族的文化,文化发展总是突破了旧的躯壳,向一定深度和广度不断探索,因此,交往带来的异族文化输入使本民族文化得到了发展的新动力。① 由此,该区域长期形成的多民族互动和交流为多元文化交融奠定了基础,上述基督教式丧葬仪式就是典型的例子。

其次是基督教公共文化空间的建立。基督教文化传入威宁彝区已经有一定的历史。在传教的过程中采取了各种措施:一是外国传教士进入彝区进行传教;二是吸收部分彝族精英进行传教;三是经历民族隔离再过渡到民族互融的传教方式。据有关资料记载:基督教在清朝时期就已经传入该区域,当时信仰基督教人数最多的是苗族,而基督教在彝区大规模发展主要在民国初期,传入威宁的基督教分内地会和循道公会,其中内地会是清光绪二十九年(1903)由英国牧师党居仁传入。1904年党居仁从安顺经过水城再到威宁葛布,内地会以葛布为中心,并在此建立葛布教堂。当他路过威宁板底(此地如今彝族居住比较集中,是基督教信仰彝族人相对较多的彝区)时就向彝族同胞传教,并对当地部分彝族人施行入教洗礼。1906年在板底建立教堂,随后在相邻的区域,如石丫口、海嘎等彝聚居集中地建立教堂。在1907年,伯格理等人又到四方井等彝族聚居集中区域先后建立并主持彝族教会,如四方井、三道河、四十五户、大街子、哈喇河、狗街、锅底、脚落块、白岩脚等。基督教传入彝族地区后,起初各民族都在一起活动,共同交流。但是后来大家逐渐发现,各民族的语言不同,又都不识汉字,因此,传教不方便进行,这样,1921年就采取把彝族、汉族、苗族的教会分开的措施。苗族以葛布为中心发展教会,彝族以结构(彝族聚居区)为中心发展教会。由于区域的范围比较大,传教过程中就分别在当地选择具有一定名望、组织和管理等能力相对较强的彝族精英来管理教堂的有关事务。1949年,全县基督教堂61座,各民族都有信仰基督教的人。采取本民族精英传教的方式提升了很多彝族人信仰基督教的意愿。到了"文化大革命"时期,基督教文化信仰受到一定的压制。直到1978年后,彝族地区的教堂又得到了恢复和开放,如20世纪80年代先后设立了板底教堂、龙场区教堂等,同时省内又给予大量的资金资助维修、兴建教堂和发展信徒等。② 在调查期间笔者也发现,如今很多当地的教徒们都会以地方精英信仰基督教的例子来作为他们信仰的合理性因素之一。目前看来,传教的方式发生了改变,由于很多当地人都受过一定的教育,因此各民族无论是在村庄举行小型的基督教活动还是周末在教堂举行的活动,都是采取各民族共同参与的方式。在具体的公共文化空间中牧师不仅能向教徒们灌输《圣经》的内容,同时也交流日常生活中遇到的烦恼或者家里发生的事情等。总之,一定历史过程中形成的基督教公共文化空间也是促使村庄如今多元文化共融的动因之一。

---

① 刘正寅、扎洛、方素梅等主编:《族际认知——文献中的他者》,社会科学文献出版社2009年版,第260页。
② 威宁彝族回族苗族自治县志编纂委员会编:《威宁彝族回族苗族自治县志》,贵州人民出版社1994年版,第676、679页。

最后是地方社会文化的变迁。关于社会环境变化引起村庄宗教文化变迁,维克多·特纳在研究恩登布人时指出,在赞比亚的许多地方,人们接触了白人的生活方式,使得非洲古老的宗教观念和实践逐步消失。因为很多人从事铁路建设、当售货员,各个部落成员在部族中集会、交融,男人们经常不在家乡,这些因素都导致强调亲属纽带、尊敬老人和部落一体性的宗教走向崩溃。然而,在其邻地遥远的西北部,宗教还没有那么快速、彻底地解体。我们在这里仍然能够看到先前的舞蹈和仪式等。[①] 当然,不同区域宗教文化的变迁是不同的。以斗木村为例,地方社会文化发生变迁主要表现在彝族传统文化的变迁和地方文化的复杂性上。该村如同贵州威宁的其他村庄一样,彝族毕摩文化,如祭司、经书等,在"文化大革命"时期受到破坏;改革开放后,虽然得到了一定程度的复兴、重建,但相对仍比较弱。如以当地培养的祭司或汉族道士先生来说,人数有限,真正能使人们信服的比较少,在一定的程度上满足不了当地人的需求。如在调查时当地人向笔者诉说了这样的内容:

> 目前很多当地彝族祭司不是世代沿袭,文化程度相对不高,无法像过去一样承担大型礼仪之类的事情,还有很多人从事这一行业主要是为了营利。若丧葬仪式按照传统毕摩教式或道教式的葬礼,经费花销大,天数长,做的仪式程序较多。有的人家在毕摩或者道士先生的指导下进行的仪式举行天数长达十几天,需要帮忙的人较多,而如今村庄年轻人较少,很难承办这么长时间的葬礼。相对而言,基督教祭司不收取任何费用,无任何报酬,只要有空都会来帮忙。相反,若请本地祭司,如毕摩或者道士先生的话,通常在邀请时就要先讲好价格,特别是邀请他们的人家比较多的时候,而当地祭司供不应求,这样当地祭司们就会选择价钱出得高的人家。还有如今大量年轻人外出打工,办理婚丧等大型事情时老年人由于平时精力、资金等方面不足,而当地相互帮忙是人情换人情,若平时帮助不了人家,其他人就不会来帮忙。总的来看,基督教模式的葬礼除了在经费消费上相对较少以外,还有宽容性等特点。因此,通常若能参加的人员少、经济情况一般的人家就会选择相对简单的基督教式的葬礼。

该现象体现了传统文化变迁是人们为了适应其社会文化变迁而发挥主观性选择的结果。也就是说,人们生活在多元文化的时空环境中,通常会对不同文化进行比较后进行自由选择。他们在自由选择过程中也遵循自我文化延续,同时也进行自我文化的调适,以吸收外来文化来弥补自我文化的不足。

五、小结

彝族是一个有着本民族宗教、礼仪、语言等丰富历史文化的民族。在多民族交流互动、文化全球化的今天,彝族如同其他民族一样,多元文化交融呈现文化多样性的局面是难免的。多元文化渗透于人们的社会生活,本文所选择的基督教式丧葬仪式就是典型。该仪式的多元文化交融通过具体物(文本、语言、服饰、牲畜)、人(社区和家庭成员、祭司等)、社会行为方式(葬式、找风水、碑文内容)等象征符号系统来展现;其交融动因与各民族之间长期交流互动、多元文化公共空间、地方社会文化变迁等方面

---

① 维克多·特纳:《象征之林——恩登布人仪式散论》,赵玉燕、欧阳敏、徐洪峰译,商务印书馆2006年版,第2页。

密切联系，从而揭示了多元文化交融的文化空间是村民们在适应社会、经济、政治等环境变迁过程中自我文化延续的基础上吸收优秀的他者文化的结果。显然，人类文化无论处在什么样的偏僻角落或者什么样的时代，无论在表面上如何千差万别，都有本质上的一致性，都有可以相互沟通和相互理解的基础。[①] 正如有学者指出，经济全球化背后是不同文化的冲撞与交融，是不同思想的激荡与扬弃，是不同文明的竞争和共存。从历史进化的角度来看，交融、扬弃、共存是大趋势，一个民族、一个国家总是在坚持自我特质的同时，向其他民族、其他国家吸取异质文化的养分，从而与时俱进，发展壮大。[②]

[①] 周飞舟：《从"志在富民"到"文化自觉"：费孝通先生晚年的思想转向》，《社会》2017年第4期。
[②] 王斯福：《帝国的隐喻：中国民间宗教》，赵旭东译，江苏人民出版社2008年版，第1页。

Ethnic Yi Funeral Rite of Multicultural Convergence

Taking the Dou Mu Village of Wei Ning in Guizhou Province for Example

Yu Shu Xian Fangmei

Abstract: According to studying multicultural ethnic Yi funeral rite on Christianity in the field of Ethnology and Anthropology find that christian funeral rite of Ethnic Yi in the Dou Mu village is involved on multi-culture of Yi, Han, christian religion, and so on, which is showed by symbolic system, such as concrete things, people, behaviour, and so on, and which reasons are related of people conmunication, public cultural room and cultural changes of local socielty and so on. In Brief, it reveal that its cultural room of multi- cultural rites is reflection that YI people adapt to changing society.

Key Words: Yi Ethnic; multicultural convergence; Christianity; funeral rite

"尼买若黑": 一个彝族社区的信仰、实践与文化逻辑

普富香[**]

摘　要　彝族保保颇地区盛行的"尼买若黑"仪式是基于当地传统的"尼"信仰所生成的特殊文化现象。通过对云南省永仁县直苴村的田野调查及人类学分析发现,当地彝族村民对"尼买若黑"习俗的相承性,源于其再生产实践中包括与祖先"尼"在内的各类"尼"频繁互动的传统宇宙观,由此社区群众对"尼买若黑"习俗在观念和实践上达到高度的一致性。在直苴彝族的世界观中,"尼买若黑"使生前被边缘化的个体得以回归正常的继嗣秩序序列,从而使逝者顺利获取后代的供奉,围绕"尼买若黑"展开的系列仪式连接了阴阳两界,并使人与"尼"的跨界互动成为可能。通过"尼买若黑"缔结的姻亲关系确保相应的丧葬仪式得以顺利举行,姻亲群体间的社会关系也得以扩延。"尼买若黑"是直苴彝族利用"尼"信仰这一"资源"确立的社会行动逻辑,这也是他们整合社区并使之走向结构化和有序性的依据。

关键词　彝族;"尼买若黑";"尼"信仰;实践;结构化

DOI: 10.13835/b.eayn.29.16

一、问题的提出

近年来在巨大商业利益诱惑下,高价买卖女尸、盗取女尸,更有甚者通过买卖妇女、残害妇女达到配"冥婚"目的的相关违法犯罪事件时有发生,围绕这些恶性事件的新闻报道使"冥婚"这一民俗成为引发社会恐慌及一系列的社会失序问题根源的代名词,从而引起社会的广泛关注,诸多学者的研究也关注到了以中国汉族社区为核心的河南、山西、福建漳州、广东、广西等地的"冥婚"现象。巴博德(Burton Pasternak)注意到,"鬼婚"见于近代中国大部分汉族社会以及现代的中国台湾和香港部分地区。[①] 然"冥婚"现象殷商时期就已经存在,迄今已有三千多年的历史。[②] 且分布范围十分广泛,学术界对其研究,主要集中在文学和民俗学领域,内容也主要围绕中国历史上"冥婚"起源、各个朝代的"冥婚"特点、"冥婚"与宗教的关系、"冥婚"造成的社会问题等方面来展开,对这一文化现象的价值评

---

[*] 本文受云南大学民族学一流学科建设项目"云南彝族鬼神信仰研究:反思缪格勒《野鬼时代——中国西南的记忆、暴力和空间》"(项目编号:2017syl0023)和云南大学研究生科研创新项目"云南彝族鬼神信仰研究:反思缪格勒《野鬼时代——中国西南的记忆、暴力和空间》"资助。

[**] 普富香,云南大学民族学与社会学学院2016级民族学博士研究生,主要从事民族问题研究。

[①] Burton Pasternak et, al, *Sex, Gender and Kinship A Cross-Cultural Perspective*, New Jersey: Prentile-Itall, Inc, 1959, pp. 82—85, 转引自G. P. Murdock, *Social Structure*, 转引自庄孔韶主编:《人类学通论》,山西教育出版社2009年版,第271页。

[②] 黄景春:《论我国冥婚的历史、现状及根源——兼与姚平教授商榷唐代冥婚问题》,《民间文化论坛》2005年第5期。

判以消极、否定为主,从人类学角度对其的研究还不多,尤其是关于现当代西南少数民族地区类似现象的研究著述还不够丰富。"尼买若黑"是盛行于云南省楚雄彝族自治州永仁县中和镇直苴村彝族傈僳颇社区的,由死者亲属发起的专门为生前还未来得及婚配的男女①举办婚丧嫁娶的一整套特殊仪式活动。这与汉族地区盛行的"冥婚"有相似之处,形式上的区别在于汉族地区的"冥婚"包含死者与死者、生者与死者两种形式,彝族的"尼买若黑"只为死者举行,产生的社会效应也与汉族的"冥婚"有所差异。

本文以西南彝族地区的"尼买若黑"为个案,通过对"尼买若黑"这种类似于汉族"冥婚"的现象进行考察和分析,对"冥婚"及类似文化事象在当今社会存续的原因进行深究。以安东尼·吉登斯的结构化理论作为分析工具,发现"冥婚"及类似文化事象和社区社会结构之间的诸多紧密关系,不同于汉族社区中"冥婚"习俗引发的社会失序和诸多负面影响。彝族的"尼买若黑"作为个体、家庭乃至整个社区社会生活中的重要需求,不但能维护社区的社会秩序,同时也能在社区整合中发挥积极的功效,人们在观念和实践上达到了高度的一致,这对其他学者认为"作为大传统之下的小传统,中国冥婚习俗始终呈现出一种观念与实践背离的'文化悖理'的矛盾状态"②的观点来说是一种修正。"尼买若黑"是直苴彝族利用"尼"③信仰这一"资源"确立的社会行动逻辑,同时也是他们整合社区并使之走向结构化和有序性的依据。该研究对重新多元理解中国"冥婚"及其类似文化有着重要的理论和现实意义。

直苴村距永仁县县城73公里。截至2019年5月份,下辖23个村民小组,33个自然村,全村共计521户,2115人,其中彝族人口占总人口的99%以上。该区的彝族主要为彝语中部方言区的傈僳颇支系,该村传统的"尼"信仰十分浓厚,与社区群众的日常生产生活相关的物质世界以及在各种岁时节令的仪式活动相关的精神世界,都与"尼"有着密切的关联,村中目前仍在口耳相传的与"尼"相关的仪式有50多种,"尼"的数量达到150个左右,傈僳颇人终其一生都要和各种各样的"尼"发生千丝万缕的联系。

二、"尼买若黑"仪式过程

中国古代的记载中认为"冥婚,谓生前非夫妇,死后移棺合葬,行婚嫁之礼也。此俗起源甚古,其情形有二,曰迁葬,曰嫁殇"④。现代学者认为"冥婚"又称幽婚、嫁殇婚、虚合婚、鬼婚、配骨、攀阴婚、冥配、亡灵婚等。⑤在汉族社区中可分为两个逝去的人之间结婚以及逝者和生者之间结婚两种,包含了婚娶和合葬两部分内容。直苴彝族傈僳颇"尼买若黑"仅限两个逝者之间,同时也包含了婚娶和合葬的两部分内容。直苴彝族的"尼买若黑"仪式让已经去世了的人跟生者一样享受婚礼待遇,"尼买若黑"仪式在直苴社区体现了一整套的世界观和信仰文化,而它的重要性和必要性不仅在于它和他们的信仰文化有着深刻的联系,也在于它在维持社会秩序和社区整合过程中扮演了重要的角色。

---

① 从年龄上来说,从长了牙齿的襁褓婴儿(在直苴傈僳颇的传统观念里,还未长牙齿的婴儿还不能被称为人,他们死后不会变成"尼",而是会变成一种马、猫等动物死后所变的非人类实体"麦")到耄耋老者都可以,但他们必须是生前来不及或尚未成亲之男女。

② 刘倩:《观念与实践的"文化悖理"——河南"冥婚"风俗研究》,《民间文化论坛》2009年第4期。

③ "尼"在彝族的信仰文化里包含了神、鬼、仙、精、怪、妖等超自然力量的内容,具体的划分依据不同的场合及其作用的对象与结果,种类十分繁杂多样,涵盖了社会生活的方方面面。

④ 陈鹏:《中国婚姻史稿》,中华书局2005年版,第155页,转引自顾春军:《"冥婚"流变考》,《中原文物》2014年第6期。

⑤ 姚彦琳:《中国冥婚习俗研究综述》,《民俗研究》2016年第1期。

（一）结亲

在直苴彝族倮倮颇社区中，当某家有未婚男女死亡之后，直到为他/她举办"尼买若黑"娶到妻子/嫁给丈夫之前，在这中间一段不确定的时间范围内，其亲属便开始托媒人为其在直苴及周边的倮倮颇社区中搜索、收集已故的未婚男女的相关信息，然后进一步打听，为双方亲属牵线，双方家长经过一番了解和筛选之后，选定对方为"亲家"，然后由男方亲属带着礼品去女方家中说亲，最终确定"尼买若黑"的时间。与汉族讲求年龄、生辰八字、生前喜好等条件不同，倮倮颇在选择亲家时，更多的是从"活着的人"的需求和喜好出发，更多考虑的是双方家庭成员之间对彼此家庭及成员的印象和认可度，双方的年龄、生辰八字都不太重要，于是年轻小伙和六七十岁的老妪配婚，七八十岁的老翁"娶"二三十岁的年轻女子的情况屡见不鲜。双方亲属有很大的选择空间，如果亲属和家庭不认可，他们有权利回绝这门亲事。

（二）嫁娶

确定对象之后，由主人家的两位男性亲属带上数量为偶数的烟、酒、茶叶、糖果前往对方家庭求亲，到了对方家庭之后，他们会先说明来意（一般会提前沟通好），待双方家庭达成共识之后就会开始筹划"婚嫁"部分的仪式。首先是告知双方的亲属举办"尼买若黑"的时间，然后由男方家派代表带上数量为偶数的烟、酒、茶叶、糖果及两只鸡到达女方家，女方亲属接待他们。在这个特殊的日子里，女方亲属会宰羊、宰猪、宰鸡招待来参加婚礼的近亲，而来参加婚礼的每家亲戚均会带不同数量的鸡，这些鸡被阿比颇①用作祭各种"尼"的仪式的牺牲，在仪式结束之后，大部分在吃饭时当作待客的共享食物，部分鸡头、鸡心、鸡脚等会成为祭品。

当男方家的亲属来到女方家中之后，需要做五个仪式来告慰众"尼"。其中在阿比颇的主持下，用偶数数量的米饭、糯米粑粑、白豆腐、腊肉、五花肉、糯米饭、白酒、烟、羊肉、猪肉、鸡肉、清水以及奇数数量的香等作祭祀的牺牲和祭品，分别告慰"格物得尼"②、"馁慈"③、女方的祖先"尼"④。告慰的目的是：第一，告知众"尼"今天家中有大事要发生，阐述给女子找夫家的重要性和必要性；第二，希望得

---

① 阿比颇，当地的男性仪式专家。
② "格物得尼"：根据当地人的说法，这是每个家庭都会供奉的家堂神，是一个家庭中最大的、统管家庭一切事务的神，它是天上最大神"么拉孜颇"下派到人间，负责记录每个家庭的家庭成员在一年中做了什么好事和坏事的记录员，它在每年年底的除夕夜返回天上，向"么拉孜颇"汇报这个家庭的具体情况，家中墙壁上的烟尘是它记录的家中成员不好行为的证明，墙壁越黑代表做的坏事越多，故当地人会在除夕夜到来之前对"格物得尼"所在的墙壁及家中环境进行悉心打扫，以求毁灭它所做的记录，这样"格物得尼"就只能向"么拉孜颇"汇报其家中成员品行端正的方面，来年家中会更加顺遂平安、康乐吉祥。
③ "馁慈"：一种当地人用来代表祖先和逝者的木雕"灵牌"，由一块九根纵向竹篾、九排皮朝上竹篾和九排皮朝下竹篾，分别为依次两组的纵横编织的底盘，上面插有一根形似男阴的松树木根和一个形似女阴的松树木权捆绑在一起的雕塑，雕塑上缠绕着数量不等的彩色细线编成的细绳。细绳编织的规则是，如果逝者为女性，则由七根细线编成，如果逝者为男性，则用九根。在缠绕方式上，讲究如果逝者为男性，则遵循在形似女阴的松树木权上，左边四绕，右边五绕，共计九绕，如果逝者的妻子也去世了，则遵循左边七绕，右边九绕。之后会在底盘上面铺上若干松针和一个被从中间劈开的松树枝砍成的"松树卦"，除此之外当竹编的底盘被两根松木支撑起固定在主人家供奉历代祖先"馁慈"房间的土基墙壁上时，其上方墙壁还会插上十二支（代表12个月或者12年或者120年）当地称为"青柑梨树"的树枝与底盘平行。
④ 由于直苴群众家中的"馁慈"一般只供奉三代，此时的"尼"针对的是不在目前家中所供奉的"馁慈"行列中的祖先或者逝去的人的鬼魂。

到他们对亲家的认可并同意这门亲事；第三，祈求他们保佑这件事情顺顺利利进行；第四，告知众"尼"给他们祭祀的亲属名单；第五，希望众"尼"看在亲属们满怀诚意地供奉丰盛的祭品的分上，给予他们健康、平安、幸福、顺遂等。这个告慰仪式分为两轮，一轮是生祭，即在众"尼"面前宰杀牺牲，其后等牺牲处理好、烹饪好之后再来"回熟"一次，祭词与生祭时相同。

在女方家的告慰仪式做完之后，男方家的亲属代表会用清水、猪肉做祭品在女方家的大门前告慰来自其家庭、跟随他们而来的各种来凑热闹的"尼"。负责祭祀的男人口中边念边用筷子将碗中的祭品象征性地往四周挑撒出来，把白酒倒一些出来，请求他们保佑今天的事情顺顺利利。念完之后，祭祀者顺手把碗中的祭品倾倒在门前。这些仪式结束之后，主人家中开始摆席，招待男方代表的亲属，以及前来参加今天仪式的各方亲朋。菜品主要有以下几种：各种肉食煮在一起的一盆肉，一碗豆腐，一碗蘸水。① 宴席期间，主人家还会给来参加的亲属分发啤酒、白酒、酸角汁、瓜子、糖果等，来参加的亲属一边欢笑一边饮酒食肉，气氛十分喜庆热闹。

（三）"送亲"

在吃完饭之后，由主人家和男方亲属代表一起带队，主要的男性亲属在阿比颇的指挥下带上举行祭祀活动所需的材料，前往女方坟地。而女性亲属们则有说有笑地背着装满了各种瓜子、糖果和果汁的绣花背包，一路结队去到指定地点会合，等男子们从坟地下来之后，她们将以"鬼新娘"的伴娘身份和男性亲属一起，热热闹闹地送"鬼新娘"出嫁。到了山上之后，阿比颇指挥一众随行的男子，把祭祀用品鸡（生祭和回熟）、酒、茶水、清水、代表"金银财宝"的竹饭盒（装有谷种）和一小袋盐、三炷香、印有奇数列铜钱印记的黄色草纸若干、一个用来打卦的松树卦放置于若干松针之上，摆放到主人家的"里背尼"② 跟前，待这些准备工作做好之后，阿比颇用右手捻几粒谷种，撒向"里背尼"，对他进行告慰，告慰的目的一是确定坟地所在的地理位置；二是表明主人家为了今天的事情特意选了黄道吉日，做了精心的祭品来告慰"里背尼"；三是请求"里背尼"同意今天把逝者迁出去，"让逝者生有在处、死有地点"；四是向"里背尼"说明从今以后逝者将会去到某地，再也不是本家人，但是主人家的亡魂还要靠"里背尼"保佑，给他的祭品不会少，请他保佑今天嫁娶的事情一切顺利；五是请求"里背尼"保佑全家男女老少平安少灾、健康顺利、六畜兴旺、财运亨通，从此家中清清洁洁，逝者的怨念一笔勾销。

在阿比颇做完告慰"里背尼"的仪式之后，主人家的男子把这只公鸡和其他的祭品悉数装到阿比颇的背包里，这成为他的报酬。装好报酬之后，阿比颇拿着一个白色的纱布袋子走到逝者坟前，用坟上的一块石头敲一些土块出来，他把石块装入袋中，然后抓七把土装进袋子里。装好土之后，阿比颇把装有代表"鬼新娘"的土和石块的袋子交给主人家的男子，主人家的男子把原来的坟上的石头掀掉一些，这标志着以后再也不会来给这座坟献祭了。然后一行人下山去和妇女们会合，在"出嫁"路上男方家的结亲代表从坟山下去就要一路撒纸钱和香，特别是遇到岔路口时要撒一张纸钱和一炷香。到达妇女们等候的地点后，"鬼新娘"的亲属拉上羊、带上鸡，一路欢欢喜喜护送"鬼新娘"前往其夫家。

---

① 在保保颇文化中，只要是和逝者有关的仪式活动，均不会食用蔬菜，只食肉类和豆腐。
② "里背尼"：彝语音译，指坟地山神，专管一个家族坟地里的各种鬼魂，不论是下葬、迁坟还是上坟，都需要先抚慰好它。通常会选在一个茂盛的松树下面，然后用石头简单地堆砌在一起，形似缩小版的墓碑堆砌状，无文字，无图腾标识。

（四） 丧礼

当结亲和送亲队伍抵达夫家之后，整个"尼买若黑"的丧礼部分正式开始。其后的仪式活动分两种情况进行，婚嫁部分以双方亲属共同把代表女方的泥土和石块放入男方棺木/坟山而结束，如若男子也已去世多年，那么仪式活动就会转移到男方的坟地上继续。这个仪式类似于在女方的坟地上抚慰"里背尼"，只是这时抚慰的是男方家族的"里背尼"，祭品会有羊和鸡，在祭词的内容上主要表达的是女子正式进入男方家庭，祈求"里背尼"的庇佑。同时让两位逝者安心做夫妻，后代的供奉香火会延续，希望他们在阴间过幸福快乐的生活，不要再回来祸害家人和家庭，让双方的家人身体健康，无灾无难，家庭一切顺遂。

最常见举办"尼买若黑"仪式是在男子的葬礼上，从女方家接来"新娘"之后，接下来的丧礼便可以向普通的丧礼那样顺利过渡了。由于此时的丧礼流程和正常的丧礼大致相同，讨论"尼买若黑"的社会文化意义主要以女方亲属参与男方丧礼仪式，扮演"阿文"①的角色，履行这个角色的重要职责为主要内容。

1. 出殡前"阿文"的角色职责

第一，女方亲属抵达男方家之后，"阿文"会带来并制作用于为逝者指路的形似大鸟的经幡。第二，"阿文"协助入殓，女方的"阿文"们要协助男方亲属举行入殓仪式，"阿文"负责抬逝者的头部和上半身，腰部和下半身由来自女方家的男性表亲和主人家的男性堂兄弟负责，盖棺也由"阿文"抬首，一个主人家男亲属抬尾，一起翻九次盖上。第三，入殓仪式结束之后，"阿文"家的女性亲属会和"若买"②家来的女性亲属以及"文都"③家的女性亲属共同围坐在棺木周围，"阿文"家的女性亲属主要坐在靠近棺首位置，这些妇女共同组成完整的通宵"梅葛"④唱诗班。第四，在向逝者敬献牺牲的环节，必须由"阿文"⑤主导，主人家的"文都"⑥配合依次宰羊、宰猪、宰鸡和砍粑粑，每宰一只牺牲中的羊和猪，"阿文"都要大声地"呜——"三声，这是给"尼"⑦的信号，召唤他们来享用给他们的祭品，女方亲属到场也必须拉很多羊、鸡等肉食，这是非常大的经济支援。第五，在持续通宵的打跳环节中，必须由"阿文"扮演预备驱鬼的仪式中最前面的"砸颇"⑧，打跳的主力也为"阿文"家的亲

---

① "阿文"：彝语音译，指的是一种身份，统指在葬礼中扮演主人家"后亲"的群体，通常由主人家妻子的家人、亲属来充当。
② "若买"：彝语音译，意为女儿。
③ "文都"：彝语音译，指的是葬礼上的主人家。
④ 此时的"梅葛"为当地妇女专门在丧礼上和满日子仪式中所唱的以怀念逝者、悼念亡灵为主题的丧调。
⑤ 此时的"阿文"特指在这个仪式中专门负责和"文都"配合着宰羊、宰猪、宰鸡、砍粑粑的人。
⑥ 此时的"文都"特指在这个仪式中专门负责配合"阿文"宰羊、宰猪、宰鸡、砍粑粑的人，一般由熟悉主人家社会关系的男性亲属担任。
⑦ 这里的"尼"主要指的是死去的亲属所变的鬼魂，但这样的召唤也会把很多其他的鬼怪吸引过来。
⑧ "砸颇"：彝语音译，意为小偷。需要分别来自"阿文"家族的、主人女儿家亲属的以及主人家亲属的三名男子扮演"砸颇"，持刀打跳驱赶其他的野鬼，防止因为之前的献祭吸引的很多其他野鬼来抢主人家的死者祭品，吹葫芦笙师傅走在最前面，"阿文"砸颇紧跟着，"若买"砸颇跟随"阿文"砸颇后，"文都"砸颇跟在"若买"砸颇之后，他们先顺时针跳三圈，随后逆时针跳三圈，六圈跳完之后，来自"阿文"家的各种亲朋好友的男子会加入打跳队伍中，打跳是为了缓和丧礼沉重的气氛，让主人家不要太沉浸于悲伤，另一方面是为了威慑外围的野鬼，把主人家人的魂叫回来，不让其他野鬼带走。

朋。第六，在打跳仪式期间"阿文"家的亲属要和来自"文都"家近亲以及"若买"家亲属一起作为强有力的经济支援，给到场的宾客分发酒水、烟、糖果等，帮助主人家招待宾客，给主人家撑面子。

2. 出殡及其之后"阿文"的职能

第一，在天亮之后的出殡仪式中，"阿文"须为逝者准备用于"买墓穴"的牺牲——打鸣大公鸡，以及奇数列的黄色纸钱，走在出殡队伍最前面，撒纸钱开路。第二，出殡时的抬棺木人员中，"阿文"家的男性亲属抬棺首部分，下葬时亦如此。第三，下葬后到"尼黑比"①之前的一个单数日子，主人家和"阿文"家的亲属要共同组织"切尼比"仪式②，"阿文"家的亲属会带羊/鸡、酒水、糖果、瓜子、烟等礼物前来参加，并进行分发，"阿文"家还会购买一些新衣物、新彝绣衣服③、新鞋子、手电筒等一系列生者认为能给逝者在另一个世界的生活有所助益与方便的实物烧给逝者。第四，"尼黑比"当天，"阿文"负责准备制作"馁慈"的材料，并带领主人家的孝子去坟地把逝者的"魂"叫回来，从而主持制作、供奉和献祭"馁慈"的仪式。第五，"阿文"还要主持宰杀亲属们这天带来的羊、猪、鸡等牺牲。第六，在为主人家的子孙举行叫魂仪式环节，"阿文"同样负责宰杀牺牲。在吃过饭后，"阿文"要负责把叫魂仪式中代表家中有人故去的松木固定在主人家面房背后的墙上。第七，在接下来的三年中，每年的当地清明节④主人家给逝者上坟，或给逝者迁坟、修坟时，"阿文"还要带上羊⑤、鸡等来参加相关仪式。在每年的农历"七月半"期间主人家在家举行祭祀仪式，"阿文"作为主要亲戚要带上鸡来参加。第八，在这种姻亲关系建立之后，两个家族的人不论发生大小事都要相互帮助、相互支持，这种关系和正常的姻亲关系延伸的权利与义务是等同的。

三、"尼买若黑"仪式背后的文化逻辑

（一）"尼"信仰下的日常生活实践

黑格尔在《精神现象学》序言中说道："对于一个表象的分析，就过去所做的那样来说，不外是扬弃它的熟悉形式。将一个表象分解为它的原始因素就是把它还原为它的环节……"⑥ 对于直苴彝族俚保颇"尼买若黑"文化事象来说，对于其的分析离不开其表象环节背后的原始因素，其背后非现实的"尼"及其一整套的"尼"信仰体系是非常值得关注的。从调查、分析中得知"尼"信仰下的日常生活总是受到各种各样的"尼"的影响，每个人终其一生都要和各种各样的"尼"打交道，"尼"作为观念里超自然力量的代表，其对于人界的影响总是积极与消极并存的。

---

① "尼黑比"：汉族直译为"满日子"，一般为男子下葬后的第九天，女子下葬后的第七天称为"尼黑比"。
② "切尼比"：译为"送差鬼"，一般选在一个河边或山间隐蔽的靠近水源的溪谷。
③ 从目前的调查可知，一套手工彝绣的服装市场售价为一千至上万元不等。
④ 当地的清明节祭祖活动统一在农历二月份，以家中最近辞世的亲属的生肖为上坟所属生肖日期。
⑤ 一般为第一年或第三年拉羊，不需要每年都拉，但是主人家在逝者死后三年必须每年要拉羊献祭。
⑥ 黑格尔：《精神现象学》（上卷），贺麟、王玖兴译，商务印书馆1979年版，第20页。

在倮倮颇的世界观里，人和非人类实体的"尼"分别占据三个空间："么米"①"擦米"②"尼米"③。正常秩序下以伟大的"么拉孜颇"④为代表的"尼"⑤居住在"么米"，以人死后所变的"切尼"⑥为代表的"尼"⑦生活在"尼米"，芸芸众生生活在"擦米"，社区的各种失序、失范就和众"尼"的跨界活动有着紧密的关系。当地盛行的"尼买若黑"是基于当地浓厚的"尼"信仰文化的特殊文化现象，他们对"尼买若黑"的坚持，源自其生活中与各类"尼"尤其是与祖先"尼"的频繁往来，以及在此过程中建立起来的对阴间世界的想象。"祖宗的鬼魂生活在一个和我们非常相像的社会中，但在经济方面他们部分地依靠子孙所做的奉献，这就是定时地烧纸钱、纸衣服和其他纸扎的模拟品。因此，看来死者在阴间的福利还是要有活人来照管的。"⑧在彝族多个支系中，"三魂说"的观点得到普遍认可，在直苴彝族倮倮颇地区，人死后，一个魂会回到祖先之地，一个魂会留在坟地，另一个魂则化身为"馁慈"，被后代供奉于家中。关于"馁慈"的起源，多附会于《二十四孝》故事之一"丁郎刻母"，内容略有增减。在倮倮颇日常生活中，每逢家中有大事、要事以及年节祭祀，人们与各种"尼"的联系十分频繁，从"尼买若黑"仪式过程中可知，"尼买若黑"仪式定要告慰"格物得尼""馁慈""家鬼""野鬼"等，其中"馁慈""家鬼""野鬼"均以祖先的化身为被后人所告慰。"祭祀不仅给了祖先经济上的支持，也给了他们精神上的安慰。而对生者来说，在一次次的祭祀中，他们也得以不断记起自己从何而来，继而巩固起家族的继嗣秩序。事实上在村民们看来，生者还可能得到更多。"⑨人们对于"尼米"有着丰富的想象，认为生前未曾婚配的男女会因为心存怨恨而返回人间，侵害家人和家庭，带来各种危险，为他们举办"尼买若黑"仪式，让他们像活人那样有个"伴"，不再孤单；为他们准备丰厚的祭品和牺牲，于细节上不敢有一丝怠慢，最终为的是规避来自各种"尼"的不满、怨恨所带来的诸多危险，同时期望"尼"能保佑其全家男女老少一切顺遂、平平安安。

（二）生前边缘化个体回归社会正常秩序之路

"由己及人、及家，虽通常不至于及天下，但通过个人的婚姻做到对父母尽孝、对祖先有祭，在村民们看来便是真正做了'人'。从这个意义上说，婚姻才是一个人真正的成人礼。"⑩在直苴彝族倮倮颇的观念中，结婚是构筑完整、美满人生最重要的链环，如若一个人一直没有婚配，那对于其及家庭来说是一件十分苦恼和危险的事情。一方面，因为这直接影响到了家庭继嗣问题，继嗣是一个家庭中最大的问题，没有婚配，那么老来无子照顾、死后没人送终、无法享受在阴间的香火，这不仅凄凉，同时也中断阴间和阳间的连接，那么他们变成"切尼"回来祸害亲属的几率将大大提升。另一方面，当地人对一直未曾

---

① "么米"：彝语音译，意为天堂。
② "擦米"：彝语音译，意为人间。
③ "尼米"：彝语音译，意为地狱。
④ "么拉孜颇"：彝语音译，是天上最大的神，掌管人间的一切生死和地狱亡魂的去留与各种活动。
⑤ "尼"：彝语音译，此处意为神仙。
⑥ "切尼"：恶鬼代名词，其中难产妇死所变之鬼最为凶恶，闻者生畏。
⑦ "尼"：彝语音译，此处意为鬼怪。
⑧ 费孝通：《江村经济——中国农民的生活》，商务印书馆2001年版，第44页。
⑨ 沈燕：《"两家并一家"之传宗接代的另类解读——阴间与阳间的连结》，《民俗研究》2018年第1期。
⑩ 沈燕：《"两家并一家"之传宗接代的另类解读——阴间与阳间的连结》，《民俗研究》2018年第1期。

婚配的人有这样的边缘定位和认识：首先，如果女子不嫁人，就会变成鬼怪①，她死后会因为没有子孙供给香火而回来作祟，这种威胁不仅猝不及防，同时时效相当长，可危及几代人。其次，没有娶妻的男子普遍存在良心差、酗酒、赌博、懒惰、没本事、性格暴躁、自私、行为不端等问题，这是社区所痛恶的，这样的人非常不受待见，在很多重要的场合大家甚至不愿意与其同桌吃饭，社交活动频繁受阻。再次，自身的缺陷也注定边缘位置，天生肢体或智力残疾、容貌丑陋者，在当地人的观念中与其前世的品行差有着因果关系。最后，随着村中男女比例失调问题越来越严峻，大龄未婚的男子在很多时候都成为威胁已婚家庭婚姻关系的危险因素，一些因第三者介入导致家庭破裂，最终导致村寨邻里关系恶化的事件屡见不鲜。足见大部分独身者在日常的社会生活和生产生活中被边缘化，"尼买若黑"可以帮助其回归正常的社会继嗣秩序，尤其对于女子来说，只有出嫁才能顺利进入社区中正常的父系继嗣系统，从而享受世代连绵不绝的香火供奉。亲属为这些逝者举办"尼买若黑"仪式，不仅让生前边缘化的个体回归到正常的社会继嗣秩序中，同时也让这些家庭得到回归社会正常秩序的契机，给生者在面对生命无常时以信心和勇气。

直苴彝族倮倮颇的丧礼是社区中目前保留的最为隆重的仪式集合，丧葬仪式是亲属为逝者举行的最热闹的告别仪式，它既表达了生者对逝者的哀思，同时也寄托了生者对逝者前往另一个世界的美好祝福，人们举行一系列烦琐仪式与宣读祭词表达出他们对祖先"尼"和各种"尼"的敬畏和祈求。"通过人情交流，丧葬仪式及其有关信仰有助于抚慰死者亲属，并使其在集体活动中获得和谐亲密的人际关系。"②"尼买若黑"仪式消除了"尼"回来作祟的诸多风险和威胁，同时被边缘化的个体及家庭获得亲密的人际关系，维护了正常的社会秩序和社会稳定。"如果一切事物都能被搞得符合于规则，那么，一切事物也都能被搞得与规则相冲突。"③ 丧礼作为该社区生活中最重要的仪式活动，其各个仪式环节的顺利衔接是其最重要的事情，"围绕着丧葬信仰与仪式展开的人际互助关系，搭建了孝子孝女、围观者与当事人以及生者与亡人之间的隐秘关联，并调整、重塑和涵化着相互之间的关系"④。在整个丧葬仪式中最重要的仪式参与者便是被称为"阿文"的角色，这是必不可少的重要角色。对于生前未曾婚配的人来说，"文都"和"阿文"的关系在其去世时就面临了断裂和缺失，从丧礼中烦琐的仪式活动以及巨大的经济消耗可知，如果没有"阿文"，那么丧礼中的很多仪式将无法顺利正常地进行，一切仪式都将与"规则"相冲突，由于丧礼的重要性，以及诸多烦琐仪式的需求，"阿文"角色的重要性得到彰显，于是"尼买若黑"仪式成为主人家让丧礼"符合规则"的最直接做法，"遵守规则也是一种实践活动"⑤。通过"尼买若黑"仪式构建的亲属关系，与普通的婚姻缔结方式构建的亲属关系，在双方的婚丧嫁娶、起房盖屋等各种重要的仪式活动中都是一致的，彼此之间的亲密关系及友好往来也同后者。

王丹曾对位于彝语西部方言区的永德县彝族俐侎人现存的，为逝者举办婚礼的文化现象进行了详细的研究⑥，俐侎人中的"光棍"死后是不能埋入祖坟的，可见他们被排斥在社会正常继嗣秩序之外，处于社区中的边缘位置，在万物有灵和祖先崇拜的信仰基础上，人们为那些生前未曾婚配的人举办"冥婚"

---

① 村中流传着一个被父母养在闺中、一直没结婚的女子被山妖掳走，最终惨死悬崖峭壁的故事。
② 李汝宾：《丧葬仪式、信仰与村落关系构建》，《民俗研究》2015年第3期。
③ 维特根斯坦：《哲学研究》，李步楼译，商务印书馆1996年版，第121页，转引自马翀炜：《何以"当大事"——双凤村丧葬个案的人类学分析》，《广西民族研究》2005年第4期。
④ 李汝宾：《丧葬仪式、信仰与村落关系构建》，《民俗研究》2015年第3期。
⑤ 马翀炜：《何以"当大事"——双凤村丧葬个案的人类学分析》，《广西民族研究》2005年第4期。
⑥ 王丹：《永德乌木龙班村彝族俐侎人冥婚研究》，云南民族大学2018年硕士学位论文。

是为了帮助其成为一个真正完整的人，进而顺利回归祖灵，成为祖先神，享受后代的供奉。直苴的彝族俚俚颇的观念与俚俅人有相似的地方，这些逝者都有很显著的特点，那就是在社区中处于边缘群体，举办"尼买若黑"仪式帮助他们及其家庭进入了社区的正常继嗣秩序，不被轻视，不再边缘。

（三）行动者实现社区整合的能动实践

学术界对"冥婚"及其类似现象的否定态度由来已久："且有所谓冥婚者，以生前未经文定之夭儿殇女死同穴，殊觉无谓"，"移风易俗，司民牧者所不得塞其责，而士君子亦当向乡党劝导之也。"（《介休县志》第十四卷，清嘉庆二十四年刻本）[1]"间俗尚冥配，有干例禁，有识者当以礼功止。"（《阳城县志》第十八卷，清同治十三年刻本）[2]"又男女初未议婚，故而合葬，谓之冥配。陋俗当禁。"（《直隶绛州志》第二十卷，清光绪五年刻本）[3]尤其随着近年来关于高价买卖女尸，在巨大商业利益诱惑下引发一系列盗取女尸、买卖妇女，甚至以残害妇女达到配冥婚的目的的相关恶性事件屡见不鲜，使现代学者对于其的判断更为极端，称其为"白骨森森的变态婚姻……纯属迷信陋俗"[4]，认为这是"畸形的婚丧习俗……在当下积极倡导文明新风的社会中显得格外刺眼"[5]。"盗墓或杀人以获取尸体，贩卖成阴婚新娘，这都与国家希望展示一个现代的、开化社会形象的意愿严重相悖，也与尊敬祖先的普遍宗教传统相悖。阴婚是犯罪行为，在文化内涵上也非常落后"[6]，然通过对直苴彝族俚俚颇的"尼买若黑"仪式的考察发现，对社区"尼买若黑"现象的分析无法跳出社区的社会结构，"社区可以说是以一定的社会整合性为标志的"[7]。"对于一些小型社区来说，婚丧嫁娶等仪式活动是生活中的重大事件。对这些事件的调查和分析往往能使人们管窥到这些社区文化的某些特质，并对这些社区的社会结构特点获得某些认识，在此基础上还有可能对这些社区中的人的生活方式与生存意义获得较为深入的理解。"[8] 人作为行动者对于社会结构具有不可忽视的能动作用，吉登斯认为"行动的反思性监控是日常行为的惯有特性，它不仅涉及个体自身的行为，还涉及他人的行为。也就是说，行动者不仅始终监控着自己的活动流，还期望他人也如此监控着自身"[9]。在直苴，在"尼"信仰文化背景下的个体形成了一整套与"尼"相关的观念与意识，他们的实践活动深受"尼"的影响，这种影响在很大程度上表现为规则和资源，人们不断利用这些规则和资源反观自身，使自己的行为与实践符合观念要求，在"尼买若黑"问题上，观念与实践达到高度一致，行动者之间也利用"尼"文化来传播普世的价值观。"如果说理由指的是行动的根据，那么动机指的则是激发这一行动的需要。……动机激发过程并不与行动的连续过程直接联系在一起。它所指涉的与其说是行动者惯常的行动样式，不如说是行动的潜在可能。"[10] 在直苴的丧葬仪式中，"尼买若黑"并不是行动者惯常的行动样

---

[1] 转引自江林：《冥婚考述》，《湖南大学学报（社会科学版）》2000年第1期。
[2] 转引自江林：《冥婚考述》，《湖南大学学报（社会科学版）》2000年第1期。
[3] 转引自江林：《冥婚考述》，《湖南大学学报（社会科学版）》2000年第1期。
[4] 江林：《冥婚考述》，《湖南大学学报（社会科学版）》2000年第1期。
[5] 姚彦琳：《中国冥婚习俗研究综述》，《民俗研究》2016年第1期。
[6] 邓国基、王昕、陈莎莎：《阴婚为何还有市场——来自社会人类学的考察》，《原生态民族文化学刊》2019年第11卷第5期。
[7] 奈杰尔·拉波特、乔安娜·奥弗林：《社会文化人类学的关键概念》，鲍雯研、张亚辉等译，华夏出版社2005年版，第51页。
[8] 马翀炜：《何以"当大事"——双凤村丧葬个案的人类学分析》，《广西民族研究》2005年第4期。
[9] 安东尼·吉登斯：《社会的构成——结构化理论大纲》，李康、李猛译，生活·读书·新知三联书店1998年版，第65页。
[10] 安东尼·吉登斯：《社会的构成——结构化理论大纲》，李康、李猛译，生活·读书·新知三联书店1998年版，第66页。

式，在生前未曾婚配的男女死亡之时，由于惯常行动样式中对"阿文"与"文都"社会关系、仪式角色以及诸多援助的诉求成为激发"尼买若黑"这一仪式行动的需要。但是动机激发的过程并不和丧礼行动的连续过程直接联系在一起，因为寻求"尼买若黑"的行动并不总是顺利的，它是丧礼行动的最佳潜在可能。"人们经常假定，只能通过意图来界定人的能动作用。也就是说，对于作为行动考虑的某个行为部分来说，无论其实施者是谁，他肯定是有意为之的，如若不然，这里的行为也是针对外界刺激的反应。"①"尼买若黑"是丧葬仪式中的一个部分，其实施者是逝者的亲属，他们有意来弥补仪式角色缺失造成的丧礼仪式断裂的问题，同时也是针对未婚者突然死亡带来的刺激反应。

吉登斯认为"结构是转换性关系的某种'虚拟秩序'，是说作为被再生产出来的社会系统并不具有什么'结构'，只不过体现着'结构性特征'（structural properties），同时作为时空在场的结构只是以具体方式出现在这种实践活动中，并作为记忆痕迹，导引着具有认知能力的行动者的行为。"② 在社区的生产和生活中，"尼"信仰在社区成员进行一系列的实践活动中占据着最重要的地位，并以此为逻辑依据。当未婚者突然死亡，形成了吉登斯所谓的"紧要情境"，是不可预见的和剧烈的断裂的情境，从而对整个丧葬仪式构成了威胁乃至破坏制度的例行常规的确定性，"冥婚是一种较为复杂的礼仪，一方面要调整活人与死者的关系，即人与鬼的关系；另一方面要涉及两个家庭之间的关系，也就是人与人的关系"③。对于一场隆重的葬礼来说，由于其未婚，缺失了葬礼中最重要的角色"阿文"，一系列的丧葬祭祀仪式产生严重的断裂，"阿文"角色的缺失进而导致丧葬仪式的仪式主导者缺失，强有力的巨额经济消耗的支援无法就位，从姻亲关系衍生出来的社会关系网络断裂了，以互惠性为特征的社区整合受到强烈阻碍。所以"尼买若黑"仪式就有了强烈的现实诉求，是对于这类危机的最好处理方式。

"稳定社会关系的力量不是感情，而是了解。所谓了解，是指接受着同一的意义体系。"④ 通过调查发现"尼买若黑"的重要意义更多的是体现给活人的，作为具有高度能动性的行动者，"当一种文化执着的价值从一代人传给下一代人时，借助于仪式可以变得更加容易"⑤。"尼买若黑"文化及相关的仪式活动就是在一代又一代的口耳相传中得到传承。"以社会行动的生产和再生产为根基的规则（和资源）同时又是系统再生产的媒介。"⑥ 他们利用"尼"信仰这一资源及相关的规则，构筑了同一的意义体系，形成这样一种"尼买若黑"制度，"我们在受制约中创造了一个制约我们的世界"⑦，恰恰反映了行动者不断参与社会结构再生产的过程。这里的"尼买若黑"与造成社会失序的汉族社区的"冥婚"的消极意义的区别就在于此，俫俫颇的"尼买若黑"对于个体、家庭乃至整个社区都具有很强的积极意义，人们在观念和实践上达到了高度的一致。"丧葬仪式在沟通家庭、宗族、村落关系中有着举足轻重的作用，这是一种本质上以血缘关系为纽带与核心联结起来，并借力邻里互助习俗进一步整合地缘联系的互馈机制。"⑧ 在传统的直苴俫俫颇观念里，直苴是一个在共同祖先"阿嘎米西莫"⑨庇护下，由伙头制度联系在一起的类似

---

① 安东尼·吉登斯：《社会的构成——结构化理论大纲》，李康、李猛译，生活·读书·新知三联书店1998年版，第68页。
② 安东尼·吉登斯：《社会的构成——结构化理论大纲》，李康、李猛译，生活·读书·新知三联书店1998年版，第80页。
③ 顾春军：《"冥婚"流变考论》，《中原文物》2014年第6期。
④ 费孝通：《乡土中国》，北京出版社2004年版，第61页。
⑤ 菲奥纳·鲍伊：《宗教人类学导论》，金泽、何其敏译，中国人民大学出版社2004年版，第173页。
⑥ 安东尼·吉登斯：《社会的构成——结构化理论大纲》，李康、李猛译，生活·读书·新知三联书店1998年版，第81—82页。
⑦ 安东尼·吉登斯：《社会的构成——结构化理论大纲》，李康、李猛译，生活·读书·新知三联书店1998年版，第88页。
⑧ 李汝宾：《丧葬仪式、信仰与村落关系构建》，《民俗研究》2015年第3期。
⑨ "阿嘎米西莫"：彝语音译，是当地最大的"尼"，是一对祖先夫妻的代表，位于且么山上。

家一样的亲密地理空间,然而居住在这些山区的人们长期以来被他们那些居住在坝区的邻居,根据他们的语言、风俗、服饰、性格,认为坝区和山上的人是有所不同的[1],形成了特殊的"尼"信仰文化圈。从对"尼买若黑"调查可知,近年来村中不乏"彝汉"[2]之间举办"尼买若黑"仪式的案例,这在社区整合中与真正的"彝汉"通婚对于实现社区进一步整合有着异曲同工之妙,尤其是"尼买若黑"仪式构筑的"亲家"这种拟血缘关系结合了村民之间的区域认同,让他们参与彼此重要仪式活动的机会越来越多,这大大加固了该社区在以拟血缘和地缘关系基础上建立起来的村寨空间,社区实现社会整合的实践机会就会随之增加。安东尼·科恩提出"社区应当被视为象征性和比较性的构建;……而且在该社区成员的思想中作为意义的世界存在"[3]。"尼买若黑"是社区成员在思想上共建"意义世界"的重要实践行为,再生了社区结构体系与制度。

四、结语

在直苴倮倮颇的世界观里,"尼"的跨界活动是社区发生一系列失序、失范事件的根源。社区中的"尼买若黑"就是源于作为行动者的社区群众,在日常的生产生活中包括与祖先"尼"在内的各类"尼"频繁往来的能动实践。"尼买若黑"使生前被社区边缘化的无法进入正常继嗣秩序的个体及家庭,在死后获得回归正常的继嗣系统的合法途径,由此建立的阴阳连接使逝者能够顺利享受后代子孙的供奉。"尼买若黑"缔结的姻亲关系中"阿文"与"文都"关系的确立,使丧葬仪式不致断裂,极大地延伸了两个家庭的社会关系网络。诚如吉登斯的社会整合论,在缔结亲家关系之后,家庭间对应的各种双边权利与义务也正式确立,从而达到人、"尼"、家庭、社区之间的多重互惠关系。基于共同文化心理的社区行动者利用"尼"信仰这一特殊资源和规则,建构了社区的"意义世界"。相较于汉族社区中对"冥婚"现象及其引发的社会失范所采取的讳莫如深的态度,直苴倮倮颇的"尼买若黑"调整了个人、家庭和社区等多方关系,对失序的社会秩序进行维护,同时对社区稳定产生积极效用。

从类型学的意义上来讲,探讨直苴彝族倮倮颇的"尼买若黑"文化在其传统社会运行机制中得以长期存续的文化逻辑,为学界热议的"冥婚"及其类似文化现象提供了具有参照意义的地方性实践。"尼买若黑"文化和相关的仪式活动在直苴倮倮颇社区中是由观念引发的实践行为,二者相互作用,促成了理论和实践的高度一致。直苴彝族倮倮颇"尼买若黑"现象为同质文化增添了多元性,作为具体地方的小传统,弥补了大传统对该类文化现象的单向度阐释。事实上,无论是变迁中的汉人社区,还是位于西南山区的彝族聚落,都无法回避与人口再生产直接关联的祈生与御死之问题。应该说,无论是学界褒贬不一的汉人社区应对生死的路径选择,还是鲜为大众所知晓的彝族"尼买若黑"现象,都是基于各自文化逻辑的理性选择,人们在面对类似的再生产诉求时,通常选择符合自身社会行动逻辑的人性情感和智慧实践。对"冥婚"及其类似文化现象的讨论,从根本上来说离不开其文化所处的信仰体系、价值体系和具体的社会环境。

---

[1] Erik A. Mueggler, *The Age of Wild Ghosts-Memory, Violence, and Place in Southwest China*, Berkeley: University of California Press, 2001, pp. 8—12.
[2] 村中有好几个姓氏本为汉族,但在民族识别过程中被全部识别为了彝族。
[3] 奈杰尔·拉波特、乔安娜·奥弗林:《社会文化人类学的关键概念》,鲍雯妍、张亚辉等译,华夏出版社2005年版,第51页。

"Ni mai ruo hei": Belief, Practice and Cultural Logic in an Yi Community

Pu Fuxiang

Abstract: "Ni mai ruo hei" is a special cultural phenomenon based on the local traditional belief in "Ni" and is very popular in the Luo Luopo area of the Yi ethnicity. Through field investigation and anthropological analysis, it is found that the local Yi peoples' insistence on the custom of "Ni mai ruo hei" stems from their traditional view of the universe in which various kinds of "Ni" frequently interact with their ancestors, including during their reproduction practice. As a result, people in the community have reached a high degree of consistency on the concept and practice of the custom of "Ni mai ruo hei". Under the Luo Luopo worldview, "Ni mai ruo hei" enables individuals who have been marginalized to return to the normal sequence of generational descent, thus enabling the deceased to recceive the worship of their descendents smoothly. The series of rituals around "Ni mai ruo hei" connect yin and yang and allow for cross-border interaction between man and Ni. The relationship between in-laws established by "Ni mai ruo hei" ensures that the corresponding funeral rites are conducted smoothly and that social relations among in-laws are also extended. "Ni mai ruo hei" is the logic for social action established by the Yi peoples' use of the "belief in this resource", and it is also the basis for them to integrate the community and make the community structural and orderly.

Key words: Yi Ethnic; "Ni mai ruo hei"; the belief of "Ni"; practice; structuration

路文化研究

千里姻缘一路牵：一个路边村寨婚姻圈变迁的人类学考察*

张锦鹏 于 欣 赵晓丽**

摘 要 本文以路边村寨那柯里为个案，分析了道路与该村村民婚姻圈变迁的关系：马帮道路时代，马帮路通过对村民生计的影响间接影响当地婚姻缔结，但并未脱离熟人社会婚姻圈特点。昆洛公路时代，筑路和搭便车使那柯里村婚姻圈发生改变，呈现与道路走向一致的线性扩展模式。磨思公路时代，与道路毗邻的区位优势对那柯里村村民婚姻缔结的影响显而易见，呈现出以村寨为中心、呈同心圆向外扩大圈层的特点。昆曼高速公路时代，受信息高速公路的影响和村寨旅游开发"文化之路"等多方面影响，村民婚姻选择也呈现出离散性特征。道路在婚姻缔结中所起到的重要作用，在于它能够快速地将种种社会变革性因素通过路的传递输入其道路所通达之地，从而影响人们的社会交往关系。那柯里村村民的婚姻圈变迁也正是在这个意义上体现出道路在村民婚姻关系缔结中的"嵌入"。

关键词 婚姻圈；道路形塑；交往模式

DOI：10.13835/b.eayn.29.17

一、引言

婚姻圈又被称为"通婚圈"或"通婚地域"，既是一个地理意义上的概念，也是一个社会文化意义上的概念。施坚雅（G. William Skinner）在其市场体系理论中有关婚姻圈的探讨中认为初级市场与婚姻圈的中心重合，婚姻介绍由媒人在初级市场上进行。[①]庄英章在对林圯埔镇的考察中认为，林圯埔镇的市场圈、婚姻圈、祭祀圈有相当大的重叠。[②]还有诸如王铭铭对福建美法村的婚姻圈调查研究[③]和吴重庆关于莆田孙村"通婚地域"的调查等研究[④]，对婚姻圈的地理范围与人文经济区域、祭祀圈范围的相关性进行了研究。已有的婚姻圈研究是在社会转型起步期、社会结构相对固定的情境下，对其地理范围和社会文化意义所进行的研究。然而在全球化进程和地区经济发展的语境之下，中国农村地区正经历着极大变迁，

---

* 本文为用友基金会"商的长城"重点项目"西南少数民族地区传统商路风险应对研究"（2021—Z09）阶段性研究成果。
** 张锦鹏，博士，云南大学西南边疆少数民族研究中心教授，博士生导师；于欣、赵晓丽，云南大学民族学与社会学学院硕士研究生。
① 施坚雅：《中国农村的市场与社会结构》，史建云、徐秀丽译，中国社会科学出版社1998年版，第40—45页。
② 庄英章：《林圯埔——一个台湾市镇的社会经济发展史》，上海人民出版社2000年版，第165—177页。
③ 王铭铭：《村落视野中的家族、国家与社会——福建美法村的社区史》，载王铭铭、王斯福主编：《乡村社会的秩序、公正与权威》，中国政法大学出版社1997年版。
④ 吴重庆：《社会变迁与通婚地域的伸缩——莆田孙村"通婚地域"调查》，《开放时代》1999年第4期。

实际情况远比想象中的复杂，普适的理论很难再适用于对某些社区的研究。

婚姻圈是以地理空间的方式呈现出人与人之间的社会关联。地理空间除了呈现关系之外，是否还有缔结关系的作用？要回答这个问题，首先要分析构成婚姻关系的一个必要条件——信息撮合。无论是婚姻双方自由认识（自由恋爱）还是中间人牵线（媒妁之约），都需要信息撮合的过程。道路作为两个地理空间关联的建构条件，在婚姻的信息撮合过程中也起到了积极的关联作用，从而在很大程度上影响了婚姻圈的型塑。作为联系两个地域空间的道路，不仅引起了地域空间在地理关系上的关联，而且也引致了两个不同质的社会文化空间的黏合，它以多层面的方式影响着社区的发展，在经济、社会、文化和生态等方面均可看到道路对社区变迁的形塑，这也是近年来"路学"或"路人类学"成为学术热点的一个原因。

本文所讨论的那柯里村作为一个路边村寨，在村寨发展变迁历程中，经历了"因路而生、因路而兴、因路而变"的风风雨雨，被道路紧紧牵着命运的它，社会结构与社会关系也在被不断打破及重塑，因此道路变迁无疑是影响其婚姻圈最明显的因素之一。经过那柯里村的道路从传统的马帮道路向国道公路和高速公路的变迁过程中，随之而来的外界因素刺激并影响着那柯里村村民的婚姻观，拓展着那柯里村的人际关系，从而使那柯里村村民的婚姻圈发生变化，在不同时期呈现出不同的圈层特点。

那柯里村隶属于云南省普洱市宁洱彝族哈尼族自治县同心镇，是昆曼公路沿线的一个小村寨。该村位于宁洱县城与普洱市（原思茅市）之间，距离宁洱县城16公里，距离普洱市区25公里。那柯里行政村下辖15个村民小组，本文研究对象为那柯里小组，该小组2015年共有68户268人，是一个彝族、哈尼族、傣族、汉族等多民族混居的村寨。村落兴起于明清时期的马帮道路时代，既是滇西南北上通往昆明及以北地区的必经之路，也是由昆明南下通往缅甸、老挝等东南亚国家（昆明—玉溪—元江—墨江—宁洱—普洱—景洪—打洛—老挝—泰国）的必经之地。因马帮古道经过此地，便陆续有人家定居于此，开旅店供过往客商停歇，形成了一个规模不大的"马帮驿站"。那柯里曾叫"马哭里"，这与马帮活动有关。民国时期国民政府在此设立塘哨，以保护往来马帮。

中华人民共和国成立初期，兴修了昆洛公路（昆明—打洛），结束了滇西南马帮运输时代，那柯里村的马帮驿站也随之谢幕。具有新时代特征的昆洛公路在距离村寨半公里的地方经过，道路与村寨的位置似乎昭示着村民与这条现代公路的关系：不远不近，若即若离，然而它却实实在在地影响着村民的生活。村民们至今仍然记得昆洛公路大会战时的热闹情形，看到形形色色外地人的惊喜与慌张，每每听到汽车隆隆声时的自豪感，以及大多数情况下只能"望车兴叹"的失落与期待。

改革开放后，昆洛公路上行驶的车辆增多，村民对公路的适应性及对新事物的接受能力也不断增强。特别是昆洛公路分段高等级化改造，磨思高等级公路（二级）的开通，使那柯里进入了"汽车旅馆"时代，数家食宿店、小饭店、加水站应运而起，那柯里也因此成为名噪一时的"万元户"村。进入21世纪，昆曼高速公路建成通车，那柯里由此成为"国际大通道"所经过的村寨。昆曼公路彰显着新时代的速度，但是高速公路的封闭性，使村民失去了经营食宿店和汽车旅馆的商机。面临着生计转换困境的那柯里村得到了当地政府"乡村旅游开发项目"的青睐，用唤醒历史记忆的方式将"文化之路"与现代信息高速公路结合起来，将其开发成为宁洱旅游的一张名片——"茶马驿站"那柯里，政府的开发让那柯里与道路再次紧密联系在一起，享受道路带来的效益。

在那柯里因路而兴、因路而变的发展历程中，村里的通婚圈也呈现出了与路的某种契合之处。马帮道路时代，马帮驿站让该村获得了婚姻选择优势，本地熟人社会之间缔结婚姻的共性之中包含了明显的独特性。在昆洛公路时代，道路与村民或即或离使村民在与外界交往中出现了点状、偶发状的陌生人相遇机缘，婚姻圈也随之出现了与道路同频的线性形式。进入改革开放时代，那柯里路边道路向现代化高速化发展，社会的巨变使婚姻圈呈现出具有这个时代特色的形式：同心圆扩张型并逐步向离散型转变。

二、马帮时代的婚姻圈：本地熟人圈

婚姻圈的形成本身是一个动态发生的过程，一般可以从通婚半径、地域范围和族群范围三个方面来进行考察，其中通婚半径主要关注的是婚姻缔结双方之间地理意义上的空间距离，地域范围主要是择偶时对于对方所处地理空间的社会意义考量，而族群范围主要是择偶时出于阶级、宗教信仰、教育水平等因素的考量，通俗的说法就是实现婚姻中的"门当户对"。

历史上的那柯里，其聚落的形成与道路有密切关系，从今天可追溯的村落历史来看，如今有60多户的村落最初是由5户人家繁衍发展起来的。这5户人家有的是迁徙过来的外籍人，有的是从周边移居过来的本地人。因该村正好处于今宁洱到普洱中间位置而成为马帮歇脚之地，于是就不断有外地和本地民户迁居到此，以经营人店和马店为生，逐渐发展成一个小村落。村民民族构成是傣族、彝族、哈尼族和汉族。

马帮时代那柯里村村民婚姻圈主要特征是邻近民族之间相互通婚，村民之间民族意识较为淡薄，族际通婚明显，如村里彝族和汉族、傣族和汉族、彝族和傣族通婚较为普遍。结婚对象的选择主要是来自邻近的马蝗箐村（2公里）、中梁子村（5公里）、马鞍山（8公里）等村落，通婚半径保持在15公里以内。不同民族之间没有通婚禁忌，传统彝族、哈尼族等少数民族的姑舅表婚、姨表婚等在那柯里也极少见。可见这个类似移民村的村落因其聚落形成具有道路趋向性而使其族群关系也处于相对松弛状态。那柯里马帮时代的婚姻圈仍然遵循着在熟人社会圈里相互通婚的惯例，婚姻对象的选择具有很强的本地性，这主要是传统农业社会人际交流狭窄所致。来来往往的外地马帮虽然拓展了社会交往，但是马帮的流动性和短歇性使村民与外地马帮人员之间很少产生经济外的交集，以至于很难形成具有婚姻缔结的可能性社会关系。

村里的一个高姓老人讲述了她刚嫁入那柯里的情形：

> 我16岁（1949年）嫁到那柯里，那时村里还只有六七户人家。那时，我们家以种田种地为生，没有开店。有时候会给村里的开店的李家帮工，帮他们砍柴、犁田等，他们会支付工钱。村子里每天都有马帮来来往往，但是马帮都是直接去马店歇脚，他们不和村民打招呼，只看到他们驮茶、驮盐巴过来，男男女女都有。一天至少两场。我从来都不去看的。因为如果我要是去看热闹的话，我公婆会不高兴的。[①]

但是，那柯里村的村民在择偶选择上，却有较大的选择优势。如村内的高家，以经营马店为生，家

---

① 访谈地点：那柯里村。访谈时间：2017年1月。访谈人：赵晓丽、康禹熙。

产颇丰。如今健在的高家老奶奶已经 87 岁,她是从距离那柯里村 5 公里外的一个村寨嫁过来的。她之所以嫁到那柯里,与其说她因熟人社会内部关系而缔结,不如说她是因马店与马帮的关系而牵线。因为她是当地有名的马锅头家的千金。高家老奶奶讲:

> 我今年 87 岁了,19 岁的时候就从大山嫁到那柯里来了,那时候还是属于旧社会,高家骑着白马来娶亲,我也是被四个人抬着的大轿子抬到那柯里来,虽然那个时候没有公路也没有车,但是我也不用走路。以前我的娘家是大户人家,嫁来的高家也是很有钱的,否则我娘家不会把我嫁过来。我自己并不认识高家的人,因为父亲是赶马人,常常走这条路(马帮路),对经营马帮店的人家也比较熟,他认识高家,所以就给我定了这门亲事。[①]

类似的例子还有村子里赫赫有名的荣发马店老板,作为那柯里当时最大的马店,开马店让这一家庭财力雄厚,具有一定的地方性影响,也因此能够娶到县城里的女子。1925 年出生的罗奶奶是从宁洱嫁到那柯里的荣发马店家,嫁过来之后就一直帮忙打理马店生意,生意十分红火。

由此可见,马帮道路时期的那柯里婚姻圈与一般传统村落的婚姻圈总体特征上有相似之处,具有一天行程(步行)范围内熟人社会里非跨阶级缔结的特点,经过村寨的马帮道路对那柯里婚姻圈的影响并不明显,但是因路而改变的家庭财富形态对婚姻关系的缔结具有决定性作用。

三、 昆洛公路时代婚姻圈:与道路一致的线性特征

伴随着公路、铁路等现代化道路的修筑,西南边疆开启"交通革命"的现代化进程。较晚于云南其他地区,滇西南现代道路建设起步于 20 世纪 50 年代昆洛公路建设。昆洛公路是中华人民共和国成立之初规划修建的一条起自昆明,经玉溪、元江、普洱、思茅、景洪(原名车里)、勐海(原名佛海),止于中缅交界打洛的公路,这是一条为了巩固边防、备战备荒、发展边疆民族经济而修筑的通境通道,由云南省交通厅先后组织了玉溪、蒙自、普洱、大理、楚雄等地 9.3 万多名民工进行"公路建设大会战"。1954 年昆洛公路通车后,沿线道路的马帮队、马帮驿站和马帮古道逐渐退出历史舞台。昆洛公路的主体路线走向沿着传统马帮道修建,因此这条现代化道路依然与那柯里村有密切的联系。

那柯里村与这条现代道路最初的接触是突然而至的大量修路人。这一段道路的修路工人大多数来自玉溪、大理、景洪、景谷、景东等地,本地农民并未在征调范围内,故那柯里及周边村民并未参与其中。修路时期工人住在离那柯里寨子不远处的工地里,由于当时修路主要靠人力而非机械,道路修建推进速度缓慢,这为修路工人与村民提供了较长的接触期。加之修路所需的部分材料和工具(运土竹篮、木桩等)、蔬菜粮食等需要从村民手中购买,也为工人与村民的日常交往提供了契机。修路工常常到村寨买东西,有些年轻的修路工也想方设法找机会与村里的女孩子搭讪。下面是村民老李的回忆:

> 那个时候村里的人都比较保守,管得很严,很少有姑娘和民工走得很近。一般情况,男女双方

[①] 访谈地点:那柯里村。访谈时间:2018 年 8 月。访谈人:张锦鹏。

若有好印象，也要请媒人中间连线、双方家长见面后才正式交往，女孩子不会私自和哪个男子相好，要规规矩矩的。不过，修路期间和挖路民工相好然后最后在一起过日子的还是有几对。团山村的姓高的女子就是和挖路的好上的，烂泥坝村也有一个女子是这样的，两人在挖路时认识，后来路修好了，男人主动要求在当地道班上班，道班是负责道路维护的，然后两人结婚了，家也安在这里了。还有就是大理的一个民工在这里修路，和村里的一个女的好上了，那个男的就把女的娶回家了，现在那个女的还会经常回来走娘家。对于后来和民工走到一块的姑娘，她们的父母都没有反对。①

老蒋是在那柯里村附近的昆洛公路边开"司机之家"食宿店的老板，老蒋岳母就是上文提到的高姓女子。老蒋的妻子阿真是这样描述父母的相识的："我爸爸是玉溪人，当时昆洛公路修建，他过来修路，住在寨子里，结识了我妈妈，都是因为昆洛公路结的缘。"

大量的人流随着道路的修筑，涌入这个与外部保持被动联系的路边村寨，给当时社会流动缓慢、民风保守的边陲村庄注入新鲜血液，以婚姻关系的建构为契机，新的社会关系也开始在这样的背景下形成。

与昔日马帮道直接从村寨穿过相比，建好的昆洛公路从距离那柯里村寨西500多米的山腰穿过，这与那柯里村产生了距离——这不仅是空间距离，而且是心理距离和社会距离。那柯里村村民与他们村边的这条道路也产生了"既靠近又远离"的微妙关系，而这一关系，也在那柯里村村民婚姻圈变化中有所呈现：每天看着公路上并不多的货运卡车轰隆而过，却与村民们的生活几乎不发生交集；司机会偶尔停在路边（如中梁子村）农户家休息吃饭，但是村民出远门能搭上顺风车的几率很小。但是，即便如此，这条公路仍然对那柯里的婚姻圈产生一些显而易见的影响。如"司机之家"食宿店的老板老蒋和阿真也是因昆洛公路而结缘。下面是阿真的访谈：

> 我母亲是那柯里村人，父母结婚后搬到中梁子村盖房子定居，他们到中梁子盖房可能考虑的也是靠近公路吧。他（指老蒋）是景洪的，因为当时他经常在这条路上跑车，我外出的时候经常会在路上拦车，当时因为客车还很少，一般会拦货车，他的车载过我好几次，就这样认识，两人逐渐有感情了，后来就结了婚。②

类似这样的婚姻关系，在那柯里有好几对。由此可见，昆洛公路时期的那柯里婚姻圈因为昆洛公路的通车而发生改变，靠近公路的一些村民接收到了公路的"拉力"，使得之前相对内化的通婚圈得以松解，也打破了之前较为封闭的通婚结构。婚姻不再局限于短距离的关系缔结，而是被公路的"拉力"带离村庄并被拉伸成与公路形状相似的线性结构；通婚阶层也在这个"拉力"场域中不再具有决定意义。

四、高等级公路时代婚姻圈：同心圆扩张并向离散状发展

20世纪80年代以后，"要想富，先修路"的口号激发着各地兴修道路的热潮。国家对边疆少数民族

---

① 访谈地点：那柯里村。访谈时间：2016年5月。访谈人：高孟然、杨玉秀。
② 访谈地点：那柯里村。访谈时间：2016年5月。访谈人：高孟然、杨玉秀。

地区基础设施投资的加大以及"大湄公河次区域合作"的不断推进，推动着滇西南公路的高等级化发展。建成于20世纪90年代的磨思二级公路就是在这样的大背景下修建的。磨思公路是昆洛高速公路中的一段，北起宁洱县磨黑镇，南至思茅市（今普洱市），全长80多公里。与老昆洛公路不同，磨思公路紧贴那柯里村而过，直接成为那柯里村"我们的路"。

此时的公路不仅道路等级提高了，道路上的车流量也大大增大，十多分钟一辆车经过的车流频率使路边村寨的区位优势大大提升。川流不息的载货长途大卡车需要沿途停歇休息，吃饭住宿，于是那柯里人又开始重操祖上旧业——只不过旧时的马帮驿站为具有现代色彩的汽车旅馆（路边食宿店）所替代。磨思公路修建时，政府共向那柯里村村民征地82亩，一部分村民因此获得经营汽车旅馆的原始累积。村民们利用这一原始资本，在公路沿线盖房建屋，开食宿店，一时间十几家食宿店如雨后春笋般兴起。红火的生意使经营食宿店的那柯里村村民一跃成为县里的明星农民企业家，村民不断加入旅店业使那柯里汽车旅馆不断扩张，沿着公路向离村庄更远的方向延伸，那柯里的通婚圈在这一时期也经历着变迁。

汽车旅馆老板老郭（男，1968年生）讲了他兄弟姊妹的情况：

> 我家有六个兄弟姐妹，其他五个都出去工作或嫁到外地去了，就我一个还在那柯里。我家大姐读书只读到高中，当时是考到普洱（今宁洱县）畜牧局的工作，也就在普洱嫁人了，另外两个妹妹也是去思茅打工，就嫁去思茅去了。我还有两个弟弟，一个在昆明，一个在宁洱县城里。①

村里另外一名赵姓的老人（女，1934年生）讲述了她孩子的婚姻流向：

> 我生了八个孩子，有五个姑娘，三个儿子。现在只有四姑娘，还有个儿子在那柯里，其他的六个都在外地，在普洱的有四个，三个姑娘，一个儿子，两个姑娘是去打工嫁在普洱的，还有一个姑娘是结婚后才搬去普洱的。另有一个儿子在宁洱打工，还有一个姑娘嫁到西双版纳勐东去了。②

另一个经营汽车旅馆的女子（1965年生）也描述了她兄弟姊妹的婚姻情况：

> 我母亲生了三个孩子，现在我们姊妹三个就只有我还留在那柯里，另外两姊妹嫁到其他地方去了。大姐嫁在普洱三家村，小妹嫁在西双版纳的勐养，在割橡胶。她们嫁走了我就再没有见过她们，我眼睛不好所以没有去看她们，她们再没有回过那柯里。

村里的年轻人小张（女，1988年生）说：

> 我爸爸他们那一辈家里有四兄弟，现在全部都在那柯里，我妈妈是从思茅三家村嫁来那柯里的。伯娘们一个是宁洱勐先乡嫁过来的，一个是思茅来的，还有一个是同心来的。

---

① 访谈地点：那柯里村。访谈时间：2018年8月。访谈人：张锦鹏。
② 访谈地点：那柯里村。访谈时间：2017年1月。访谈人：赵晓丽、康禹熙。

这四个村民所提供的个案基本上反映了那柯里村20世纪八九十年代结婚群体的婚姻圈特点,那就是那柯里村村民的婚姻圈从本地向宁洱、普洱、西双版纳等扩张,这一扩张与昆洛公路时代同道路走向密切吻合的线性特点不一致的是,婚姻圈是以村寨为中心,呈同心圆向外扩散。那柯里人的婚姻网络在时空距离压缩和村民寻求经济机会、就业机会的相互作用下被扩展至更宽广的视阈,婚姻圈也跟随着这样的大背景而发生着变迁。外嫁和娶入地理空间距离一致,婚入婚出的地区大致相同。通婚阶层也扩大到更大的范围,不再仅限于马帮道路时期的农民与农民的缔结和昆洛公路时期的农民与司机、修路民工的结合,这一时期的通婚阶层已经扩展到农民与教师、农民与工人、农民与流动商贩等。

进入新世纪,昆洛高等级公路被"昆曼国际大通道"所取代,路边村寨那柯里也由此开启了高速公路新时代。不过,高速公路的封闭性使那柯里村失去之前经营汽车旅馆的优势,所幸的是它仍然凭借着历史时期"茶马驿站"的文化符号,被地方政府开发成为当地知名的旅游景区。农家乐、客栈、参与性游乐等旅游经营,成为那柯里村村民新的赚钱方式。"茶马驿站"这一文化旅游符号所形成的"文化之路",依然引导着人流、物流、信息流流向那柯里,它影响着那柯里村年轻人的观念,调整着他们的婚姻选择方向。

小张(男,1990年生),曾在江西南昌读大学,学习旅游管理专业,毕业时刚好遇到政府对那柯里乡村旅游开发,因专业的对口性,他毅然选择了回乡创业。现在已经担任村委会副主任,他对自己的发展比较满意,不过已经30岁的他还没有结婚。

> 在以前这个年纪还不结婚,村里人肯定会说是找不到媳妇了,但是自从旅游开发之后,村里人开始和外面来的人接触,思想变开放了很多,现在在那柯里,我这个年纪没有结婚的也很正常。我父母观念挺开明的,觉得现在是自由恋爱时代,对我的婚姻没有什么限制,以后的结婚对象就算是外省人父母也都可以接受,他们觉得哪里人都是一样的。我妹妹原来也是在昆明上的大学,现在在思茅打工,也到了该结婚的年纪,但是父母从不催她,对她找对象也没有什么要求,只要她自己看中就好。①

对于年青一代,父母在他们婚姻上几乎插不上手,父母们也比较开明,并不太干涉他们的个人选择。下面是对一个中年村民的访谈:

> 我结婚的时候家里人主要考虑的是希望我不要嫁太远,回个娘家或者是家里亲戚之间有什么事都能帮个忙,所以一般就是那柯里周边或宁洱、普洱一带,家庭条件过得去,两个人也合得来就可以了,其他没有什么要求。像现在我儿子和儿媳他们就不一样了,现在我们村交通太方便了,家里也有了车,所以基本上也不会对他们找对象有什么限制了。我现在的儿媳就是澜沧的,他们是在普洱打工的时候认识的。她娘家离那柯里是远了一点,但是现在可以开车嘛,那边有什么事我们也经常去帮忙的,还有像我们家采茶,忙的时候她的娘家人也还是会来帮忙的。②

---

① 访谈地点:那柯里村。访谈时间:2017年1月。访谈人:赵晓丽、康禹熙。
② 访谈地点:那柯里村。访谈时间:2017年1月。访谈人:赵晓丽、康禹熙。

那柯里旅游的发展，不仅吸引了像小张这样的年轻人回乡创业，同时也吸引了外地的男子追随着村里的女孩来到那柯里安家落户。村里一家烧烤店老板的女儿，外出打工几年之后回到那柯里。她的对象是西双版纳人，因建那柯里的旅游设施来到村里，之后两人相识。男子觉得那柯里发展态势很好，无意回西双版纳发展，就在这里找了女朋友，准备"倒插门"做上门女婿。村口的冷饮店，因其店主是北京某大学毕业生的身份，也成为那柯里村村民经常聊到的话题。她不只是自己一个人回到那柯里，她还带回了自己的男朋友。下面是访谈者与这位女子的访谈：

问：你和男朋友是在哪里认识的？你们怎么会选择回到那柯里？

答：我在北京读的大学，毕业了之后在昆明工作了两年。在昆明认识了我的男朋友，带他回来那柯里看一看，然后我们都觉得这里可以发展，就一起商量着回家创业了。我在外面读书，但是并不会对外面的世界很感兴趣，而且外面工作压力太大，打工也赚不了多少钱。

问：你的男朋友是哪里人？以后结婚了也打算在那柯里生活吗？

答：我男朋友是外地人，而且他从小生活在城里，但是现在和他一起在那柯里开冷饮店生意挺好的，他很满意。我们双方家长都挺同意我们在这里（发展），以后结婚了也继续在我们这里做生意，他就算是我们村的人了。[①]

可见，年轻女子从外面带了男朋友或者丈夫回到村里发展的并非个案，这是那柯里村年轻人婚姻的新特点。

小高也是一个二十多岁的年轻人，英俊帅气，颇为能干。在他奶奶眼里，这个天南海北有很多朋友的孙子不经常在家里好好落脚，到处跑生意。他与那些外地朋友关系密切，"他玉溪有个朋友，每年都要过来我家里住上至少一个月，他们相处得像是亲兄弟。我孙子出车祸的那一次，他这个朋友连夜从玉溪赶来看望他"。当问及小高是否有女朋友时，小高父亲不无得意地夸耀说："有一个韩国女子一直在追他。这个女孩是来我们村旅游时他们认识的。之后就一直不断地坐飞机来找我儿子，非要嫁给他。"

这些是今天那柯里村年轻人的爱情和婚姻追求。影响年轻人的婚恋观和婚姻圈的，已经不仅仅是这条连接边疆与内地、国内与东南亚的国际大通道所经过的空间与社会，而且还包括了旅游业得以发展的"文化之路"和现代信息得以传递的"信息高速公路"给他们带来的新的立体的区际化、国际化发展空间，在这个日益扩大的空间里，他们的婚姻圈也从20世纪八九十年代的同心圆扩张模式向今天的离散型模式发展。

五、结论与讨论

对那柯里村村民通婚圈的田野研究表明，道路是改变这个村村民社会交往模式的重要因素。在马帮时代，尽管通婚圈显示那柯里村村民仍体现为熟人社会内部缔结的特征，但是婚姻配对信息的传递与"道路""马帮""马店"等已经形成了密切关联，使这个偏僻的乡下村落能够吸引周边或城里经济地位相

[①] 访谈地点：那柯里村。访谈时间：2017年1月。访谈人：赵晓丽、康禹熙。

对等的家庭结成姻亲。在昆洛公路时代，公路建设的"大会战"中筑路工人与村民交集以及村民可在公路边"拦车"搭便车的便利性，打破了传统村落封闭的人际交往模式，开启了那柯里村村民婚姻圈向外扩张的可能性。也正因为这个打破封闭的"楔子"来自道路，婚姻圈的扩展方向也与道路走向重叠而呈现出线性特征。而这一时期其他村寨仍然继续维持传统的地域性熟人社会婚姻圈，那柯里因其为"路边村寨"而使婚姻圈发生变迁的个案虽然不多，但为数不多的个案意义深远：它们不仅与道路关联的特点明显，而且具有很强的社会示范效应，嫁"道班人"、嫁"司机"成为很多村寨女子的婚姻理想。这表明，即便是在计划经济时代，道路带来的开放性对一个"路边的"传统村落的影响也是不容忽视的。

改革开放后，随着公路建设的高等级化，从三级公路向二级公路和高速公路时代不断高度化发展的道路建设，使那柯里村村民也深深嵌入有形道路和无形道路的影响之中。磨思公路时代，那柯里村利用与道路毗邻的区位优势发展"汽车旅馆"，对道路的主动利用使他们的婚姻圈也呈现出同心圆圈层扩大的效应。从线性向同心圆转变的婚姻圈改变，仍然是村寨边的这条道路起到主导性作用：它带来了川流不息的人（司机、乘客），这些与他们交集不多的陌生人给他们带来的经济财富、多元信息和对外部世界的想象，都成为村民主动拓展社会关系的有形资本和无形资本。与周边村寨村民相比，他们更早地拥有了私家车来跑生意，大大拓展了他们社会活动空间和人际交往半径；他们更早地走出村寨，到外面寻求工作机会，也使他们的婚姻选择的空间范围大大扩展。

在高速公路时代，那柯里村年轻人的婚姻选择也呈现出散点状、随机性特征，很难用"圈"进行界定。结婚或单身、出嫁或入赘、找个当地人还是外地人，所有与婚姻有关的选择，大都出于当事者个体意愿，与他人无关，也似乎与村寨边的这条道路无关。但是，正如现代化通道已经不能仅仅用一条有形的道路所界定一样，影响村寨年轻人择偶的因素，已经超越了有形道路给他们带来的人流和财富，更多的是无形道路（村寨"茶马驿站"象征的"文化之路"以及网络时代的"信息高速公路"）带给他们更为丰富、开放、多元的世界，塑造了这一代人的新的社会交往模式，从而导致了这一代人的婚姻圈变化。

婚姻是人生的重头戏，从那柯里这个路边村寨村民的婚姻圈变迁中，我们看到，不同时代所上演的婚姻大戏与道路都有密切关系，可谓"千里姻缘一路牵"。当然，道路并非婚姻圈变迁的唯一或决定性影响因素。改革开放给中国社会带来的体制改革、社会变迁、观念更新是全方位的、无处不在的，婚姻的影响因素也是多元化的。道路在婚姻缔结中所起到的重大作用，主要体现为道路能够快速地将种种社会变革因素，通过"路"的传递输入其道路所通达之地，使人们能够更快地受其影响，从而呈现出引领风气之先的示范效应。而路边村寨那柯里村村民的婚姻圈变迁，也正是在这个意义上体现出它与道路的关系，从而使道路"嵌入"了村民婚姻关系缔结之中。

A Thousand-Mile Marriage: Anthropological Investigation into Changes in Marital Circles in a Roadside Village

Zhang Jinpeng Yu Xin Zhao Xiaoli

Abstract: This paper analyzes the relationship between the road and the villagers' marital circles in roadside villages, taking Nakeri Village as example. In the era of caravans, caravan routes indirectly affected local marriages through the economic impact it brought to village livelihoods, but it was also not removed from the characteristics that composed socio-marital networks. With the advent of the Kunluo Highway, road construction and hitchhiking changed the marital networks in the region and re-presented a linear expansion pattern consistent with trending road development. With the completion of the Mosi Highway, there was an advantage to being located near the roadside, and the data illustrates a clear concentric expanding pattern outside Nakeri Village. In the era of the Kunming Expressway, influenced by information superhighways and the "cultural road" central to village tourism development, villagers' marital choices also reveal subtle characteristics. The road thus plays a paramount role in the facilitation of marriage in that it allows for the rapid transportation of social factors, layering social relationships. Changes seen in Nakeri Village in this sense reflect the "embeddedness" of the road in indigenous marital networks.

Key words: marital network; road shaping; mode of interaction

因路而兴：成渝铁路与中华人民共和国初期四川城市变迁

冯 兵 赵 欣 韩 英**

摘 要 四川盆地面积广阔，河川纵横，地形复杂多变，交通运输对城市发展的影响至关重要。在长期的历史发展中，水运是四川城市间经济交往的最主要方式，四川城市也因水而兴，沿河沿江分布。但水运运能拓展空间有限，且受河流走向限制，四川城市间以及与其他地区城市的联系十分薄弱。近代以来，历届政府均试图通过发展陆上交通，以突破水运对四川城市发展的限制。中华人民共和国成立后，成渝铁路很快建成通车，资阳、内江、隆昌、永川等沿线城市先后兴起并迅速发展，四川城市由此进入因路而兴，沿路沿线分布的发展阶段。

关键词 成渝铁路；中华人民共和国；四川；城市

DOI：10.13835/b.eayn.29.18

近代以来，铁路建设水平成为地区经济社会发展水平高低的标志之一，国人从西方引进的各种现代生产和交通设施中，铁路无疑是推动城市建设与发展的主要动力，并成为城市生产力水平提高的重要标志。一种规律性的认知是，凡是近代以来较为发达的城市，多与交通具有千丝万缕的联系，而凡是近代以来铁路比较发达的城市，城市发展一般均较为繁荣兴盛。"这类城市基本上都属于近代兴起型城市。凡是近代交通比较落后、传统交通仍占主导地位的城市，城市发展则往往相对缓慢、曲折，这类城市多半属于近代衰落型或相对衰落型城市。"[1]"城市的兴衰虽然受到很多因素的影响，但交通因素始终在其中起着重要甚至是决定性的作用。"[2] 铁路的兴盛与城市发展相伴而生，形影不离。基于此，回顾历史，成渝铁路对中华人民共和国成立初期四川[3]城市发展的影响值得深入探讨，以为中国近现代城市史研究提供认识理解的多重凭借，积蓄有助于未来研究的动力。

---

* 本文系四川省社科规划重大项目"中国共产党动员群众应对重大公共危机事件的历程与经验研究"（项目编号：SC20YJ010）、四川大学青年杰出人才培育项目"新中国初期城市社会问题及其治理"（项目编号：SKSYL201817）、四川大学创新火花库项目"新中国初期党整合城市社会组织的政策与经验研究"（项目编号：2018hhs-34）的阶段性成果。

** 冯兵，四川大学马克思主义学院教授；赵欣，四川大学马克思主义学院博士研究生；韩英，四川省社会科学院历史所讲师。

[1] 陶书竹：《以交通为导向的近代城市变迁——南京京市铁路国府站片区为例》，《建筑与文化》2012年第8期，第75页。
[2] 张卫东：《粤汉铁路与近代湖南城市变迁——以城市地价变动及市区布局变化为例》，《湖北社会科学》2018年第11期，第85页。
[3] 文中"四川"指现今行政区划中的四川省和重庆市。

一、水运与中华人民共和国成立前四川城市发展

四川境内河川众多，水资源丰富，金沙江、大渡河、岷江、沱江、嘉陵江、渠江、乌江等水系南北向汇入长江。河流为四川城市的兴起与发展提供了良好条件，深刻影响着四川城市空间分布形态，重要城市几乎无一例外地沿河沿江分布。以岷江为例：

> 岷江上游山林众多，山货药材产量丰富，类型多样，品质优良，但由于交通不便难以外运。李冰治水后灌县可以通航成都，水运几乎成为岷江上游土特产外销的唯一通道，当地百姓将采集来的山货药材用骡马、牦牛运载至灌县，再由来自各省的商帮通过木船水运至成都，转销重庆、陕西、浙江、江西、广州等地。这里又是藏民族聚居区，每逢交易日，大量藏民将采集的特产带至灌县交换生活必需品，灌县遂逐渐发展成以山货药材交易为特点的重要城市，每年集散的贝母、甘松、秦艽、川芎、泽泻等中药材分别达数十万斤至五六百万斤不等。①

"内江是沱江下游的重要城市，自清代曾达一引进福建甘蔗种植榨糖后"②，这里的蔗糖业发展起来。"民国时期内江80%以上的民众参与围绕蔗糖业为中心的种蔗、制糖、运输、销售及服务行业。"③ 内江蔗糖业能够广销川省境内及中国西部地区，得益于便利的水运。内江糖业运输分为"上河""下河"和"打广"三个明确的水运方向。"上河"即逆沱江上行，至成都金堂赵家渡后再转岷江水运，糖产品在川西地区销售；"下河"，即运船沿沱江顺流而下，过泸州后沿川江水运至叙府（宜宾）、重庆以及东出至湖北宜昌、汉口一带，糖产品运销沱江下游及长江中下游城市；"打广"即沿沱江逆行北上，转陆地后进入嘉陵江水运，产品运销川北及陕甘诸城市。嘉陵江水运资源丰富，甘肃省碧口以下即通轻舟，嘉陵江航运是川北城市间大宗经济往来的主要交通方式，"既过南充，小木船畅行无阻。至合川，左会渠江，右会涪江，水势大增。每日俱有小汽轮通航合川重庆间，增水期并可直航南充"④。"嘉陵江上游盛产的木材、粮食、生丝、红花、桐油等土特产须从南充转运至重庆，沿长江东下，而外省的海产品、瓷器及日用百货不断由重庆转运南充，再由南充中转至嘉陵江沿岸各地。"⑤ 南充扼川北水运交通要冲，发展成为川北重要的商贸城市，江西、山西、陕西、福建及湖广各省商人均在南充建立会馆。至于川江航运更是宜宾、泸州、重庆等城市兴起的必要区位条件。

悠久的历史发展中，四川城市因水而兴，主要缘于四川盆地山川纵横，地形复杂多变，车马通行不易。铁路、公路等近代化陆地交通运输方式尚未普及之前，水运是城市间大宗物资交流最主要的交通方式，四川城市几乎无一例外地因水而兴，并依托水运与地形形成川西、川北、川南、川东四个相对独立

---

① 欧阳彬等编纂：《四川省医药卫生志》，四川科技出版社1991年版，第581页。
② 内江市档案馆：《民国时期内江蔗糖档案资料选编（上卷）》，1984年版，第5页。
③ 内江市文史资料编撰委员会编：《内江市文史资料》第29辑，2012年版，第264页。
④ 周开广：《四川经济志》，台湾商务印书馆1972年版，第84页。
⑤ 南充市交通局：《南充市交通志》，四川人民出版社2007年版，第135页。

的经济地理单元。四川江河几乎都是长江支流，随着地形起伏蛇形于山丘之间，南北纵向汇入长江，彼此之间几乎无东西向联系。四川江河流向决定了水运方向，同样决定了长期以来四川城市"纵向"联系大于"横向"联系的态势。而四川面积广大，四大经济地理单元之间许多城市相距甚远，势必要求发展新的陆上交通方式，以突破水运体系对城市发展的限制，尤其是加强川内城市之间的横向联系，改变出川交通仅依靠川江水运的限制。

民国时期，四川地方政府和国民政府将打破水运限制、发展陆上交通作为建设四川的主要策略。抗战时期，四川公路运输取得很大发展，一定程度上改善了水运对城市经济的限制。以成都与重庆为中心先后新建和改善汉渝、川中、成渝、川康、乐西等省内公路干线，以及川陕、川黔、川湘、川鄂等省际公路，一定程度上加强了川东、川西城市之间的横向联系。但由于抗战时期的特殊性，这些公路多为应时之需，仓促完成，仅为应付战时通行汽车的需求，施工标准较低，道路简易、质量较差且几乎无养路措施，加上四川山多地险，公路通行不易。川陕线经过大规模改造后仍然路况堪忧，"许多山坡都非常陡峭，以至汽车必须停停走走。而且有的拐角太小，不倒车，就转不过弯去"①，川康公路施工中，"降低标准，路基7.5米，凿岩路段减为5.5米，路面4米，路基土石方均大量核减"②。抗战中艰苦完成的乐西路于抗战结束后不久就"垮方很多，一到雨季，绝对谈不上通车"，川湘路"根基很差，路线状况很坏……桥梁多为临时式建筑，渡口设备，亦多破旧"③。"公路运输也十分落后，运营汽车数量少、车辆破旧，油料、配件极其短缺，许多地区的客运根本无法正常进行。"④ 抗战胜利后，大量军、公、商用汽车回迁，四川的公路运输业遭到严重破坏。总之，抗战时期，四川公路运输虽有较大发展，但抢筑目的及运输均以军需物资转运为中心，因而对城市发展的促进与影响十分有限。抗战期间国民政府对川江航运进行的大规模整治，亦体现出其试图打破水运限制、加强川省城市横向联系的努力。

二、成渝铁路与四川城市工业发展

四川交通运输体系打破水运限制，对城市及经济产生重要影响的开端是成渝铁路的开通。成渝铁路原为清末川汉铁路之成都至重庆段，19世纪末清政府就已提出筑路计划，但直至清朝灭亡时仍未动工。民国时期，四川地方政府多次计划筑路未果。直至抗战全面爆发，为打破四川地理隔阂，适应大后方新形势，国民政府多次计划筑路并实际动工，"但至1949年底四川解放时，成渝铁路完成的土方及桥、涵、隧道仅为设计工程的34%，全线未铺一根钢轨"⑤。中华人民共和国成立后，国家调动大量物资、技术人员和军队、民工继续筑路，至1952年6月完成铺轨任务，7月全线临时运营。修筑40多年未果的成渝铁路在中华人民共和国成立后的短短2年间建成通车，完成了四川人民修筑铁路的夙愿。

成渝铁路开蜀道，其后宝成、成昆、襄渝等出川铁路线相继建成，四川陆上交通状况发生巨大变化，初步形成以成都和重庆为中心的铁路干线，逐渐打破四川城市因水而兴、沿江沿河分布的特点，铁路逐

---

① 格兰姆·贝克：《一个美国人看旧中国》，朱启明、赵叔翼译，生活·读书·新知三联书店1987年版，第125页。
② 王立显主编：《四川公路交通史（上册）》，四川人民出版社1989年版，第133页。
③ 王立显主编：《四川公路交通史（上册）》，四川人民出版社1989年版，第194页。
④ 李占才、张劲：《超载：抗战与交通》，广西师范大学出版社1996年版，第178页。
⑤ 四川省地方志编纂委员会编：《四川省志·交通志》，四川科学出版社1995年版，第8页。

渐替代水运成为四川地区最主要的交通运输方式，四川城市亦进入因路而兴、沿路沿线分布的发展阶段。据重庆铁路管理局统计，"成渝铁路自 1952 年 10 月至 1952 年底，共运送货物 170.6 万吨，运送旅客 184.6 万人"①。而相同时段，"重庆港水运运送旅客则为 143.9 万余人"②。至 1953 年，辖区内铁路全年发送货物 240.7 万吨③，发送旅客 359.3 万人次④。成渝铁路修筑前，沿线物资全走水运，铁路通车后物资流向发生变化，"大部分被火车取代"。⑤ 以粮食运输为例，"1952 年成渝铁路通车后，成都市粮食局立即在火车客站设立粮食转运组，负责接收铁路沿线来粮，每天约接运 200 吨至 300 吨。1959 年正式建立粮食转运站。宝成、成昆铁路通车后，四川铁路运力增强，从 20 世纪 70 年代起每年通过铁路接收中转粮食约两亿斤，占调入成都粮食的 30% 左右"⑥。可见，成渝铁路的开通开始打破四川大宗物资依赖川江水运的局面。

　　成渝铁路连接四川盆地两大中心城市，即川西中心城市成都与川东中心城市重庆，线路所经之地横跨四川人口相对集中、物产十分丰富的川中盆地。成渝铁路两端为四川联系较为薄弱的川西和川东地区，其间有川中丘陵与川东平行岭谷阻隔，车马行人通行不易，运输成本极高，大宗货物运输尤为困难。这一条件，不仅造成成渝两地交通联系长期滞后于经济发展需求，还使得成渝之间中小城市发展尤为缓慢。中华人民共和国成立初期，国家集中主要力量发展重工业，"一五"计划期间，"国家 156 项重点建设项目和 694 个限额以上项目，分别有 6 个和 16 个落户四川，再加上其他重要交通和工业项目，总计有 93 个"⑦。这些大型项目在四川的开工，离不开交通设施的保障。首先，项目大型机械设备需要通过铁路运送；其次，大批工业项目所需原料，多数来自乐山、威远、重庆、永川一带，亟需通过铁路输送。基于此，成渝铁路作为中华人民共和国成立后修筑的第一条铁路，理所当然地负担起开发四川工业资源、推动四川工业发展的重任。随着四川工业发展的逐步推动，成渝线上流动的人口、资源等经济要素日益密集，铁路沿线的内江、隆昌、永川、自贡等中小城市以此为契机向前发展，由此成为四川城市因路而兴、沿路沿线分布的起点。

　　煤炭资源开发是成渝铁路沿线中小城市发展的重要原因。煤炭是近代城市工业的主要燃料和动力原料，体积大，质量重，属大宗货物，其开发必须依靠运载量大、运价低廉的交通运输方式。"卢作孚抗战前兴办天府煤矿，就曾专门修建一条长度为 16.8 公里的川北铁路运煤专线，每天可向嘉陵江水道输送原煤 1000 余吨。"⑧ 四川煤炭资源较为丰富，但分布十分不平衡，川西地区除乐山、彭州一带有一定规模的煤炭矿区外，煤炭资源普遍缺乏。绝大部分煤炭资源集中在川南威远一带以及川东重庆一带。煤炭分布不均严重影响煤炭采掘业以及现代工业的发展。川西地区人口众多，市场广大，农副产品等原料十分丰富，具有发展工业的良好资源优势，但由于缺乏燃料动力，工业发展长期滞后。同样，拥有大量煤炭资源的川东地区因为农副业等原料的缺乏，工业发展也大受限制，素有"小上海"之称的重庆，全面抗战

---

① 王云峰主编：《新线铁路运输处志（1950—1999）》，贵州人民出版社 2002 年版，第 144 页。
② 王绍荃主编：《四川内河航运史（现代部分）》，四川人民出版社 2000 年版，第 15 页。
③ 其辖下成渝铁路、綦江铁路綦江至赶水段及三万支线共计 662.1 公里铁路，以成渝铁路运量为最。
④ 重庆市地方志编纂委员会总编辑室编：《重庆市志》第 5 卷，成都科技大学出版社 1994 年版，第 294 页。
⑤ 王绍荃主编：《四川内河航运史（现代部分）》，四川人民出版社 2000 年版，第 19 页。
⑥ 成都市地方志编纂委员会编纂：《成都市志·粮食志》，成都出版社 1995 年版，第 197 页。
⑦ 四川省地方志编纂委员会编：《四川省志·政务志上》，方志出版社 2000 年版，第 270 页。
⑧ 重庆市地方志编纂委员会总编辑室编：《重庆市志》第 5 卷，成都科技大学出版社 1994 年版，第 293 页。

前竟没有采用大规模机械生产的工业。① "隆昌县大义煤矿资源丰富，但开采出来的煤炭因交通不便难以外销，连采煤工人的正常生活都难以支付。"② "重庆地区煤矿资源十分丰富，以地下500尺深度为准，蕴藏量为2829.2兆吨，占全川的37%"③，集中分布于"江北县的木洞子、龙王洞、观音峡一带，但同样因为交通不便仅有江北观音峡一带每年产煤22万余公吨"④。抗战时四川产煤能力亦提升较快，"1946年全川产煤量达296万吨。抗战胜利后，随着国民政府与内迁工业陆续回迁，煤炭产量急剧下跌，至1949年全省煤矿倒闭689家，产量跌至201万吨"⑤。虽然诸如天府煤矿、宝源煤矿、威远煤矿等大公司引入部分机器生产，但大多数煤矿仍然使用土法开采，设备简陋，管理落后，生产成本高，只是在煤的洗选、炼焦等方面引用了现代技术。

成渝铁路建成通车后，沿线中小城市的煤炭工业首先发展起来。成渝铁路将四川盆地产煤大区，如内江、隆昌、永川、重庆等城市串联起来，拓展了煤炭运销市场，促进煤炭工业的现代化。"内江威远是距离川西中心城市成都仅有两百余里的大煤矿，所产原煤因含硫、磷、灰分低，是冶金、化工适用之优质煤。由于与成都之间交通不便，所产煤炭无法北上成都，只能全部由人工肩扛背驮运至资中水南镇、渔溪乡、球溪河等地"⑥，然后依靠木船沿沱江水运南下销往沿岸各地，其运销市场仅用于满足沱江沿线地区。鼎盛时期年产原煤仅15.2万吨，焦炭2000吨。成渝铁路通车后，四川修建了由成渝铁路资中车站出岔至宋家铺车站的资威线，主要运输货物即为煤和焦炭。威远煤炭很快畅销成渝两地，所产精煤、焦炭大多供应重庆钢铁厂、成都钢铁厂、威远钢铁厂、四川化工厂等大中型厂矿。煤炭运销市场被打开后，生产力得以迅速提高，"至1957年，威远焦炭产量达3.87万吨，为1949年的261倍"⑦。"1960年，年产原煤98.88万吨，焦炭18.93万吨。"⑧

永川一带的煤炭工业情况同样如此。永川是四川省煤炭资源最丰富的地区，煤炭品种多，且以煤质较好的炼焦煤为主。抗战时期，大批工业迁入重庆，煤炭需求量大增，永川地区兴建了一大批私营小煤窑。"1944年全县共登记138个煤厂，1945年年产原煤45.16万吨。"⑨ 这些小煤窑大多采用土法开采，遍山凿洞，依靠人挑马驮。至1949年底尚存的煤炭厂只有80余家，产量大不如前。成渝铁路通车后，成都煤炭市场巨大的需求推动永川煤炭采掘业复兴。据重庆铁路局统计，"成渝铁路通车后，长时期内都是上行量大于下行量，主要原因就是永川一带的煤炭大量运往成都方向"⑩。永川新店乡有丰富的煤层，铁路通车后这里"新开了两个煤井，修起了五十多个炼煤窑子，每天可生产许多煤炭"，为加大运送速度，永川还修建了一条运煤轻便线连接成渝铁路，运煤专线"把大量的焦炭运到双石桥车站，再经成渝铁路转送各地。仅1953年一年由这里运往重庆一〇一钢铁厂的焦煤就有两万多吨"。煤炭资源开发促使城市面

---

① 李应元：《成渝铁路与四川经济》，《四川月报》1937年第1期，第37页。
② 王芝芬：《成渝铁路》，新知识出版社1954年版，第32页。
③ 《国立四川大学西南社会科学研究处经济研究部初步报告之——四川之工矿业》，四川省档案馆藏，7-1-47。
④ 李应元：《成渝铁路与四川经济》，《四川公路月刊》1937年第15期，第10页。
⑤ 《中国煤炭志·四川卷》编纂委员会编纂：《中国煤炭志·四川卷》，煤炭工业出版社1997年版，第5页。
⑥ 吴一峰：《成渝铁路沿线重要县份概况调查（续十六卷六期）》，《四川月报》1937年第2期，第15页。
⑦ 《威远煤矿炼焦厂土法炼焦抽油经验初步总结》，载《土法炼焦》第2辑，冶金工业出版社1958年版，第19页。
⑧ 四川省威远县志编纂委员会编：《威远县志》，巴蜀书社1994年版，第254页。
⑨ 永川县工业公司：《永川县工业公司志》，1990年版，第51页。
⑩ 重庆市地方志编纂委员会总编辑室：《重庆市志》第5卷，成都科技大学出版社1994年版，第354页。

貌产生新变化,"附近新造五十五幢整齐的厂房,里边安装了新式的发电机和蒸汽机"①。"成渝铁路在隆昌设三等车站,矿桐轻便铁路建成后隆昌站运载能力增加迅速,铁路沿线各地工厂企业许多与大义煤矿订立采购合同,不仅堆积了十多年的煤都运销一空,产煤量也不断增加,每日的产量由六十吨提高到三百吨。"②

三、 成渝铁路与四川城市商业繁荣

成渝铁路对沿线中小城市的经济开发不仅限于煤炭资源,其还影响到西南地区城市商业发展,甚至对整个大西南、大西北和华南、中原地区的发展均有突出贡献。这一影响在《人民日报》庆祝成渝铁路通车的报道中亦可见一斑。报道称:

> 辛亥革命成功以后,北洋军阀与国民党相继掌握政权近四十年,政乱民困。蜀道之难,丝毫未改。今则西南解放才两年有半,成渝千里,铁路修筑竟已通车,于七月一日举行通车典礼。成渝铁路既已完成,由成都而继续向北伸长,是为"天成铁路",现已开工,将直达天水,并在宝鸡与陇海铁路衔接。将来再由重庆继续向南伸长,修通"川黔铁路",使与都匀铁路衔接,便可直通"湘桂铁路"。是成渝铁路之完成,实为沟通我国大西南、大西北和华南、中原地区的主要干线。成渝铁路通车,顿使蜀道改观,山川无阻。广大地域的物产与文化加速交流。③

自贡是四川的产盐大区,铁路尚处于部分通车之时,自贡就利用铁路西向送料铺轨的回空火车,装运原盐,向江津重庆一带运销食盐。"1952年铁路全线通车后,自贡安排大量汽车将食盐运送至内江火车站,分别向成都和重庆两个方向运盐。1951年通过汽车送往内江车站的食盐为1.5万多吨,1952年增加到5.3万多吨,1956年增长到10万吨。"④ 重庆铁路管理局和西南盐务管理局还在自贡设立食盐联运站,"自贡盐经由铁路联运,三天可达贵州,拓展了食盐销售范围。销量推动生产扩大,1952年自贡筹建张家坝制盐化工厂,新建十六口大型平锅制盐,每年约产食盐240万担(12万吨),相当于1949年自贡全市的产盐量"⑤。自贡盐场以外,还有富顺、荣县、威远、内江、资阳、资中、简阳、隆昌等地生产的食盐也由成渝铁路转运销售。

内江和附近各县出产的糖也不再完全依赖沱江水运,大量糖由火车运到重庆、成都,再转运各地。成渝铁路极大地降低了内江糖的生产成本,一是通过铁路运送而来的煤炭价廉物美,二是铁路极大地降低了内江糖的运价。"铁路通车前,内江糖使用汽车外运重庆,每吨运费需120万元(旧币),用沱江水运也要七八十万元,而采用成渝铁路运输每吨只需12.5万(旧币),运费的降低扩大了内江糖的消费市场,促进糖业生产的发展壮大。铁路通车推动内江制糖加工技术现代化,中华人民共和国成立后内江新建糖

---

① 王芝芬:《成渝铁路》,新知识出版社1954年版,第33页。
② 王芝芬:《成渝铁路》,新知识出版社1954年版,第35页。
③ 《庆祝成渝铁路通车》,《人民日报》1952年7月2日第2版。
④ 自贡市盐务管理局:《自贡市盐业志》,四川人民出版社1955年版,第246页。
⑤ 刘德林、周志征、刘瑛:《中国古代井盐及油气钻采工程技术史》,山西教育出版社2010年版,第494页。

厂的全套设备都是成渝路运输的。"① 随后,"内江建成 6 个大机器制糖厂和 40 多个小红糖厂,年榨量可达 100 万吨。1951—1957 年蔗糖产量每年平均递增 49%"②。糖产业为内江经济的恢复以及城市的发展提供了重要支撑。

成渝铁路沿线物产丰富,尤其农副产品产量颇为可观,铁路通车后很快担负起运销沿线农副特产的重任,承运的鲜活货物相对较多,其品类主要有柑橘、冻肉、米粉等。由此推动了中小城市交易市场的繁荣。如永川站负担永川、璧山、铜梁、潼南、合川、泸州等市县的客货运输,主要运输物资除煤、化工产品、钢铁外,还有粮食、柑橘等农副产品。邮亭铺站则主要吸引安岳、大足、铜梁、潼南、双桥等区县的客货流,运输化工、粮食及农副产品。川东南盛产柑橘,如江津、铜罐驿、永川等地产量十分丰富。成渝铁路通车后,因运输便利且运价低,四川柑橘远销中东部地区,每年 10 月至次年 1 月形成柑橘运输集中期,主要产区大多成立柑橘外销办公室和柑橘购销办公室。1949 年之前,"隆昌县经济落后,基本无工业,人民生活水平很低"③。成渝铁路修筑后,运输条件转好,四川泸州、富顺、宜宾、内江、资中、成都、重庆、西昌以及云南威信、贵阳、上海、天津等城市均在隆昌设立了物资中转站,有力促进了隆昌县经济和社会的发展。于此之外,铁路的开通,交通的便利,降低了商品的市场价格,改善了城市居民的生活。成渝铁路即繁荣了四川各地区之间的物资交流,降低了偏远地区商品价格。川西地区物产丰富但交通极不便利,资料记载,"以前要十五斤烟叶才能换到一个竹壳热水瓶,现在六斤烟叶就能换到","川东的邮亭铺离县城八十多里,长期交通不便,1949 年要用一斗米才能换一斤盐,铁路通车后,一升米就可以换两斤盐巴"④。

1952 年 1 月 15 日的《人民日报》刊发题为《成渝铁路沿线人民的喜悦》的报道:

> 成渝铁路由重庆到内江,共长二百八十四公里,所经过的地方,都是四川盆地富饶的县份。这一带地区,盛产粮食、甘蔗糖、棉花和其他各种著名的土特产。现在,来往的火车都满载着大批物资。铁路沿线的城镇正在繁荣起来。举例来说,去年内江的甘蔗糖产量,就比前年增加了百分之三十六;隆昌的夏布产量,比前年增加了百分之一百二十。曾停顿了的许多煤矿,都已经开工了。前年,隆昌义大煤矿因存煤堆积如山,几乎遣散了全部工人;现在煤炭由火车廉价运输,生产蒸蒸日上。铁路沿线并已开办了不少新的工厂,如隆昌已经开办了生产炭黑的工厂;内江专区也做出了兴办地方工业的计划,上千的工人正在为新厂开辟地基和建筑房屋而紧张地工作着。
>
> 永川是成渝铁路最先通车的一座小城,这座小城已因交通便利和去年丰收显得特别繁荣。这里已成了铜梁、大足一带粮产区粮食的集中地,漫长的驮马队把粮食和煤运到车站去,再经过铁路外运。每百吨货物由铁路运到重庆的运价只需六万元左右,比过去用人力运输减低四分之三以上。永川工业品和重庆工业品的地区差价也比以前减低三分之一。去年永川的农民得到的棉布和百货比以前多得多了。这个县也已增加了许多新的工业,以去年十月份和通车前六月份相比,砖瓦业由五户增加到十八户,油房由二十三户增加到三十一户,手工造纸业也增加了五十户。在火车站附近,最

---

① 钱俊君主编:《中国共产党交通大战略》,当代中国出版社 2011 年版,第 302 页。
② 《内江市文史资料》编撰委员会:《内江市文史资料》第 4 辑,1988 年版,第 154 页。
③ 隆昌县志编纂委员会:《隆昌县志》,巴蜀书社 1995 年版,第 276 页。
④ 王芝芬:《成渝铁路》,新知识出版社 1954 年版,第 36 页。

近已划成了新市区。市民们在这里购买了地基，准备兴修房屋。永川城的市集也比从前热闹多了。城里的居民为了赶集时来往行人的便利，最近把街道都彻底翻修了一次。农民们说得好：过去修道路只便利了土匪和官兵，现在哪里交通便利，哪里就繁荣。永川到泸县的公路也已经在筹划了，农民们并决定自己来包修它。沿着铁路的乡镇，有的也已把小路开拓成大道，现在永川城附近和铁路联系起来的大道已有五六条了。[1]

成渝铁路通车的第三年，《人民日报》刊文，描述了铁路周围地区发生的新变化。报道称：

> 从成都到重庆，紧靠铁路的两旁，许多地方已经改变了原来的面貌。铜罐驿车站所在地冬笋坝，以前是一片荒山坡，现在这里已经建成了巨大的机制砖瓦厂，一九五四年就在这里发送了近十万吨的砖瓦，支援基本建设；这里还开设起了百货商店、合作社、银行。它变成了一个繁荣的集镇。又如五〇七发电厂所在地，以前是一片长着乱草的荒地，现在已经建起了高大的厂房，矗立起高大的烟囱，向一千多个大小工厂输送着电力。
>
> 在内江、隆昌等地，都可以看到许多新建的工厂。永川、隆昌、威远等地的煤炭，以前由于交通不便，产品运不出去，成渝铁路通车，将产区和销区紧密地联系起来，运输问题解决了。成渝铁路沿线以往由于交通不便，很多产品被积压在产地，很多土特产不能运到人民最需要的地方去，成渝铁路通车以后，许多产品运出去了。川西的大麻[2]，以前用汽车运到重庆，每吨运费需要一百二十多元，因而售价高，销路不好；现在火车运价每吨十三元四角多，售价降低了，产品畅销。一九五四年仅成都车站就输出大麻五百五十多万斤。这些输出的大麻，不仅供应了西南工业上的需要，而且还运到天津、上海等地。成渝铁路通车，使工、农业产品差价大大缩小了。铁路沿线以前价钱很低的农产品，现在提高了；以前卖不出去的东西，现在卖出去了。根据资阳县的调查，现在和一九五二年第一季度的市价作比较，米提高百分之十五，猪肉提高百分之四十，小菜约提高四倍。而工业品的售价，铁路沿线一般的几乎和重庆拉平，而且在重庆能买到的，在沿线各地也能买到。[3]

以上生动的场景和典型的案例，皆为成渝铁路促进四川城市经济繁荣发展的有力例证。

四、余论

四川地域辽阔，河川众多，在历史发展中形成川西、川东、川北、川南四个相对独立的经济地理单元。川西地区山林密布，松潘、茂县、雅安、灌县等地以土特产及药材为大宗，烟叶、猪鬃等农副产品产量巨大。川东地区丘陵众多，重庆、隆昌一带蕴藏着大量的煤炭、铁矿等工矿业资源。川北地区地处秦巴山脉，盛产木材、柑橘、生丝、红花、桐油。川南地区的自贡、宜宾、泸州等地盛产盐、煤、石灰

---

[1] 李楠、许上遴：《成渝铁路沿线人民的喜悦》，《人民日报》1952年1月15日第1版。
[2] 大麻（学名：Cannabis sativa L.）是桑科大麻属植物，是一种良好的纤维材料。
[3] 余正：《成渝铁路沿线的变化》，《人民日报》1955年7月3日第2版。

石、石英等矿产，内江地区甘蔗产量巨大。四川各地区资源可谓丰富而又各具特色，但长期以来受地形与交通条件制约，地区之间经济沟通不畅，尤其缺乏横向联系，无法实现优势互补。

美国经济学家瓦尔特曾经说过："铁路的建设和应用在历史上一直是经济发展最强有力的带动者。在近代主要资本主义国家中，铁路在促进经济发展方面都起了决定性的作用。"① 这一论断对四川而言仍适用。四川独特的盆地地形使得交通运输于城市发展的重要性尤其明显。成渝铁路是中华人民共和国成立后四川交通革新的肇始，"经济上有力促进了四川地区的经济发展、物资交流和社会进步，是邓小平根据中华人民共和国成立初期西南具体实际，贯彻经济建设交通先行思想的一个重大典范，对于推动整个西南地区经济建设和国防建设具有重大的历史意义"②。时任中共中央西南局第一书记的邓小平强调："以修建成渝铁路为先行，带动百业发展，帮助四川恢复经济。"③ "渝端东接长江航运，南连川黔公路及綦江铁路，对西南重工业的发展给予了有力的支援。蓉端北衔川陕公路，西通康藏边疆，不仅使沿线物产糖、盐、煤、铁、粮食、桐油、药材等得到宽广的销路，并且在政治、经济及国防上都起着重大的作用。"④

1954年7月3日，成渝铁路全线通车两周年之际，《人民日报》以《成渝铁路成为西南经济大动脉》为题发文，报道成渝铁路通车带来铁路周边地区的新变化。报道称：

> 全线通车两周年的成渝铁路，已经成为西南地区经济生活中的大动脉。两年来成渝铁路许多重要物资的运输量不断增加，通车后第二个年头的货运量比第一个年头增加了百分之五十点五；客运人数增加了百分之十五。两年来自成都车站发送的川西和西康的土产、特产就有三万九千多吨，使过去因为交通不便、运价太高而长期滞销的药材、烟叶、大麻等，找到了广阔的销路。
>
> 成渝铁路沿线有盛产大米的和盛产蔗糖的地区，并有公路和我国著名井盐产地——自贡市相通。两年来经由成渝铁路运输的粮食、食盐和蔗糖便有四十七万吨。自从去年四月成渝铁路和綦江铁路实行联运后，运往贵州的食盐数量大大增加，贵州地区的盐价因此降低了百分之三十四，南桐、东林等煤矿的煤也开始供应内江等地熬糖的需要。今年四月成渝铁路和宝成铁路也举办了联运，南桐的煤更远销到成都、绵阳一带。⑤

紧随成渝铁路，宝成、成昆铁路以及内昆、襄渝等铁路相继建成通车，四川形成以成都和重庆为中心的出川铁路干线，既有经重庆东向出川的襄渝铁路，又有北向出川连接西北的宝成铁路以及南向出川沟通西南地区的成昆铁路，极大改善了四川各地区间的交通区位条件，加强了四川与西南其他省区、西北地区和东部地区之间的联系，四川的资源优势、人口优势逐渐被开发出来。国家的"一五"计划、三线建设以及西部开发大计划是推动四川城市发展的重要原因，而铁路既是实现这些计划的交通保障，也影响了这些计划的具体实施。铁路沿线成为四川最重要的经济带，推动四川城市走向因路而兴、沿路分布的新阶段。

---

① 张新贺：《19世纪美国铁路建设与西部不同类型城市发展的关系》，辽宁大学2018年硕士学位论文，第39页。
② 俞荣新：《从成渝铁路的修建看新中国成立初期邓小平的经济建设思想》，载中共重庆市委党史研究室编：《四川省纪念邓小平同志诞辰110周年学术研讨会论文集（一）》，2014年，第403页。
③ 《复兴之梦：图说新中国建设发展历程》编委会编：《复兴之梦：图说新中国建设发展历程》，浙江人民美术出版社2014年版，第25页。
④ 朱兰：《邓小平与成渝铁路建设》，《四川档案》2004年第4期。
⑤ 《成渝铁路成为西南经济大动脉，宝成路成都中坝段通车后促进了物资交流》，《人民日报》1954年7月3日第1版。

The Chengdu-Chongqing Railway and Urban Changes in Sichuan during the Early Period of PRC

Feng Bing Zhao Xin Han Ying

Abstract: The Sichuan Basin is constituted by a vast land mass, is crisscrossed by rivers, and the terrain is complex and mutable. Transportation has historically played an important role in urban development. From a historical standpoint, transportation via water has been the most important economic lifeline for Sichuan cities, which thrived due to their proximity to waterways. However, due to the limited space for riverside expansion and the restriction of river direction, connections to extra-Sichuan cities were relatively weaker. In modern times, successive governments attempted to overcome these obstacles in water transportation by shifting resources to terrestrial transportation. After the founding of PRC, the Chengdu-Chongqing Railway was quickly built and opened for use. Cities along Ziyang, Neijiang, Longchang, and Yongchuan have subsequently experienced rapid development. Since then, Sichuan cities have entered a new stage of development characterized by terrestrial travel and distribution.

Key words: Chengdu-Chongqing Railway; PRC; Sichuan; city

语言文化研究

芒市西山乡景颇族村寨的语言生活调查

姜 燕[*]

摘 要 景颇族是我国人口较少的跨境民族，也是云南省德宏州西山乡的主体民族，探究景颇族聚居村寨的语言使用和语言态度，可以反映云南人口较少民族的语言生活状况和发展动态，也可以为跨境民族语言生活研究提供典型个案。本文通过调查西山乡景颇族村民的语言文字掌握和不同场合的多语使用情况，展现其和谐与功能互补并存的多元语言生活面貌，说明其语言生活受到通婚状况、民族语文政策、大众传媒、高等教育等客观因素以及通婚态度、语言态度等主观因素的影响，认为该地语言生活的基本走向为民汉双语在很长时期内仍会并存发展，体现出民族地区多元一体的社会进程。

关键词 芒市；西山乡；景颇族村寨；语言生活；个案调查

DOI：10.13835/b.eayn.29.19

景颇族是云南省德宏傣族景颇族自治州（简称"德宏州"）的世居民族，是西山乡的主体民族，也是一个中缅跨境民族，且在泰国、印度均有分布。景颇族有景颇、载瓦、勒期、浪峨、波拉五个支系和五种语言，有景颇文、载瓦文两种文字。景颇语属汉藏语系藏缅语族景颇语支；载瓦、勒期、浪峨、波拉四个支系的语言属汉藏语系藏缅语族缅语支。中国境内的景颇族以载瓦支系为主，主要使用载瓦语和载瓦文。根据2010年芒市第六次全国人口普查数据公报，景颇族总人口数为147828人，芒市景颇族人口29274人，占芒市总人口的7.5%。景颇族村寨语言生活调查可以全面描述德宏州的语言文化生活，探讨边境地区语言文化发展现状，为不同类型的民族村落比较提供材料依据，也可为边境地区语言活力、语言资源、语言和谐研究建言献策。

一、研究缘起

20世纪60年代，社会语言学在美国兴起以来，一批学者致力于研究"语言和社会结构的共变"，以"变异"为立足点，将语言研究与社会生活研究紧密结合起来。大规模的语言生活调查便随着社会语言学的发展而兴起。在发达国家，"语言生活"术语运用并不广泛，主要对应"语言调查、语言状况、语言使用、语言生态"等，为制定语言政策提供依据，日本、美国、加拿大等国都做过针对通用语普及、特殊族群语言使用的调查工作。中国的语言生活调查始于20世纪80年代末的方言区生活调查，2006年首部《中国语言生活状况报告》问世，"语言生活"成为我国语言规划研究的基础术语，也成为我国社会语言

---

[*] 姜燕，云南财经大学国际语言文化学院讲师。

学研究的一大特色，研究范围包括民族地区的语言生活，如王远新对内蒙古牧民移民社区[1]、新疆乌鲁木齐市政府公务员[2]、贵州省布依族[3]、云南大理市白族[4]语言生活的系列调查等；语言规划、语言政策研究，如陈章太[5]、李宇明[6]、周庆生[7]等人的研究成果；针对海外华人的语言使用现状调查，如郭熙[8]、洪丽芬[9]等人的研究成果；各色语言生活皮书，如绿皮书《中国语言生活报告》、蓝皮书《中国语言文字政策研究发展报告》、黄皮书《世界语言生活报告》等；语言战略研究，如李宇明[10]、文秋芳[11]等人的研究成果。

景颇族语言生活研究重在描写语言使用现状及存在的问题，探讨语言和谐、语言保护等问题，相关成果主要呈现两方面特点。一是研究涉及多个领域。戴庆厦探讨语言和谐与语言政策理论[12]，蒋颖、朱艳华研究多语生活现状[13]，戴庆厦等关注边境地区语言生活的特殊性[14]，张军探讨中缅跨境语言认同[15]，王丽娟、徐安令对比中缅语言活力[16]，覃明、姜燕研究民汉双语教育[17]，朱艳华关注境外克钦族[18]的语言使用[19]。二是研究范围横跨两个国家。境内包括德宏州芒市[20]、临沧市耿马县[21]等景颇族居住地区的民族聚居或杂居村寨，境外主要包括缅甸克钦邦[22]等克钦族聚居地区。

就目前研究而言，我国民族地区复杂多样的语言生活亟需建立符合国情的理论研究框架，而理论的提升需要建立在大量客观、翔实的第一手资料的基础之上。因此，进一步增加各个领域和地区的个案积累，增强调查的广度和深度，是目前语言生活研究的重要内容。

本文运用一对一访谈式问卷调查和访谈、实地考察等方式，从田野调查中获取第一手材料，采用定

---

[1] 王远新：《牧民移民社区的语言生活——锡林浩特市欣康村居民的语言使用和语言态度调查》，载王远新主编：《语言田野调查实录（八）》，中央民族大学出版社 2013 年版。
[2] 王远新：《乌鲁木齐市政府公务员语言使用和语言态度调查》，载王远新主编：《语言田野调查实录（八）》，中央民族大学出版社 2013 年版。
[3] 王远新：《"中华布依第一寨"的语言生活——贵州省贵定县音寨、春风寨居民语言使用和语言态度调查》，载王远新主编：《语言田野调查实录（九）》，中央民族大学出版社 2013 年版。
[4] 王远新：《洱海白族村落的语言生活——大理市大理镇白族村居民语言使用和语言态度调查》，载王远新主编：《语言田野调查实录（十）》，中央民族大学出版社 2014 年版。
[5] 陈章太：《语言国情调查研究的重大成果》，《语言文字应用》2007 年第 1 期。
[6] 李宇明：《和谐语言生活 减缓语言冲突》，《语言文字应用》2013 年第 1 期。
[7] 周庆生：《语言生活与语言政策——中国少数民族研究》，社会科学文献出版社 2015 年版。
[8] 郭熙：《新加坡中学生华语词语使用情况调查》，《华文教学与研究》2010 年第 4 期。
[9] 洪丽芬：《马来西亚华人家庭语言的转变》，《东南亚研究》2010 年第 3 期。
[10] 李宇明：《提升国家语言能力的若干思考》，《南开语言学刊》2011 年第 1 期。
[11] 文秋芳：《美国语言研究的基本特征：服务于国家安全战略》，《云南师范大学学报（哲学社会科学版）》2014 年第 3 期。
[12] 戴庆厦：《构建我国多民族语言和谐的几个理论问题》，《中央民族大学学报（哲学社会科学版）》2008 年第 2 期。
[13] 蒋颖、朱艳华：《耿马县景颇族和谐的多语生活——语言和谐调查研究理论方法的个案剖析》，《暨南学报（哲学社会科学版）》2010 年第 4 期。
[14] 戴庆厦、和智利、杨露：《论边境地区的语言生活——芒海镇吕英村语言生活个案分析》，《贵州民族研究》2015 年第 4 期。
[15] 张军：《景颇族跨境语言的认同——对中缅青年学生语言态度的调查》，《德宏师范高等专科学校学报》2015 年第 4 期。
[16] 王丽娟、徐安令：《中缅跨境景颇族语言活力对比——以云南德宏和缅甸克钦邦景颇族语言使用情况为例》，《现代语文（语言研究版）》2016 年第 5 期。
[17] 覃明：《文化安全视域下跨界民族语言教育战略研究》，中央民族大学 2015 年博士学位论文；姜燕：《民汉兼通：双语教学的目标与困境——以云南省芒市×乡载瓦-汉双语教学为个案》，《民族教育研究》2018 年第 1 期。
[18] 中国的景颇族在缅甸称克钦族。
[19] 朱艳华：《缅甸克钦族的语言使用现状》，《当代语言学》2016 年第 2 期。
[20] 戴庆厦、和智利、杨露：《论边境地区的语言生活——芒海镇吕英村语言生活个案分析》，《贵州民族研究》2015 年第 4 期。
[21] 余成林：《耿马景颇族的语言使用特点及其成因》，《楚雄师范学院学报》2014 年第 7 期。
[22] 朱艳华：《缅甸克钦族的语言使用现状》，《当代语言学》2016 年第 2 期。

量与定性相结合的方法全面描写芒市西山乡景颇族村寨的语言生活，包括语言掌握、语言使用、语言态度和行为倾向等，以期客观呈现西山乡景颇族语言生活的真实面貌，并分析影响语言生活的各方面因素。

二、 调查地点和样本选择

芒市西山乡素有"中国景颇第一乡"美誉，景颇族人口约占全乡总人口的87.0%，是我国景颇族聚居人口最多和比例最高的乡镇，乡镇中多为景颇族聚居的村寨，村民以景颇族载瓦支系为主，还有少量汉族、傈僳族村民。2013年，芒市的景颇族学校有11所，其中，营盘和毛讲两个村寨的小学均实行"载瓦-汉"双语教学，具备良好的载瓦语言环境，在全国景颇族聚居地区具有典型性和代表性。故本文选取在这两个村寨小学读书的学生和两村的家长为调查对象，他们均为西山乡的景颇族村寨村民，包括营盘、毛讲村及其周边的跌撒、弄丙、帮本、芒艮、芒东、木艾、谷东、芒午等村寨。

本文在兼顾性别、民族和年龄的基础上，共选取70个样本。样本的选择不仅可以体现村寨的日常生活语言状况，也可以反映双语学校的语言状况。而且，通过未成年和成年两代人的对比，可以看出景颇族村寨语言使用的代际差异和发展趋势。

调查对象的男女比例大体相当，其中景颇族占87.1%，多为载瓦支系，符合西山乡景颇族占全乡总人口的87.0%的比例，增加汉族和傈僳族调查对象可以反映景颇族聚居村寨中其他民族的载瓦语掌握和认同情况，以及景颇族对其他民族语言生活的影响。未成年调查对象占57.1%，年龄主要集中在10—16岁，因为低年级学生尚未形成较成熟的语言认知体系，不适宜作为调查对象，样本以小学四、五、六年级学生为主。成年调查对象占42.9%，由于是学生家长，年龄主要分布于30—50岁（表1）。

表1 调查对象性别、民族、年龄段（N=70）

背景	性别		民族			年龄段	
	男	女	景颇	汉	傈僳	10—16岁	21—60岁
人数	34	36	61	8	1	40	30
百分比	48.6	51.4	87.1	11.4	1.4	57.1	42.9

三、 和谐与功能互补并存：语言文字掌握和使用情况

西山乡景颇族村寨村民的语言生活呈现出和谐与功能互补并存的面貌：一是村民普遍是多语或多言人，民族语和普通话、本地汉语方言均为生活中的主要用语；二是不同语言在不同场合和交际对象中分工明确；三是汉语文与民族语文掌握程度不均衡；四是汉文使用状况优于民族文字。同时，村民的语言文字掌握和使用呈现出一定的代际差异，具体表现如下：

（一） 普遍为民汉双语人，民族语、汉语和谐并存

1. 普遍兼通母语和通用语，呈现轻微代际差异

本文的"母语"指调查对象的本民族语言，多为第一语言；"通用语"不仅包括当地通用的语言即载瓦语、汉语方言，也包括国家通用语——普通话。调查对象普遍掌握普通话、本地汉语方言和本民族语言。成年调查对象中，93.3%兼通载瓦语、普通话或本地汉语方言，其中43.3%兼通普通话、本地汉语方言和载瓦语；未成年调查对象中，95.0%兼通载瓦语、普通话或本地汉语方言，其中70.0%兼通载瓦语、普通话和本地汉语方言。未成年调查对象均掌握普通话，成年调查对象中60.0%掌握普通话，说明普通话推广工作在民族地区成效十分明显，尤其在学校教育中已经十分普及。可见，调查对象大多掌握本地汉语方言和载瓦语，成年调查对象的两种语言掌握比例均略高于未成年调查对象，呈现轻微代际差异。

2. 民族语环境以载瓦语为主，兼用其他民族语言

受通婚、迁徙等因素影响，个别调查对象兼通傣语、傈僳语、缅语或英语。未成年调查对象中，5位汉族中，2位的妈妈是傣族，掌握傣语；3位的父母均为汉族，因生活在景颇族村寨，掌握载瓦语。1位傈僳族的家庭成员均为同民族，因生长在景颇族村寨，同时掌握傈僳语和载瓦语。1位的父亲是景颇族，母亲是傣族，同时掌握载瓦语和傣语。3位会讲景颇语的景颇族，因为父母一方是载瓦支系，一方是景颇支系，所以同时兼通两种语言。还有4位是随父母从缅甸迁过来的，曾在缅甸上过两三年学，掌握缅甸语，其中3位还掌握英语。成年调查对象中，1位（男，载瓦支系）除会讲载瓦语、普通话、本地汉语方言外，因配偶是傣族，还会讲傣语。1位（女，载瓦支系）是从陇川县迁来的，由于父母分别是载瓦和景颇支系，兼通载瓦语和景颇语。1位（男，汉族）因配偶是景颇族，会讲载瓦语。可见，生活在景颇族聚居村寨中的其他民族，普遍兼通载瓦语（表2）。

表2 调查对象的语言掌握情况（N=70；N1=30；N2=40）[①]

背景	样本	语言							
		普通话	本地汉语方言	载瓦语	景颇语	傣语	傈僳语	缅语	英语
成年人	人数	18	28	29	1	1	0	0	1
	百分比	60.0	93.3	96.7	3.3	3.3	0	0	3.3
未成年人	人数	40	35	38	3	3	1	4	3
	百分比	100	87.5	95.5	7.5	7.5	2.5	10.0	7.5

---

① 分解多选项：能用哪种语言或方言与人交谈（可多选）。成年人：载瓦语/普通话/本地汉语方言13人，载瓦语/本地汉语方言11人，载瓦语/普通话/本地汉语方言/英语1人，载瓦语/傣语/普通话/本地汉语方言1人，普通话/本地汉语方言1人，载瓦语1人，载瓦语/普通话1人，景颇语/载瓦语/普通话/本地汉语方言1人，合计30人；未成年人：载瓦语/普通话/本地汉语方言28人，载瓦语/普通话4人，傣语/普通话/本地汉语方言2人，景颇语/载瓦语/普通话/英语/缅语1人，景颇语/载瓦语/普通话/本地汉语方言1人，景颇语/载瓦语/普通话/本地汉语方言/英语/缅语1人，载瓦语/傣语/普通话/本地汉语方言/英语/缅语1人，载瓦语/普通话/本地汉语方言/缅语1人，载瓦语/傈僳语/普通话/本地汉语方言1人，合计40人。

(二) 根据交际场合、对象选择使用不同的语言，民族语与普通话、本地汉语方言功能互补

成年调查对象分为家庭、休闲和外出三个场合，未成年调查对象分为家庭、学校、校外和休闲四个场合。普通话、本地汉语方言、本民族语、其他民族语在不同场合、与不同对象交际使用时存在互补与竞争现象，且呈现一定的代际差异。

1. 家庭语言使用均以母语为主，母语使用没有明显代际差异

家庭场合，成年人与父母、配偶和子女交谈时，载瓦语是多数调查对象的首选，没有表现出明显的代际差异；部分使用或兼用本地汉语方言，代际差异较明显。与子女使用本地汉语方言的比例高出与父母或配偶10个百分点，部分调查对象只有在与子女交流时使用普通话（表3）。未成年人与家人交谈仍首选载瓦语，其次是本地汉语方言。由于部分调查对象祖父母已经不在世或没有兄弟姐妹，故使用载瓦语、本地汉语方言比例受到限制，除去"无此情况"，与祖父母使用载瓦语的人数为22人，比例为81.5%；使用本地汉语方言的人数为7人，比例为25.9%；与兄弟姐妹使用载瓦语的人数为23人，比例为71.9%；使用本地汉语方言的人数为5人，比例为15.6%（表4）。

2. 休闲娱乐时主要使用普通话，民族语使用未呈现明显代际差异

休闲场合，绝大多数成年调查对象观看普通话电视节目，收看载瓦语电视节目的比例为36.6%，个别收看本地方言节目（表3）。未成年调查对象看电视、听故事、听歌曲时首选普通话，少部分也使用本地汉语方言或载瓦语，收看载瓦语电视节目的比例为35.0%（表4）。

3. 社会交往时受场合与民族影响较大，普通话使用呈现代际差异

外出场合，成年调查对象与政府部门工作人员交谈时多数使用本地汉语方言，还有30.0%兼用载瓦语和本地汉语方言，6.6%使用普通话；到农贸市场时，由于本民族对象更多，交谈场所更自由，56.7%同时使用载瓦语和本地汉语方言，23.3%只使用载瓦语（表3）。校外场合，未成年调查对象与本民族认识的人和不认识的人均首选载瓦语，与其他民族认识的人多使用普通话或本地汉语方言，与其他民族不认识的人首选本地汉语方言，其次是普通话。其中，与本民族和其他民族不认识的人只讲普通话的比例分别为10.0%、27.5%（表4）。

4. 未成年调查对象的学校语言生活以普通话和载瓦语为主

一方面，课堂用语主要为普通话，其次是载瓦语。由于营盘小学有专门的载瓦语文课，毛讲村虽没开设载瓦语文课，但景颇族教师在课堂上均会采用载瓦语辅助教学，因而载瓦语也是重要的课堂用语。另一方面，学生的课外语言生活与交谈对象的民族密切相关，与本民族师生交流以载瓦语为主，其中60.0%与本民族同学只使用载瓦语交流；与其他民族师生交流以普通话为主，其中67.5%与其他民族老师只使用普通话交流（表4）。

可见，成年和未成年调查对象的语言使用均存在明显的交际场合和交际对象差异。家庭语言首选载瓦语，休闲娱乐时首选普通话，社会交往时与本民族首选载瓦语，与其他民族使用本地汉语方言或普通

话，没有明显的代际差异。未成年调查对象使用普通话的场合、对象多于成年调查对象，在学校中普通话的使用比例明显高于校外，但在与本民族同学和老师交流时仍首选载瓦语。

表3 成年调查对象不同交际场合与对象的语言使用情况（N=30）

场合与对象		语言与方言							
		载瓦	方	普	普/本	载瓦/普	载瓦/方	载瓦/普/方	其他①	无此情况
家庭	父母	22/73.3	2/6.7	0/0	0/0	0/0	5/16.7	0/0	1/3.3	0/0
	配偶	19/63.3	3/10.0	0/0	0/0	3/10.0	0/0	0/0	1/3.3	4/13.3
	子女	19/63.3	2/6.7	0/0	2/6.7	0/0	5/16.7	2/6.7	0/0	0/0
休闲	看电视	1/3.3	0/0	19/63.3	0/0	7/23.3	1/3.3	2/6.7	0/0	0/0
外出	政府部门	1/3.3	18/60.0	1/3.3	1/3.3	0/0	9/30.0	0/0	0/0	0/0
	农贸市场	7/23.3	5/16.7	0/0	0/0	0/0	17/56.7	0/0	1/3.3	0/0

注："载瓦"即载瓦语，"方"即本地汉语方言，"普"即普通话，后同。

表4 未成年调查对象不同交际场合与对象的语言使用情况（N=40）

场合与对象			语言与方言							
			载瓦	方	普	载瓦/方	载瓦/普	载瓦/方/普	方/普	其他②	无此情况
家庭	祖父母		20/50.0	5/12.5	0/0	2/5.0	0/0	0/0	0/0	0/0	13/32.5
	父母		25/62.5	2/5.0	1/2.5	7/17.5	1/2.5	1/2.5	0/0	3/7.5	0/0
	兄弟姐妹		22/55.0	4/10.0	2/5.0	0/0	1/2.5	0/0	0/0	3/7.5	8/20.0
学校	同学	本民族	24/60.0	3/7.5	2/5.0	1/2.5	9/22.5	0/0	0/0	0/0	1/2.5
		其他民族	7/17.5	3/7.5	24/60.0	2/5.0	3/7.5	0/0	1/2.5	0/0	0/0
	老师	本民族	13/32.5	3/7.5	12/30.0	8/20.0	2/5.0	1/2.5	0/0	0/0	1/2.5
		其他民族	1/2.5	9/22.5	27/67.5	0/0	0/0	0/0	2/5.0	1/2.5	0/0
校外	认识的人	本民族	30/75.0	4/10.0	4/10.0	0/0	1/2.5	0/0	0/0	0/0	1/2.5
		其他民族	1/2.5	28/70.0	10/25.0	1/2.5	0/0	0/0	0/0	0/0	0/0
	陌生人	本民族	20/50.0	8/20.0	4/10.0	5/12.5	0/0	2/5.0	0/0	0/0	0/0
		其他民族	2/5.0	24/60.0	11/27.5	0/0	0/0	0/0	3/7.5	0/0	0/0
休闲	看电视		2/5.0	0/0	20/50.0	0/0	8/20.0	4/10.0	5/12.5	1/2.5	0/0
	听故事		7/17.5	3/7.5	25/62.5	0/0	1/2.5	4/10.0	0/0	0/0	0/0
	听歌曲		3/7.5	9/22.5	17/42.5	0/0	2/5.0	0/0	0/0	7/17.5	0/0

① "其他"：与父母交谈时，1位调查对象同时使用景颇语和汉语方言；与配偶交谈时，1位调查对象同时使用景颇族、载瓦语和汉语方言；去农贸市场时，1位调查对象同时使用傣语、载瓦语和汉语方言。

② "其他"包括"傣/方、傣/普、傣、傈僳、载瓦/普/方/英、英"六种情况。与父母交谈时，有2位调查对象同时使用傣语和汉语方言，1位使用傈僳语；与兄弟姐妹交谈时，2位使用傣语，1位使用傈僳语；与其他民族老师交谈时，1位同时使用傣语和汉语方言；看电视时，1位同时看傣语和普通话节目；听歌曲时，3位听英语歌曲，3位同时听英语、普通话、汉语方言、载瓦语歌曲，1位听傈僳语歌曲。

（三） 汉语文和民族语文掌握程度总体不均衡，民族文字在日常使用中处于劣势

汉语文包括普通话、本地汉语方言和汉文，民族语文包括载瓦语和载瓦文，调查汉语文和民族语文听说读写的掌握程度后发现，调查对象的汉语文和民族语文掌握不均衡，且普通话、民族文字的掌握呈现较明显代际差异。

1. 汉语文掌握均较好，未成年人掌握程度优于成年人

成年人中80.0%能听懂普通话，60.0%能说普通话（表5）；93.3%能听懂本地汉语方言，86.7%能说本地汉语方言（表6）；83.3%能读懂汉文，76.7%能写汉文（表8）。未成年人中100%能听懂、会说普通话和本地汉语方言（表5、表6），100%会写汉文（表8）。其中，能用汉文读书看报的未成年人占95.0%，远高于成年人的46.7%；能用汉文写文章的未成年人占92.5%，远高于成年人的33.3%（表8）。

2. 民族语言和文字掌握失衡，且民族文字掌握呈现明显代际差异

（1）景颇族均掌握本民族语言，掌握程度呈现一定代际差异

96.7%的成年调查对象、95.0%的未成年调查对象能听懂、会说载瓦语，全部景颇族成年调查对象均能听、说载瓦语。其中，"完全能听懂"的成年人占80.0%，未成年人占32.5%；"能熟练交谈，没有任何障碍"的成年人占80.0%，未成年人占30.0%（表7）。可见，虽然景颇族均掌握本民族语，但成年调查对象的熟练程度远远高于未成年人。

（2）载瓦文掌握比例较小，且呈现明显代际差异

成年调查对象中46.7%能读懂载瓦文，其中"能读书看报"的占26.7%；36.7%能用载瓦文书写，其中"能写文章"的占16.7%。未成年调查对象中22.5%能读懂载瓦文，7.5%能用载瓦文书写，没人能看懂载瓦文书报、用载瓦文写文章（表9）。

表5 普通话程度（N=70；N1=30；N2=40）①

背景	样本	普通话程度									
		听					说				
		完全能听懂	大部分能听懂	基本能听懂	能听懂简单的日常用语	基本听不懂	能熟练交谈，没有障碍	能熟练交谈，个别时候有障碍	基本能交谈	会说简单的日常用语	基本不会说
成年人	人数	5	9	10	5	1	3	8	7	4	8
	百分比	16.7	30.0	33.3	16.7	3.3	10.0	26.7	23.3	13.3	26.7
未成年人	人数	17	20	3	0	0	11	26	3	0	0
	百分比	42.5	50.0	7.5	0	0	27.5	65.0	7.5	0	0

---

① 语言文字掌握程度，均提取前三项指标：达到"基本能听懂"及以上水平为能听，"基本能交谈"及以上水平为能说，"能看懂便条或留言条"及以上水平为能读，"能写便条或留言条"及以上为能写。

表 6　本地汉语方言程度（N=70；N1=30；N2=40）

背景	样本	汉语方言程度							
		听				说			
		完全能听懂	大部分能听懂	基本能听懂	能听懂简单的日常用语	能熟练交谈，没有障碍	能熟练交谈，个别时候有障碍	基本能交谈	会说简单的日常用语
成年人	人数	9	14	5	2	7	14	5	4
	百分比	30.0	46.7	16.7	6.7	23.3	46.7	16.7	13.3
未成年人	人数	20	13	7	0	10	24	6	0
	百分比	50.0	32.5	17.5	0	25.0	60.0	15.0	0

表 7　民族语言程度（N=70；N1=30；N2=40）

背景	样本	民族语言程度									
		听					说				
		完全能听懂	大部分能听懂	基本能听懂	能听懂简单日常用语	完全听不懂	能熟练交谈，没有障碍	能熟练交谈，个别时候有障碍	基本能交谈	会说简单日常用语	完全不会说
成年人	人数	24	3	2	1	0	24	4	1	1	0
	百分比	80.0	10.0	6.7	3.3	0	80.0	13.3	3.3	3.3	0
未成年人	人数	13	20	5	0	2	12	19	7	0	2
	百分比	32.5	50.0	12.5	0	5.0	30.0	47.5	17.5	0	5.0

表 8　汉文程度（N=70；N1=30；N2=40）

背景	样本	汉文程度									
		读					写				
		能读书看报	能看懂家信或简单文章	能看懂便条或留言条	基本看不懂	完全看不懂	能写文章	能写家信	能写便条或留言条	只能拼写常用单词	完全不会写
成年人	人数	14	10	1	2	3	10	7	6	3	4
	百分比	46.7	33.3	3.3	6.7	10.0	33.3	23.3	20.0	10.0	13.3
未成年人	人数	38	2	0	0	0	37	3	0	0	0
	百分比	95.0	5.0	0	0	0	92.5	7.5	0	0	0

表 9　民族文字程度（N=70；N1=30；N2=40）

背景	样本	民族文字程度									
		读					写				
		能读书看报	能看懂家信或简单文章	能看懂便条	基本看不懂	完全看不懂	能写文章	能写家信	能写便条	只能拼写常用单词	完全不会写
成年人	人数	8	2	4	7	9	5	3	3	9	10
	百分比	26.7	6.7	13.3	23.3	30.0	16.7	10.0	10.0	30.0	33.3
未成年人	人数	0	1	8	26	5	0	1	2	29	8
	百分比	0	2.5	20.0	65.0	12.5	0	2.5	5.0	72.5	20.0

(四) 普遍使用汉文,民族文字使用状况不容乐观

相对于普遍使用民族语言的现状,民族文字使用状况不容乐观。受到当地经济发展水平和网络环境较落后等客观条件限制,调查对象上网情况并不普遍。总体来说,未成年调查对象的文化水平高于成年调查对象,阅读文字的比例较高,且汉文的使用比例占绝对优势。载瓦文的使用比例为成年人明显高于未成年人,其中,成年人中阅读载瓦文报纸杂志、文学作品的比例为 30.0%,而未成年人虽然在"载瓦-汉"双语学校就读,但仅有 12.5% 的调查对象使用载瓦文(表10)。有 10 位未成年调查对象阅读过载瓦文书刊《团结报》。

表10 调查对象汉文、载瓦文使用情况(N=70;N1=30;N2=40)

对象	文字				
	载体	汉文	双文/载瓦文	载瓦文	无此情况
成年人	报纸杂志、文学作品	4/13.3	7/23.3	2/6.7	17/56.7
	网页、软件	2/6.7	1/3.3	2/6.7	25/83.3
未成年人	报刊杂志、文学作品	35/87.5	5/12.5	0/0	0/0
	网页、软件	1/2.5	0/0	0/0	39/97.5

四、影响语言生活的因素分析

通过对调查对象语言文字掌握和使用情况分析,我们可以描绘出景颇族村寨语言生活中和谐与竞争并存的基本面貌:普遍掌握和使用民汉双语,且掌握和使用呈现代际差异,汉语文水平为未成年人高于成年人,民族语文水平为成年人高于未成年人。下面,我们从主观和客观两方面分析影响景颇族村寨语言生活的因素。

(一) 客观因素

1. 民族通婚状况与家庭语言生活密切相关

调查发现,调查对象以族内通婚为主,在本地也存在着族际通婚和跨国通婚现象:未成年调查对象中 6 位的父母为族际通婚;成年调查对象中有 1 位是族际通婚,有 4 位的家族中存在与缅甸的克钦族跨国通婚现象。

(1) 族内通婚为母语传承提供了良好的家庭环境

30 位成年调查对象中,26 位景颇族调查对象的父母、配偶和子女均为景颇族。其中,4 位景颇族调查对象家族中有跨境通婚情况,即 3 位的儿子、1 位的三哥娶缅甸的克钦族。40 位未成年调查对象中有

34位是景颇族,其中30人的父母均为景颇族,5位汉族调查对象中3位的父母均为汉族,1位傈僳族调查对象的父母均为傈僳族。

可见,族内通婚在景颇族村寨最为普遍。无论是境内同一民族,还是境内外同一民族,这些族内通婚调查对象的家庭内部均以本民族语为主,这为母语的传承和使用提供了良好的家庭环境。

(2)族际和跨国通婚为家庭多语并用创造了条件

成年调查对象中,3位汉族调查对象中1位男性的配偶为景颇族,子女也是景颇族;2位女性的父母、配偶和子女均为汉族。1位景颇族男性调查对象配偶是傣族,子女为景颇族。未成年调查对象中,34位景颇族调查对象中3位的父亲是景颇族、母亲是汉族,1位的父亲是景颇族、母亲是傣族;5位汉族调查对象中,2位的父亲是汉族、母亲是傣族。

族际和跨国通婚促使家庭内部的语言生活更加多样。配偶为景颇族的男性调查对象(汉族,农民)与妻子和孩子使用载瓦语和本地汉语方言交谈。受妻子的影响,他的载瓦语程度为"基本能听懂,基本能交谈",虽然看不懂载瓦文,但是能拼写简单的单词。一位女性调查对象(汉族,教师)的侄子娶了缅甸的克钦族媳妇,学会了缅甸语和载瓦语。该调查对象表示:"这样非常好,不仅会说载瓦语,还学会了缅语,侄子在这里和缅甸都能交流。"

2. 国家语言文字政策的双重影响

国家的语言文字政策既有利于汉语文的推广,也注重民族语言文字的传承和保护。一方面,大力推广普通话这一政策在民族地区的施行促进了民族地区国家通用语言的普及;另一方面,在云南民族聚居地区的小学施行民汉双语教学促使民族语言文字得到保护和传承。

(1)大力推广普通话的同时,保障各民族使用本民族语言文字的权利

《国家语言文字事业"十三五"发展规划》(2016)提出,既要把学校作为推行普及国家通用语言文字的主要阵地,又要科学保护各民族语言文字。《国家中长期语言文字事业改革和发展规划纲要(2012—2020年)》的指导思想中指出,"大力推广和普及国家通用语言文字",同时"科学保护各民族语言文字,尊重各民族使用和发展自己的语言文字的自由"。在落实这些政策、规划的过程中,民族地区进一步加大推广普通话的力度,同时,也积极采取措施保护和发展民族语言文字。因此,景颇族村寨村民普遍为民汉双语人,两种语言在不同场合分工并用。

(2)双语教学政策的施行和式微

《中华人民共和国民族区域自治法》第三十七条规定:招收少数民族学生为主的学校(班级)和其他教育机构有条件的应当采用少数民族文字的课本,并用少数民族语言讲课;根据情况从小学低年级或者高年级起开设汉语文课程,推广全国通用的普通话和规范汉字。在相关法律法规指导下,德宏州教育局制定了《德宏州义务教育(含学前)少数民族双语课程设置方案》,规定双语教学的培养目标为"民汉兼通"。调查发现,接受双语教育的未成年调查对象虽普遍掌握并使用汉语文和本民族语,但仅22.5%能读懂载瓦文,7.5%能用载瓦文书写,12.5%使用载瓦文。此外,双语学校的教学模式已由"双语双文型"变为"民文传承型",有的仅为"民语辅助型",且双语教学存在师资和教材缺乏、课时和学习动力不足

等问题,致使"民汉兼通"的目标更加难以实现。①

3. 大众传媒的发展是把双刃剑

随着电视、电台、互联网络等大众媒体的推广和普及,民族聚居村寨接受普通话和汉文的途径越来越便捷,形式越来越多样,汉语文已经在日常生活中占据不可或缺的地位,村民的汉语文水平日渐提高。

德宏州有载瓦语的广播、电视节目,如电视台设有民语频道;有载瓦文的网站,如景颇族信息网;也有载瓦文的报刊,如《团结报》。与汉语文相比,民族语文媒体仍稍显弱势,不利于民族语言文字的推广和普及。以载瓦语广播为例,德宏人民广播电台设有汉语广播和傣语、景颇语、载瓦语三种民族语广播,载瓦语广播于1985年正式开播。在载瓦语广播开播之前,农村景颇族载瓦支系群众收听的是国外电台播放的载瓦语广播,而且都是赞美诗、圣经讲座等传教节目,听不到群众生产、生活、文艺等方面所需的文化技术知识。在当时的景颇族地区,地是自己的,天空却是外国人宣传宗教活动的空间。② 而民族语广播事业开展以来却面临工作量大、从业人员不足、业务素质偏低、覆盖率低、经费不足等问题,加之载瓦语节目多为译制作品,且存在延时性和单调性等特点,受众多数为不太懂普通话和本地汉语方言的观众。

因此,如何在继续普及汉语文的同时保障民族语言文化传媒发展,拓展和丰富民族语言节目和形式,吸收更多双语人才,吸引更多的年轻人加入,是当前大众媒体面临的挑战。

4. 高等教育培养的双语人才对民族村寨的反哺及困境

云南民族大学和德宏师范高等专科学校(简称"德宏师专")均开设有民族语专业。为了解高等教育的民族语文人才培养情况,笔者于2013年专门调查了德宏师专和云南民族大学载瓦语和景颇语专业的芒市生源学生共34人。调查发现,64.7%的大学生希望毕业后返回芒市工作,70.6%的大学生希望从事双语教学相关工作。目前,已有一批民族语专业毕业生回到生源地,开始反哺民族村寨,他们精通民汉双语,成为推广汉语言文化、传承民族语言文化的重要力量。

但是,由于德宏州没有针对民语专业毕业生的就业优惠政策,加上教师资格考试和教师从业考试注重考察教育学、心理学、汉语专业和其他综合知识,这对母语和专业均为民族语的学生来说存在一定困难。这就造成民族小学缺乏双语师资,而民语专业学生又很难转化为双语教师的尴尬局面,为民族语文的教学和传承带来一定困难。

(二) 主观因素

1. 开放的通婚态度促进多语并存共用

云南省多民族杂居的现状使族际通婚成为重要的社会现象。族际通婚态度影响语言使用态度,一般来说,族际通婚态度越开明,语言使用态度越开放,语言使用情况越丰富。

---

① 姜燕:《民汉兼通:双语教学的目标与困境——以云南省芒市×乡载瓦—汉双语教学为个案》,《民族教育研究》2018年第1期。
② 德宏人民广播电台、德宏州广播电视局总编室主编:《瞬间二十载》,德宏民族出版社2005年版,第11、16页。

通过对成年调查对象的族际通婚态度调查发现，40.0%的调查对象认为应当提倡和尊重不同民族通婚，53.4%认为可以接受或无所谓（表11）；60.0%愿意子女与其他民族通婚（表12）。可见，景颇族村寨的族际通婚态度比较开放。访谈中，两位汉族女性调查对象（教师、学校后勤工作人员）表示，虽然家族中没有族际通婚现象，但应当提倡族际通婚，且愿意子女与其他民族通婚。

表11　成年调查对象对族际通婚的看法（N=30）

样本	看法					
	应当提倡	应当尊重	可以接受	无所谓	不合心意	无法回答
人数	4	8	11	5	0	2
百分比	13.3	26.7	36.7	16.7	0	6.7

表12　成年调查对象对子女与外民族通婚的看法（N=30）

样本	看法				
	愿意	无所谓	不愿意	其他	无法回答
人数	18	9	0	1	2
百分比	60.0	30.0	0	3.3	6.7

2. 多元的语言文字态度促进多语发展

（1）未成年调查对象

综合未成年调查对象的语言态度，家长最希望自己学好、自己最喜欢、自己最希望学好的语文均为普通话和汉文，同时认同本民族语文的重要性。

第一，父母期望孩子掌握好多种语言文字。父母希望孩子学好的语言依次为：普通话＞英语＞载瓦语＞本地汉语方言＞傣语。父母希望孩子学好普通话、本民族语言、本地汉语方言的比例分别为72.5%、40.0%、35.0%。可见，大多数父母希望孩子学好普通话的同时也掌握本民族语言文字（表13）。

因此，在景颇族聚居村寨开展民汉双语教学十分必要。不仅可以满足部分家长希望孩子传承本民族语言文字的愿望，促进民汉双语的保护和传承，还可以在一定程度上与宗教教育和境外读物抗衡，维护国家语言文字安全。调查中我们发现，在一些没有开设民族语文课程的地区，宗教教育和境外读物在民族语文教学中扮演重要角色。由于部分景颇族信仰基督教，德宏州边境地区存在教会组织群众教授景颇族语言文字的状况。虽然基督教教授景颇语文和载瓦语文目的是传播宗教信仰、扩大社会影响，但一些村民为了学习本民族语文，愿意送孩子到教会学习。以瑞丽市勐卯镇为例，教会在芒令村的卡南村民小组于暑假期间组织景颇语文培训，教授的是景颇语文，用的是1927年缅甸编的景颇文课本，参加者多为周边几个村子的小学生。此外，蒙斯牧在《景颇族语言文字现状、发展趋势及对策》中提到，许多国外杂志由缅甸传入德宏州境内，对景颇族文字学习和使用有很大影响。①

第二，自己的语言文字认同也呈现多样化。关于"自己最喜欢的语文"，82.5%的调查对象选择了汉语文，37.5%选择了本民族语言文字，还有22.5%选择了英语文；关于"自己最想学好的语文"，80.0%选择了汉语文，40.0%选择了英语文，30.0%选择了本民族语言文字（表13）。可见，未成年调查对象的

---

① 蒙斯牧：《景颇族语言文字现状、发展趋势及对策》，载云南省少数民族语文指导工作委员会编：《云南民族语言文字现状调查研究》，云南民族出版社2001年版。

语言认同也呈现多元化，普遍认同国家通用语言文字，对本民族语言文字的认同主要出于情感考虑，对英语文的认同主要由于实用因素。

表 13　未成年调查对象的语言态度（N=40）①

背景	样本	民族语文		汉语文		英语文
		载瓦	傣	普通话	本地汉语方言	
父母希望你学好哪种语文	人数	15	1	29	14	16
	百分比	37.5	2.5	72.5	35.0	40.0
你最喜欢的语文	人数	14	1	20	13	9
	百分比	35.0	2.5	50.0	32.5	22.5
你最想学好的语文	人数	11	1	17	15	16
	百分比	27.5	2.5	42.5	37.5	40.0

（2）成年调查对象

第一，认为普通话和汉文的发展前景具有普适性，载瓦语文的发展前景具有地域限制性。70.0%以上的调查对象希望普通话和汉文得到很大发展；也有70.0%以上调查对象希望载瓦语文得到发展，其中40.0%左右的调查对象希望其有很大发展，30.0%左右的调查对象希望其在本地范围内发展（表14）。

表 14　成年调查对象对语言文字发展前景的期望（N=30）

背景	样本	态度			
		有很大发展	在一定范围内发展	任其自然发展	无法回答
载瓦语	人数	11	9	6	4
	百分比	36.7	30.0	20.0	13.3
载瓦文	人数	13	10	4	3
	百分比	43.3	33.3	13.3	10.0
普通话	人数	21	2	4	3
	百分比	70.0	6.7	13.3	10.0
汉文	人数	23	3	2	2
	百分比	76.7	10.0	6.7	6.7
汉语方言	人数	8	14	6	2
	百分比	26.7	46.7	20.0	6.7

第二，希望政府加强载瓦语文、普通话和汉文的宣传推广力度。调查对象中希望加强载瓦语文宣传的比例为76.7%，希望加强普通话和汉文宣传的比例为60.0%（表15）。

---

① 分解多选项：父母希望（可多选）：普通话和汉文13人，载瓦语文/普通话和汉文/汉语方言和汉文/英语文9人，英语文5人，汉语方言和汉文4人，载瓦语文/普通话和汉文3人，载瓦语文2人，傣语文/普通话和汉文1人，普通话和汉文/英语文1人，普通话和汉文/汉语方言和汉文1人，载瓦语文/普通话和汉文/英语1人，合计40人；自己喜欢（可多选）：普通话和汉文12人，汉语方言和汉文8人，载瓦语文6人，载瓦语文/普通话和汉文/汉语方言和汉文4人，英语文4人，载瓦语文/普通话和汉文3人，普通话和汉文/英语文1人，傣语文1人，载瓦语文/汉语方言和汉文1人，合计40人；最想学好（可多选）：英语文10人，普通话和汉文9人，汉语方言和汉文7人，载瓦语文/普通话和汉文/汉语方言和汉文/英语文6人，载瓦语文5人，普通话和汉文/汉语方言和汉文2人，傣语文1人，合计40人。

表 15　成年调查对象认为政府应当加强哪种语文的宣传推广（N=30）①

背景	样本	民族语文				汉语文		无法回答
		景颇	载瓦	傣	德宏州其他民族语（德昂、阿昌、傈僳）	普通话	本地汉语方言	
景颇学校	人数	3	23	2	1	18	10	2
	百分比	10.0	76.7	6.7	3.3	60.0	33.3	6.7

综合成年人和未成年人的语言文字态度可以看出，调查对象对汉语文和民族语文均非常认同，且对两种语文的发展充满期待，这为双语双文和谐并存、共同发展奠定了情感基础。

五、结语

在普及推广国家通用语言文字基础上，各民族都有使用和发展自己语言文字的自由，这是我国政府对待少数民族语言文字一贯坚持的立场。不同的语言在一个社会里自发地相互交流、自我调整，最后能够达到功能上的和谐相处、互补互利，是各民族语言文字自由使用和发展的重要体现。语言竞争指语言本身功能不同反映的语言关系，是语言关系在语言演变上反映的自然法则；而语言和谐是民族关系、社会和谐的重要组成部分，是语言关系的理想类型。② 本文通过对德宏州西山乡景颇族村寨的语言生活状况调查与分析，得出以下几点认识：

（一）民汉双语在功能互补中长期并存，是景颇族村寨语言生活的基本走向

芒市西山乡景颇族村寨中，以载瓦语为主的民族语、当地通用语汉语方言和国家通用语普通话分工明确，在不同的场合、与不同的交际对象交流过程中发挥着不同的功能，长期处于交织与交流状态。同时，民族语和汉语在功能上属于互补关系，各自在家庭、族内、族际、社区、社会交流中发挥着独特的作用，彼此相处和谐。可见，虽从成年、未成年两代人的调查看出，民汉双语随着社会的发展存在一定的功能强弱差异，但不会彼此取代，更改变不了其在竞争中和谐发展的基本走向，景颇族村寨的民汉双语仍然会长期并存。

（二）语言生活面貌反映民族聚居地区多元一体的社会进程

随着当代社会城市化、现代化的不断推进，越来越趋同的价值取向和审美意趣正在从城市向农村不断推进，一些地区的文化生活状态也在迅速转变，传统文化与现代文化碰撞激烈。在这样的大背景下，

---

① 分解多选项：载瓦语文9人，载瓦语文/普通话和汉文/汉语方言和汉文8人，载瓦语文/普通话和汉文4人，普通话和汉文2人，普通话和汉文/汉语方言和汉文2人，景颇语文/载瓦语文/傣语文/普通话和汉文1人，景颇语文1人，景颇语文/载瓦语文/傣语文/德宏州其他民族语文/普通话和汉文1人，无此情况2人，合计30人。

② 戴庆厦：《语言竞争与语言和谐》，《语言教学与研究》2006年第2期。

芒市西山乡景颇族村寨民汉双语功能互补、和谐并存的语言生活面貌，反映出我国一些民族聚居地区在保护和传承传统文化的同时，又不断吸取和接纳现代文化，积极融入当代社会，并将二者很好地融合在一起，促进现代社会向着多元一体的方向和谐发展。

（三）因地制宜，制定相应的政策和措施

从芒市西山乡景颇族村寨语言生活个案可以看出，如何在推动通用语言的同时，增强民族语言活力，减缓民族语言衰退进程，加强民族语言保护，需要我们因地制宜，采取针对性的政策和措施。每个地区的语言生活都有其特殊性，就西山乡景颇族村寨而言，通过合理转化双语师资、固定双语教学类型、提高双语教学效率，发挥大众传媒在国家通用语言和民族语传播中的积极作用，制定高校双语人才反哺双语教育的倾斜政策，引导语言使用者形成积极的语言保护观念等，是推动通用语传播和增强民族语言活力的重要措施。

综上所述，景颇族村寨普遍掌握和使用民汉双语，处于普通话、本地汉语方言和民族语和谐并存、分工使用的语言环境。汉语文掌握水平逐渐提高，使用范围逐渐扩大；民族语充满鲜活的生命力，但出现明显的代际差异，民族文字掌握和使用情况堪忧。究其原因，客观方面，族内通婚和族际通婚均为载瓦语的传承提供了良好的土壤，国家的语言文字政策既鼓励民族语的传承，也倡导国家通用语言的传播，民族语广播事业大力传播民族语，高等教育正在反哺双语教育；主观方面，景颇族村民开放的族际通婚态度进一步促进民汉双语的并存共用，成年和未成年调查对象多元的语言认同及对本民族语言的统一情感共鸣也奠定了母语和通用语在未来很长时期内会共同发展的基本走向。在多元一体的社会进程中，边境地区少数民族聚居村寨如何充分发挥跨境民族和地缘优势，更好地融入现代社会发展大潮，是全民族应该共同思考的课题。与此同时，西山乡景颇族聚居村寨能够在城市化、现代化社会进程中保持民汉双语竞争互补、和谐共存、共同发展的生活面貌的成功经验可以进一步推动民族地区的和谐与稳定，并为"一带一路"倡议提供语言服务与支持。

A Survey of Living Languages in Jingpo Villages in Xishan Township, Mangshi City

Jiang Yan

Abstract: Jingpo is a trans-border ethnic group with a small population in China. It is also the main ethnic group in Xishan Township, Dehong Prefecture, Yunnan Province. Through exploring language uses and attitudes, we saw reflected conditions around the language and developmental process of these low-population Yunnan ethnic groups. Moreover, it provides referential case studies for further research into living languages in ethnic minority regions. By investigating the linguistic mastery and multilingual applications unearthed in the Jingpo people in Xishan Township, this paper sheds light on objective factors that can influence language life, such as intermarital status, national language policies, mass media, higher education, and subjective factors like local attitudes toward intermarriage and language use. These factors suggest that the basic developmental direction of language life in the region will continue in the future, reflecting the social process of diversification and integration in ethnic regions.

Key words: Mangshi; Xishan Township; Jingpo village; language life; case study

小型群体的符号生成及社会意义

——以微信为中心*

郑佳佳**

摘 要 现实生活的丰富性在符号中的表现,就是在全体成员生产和使用的属于社会总体的符号之外,还有小型社会群体生产和使用的属于特定社会人群的符号。随着现代通信技术的发展,尤其是微信平台的出现,使这类小型社会群体生产和使用的符号能够更多地得以显现。较少受社会整体性制约的空间使大量新的符号不断生成,许多符号原有的意义也因编码逻辑的改变而变化。社会交往空间不断扩大的过程也使个人的多面向性能够得到更加充分的体现。小型社会群体的符号在快速生成的同时也极易消失,从而体现出情境性和泡沫化的特点。小型社会群体的符号活动过程会在社会整体层面中留下痕迹,销蚀着社会总体的符号的权威性,并改变着人们对社会生活的理解。

关键词 小型群体;符号;微信

DOI: 10.13835/b.eayn.29.20

一、引言

庄子游濠梁之时曾有感而发,称"鯈鱼出游从容,是鱼乐也!"惠子听后则反问:"子非鱼,安知鱼之乐?"庄子答:"子非我,安之我不知鱼之乐?"[①]简单的问答言简意赅地勾勒出对理解他者能否实现的两种看似截然不同的观点,然而两种理解方式在很大程度上遵循的是一个逻辑,即理解的一方究竟是否可以站到被理解的一方的角度。进而言之,人与人相互之间的理解与人的社会性的实现有关。也许,人与人之间完全的理解是不可能的,但是,人的社会性存在还是为人们的相互理解铺垫了坚实的基础。人正是因为认识活动在社会中的展开而获得了相互理解的场域。生活实践使人的社会性具有了坚实的基础,符号的生产及使用是人的社会性得以实现的重要路径。人的社会性的建构离不开符号,符号化的思维和符号化的行为是人类生活中最富于代表性的特征,从而使丰富的人类文明创造能够实现。正是在此意义上,卡西尔将人理解为"符号的动物"[②]。符号承载着信息,传递着意义,理解符号即获得信息并尝试理解这些信息蕴含的意义。索绪尔、皮尔士以及之后的符号学研究尽管存在诸多的差异性,但从根本上讲,

---

* 本文系云南省哲学社会科学规划项目"哈尼族民俗文化在哈尼梯田传承保护中的价值及创新性转化研究"(项目编号:YB2019046)阶段性成果,同时为昆明理工大学人文社会科学研究基金资助项目阶段性成果。
** 郑佳佳,博士,昆明理工大学国际学院副教授,云南大学社会学博士后流动站研究人员,研究方向为语言人类学。
① 王先谦、刘武撰:《庄子集解·庄子集解内篇补正》,中华书局1987年版,第148页。
② 恩斯特·卡西尔:《人论》,甘阳译,上海译文出版社2003年版,第34页。

符号学研究就是对人的社会性存在及文化意义的研究。符号即是一个社会全体成员共同约定的用来表示某种意义的记号或标记。这是以往的符号学开展研究的一个理论预设。然而，现实生活丰富性的表现形式之一就是社会中产生的符号并不一定都是由社会全体成员共同约定的。

一个社会的内部，因为不同的原因而组成或大或小的社会群体是一种常态，如以亲缘、地缘、业缘，乃至以阶层等组成的群体。一个特定的群体总是与自身特定的符号生成及运用的实践有关，这也就意味着在认识、理解一个社会的时候不应该忽视对这些众多的特定群体的符号进行研究。关注一个社会群体成员共同约定的用来表示某种意义的记号或标记的符号学研究有其社会文化意义，而关注一个社会中某些特定的群体的符号的研究是对社会生活更加深入细致的研究，从而也从整体上对社会的研究有益。换言之，对于社会中的特定群体的符号的研究就是对符号学研究领域的新拓展。在以往的符号学研究中，这类符号未能成为符号学研究的对象，与这类符号未被重视有关，同时也与这类符号很难被收集有关。微信平台中的微信群、朋友圈中大量呈现的小型群体生产和使用的符号，为符号学开展针对那些未必是一个社会全体成员共享而只是属于这个社会中部分人群共享的符号学研究提供了现实的可能性。分析微信平台各种"群""圈"的组成特点和规律，探讨这些小型社会群体内部符号生产和使用的文化逻辑，理解属于整个社会群体的符号与只是属于特定群体的符号之间的关系，进而去认识社会整体与社会部分之间关系的当代性特点，既是符号学研究领域的拓展，也是从符号学的角度对社会进行研究的新探索。

二、"群""圈"的组成与人的多面向表现

人是创造符号并以此创造文化的动物，人只有在创造符号的过程中才能获得自由并成为与其他动物不同的真正自由的人。[①] 在受到相当约束的有限交往向相对自由的普遍交往发展过程中，信息技术以及相关的符号编码逻辑不断改变。在烽火、旗帜、狼烟以及"增加冗余的修饰性音节"的鼓声[②]等传讯技术中，感官信号按照特定方式被编码，通常只能传递简单的信息。互联网数据包传送技术满足了复杂信息的传递需求，进一步使人们挣脱地域和空间限制，实现速度更快、更具互动性、更加个性化且成本更低的信息交换。伴随着信息技术从"集权式的现代控制"工具发展为一种"互动式的后现代控制"的传播媒介[③]，作为信息载体的符号、人们共同约定用来指称一定对象和意义的符号在发生急剧的变化。微信平台提供的创造符号的自由对于人们社会生活及生活意义的影响十分重大，考察微信中新的符号现象并做出深刻的分析是当下符号学研究必须重视的一个新的理论问题。

符号学的发展见证着人的主体性地位的绽出。在索绪尔那里，符号涉及能指与所指；在皮尔士那里，符号是指号、对象以及解释项三者构成的动态过程。索绪尔主要是在语言符号的领域中讨论符号，而皮尔士则跳出这一局限，讨论各种不同的符号现象，从而扩大了符号学体系。某物之成为符号，其实是有其他某物在场的。[④] 这种可以持续延伸的符号活动赋予了符号旺盛的生命力，也表现了人的社会生活的丰

---

① 恩斯特·卡西尔：《人论》，甘阳译，上海译文出版社 2003 年版。
② 詹姆斯·格雷克：《信息简史》，高博译，人民邮电出版社 2013 年版，第 1—8 页。
③ 麦永辉：《译后记》，约斯·德·穆尔：《赛博空间的奥德赛》，麦永雄译，广西师范大学出版社 2007 年版，第 324 页。
④ 苏珊·彼得里利、奥古斯托·蓬齐奥：《打开边界的符号学——穿越符号开放网络的解释路径》，王永祥等译，译林出版社 2015 年版，第 1—4 页。

富性。皮尔士的理论贡献之一在于明确了人在符号活动中的主体地位，因为是人将某物视为别的某物的符号。皮尔士符号理论的重要启示还在于在不同的人与人的关系中可以生成不同的符号。互联网时代，新生成的不同符号勾连人的多面向存在问题，人在网络空间中更加能够表现其丰富的多面性。

现代通信技术通过扩大交往使"地域性的个人"进一步发展为"世界性的个人"。马克思在工业革命初期已经敏锐地注意到普遍交往的实现对于人的发展具有重要的意义，并且相信"地域性的个人为世界历史性的、经验上普遍的个人所代替"① 是一种历史的趋势。在通信技术高度发达的今天，这种趋势更加具有了现实的可能性。微信是由腾讯公司推出的一个为智能终端提供即时通讯服务的免费应用程序，仅需消耗少量网络流量即可实现语音、视频、图片及文字的传递。在享受微信支付、小程序、"摇一摇"等服务插件带来的生活便利之外，人们可以通过微信群以及朋友圈功能分享信息，与他人展开互动从而扩大交往。这些实践活动的日常化促使微信不断成为人们的一种"生活方式"，"群""圈"中生成了大量的新的符号，新的符号编码逻辑也改变着许多符号原有的意义。

人们在不同"群""圈"中的实践活动彰显着人们丰富的多面性。微信中的各种实践活动依据人与人的不同关系展开，人们可以同时立足自身的不同面向、针对不同群体进行发讯、收讯以及符号生产。由于"每一个体总是共时性或历时性地被置于其社会之多个群体"②，亲缘、地缘、业缘等是一个人的整体性中的某一个方面，这些不同面向在"线下"世界里经由个人的整体性存在进行集合。微信中的"群"与"圈"多是在血缘、地缘、业缘等熟人社会关系基础上结合生活方式、爱好趣味、学习工作经历等多种因素得以组成。人们可以针对不同群圈进行共时的、分离的表述——微信公众平台的订阅号通常是面向大的社会群体，微信群面向小的社会群体，朋友圈则介于两者之间，依发讯者的意图而可以选择针对大的或者小的群体甚至个人进行沟通，也可以对所有人公开表述，特殊符号的运用使其中的一部分能够理解其讯息的深层意义。必须看到，微信网络平台在一定意义上代替了人自身的整体性对不同面向进行集合，"群""圈"的分离式共存使这些不同面向面对彼此分离的可能。个人所面对的小的社会群体可能就意味着人的不同方面，人的社会角色的多重性在不同"群""圈"的组成中有了更加充分的体现。

人能够运用符号，人本身也是符号，人被视为"双层符号"③。在网络空间中，人们通过拼贴文字、声音、图形实现新符号的生产和使用，通过其他编码逻辑赋予已有符号新的意义（如历史上象征高雅的"菊花"如今却有可能在特定情形中因其形状相似而成为人体某器官的隐晦指称）。个人在不同的"群""圈"中使用同一符号的不同意义事实上也是人作为双层符号进行自由创造的结果。从个体发展到群体中的人，再发展到同时扮演多个社会角色的"个性化的人"，包括语言在内的社会符号成为必要条件。④ 通过网络与世界联结并不意味着个性化将被夷平，在融入世界的过程中，个性化的多面性得以形塑并依托类似于地域单位的不同"群""圈"得以表现。通过生产与运用特定符号来与世界互动，个体在某个"群""圈"中主要表现的是与这个"群""圈"相关的方面，因此，个体在一定程度上更加分裂为多种面向。人们在网络空间里的不同"群""圈"中同时承担多种社会角色，人们在不断延伸自己的时候，"群""圈"中产生的新符号使人原本不分离或不那么分离的面向有可能分离。

---

① 马克思、恩格斯：《马克思恩格斯选集》第一卷，中共中央马克思恩格斯列宁斯大林著作编译局编译，人民出版社2012年版，第166页。
② 阿诺尔德·范盖内普：《过渡礼仪》，张举文译，商务印书馆2016年版，第188页。
③ 诺伯特·威利：《符号自我》，文一茗译，四川教育出版社2011年版，第9页。
④ 韩礼德：《作为社会符号的语言：语言与意义的社会诠释》，苗兴伟等译，北京大学出版社2015年版，第11页。

三、小型群体符号生成的文化逻辑

符号之成为符号涉及一个动态过程，即"某物充当符号的过程、关系或环境"的符号活动。①"任何人都是一个指号"，在此观照下，宇宙中的一切都能成为指号，皮尔士对包括语言在内的指号进行了分类。由于形状相似等自然特征，某一物可以成为指代另一物的相似指号，如半人马座雕像之于半人马座；又由于人们赋予某一物代表另一物的特权，所以某一物可以成为另一物的象征指号，如以"幸福""happiness"指代幸福这样一种体验、经历与事实；标指指号则不同，无论是否被人们认定为另一物的再现体，只要其所指是存在着的，则它也总是存在着的，重要的是，一旦人们忽视了其存在，它也就不能够传递任何信息了，如空气的干湿度变化会引起温度计的物理反应。②皮尔士的分类意味着社会文化实践使得此某物与彼某物之间具有社会文化逻辑。

符号学研究突出符号对于人的社会性存在的意义，其中一个进路便是关注符号的建构性。社会成员之所以能够发出别人能理解的讯息，之所以能够理解发讯者的意图，原因在于他们熟悉社会文化所固有的符号，并共同生成着新的符号。社会成员对于社会文化固有符号的熟悉是建构出来的。③即使针对异文化的符号研究，立足点也在于将其视作"符号系统的正常规范中可能出现的一种差异"。④可以说，以往的符号学研究尽管是存在差异性的，但通常是被放置于同质社会中进行讨论的，更多的精力放在了由整个社会所共同创造、共同分享的整体社会的符号之上。相形之下，小型群体的符号长期未在符号学研究中得到关注与凸显。微信等网络平台赋予了符号研究新的平台与可能，使社会中某些特定的群体符号不断得以敞开，这些特定的小型社会的符号如何生成、具有什么特点、人们怎样运用等文化逻辑也就成为一系列需要进行考察与分析的问题。

情境性是微信中某物得以充当符号的符号活动具有的显著特征。一般来说，符号并不会面临着无限衍义的困境，符号活动的边界可以通过考察符号所不是的东西而得以显现。符号活动中发讯者有目的地发出信息，收讯者有目的地接收信息，涉及"如何让大部分接收者的解释落在某一点上的问题，也就是说，如何让接收者大致上接受发出者的意图意义？这就牵涉到发送者如何利用语境的预设安排"⑤。微信订阅号由于面向大的社会群体，通常要使用符合历史上形成的社会文化逻辑的整体社会的符号，以此促使符号承载的信息及意义因社会成员的熟悉而得到更广范围的传播。微信群的构成往往具有一定的主题性，在谈及共同关心的一些东西时，微信群的成员以一些特殊"代号"指称对于群体所有成员都具有特

---

① 苏珊·彼得里利、奥古斯托·蓬齐奥：《打开边界的符号学——穿越符号开放网络的解释路径》，王永祥等译，译林出版社2015年版，第1页。
② Charles S. Peirce. "CP 5. 73", in Charles Hartshorne and Paul Weiss (eds.), *The Electronic Edition of Collected Papers of Charles S. Peirce*, reproducing Vols. I-VI, Cambridge, MA: Harvard University Press, 1931—1935.
③ 恩登布人的"奶树"因能够渗出类似乳汁的液体而与乳液并进一步与母亲、知识等联系在一起，奶树出现在用以强调母子关系的仪式中，奶树的重要性还体现在其他过渡礼仪之中，女性"入会"时要在树下长时间躺着，男性行割礼也必须要在这种树下进行。奶树这个符号指向的意义在恩登布人的社会文化实践中由所有成员所共享，不仅代表着母系继嗣制度，而且对当地社会进行整合与动员。参见维克多·特纳：《象征之林》，赵玉燕等译，商务印书馆2016年版，第24—31页。
④ 罗兰·巴特：《符号帝国》，孙乃修译，商务印书馆1994年版，第4页。
⑤ 赵毅衡：《意图定点：符号学文化研究中的一个关键问题》，《文艺理论研究》2011年第1期，第43—49页。

定意义的东西，由此生成小型群体的符号。微信群成员对某个事件形成的共同记忆、对某个领域议题形成的共同观点等都有可能被编码为微信群的独特符号。情境性与群体内的个人特殊的生存境遇有关，还与民族性、地方性、阶层以及社会角色等因素有关。基于此，个人在不同"群""圈"中相同的言说却未必指向相同的意义。超出这一特定的群体范围，由这一群体生成的符号的意义就可能消失或被误解。

相对于整个社会群体，小型群体由于具有结合及解散更加容易的特点，微信中某物得以充当符号的符号活动也因此具有泡沫化的倾向。某一时期新闻、影视作品或终端应用中的言语片段都可能被快速地抓取并编码为此后一个时段的小型群体的符号（如"洪荒之力""一个小目标""达康书记""吃鸡"等），近年来层出不穷的网络流行语可以很好地说明小型群体的符号面临着快速生成、快速消失的境遇。对于个人而言，使用特定群体的符号恰使其相关的面向得到了表现，同时对不同群体的符号进行使用则表征着个人丰富的多面性。当共同生产和使用特殊符号的"群""圈"由于缺乏一定的社会文化基础的支撑而不再进行活跃的互动甚至趋于解散时，这些符号也有可能面临着消散的命运，当然，这些特殊符号中的一部分或者说编码逻辑也可能被群成员移植到新的群圈中得以延续。必须看到，泡沫化并不意味着毫无价值。泡沫化的小型群体的符号依然具有沟通的作用，也会对整个社会的符号产生影响，只不过这种影响是缓慢的、弥散性的。因此，仅仅将近年来不断生成的小型群体的符号加以整理和考察是远远不够的，分析小型群体的符号生成后如何获得运用是极具研究价值的课题。

无论如何，小型社会群体依然是从属于社会整体的，因此，微信中的小型社会群体大多使用已有的属于整体社会的符号，并不热衷于发明创造新符号。对于已有的符号，小型社会群体经常通过为已有的整体社会的符号赋予新的意义而生产新符号，这是一个动态的过程。"粉丝"原是一种常见的食品，因为与英语"fans"（意为"爱好者"）发音相近而逐渐被当作相对于偶像来说的"歌迷""影迷""球迷"等爱好者、追随者的替代符号得以广泛运用。值得注意的是，当人们开始在网络语境中习惯了"粉丝"的新意义时，"群""圈"成员再次通过恢复其指涉食品的意义而展开新的编码。比如当有人提出"有粉丝是一种什么样的体验"这个问题时，类似于"我希望还有火锅、肉片和土豆"之类的答复不仅创造了独特的"群""圈"记忆，同时也为微信群在某一时期内的符号编码逻辑启动了一种新模式。小型群体创造性地对整体社会的符号进行"改写"或"唤回"，从而使自己群体的符号赢得新的生命力，微信群成员也因此赢得了更多的符号创造自由。

不同的"群""圈"符号的生成是人的生活世界不同面向的不同群体性表征。微信群成员共同生成的符号越多，意味着微信群与其他群组的区别性特征越显著，群外的他者意欲对这些符号进行理解则越困难。与此同时，个人的多面向恰好是通过群体表现的，不同面向通过不同的群体符号使用得以表现。相对整体社会的符号而言，微信群的符号即小型群体的符号的生成具有较高的自由度，因为只要在微信群内被认可就行，不需要社会的大认可，这些非正式的符号可以不受社会规制的压力，更加具有开放性，也更凸显自由的创造性。

四、社会整体与社会部分的符号表征

安德森指出，哪怕是"最小的民族的成员"，他们也不可能认识大多数的同胞，不能与他们相遇或者听说过他们。① 即便如此，人们却能够通过共享符号等实现相互联结。皮尔士认为，每一个指号都"模仿、指向、象征某些超出它本身的东西"②。某物之所以成为其他某物的符号，究其根本就在于此某物与彼某物之间形成的某种关系。在这个意义上，符号的背后运行着一整套与社会文化逻辑相符合的建立关系的规范。因此，对共同体的理解在很大程度上可以通过理解其符号的共享得以实现。

普遍交往在现代社会的广泛实现促使多种不同的共同体得以构成。滕尼斯指出，"凡是在人以有机的方式由他们的意志相互结合和相互肯定的地方，总是有这种方式的或那种方式的共同体"，精神共同体超越了血缘共同体以及地缘共同体，是"真正的人的和最高形式的共同体"。③ 共同体本质上是"差异的统一体"，对于同一个共同体内部成员具有约束力的东西应该被理解为默认一致的。④ 现代社会中，人群、物资与信息的流动性大幅提升。在此背景下，一些学者指出人类或已发展出某种新型共同体，"但我们还无法应对这样的历史时刻"⑤。认识与应对的困难与社会生活的日益变化密切相关，因为具有约束力的、一致的东西可能正处于不断流变之中。

微信群不断生成新的符号，微信订阅号在征用社会中已有的整体社会的符号同时，也可能采纳由小型社会群体生产的小型群体符号。整体社会的符号整合社会网络中的所有成员。比如，涂尔干和莫斯发现苏人中好战的部落以具有暴烈天性的狮、野牛和鹿作为氏族的符号，而从事农业的氏族则会选择温和的动物作为图腾。⑥ 小型群体的符号可以整合小型社群中的成员，但相对整体社会的符号而言小型群体的符号是非正规、非正式的。小型群体的符号从根本来说依然属于社会，是社会符号的一部分，小型群体的符号不会在社会层面经常性地生成，不会在正式场合中经常性地出场，但是在底层改变着社会生活的意义以及人们的理解。小型群体的符号生成与编码逻辑的群体差异性加剧了"子非鱼"的认知困境，此外，就算是相同的符号，却因情境的不同而表征着截然不同的意义，"我"的"鱼"却未必是"你"的"鱼"，"非子鱼"的情形也就随着微信中小型社会群体的日益增多而不断凸显。

安德森认定"一切共同体都是想象的"，即便民族这种共同体的边界"是可变的，也还是有限的"。共同体的边界与大众传媒有直接关系，以印刷品为代表的媒介成为系统性的"建造民族"的工具手段。⑦ 印刷的语言发明了民族主义，其规则掌握在包括知识分子在内的少数人手里。⑧ 也就是说，少数掌握了文化权力的人通过印刷品上的书写普及他们的思想，借由一些共享的符号从而形成一个相对统一的意见，作为受众的大众因此被形塑为大体一致的人，由此民族等共同体才获得了被想象的基础，成为名副其实的想象的共同体。想象的共同体赖以形成的印刷品是由控制了权力的精英阶层制作的。由于这种制作本身是有规矩的，或者说是按照一定规矩来进行的，因此被想象的共同体也是有据可查的。

在现代社会，由于微信群通常表征着言说者社会角色中的某一方面，因此可以借由独属于该群的符号相对自由地发表想法，相形之下，朋友圈虽然可以通过精细分类而面对不同群体，但因为群体成员可能具有的交叉性而使得这种言说是面对大家展开的，通常需要考虑言说者自身的社会角色的整体性。从

---

① 本尼迪克特·安德森：《想象的共同体》，吴叡人译，上海人民出版社2005年版，第6页。
② 约瑟夫·布伦特：《皮尔士传》，邵强进译，上海人民出版社2008年版，第431页。
③ 斐迪南·滕尼斯：《共同体与社会》，林荣远译，商务印书馆1999年版，第65页。
④ 斐迪南·滕尼斯：《共同体与社会》，林荣远译，商务印书馆1999年版，第71页。
⑤ Dean MacCannell. *Empty Meeting Grounds: The Tourist Papers*, London: Routledge, 1992.
⑥ 爱弥儿·涂尔干、马塞尔·莫斯：《原始分类》，汲喆译，商务印书馆2017年版，第5页。
⑦ 本尼迪克特·安德森：《想象的共同体》，吴叡人译，上海人民出版社2005年版，第5、6、109页。
⑧ 本尼迪克特·安德森：《想象的共同体》，吴叡人译，上海人民出版社2005年版，第126页。

这一意义而言,微信等网络平台中的符号活动看似突破了印刷时代的规则性。尽管现在的书写者个体的受众范围无法与过去的印刷品相提并论,但其实质乃是个体建构自己思想的过程,因为"个人怎样表现自己的生命,他们自己就是怎样"①。微信中的书写即便表现出零星、碎片化的特征,但其实正不断解构着社会的整体性。与此同时,书写者自身的"整体性"却得以建构,小的个体的整体性的出现使大的共同体的整体性没有了以往的权威性。

建立对虚拟世界中趋向共同体发展的群体的目的诉求以及由此产生的对社会整体影响的认识是不可或缺的。有学者指出,"在一个微信的时代里,作为一种人类共同体的世界共同体的场景想象已经变得很容易实现了"②。对微信中生产出的大量的迥异于从前的符号及其生产逻辑的关注是必要的。当然,不同的研究视角有可能对事物的不同方面有深刻的认识,但是,"无人能实现一切。因一种理论忽略了某些东西而批判它,不可能特别令人增长知识"③。对微信的符号学研究确实可以使微信符号的社会意义得到呈现。遗憾的是,利用网上获得的信息拼贴出的世界是片面的和有限的,对虚拟世界中的群体的认识时常因为田野调查等研究方法在虚拟世界中可能遇到的"子非鱼"以及"非子鱼"困境而不够全面。个体在虚拟空间中借助与大的社会群体共享的整体社会的符号以及与小的社会群体独享的小型群体的符号展开书写的过程,其实也是与他人的相遇的过程,这种相遇对理解文化的力量及现实很有必要。④ 在微信的各类实践活动中,小型群体的符号与整体社会的符号相遇,小的整体性与大的整体性相遇。

总体上,大的整体性的解构以及小的整体性的建构都是碎片化、临时性的,这不但符合现代社会本身的特点,而且同时也强化了这样的特点。由此可以确定,现在以微信为代表的网络媒介对信息的把握及呈现都深受碎片化、随意性的特点所规制。也就是说,微信的书写者作为发讯者如何发布信息、发布什么信息都是随意的或者是有相当的境遇性的。而这一特点正表征了在现代社会中人本身的飘忽不定性,人们经常游走于城市文化和乡村文化、传统文化和现代文化等各种文化之间,这就使得微信上发布信息的境遇是随时变化的。如此一来,就愈发无法确证一个发讯者在微信上会在何时以何种方式发什么信息。这种随意性、碎片化的困境对于微信民族志研究者而言,也就是"子非鱼安知鱼之乐"。然而,由于人总是社会的人,包括研究者自身也是与那些发讯者一样,不断处于动态性、境遇性的现代社会中。人们永远不可能完全知道微信中的书写到底在言说什么,但人们确实知道人是在不断变化着的境遇中言说着他的境遇的。因此,高度同质化的现代社会境遇所构成的社会生活经历促使研究者获得了"我也是鱼"的充分条件,从而这一个个"我"能够"知鱼之乐"。

从符号学的角度而言,"绝对无法认知"是无从发生的,因为绝对不可认知的事物并不能通过任何概念被人们所感知,因此也就毫无意义。朱光潜指出,庄子"子非我"的论证"未必有科学的谨严与精确",因为人们"推己及物""设身处地"常引得人们"把自己所得的感觉外射到物的本身上去",从而误认为人所感受的是物所固有的属性。尽管"以己度人"的"脾气"不严谨,但是在审美活动中这类"移情作用"却是极为重要的。⑤ "移情"意味着把自己的情感转移到对象身上去,从而使得他物、他者获得

---

① 马克思、恩格斯:《马克思恩格斯选集》第一卷,中共中央马克思恩格斯列宁斯大林著作编译局编译,人民出版社2012年版,第147页。
② 赵旭东:《微信民族志与写文化》,《民族学刊》2017年第2期。
③ 帕特里克·贝尔特、达·席尔瓦:《二十世纪以来的社会理论》,瞿铁鹏译,商务印书馆2014年版,第11页。
④ 詹姆斯·皮科克:《人类学透镜》,汪丽华译,北京大学出版社2009年版,第8页。
⑤ 朱光潜:《此生有美自芳华:朱光潜美学精选集》,北京联合出版公司2017年版,第26、27页。

了被理解的可能。在理解符号的过程中运用共享符号即实现了"移情"。民族志研究者在不断加深对研究对象、研究问题的认识的过程中,是否可以借用"移情"的认知逻辑克服"子非鱼"以及"非子鱼"的困境是值得探讨的。

五、结语

索绪尔和皮尔士等现代符号学之父关注到社会的建构需要符号,但未关注到整体性社会之内的小型群体的符号生产。由小型社会群体生成与运用的小型群体符号如同社会中的"窃窃私语"长期存在,与社会所有成员共同约定的整体社会的符号共存。互联网的兴起以及普遍交往的实现使得小型群体的符号进入研究视野之中,为符号学的拓展提供新的可能。虚拟世界中符号生产与使用具有有别于公共媒体等领域的逻辑,这些具有自己的特殊性及特质性的符号活动进行着更为自由的创造,暗中对社会秩序起着消解作用,改变着大家对社会生活的理解。在整体社会的符号与小型群体的符号相互作用的过程中,探索共享符号对于共同体的构建具有积极意义。

如果说过去的通信技术使得信息以及知识处于少数人的控制之中的话,那么现代通信技术的巨变使更多的人能够获得信息并进一步生产与传播知识。这使人们以更为显性的方式去形塑自我的世界观念,帮助人们实现了更多与世界的互动。人们完全可以感受到"信息社会"和"全球网络知识社会"的到来,在这里,人们"形成广泛分散的社会网络,分享信息并作出决定"。[①] 随着人类交往的不断扩大,一些为人类共同拥有的表达意义的符号越来越多。同时,人类群体也正在以不同于以往的新的有机方式进行组合,更多的小型群体符号也在相应地生成,从而使社会具有更加丰富的活力。生活意义的拓展需要新的符号的产生,而新的社会整体意义的获得自然需要对这些符号进行整合,而社会整合的前提在于对这些新的符号进行充分的认知和理解。

---

① 约翰·博德利:《人类学与当今人类问题》,周云水等译,北京大学出版社2010年版,第249—250页。

The Generation of Symbols and the Social Significance of Small Groups
The Case of WeChat
Zheng Jiajia

Abstract: The richness of lived life manifests symbolically. In addition to the symbols produced by a social aggregate that are accessible by all members, there are also symbols of specific social groups produced and used by small groups. The development of modern communication technologies, especially considering the emergence of WeChat, has made increasingly visible the produced symbols used by small social groups. Spaces that are less constrained by social boundaries permit an upswell in the creation of new symbols, also allowing for the original meaning of many symbols to undergo change due to coding logic transformation. The process of expanding socio-interactive spaces also facilitates the multi-faceted manifestation of the individual with greater dexterity. The symbols generated by small social groups can easily disappear alongside the swift generation of new symbols, reflecting situational, bubble-type characteristics. This activity leaves traces across society at-large, undercutting the authority of larger societal symbols and changing the way we understand social life.

Key words: small groups; symbols; WeChat

学术评述

从悖离传统的视角看中国民间宗教
——评万志英《左道：中国宗教文化中的神与魔》

朱琼玲*

摘　要　万志英的《左道：中国宗教文化中的神与魔》是近年来海外学者研究中国古代民间宗教的力作。作者分中国民间宗教为"正道"与"左道"，并认为"左道"才是认识中国传统民间宗教的管钥。书中以五通神为个案，指出个案的选取必须要有代表性，承载丰厚的历史。中国民间宗教研究既要注意文人的书写，同时更要把握民间故事、民间叙事。唯有这样，才能真实地把握民众的心理。

关键词　《左道：中国宗教文化中的神与魔》；悖离；中国民间宗教；五通神信仰

DOI: 10.13835/b.eayn.29.21

一

美国学者万志英（Richard von Glahn）的《左道：中国宗教文化中的神与魔》是一本研究中国古代民间宗教文化的独特之作。该书"上溯殷商缥缈难测的祖先崇拜，中承汉代气象森严的亡者崇拜，下启宋代民心所向的神魔崇拜，透视中国宗教的整体发展历史"[①]，并依中国古代官府制定的"正祀"与"淫祀"标准，将中国古代宗教信仰区分为"正道"与"左道"，认为不被官府认可的"左道"信仰才是认识中国传统民间宗教的管钥[②]。

何为左道？万志英教授认为，"左道"是官府权威和儒家怀疑论者对普通民众宗教实践的看法，他们认为这些宗教实践有悖于被奉为道德操守和社会秩序之神圣原则的"正道"[③]。由此可见，"'左道'与中国数千年来受主流意识形态认可的'正道'崇拜相对立，流连于中国人的宗教世界与世俗生活内外"[④]。显然，上述对"左道"的态度、解释带有明显的偏见或政治目的，持有特定的立场。如他们将山魈描绘成抵抗中原文明南下的敌对势力，体现了南迁运动时文明与野蛮间的斗争[⑤]。实际上反映了"中古时期生活在气候温暖适宜的黄河中下游地区人民"，"对南方密集的山林水泽等湿热多瘴地区的未知恐惧，以及

---

* 朱琼玲，云南大学文学院中国古代文学博士研究生。研究方向为古代文学与民俗文化。
① 李奎原：《"左道"与"正道"——中国传统民间信仰的多个面相》，《财经》2019 年第 30 期。
② 万志英：《序言》，《左道：中国宗教文化中的神与魔》，廖涵缤译，社会科学文献出版社 2018 年版，第 2 页。
③ 万志英：《序言》，《左道：中国宗教文化中的神与魔》，廖涵缤译，社会科学文献出版社 2018 年版，第 2 页。
④ 李奎原：《"左道"与"正道"——中国传统民间信仰的多个面相》，《财经》2019 年第 30 期。
⑤ 万志英：《左道：中国宗教文化中的神与魔》，廖涵缤译，社会科学文献出版社 2018 年版，第 106 页。

当时长期处于政治、经济、文化中心的北方士大夫阶层对南方瘦黑矮小的化外土人的文化歧视"。① 神魔自何来？神魔来自自然，来自社会认知。

《左道》一书以五通神信仰为个案，通过对其由恶魔转化为财神的历程研究，体现出当时社会的变化和民间的诉求。通过研究，作者指出中国传统民间信仰正神与邪神常融为一体。这种现象反映了中国古代民众为改变自身命运做出的努力和尝试，即通过塑造神灵、祭拜神灵、祈求神助来获得继续生活下去的勇气与希望。其主要方式有占卜和拜神。卜筮之术为个人掌控命运提供了洞见，祭祀神灵的仪式行为则使凡人拥有了获得神力加持的手段。② 由上述可见，信仰、文化还是人们生活的一种工具和手段。

二

我国现存最早记载五通神故事的文献是北宋李觏的《邵氏神祠记》。它记载了1034年建昌郡（今江西抚州市南城县）发生大疫时，五通神帮助城北居民治病疗疾的故事③，可见其时的五通具有治病疗疾的神能。南宋时，五通神故事大量出现，洪迈《夷坚志》中收集最多。其间的五通神是一个善恶兼具的神灵，神通既包括治病疗疾、祈雨祷晴、驱邪捉鬼、酬对休咎、阻挡外鬼、驱瘟救难，还包括保境安民、赐财助富、救人危难、预示科举、赐人子嗣等，无所不包。很明显，五通神的神通能进利除害、遂人心愿，因此它得到了上至官员、下至黎民的广泛祀奉。尤其是五通神赐财的神通直接让它成为江南富庶地区民众祭拜的主要神灵。

自宋至明，五通神都是统治者承认的正神。南宋是五通神信仰勃兴的时代。由于祈祷有应，灵异非常，五通神在宋代得到了多次加封，其封号从侯到公到王都历经二字、四字、六字、八字的赐封过程，每一个都达到封赐的最高等级。后来无法加封，只能采取易字和赐封其家人和从神等方式来表彰其灵应事迹。④ 从上述赐封和加封的实践来看，五通神信仰在宋代非常尊显。元代五通神依旧尊显，累朝封号。⑤ 元吴师道《礼部集》卷一二《婺源州灵顺庙新建昭敬楼记》记载："婺源五显之神闻于天下尚矣！……自唐至于近代，迹具记载，国朝加庙号，崇封爵，香魣金币之赐，遣使时至。"⑥ 迨至明朝，五通神信仰正式进入国家祀典。明太祖定鼎金陵，重新厘定祀典，在南京十四庙中就包括五显灵顺庙，朝廷每年四月八日和九月二十八日遣官祭祀。⑦ 上述无疑可说明五通的正神形象，特别是它赐人予财富，令民间更加崇拜。

宋时，我国经济重心南移，商品经济得以大发展，人们对财富的渴求与追逐日益加强。在这种背景下，具有赐财神通和助人致富的五通神被人们想象、塑造出来。显然，五通神故事和五通神崇拜在宋代大量出现与宋时经济的发展密不可分，与它的赐财神通有关。货币经济的无常和商人间的激烈竞争，使

---

① 李奎原：《"左道"与"正道"——中国传统民间信仰的多个面相》，《财经》2019年第30期。
② 万志英：《左道：中国宗教文化中的神与魔》，廖涵缤译，社会科学文献出版社2018年版，序言第2页。
③ 李觏撰：《李觏集》，王国轩点校，中华书局1981年版，第281页。
④ 彭泽修、汪舜民纂：《（弘治）徽州府志》，影印宁波天一阁藏明弘治十五年（1502）刻本，上海古籍书店1964年版，第42—43页。
⑤ 程钜夫撰：《雪楼集》，《文渊阁四库全书》第1202册，上海古籍出版社1987年版，第136页。
⑥ 吴师道撰：《礼部集》，《文渊阁四库全书》第1212册，上海古籍出版社1987年版，第152页。
⑦ 张廷玉等撰：《明史》，中华书局1974年版，第1304页。

财富的聚散和得失瞬息万变，让人捉摸不定。在人们的想象中，似乎这一切都由一个喜怒无常的神灵在操纵。而五通喜怒无常，高兴时可赐人满屋金银，盛怒之下又会敛走他人全部财物，因此宋时民间五通是财神，是人们又爱又怕的神灵，真乃爱恨交加。神自何来？神出自商品经济，神出自民众求财求福的心理，神出自社会。涂尔干认为，社会事实具有不同于自然现象、生理现象的特征和特殊的决定因素，它以外在的形式"强制"和作用于人们，塑造了人们的意识，而人类大多数的意向也并不是个人自己生成的，而是在外界的引导、熏陶和压迫下形成的。社会、个体信仰五通神均如此。

由于民间的推崇和朝廷的赐封，五通神信仰在明清时期得以迅速发展，其庙宇遍布长江以南各省市，成为该区域民间俗神中最为普及的神祇之一。或许正是因为五通神信仰过盛，影响到官方的权威和地方的安定，地方政府和部分官员感到不满，以至严禁五通神信仰。清康熙二十四年（1685）汤斌对苏州上方山五通神祠的禁毁，是有史以来对五通神禁毁行动中最为重大的一次。加之汤斌之后向皇帝上疏要求禁毁其他地方的五通神祠，各地的五通神信仰在这次禁毁行动中都受到或大或小的影响，有的直接因拆庙毁像而不存，有的寄身于其他庙宇而存在，有的变更名字继续祀奉。五通神由被尊崇、赐封的善神到不容于官府的淫祀，说明了统治者试图通过控制民间宗教来巩固统治的决心。正如万志英教授所言，"僧道之众和官府都试图利用、收服地方神祇，从而确立自己在神界和人界的权威"①。神自何来？来自权威，来自利益。

三

万志英认为，五通是邪性十足的恶魔。"五通是中国宗教文化中最常见也最令人畏惧的邪恶形象之一。作为中国帝制晚期的主要财神，五通最鲜明的特征便是他的邪性。他不是英雄，也不是美德的化身；相反，他体现了人类最丑陋的恶习、贪婪和欲望，是恃强凌弱、包藏祸心的恶魔。"② 显然上述观点值得商榷。古时"法施于民则祀之，以死勤事则祀之，以劳定国则祀之，能御大灾则祀之，能捍大患则祀之"③。五通具有御灾和捍患的神通，自然为民众信仰和祀奉。或许万志英说它贪婪、恃强凌弱与它的喜怒无常、喜淫妇女有关。前已述及，五通喜怒无常，高兴时赐人满屋金银，盛怒之下也会盗人钱财，因此民间对五通神又爱又怕，魔从害怕、担心、恐惧而来。不过，五通的邪恶丑或许更与淫女、贪欲相关。

五通神是如何被想象成一个淫人妻女的恶魔呢？这与古时的男尊女卑社会和宋代出现的妓院有关。宋时商品经济发达，青楼遍地。那些暴富的商人或达官生活奢靡，高兴时常对自己喜欢的女子一掷千金，不高兴时则随时对她们弃之不顾，甚至掌其生杀予夺之权。而在封建专制社会，无良的官吏更是时常欺压、霸占良家妇女。他们高兴时赏她们金银，不高兴时则会让她们香消玉殒。官宦商人的阴晴不定与五通神的喜怒无常极其相似。正如此，五通神被贴上了赐人财富与淫人妻女的双重标签，成了人们又爱又怕的妖魔。魔从何来？魔来自社会，魔来自官商。

此外，五通神被突出异化为淫人妻女的恶神，多因民众对财富的追逐破坏了现有的社会秩序，撬动

---

① 万志英：《左道：中国宗教文化中的神与魔》，廖涵缤译，社会科学文献出版社2018年版，第261页。
② 万志英：《序言》，《左道：中国宗教文化中的神与魔》，廖涵缤译，社会科学文献出版社2018年版，第2页。
③ 阮元校刻：《十三经注疏》，中华书局1980年版，第1590页。

了统治阶层的利益，所以被权贵文人有意曲解。为了维护现有的社会秩序和利益，文人学士异化和妖魔化五通神，并突出强调了获得财富与奸淫妇女之间的联系，从而将获得财富的危险性无限放大，希望借此阻止民众追逐财富的行为。更有甚者，官府禁毁五通神庙。不过，从客观实际来看并不成功。民众要么在禁令颁行时偷偷祭祀，要么在官员离任后重兴香火，要么对五通神形象进行重塑或更名而祀。为了能够不受干扰地实现对财神五通的祭拜，民众最终对其进行了更名和形象重塑，使之符合儒家的道德规范而得以合法存续。无论是偷偷祭祀、重兴香火，还是重塑、更名而祀，五通神屡禁不绝的现象正好说明民众对五通神的膜拜，实际上人们永远不可能停止对财富和富足生活的追求。魔从何来？魔来自心间，魔就是人们追求欲望满足的各种行为。

五通神何时、又如何从善神变成奸淫女子的恶神，我们现在不得而知。万志英教授虽然试图通过梳理上古的祖先崇拜，汉代的亡魂崇拜与救世信仰，山魈、疫鬼与瘟神等与五通神的微妙联系来寻找踪迹，但依旧没有很好地回答这个问题。虽然他认为五通神和财神赵公明一样，是一个由恶转善的神灵，但这个结论的依据更多的是异闻。万志英也坦言，依赖于文人学士记录的志怪故事来观察民间信仰，难免会掉进误读甚至是扭曲事实的陷阱。的确如此。或许作者是想揭示五通神恶神的一面，使之成为名副其实的"左道"神灵，故有意忽视五通神作为善神的一面，忽略了五通神出现之初乃是一个善神而不是恶神的事实，所以他的五通神由恶转善的观点难免有失偏颇。哪怕将五通神溯源至山魈，也并非如万志英教授所述是一个不折不扣的恶灵。实际上，我们从《神异经》《博物志》《搜神记》《抱朴子》《搜神后记》《述异记》《会昌解颐录》《酉阳杂俎》等众多宋代以前的山魈故事中就可以看出，山魈对人类的攻击和报复都是因为人类伤害山魈在先，山魈的反击可以说是一种无奈的自保行为，而在《翰苑名谈》《续夷坚志》《无稽谰语》等笔记小说中记录的山魈则更有明显的助人行为。显然，万志英教授如是说有他想要的"自圆其说"的目的。

四

"左道"与"正道"的博弈在注重祭祀的中国自古而然，祭祀的权力、等级很早就成了统治者关心的大事。《礼记·曲礼下》载："天子祭天地，祭四方，祭山川，祭五祀，岁遍。诸侯方祀，祭山川，祭五祀，岁遍。大夫祭五祀，岁遍。士祭其先。"[①] 通过划分祭祀等级和祭祀顺序，统治者旨在维护已有的社会等级。正如此，"正祀"与"淫祀"之分就成了自然而然的事情了。实际上即使是正当的神灵，如果不属于祭祀者所在的阶层，也会被视为"不当祭"的"淫祀"行为。位低者不能越级而祀，否则就是对权力的僭越。此外，关于祭祀对象和祭祀的范围，有的也做了明确的规定，前述《礼记·祭法》："法施于民则祀之，以死勤事则祀之，以劳定国则祀之，能御大灾则祀之，能捍大患则祀之。"[②] 如果祭祀不在上述范围内的神灵也属"淫祀"，实际上后世儒家学者所指责的"淫祀"（即"左道"）基本上以此为参照。

《左道》的问世，不仅丰富了我国民间宗教文化研究的成果，同时也提出了两个值得深入思考的问题，即如何看待文献史料中记载的民间宗教，以及如何看待文人书写与普通民众对待民间信仰的不同。

---

① 阮元校刻：《十三经注疏》，中华书局1980年版，第1268页。
② 阮元校刻：《十三经注疏》，中华书局1980年版，第1590页。

众所周知,文人书写往往带有阶层特征,未必反映底层民众的心声。比如洪迈笔下的五通神大多表现为邪神与淫神,与其财神的特质共存于一身,这种书写影响了明清时期很多文人的认知。万志英教授正是根据这些记述将五通神定义为"恃强凌弱、包藏祸心的恶魔","体现了人类最丑陋的恶习、贪婪和欲望","是中国宗教文化中最常见也最令人畏惧的邪恶形象之一"。[1] 不过,在民间信众的眼中,五通神更多的是以财神和护佑神形象出现的,是民众求财、求吉的重要神灵。上述特点我们可从地方志和民间流传的相关宝卷故事中获得直观的感受,另外自宋至明期间五通神在民间社会地位尊显,人们虔诚祀奉,从这也可看出民众对它的认可,邪恶之神可能得到这样的认可吗?很明显,民间信众眼中的五通神与文人笔下的五通神大相径庭。所以,万志英教授的论断过于武断,真的掉进了片面解读的误读陷阱。因此,判断民间宗教是"左道"还是"正道",不能单纯依靠文人的记述,更应该从民间故事、宝卷故事等一些接地气的资料中去把握。实际上我们只有真正了解民众的真实想法,从他们疯狂膜拜的祭祀行为中去窥视其中的内涵,才能真正理解中国古代的民间宗教。

文化是满足人需求的工具。[2] 透过五通神信仰,我们发现普通民众祭拜神灵的目的都是为了自己愿望的满足。塑造财神、膜拜财神也是如此。正是因为民众对财富和富足生活有着持续的追求,所以才有民众对五通财神持续不断的祭拜。然而,就朝廷而言,普罗大众对五通神的疯狂膜拜却让他们担心其会危及自身的统治,所以自宋至明都有不少官吏对五通神信仰进行不同程度的禁毁和打压。然而,民众策略性地改造五通神形象,对五通神易名而拜,一来说明中国民众对财富的追求从未停止,二来也形象地反映了民间与朝廷、地方与国家的博弈,正祀与左道的碰撞与调和。信仰作为一种工具,为各方策略性地选择。

---

[1] 万志英:《左道:中国宗教文化中的神与魔》,廖涵缤译,社会科学文献出版社 2018 年版,序言第 2 页。
[2] 韩东屏:《用文化工具论把脉中国传统文化》,《河南社会科学》2019 年第 1 期。

Review Chinese Folk Religion from the Perspective of Deviating from Tradition

Comment OnRichard von Glahn's *The Sinister Way: The Divine and the Demonic in Chinese Religious Culture*

Zhu Qiongling

Abstract: *The Sinister Way: The Divine and the Demonic in Chinese Religious Culture* is an excellent book that overseas scholars has studied ancient Chinese folk religion in recent years, it was written by Richard von Glahn. In this paper, The author divides Chinese folk religion into Zheng Dao and Zuo Dao, and thinks that Zuo Dao is the key to understand Chinese traditional folk religion. He takes Wutong God as a case, studies and points out that the selection of case must be representative, bear a rich history. The study of Chinese folk religion should not only pay attention to the literati's writing, but also grasp the folk narrative. Only in this way can we truly grasp the psychology of the people.

Key word: *The Sinister Way: The Divine and the Demonic in Chinese Religious Culture*; deviation; Chinese folk religion; faith on Wutong God

《西南边疆民族研究》 稿约和撰稿体例

《西南边疆民族研究》创刊于 2003 年，是由教育部人文社会科学重点研究基地云南大学西南边疆少数民族研究中心主办的民族学专业性集刊。2008 年，被确定为中文社会科学引文索引（CSSCI）来源集刊，2010 年、2012 年、2014 年、2017 年、2021 年连续入选。

一、稿约

（一）本刊常年征稿，热忱欢迎国内外学者、研究生投稿。审稿实行三审定稿制，以学术价值为依据进行评审。

（二）本刊收录民族学、人类学、跨境民族及边疆问题、东南亚南亚研究及相关学科的学术论文、研究报告、综述、书评和学术动态。研究报告和学术论文以 9000—16000 字为宜，综述不超过 8000 字，书评不超过 6000 字，学术动态不超过 2000 字。

（三）根据国内外严肃学术出版物的惯例，本刊要求来稿必须符合学术规范，希望在理论上有所创新，或者在资料的收集和分析上有所贡献；书评以评论或讨论为主，其中所涉及的内容简介不宜超过全文篇幅的四分之一，所选著作以近年出版为佳。

（四）来稿切勿一稿数投。投稿 4 个月未收到刊用通知者，请自行处理。

（五）本刊采取电子邮件方式投稿，作者将稿件电子版发送至 xnbjmzyj@163.com。为方便联系，来稿请附上作者简介（姓名、职称、单位）以及通信地址、联系电话、电子邮件等个人信息，仅供联系之用，不予公开。

（六）本刊发表的文章均为作者的研究成果，不代表本刊的意见。凡涉及国内外版权问题，均遵照《中华人民共和国著作权法》和有关国际法规执行。

（七）本刊已加入信息网络系统，凡来稿即被视为同意加入网络版。

二、撰稿体例

（一）基本结构：标题、作者、摘要、关键词、正文、注释或引用文献来源、作者简介、英文标题、作者英文名、英文摘要、英文关键词。

（二）摘要：用第三人称视角概括论文核心内容，主要是创新点和研究结论，200—300 字为宜；关键词：论文涉及的主要概念或术语，一般为 3—5 个，请按照《学术出版规范关键词编写规则》要求编写。

（三）基金来源和致谢：若稿件得到他人帮助、基金资助或属于国家、省市级、校级等科研项目，需注明或致谢。

（四）稿件正文内各级标题的处理要求如下：

1. 一级标题为"一、""二、""三、"等汉字数词及顿号后加标题名。

2. 二级标题为"（一）""（二）""（三）"等带括弧的汉字数词后加标题名。

3. 三级标题为"1.""2.""3."等阿拉伯数字及点号后加标题名。

4. 四级标题为"（1）""（2）""（3）"等带括弧的阿拉伯数字后加标题名。

（五）统计表、统计图或其他示意图、公式（假设）等，均分别用阿拉伯数字连续编号，后注明图、表名称，例如："表1……""图1……""公式1……""假设1……"等。

（六）关于中译名词、术语、人名、地名及国际组织（学术机构）

1. 正文中第一次出现的西文学术专用名词和术语（除常用之外），后用括号标明西文术语；除英文外，其他语种的名词或术语前标明语种。

2. 除知名的外国人名、地名、国际组织（学术机构）以外，一般在正文中第一次出现时，汉译名后用括号标明西文原名（国际组织可用缩写）；正文中出现的国外学者人名须用统一译名，且以学术界的通用译法为准。

（七）引文注释规范：本刊采用脚注形式，每页重新编号。

1. 著作：［责任者］：《［著作名］》：［出版者］［出版年］版，［页码］。

2. 析出文献：［著者］：《［析出篇名］》，载［文献责任者］：《［文集题名］》，［出版者］［出版年］版，［页码］。

3. 古籍：［责任者］：《［书名］》卷次《部类名》，［版本］。

4. 期刊：［著者］：《［篇名］》，《［期刊名］》［年］［期］。

5. 报纸：［著者］：《［篇名］》，《［报纸名称］》［出版年月日］。

6. 未刊文献：文献本身没有标题时，可代拟标题（须注明）。引用的未刊文献为原始文献时，可以不作说明，不是原件时，应说明文献与原始文献的关系。学位论文：标明作者、文献标题、文献性质、学术机构、日期、页码，顺序略同图书；会议论文：标明作者、文献标题、会议名称和文献性质、会议地点或举办者名称、日期、页码，标注顺序略同期刊；未刊手稿、函电等：标明作者、文献标题、文献性质、收藏地点和收藏者，收藏编号。

7. 引证外文文献，原则上应使用该文种通行的引证标注方式。

英文文献：

图书：［著者］，［书名（斜体，主体词首位字母大写）］，［出版地］：［出版者］，［出版年］，［页码］.

期刊文献：［著者］，"［文章名（主体词首位字母大写）］，"［刊物名（斜体）］，［卷期号］，［出版时间］.

著作中的析出文献：作者，［著者］，"［文章名（主体词首位字母大写）］，"［书名（斜体）］，［出版地］：［出版者］，［出版年］，［页码］.

8. 网页引用：引用时应注明网页名称，内容的作者，网页链接，发布时间，浏览或下载时间。网页作者、发布时间可以缺省。